本书获2022年贵州省出版传媒事业发展专项资金资助

中国历代名著全译·丛书

诗经全译

袁愈荌 译注

贵州出版集团
贵州人民出版社

再版说明

◎ 在人类文明历史长河中，中华民族创造了源远流长、博大精深的优秀传统文化，它是中华民族的“根”与“魂”，为中华民族生生不息、发展壮大提供了强大的精神支撑。中华优秀传统文化内容包蕴万千，而浩如烟海的历代经典名著正是其中最为璀璨的瑰宝。

◎ 为了传承和弘扬中华优秀传统文化，使广大读者了解我国历代经典名著的全豹，上世纪90年代，我们在全国学术界许多著名学者的支持下，出版了这套《中国历代名著全译丛书》。丛书分两批，每批50种，精选我国历代经史子集四部名著以全注全译的形式整理出版。由于丛书开名著全译之先河且兼具权威性、通俗性、学术性和资料性，出版之后得到书界的认可和受到读者的喜爱，并于1993年荣获第三届中宣部精神文明建设“五个一工程”奖。

◎ 随着中国开启建设社会主义现代化国家新征程，文化作为一个国家、一个民族的灵魂，在中国特色社会主义事业全局中的重要地位被进一步凸显，提高文化软实力成为实现中华民族伟大复兴的重要支撑。正是由于这样的背景，让我们开启《中国历代名著全译丛书》的再版工作具有非同寻常的意义。此次再版我们主要做了两项工作：一是对书的内容进行全面细致的校订，改正上一版中存在的舛误，同时，在尊重和保持作者学术成果原貌的基础之上，对个别属于历史局限的地方作了适当处理，使其内容更加精善；二是对书的装帧形式重新进行设计，使其形态更具审美价值并符合新时代读者的阅读习惯。

◎ 我们相信，这套新版的《中国历代名著全译丛书》在让读者领略到中华优秀传统文化独特风采与恒久魅力的同时，对提升中华民族文化自觉自信将起到应有的作用。

贵州人民出版社有限公司

2021年1月

前言

◎《诗经》是我国最早的一部诗歌总集，共三百一十一篇（其中六篇为只存篇名而无诗文的“笙诗”）。本只称《诗》，儒家列为经典之一，故称《诗经》，分为“风”“雅”“颂”三大类:《风》有十五国风,《雅》有《大雅》《小雅》,《颂》有《周颂》《鲁颂》《商颂》。《诗经》的创作，距今约三千年，大抵是周初至春秋中叶的作品，其间共约五百多年，产生于今陕西、山西、河北、河南、山东及湖北等地。相传周王室有专人收集民间诗歌的制度，称为“采诗”。《诗经》中不少作品的辑集与这种制度有关。据《史记》等书记载，认为全书系孔子所删定。

◎《诗经》经秦火后，至汉复传；传诗者共有四家。齐人辕固所传的叫《齐诗》，鲁人申培所传的叫《鲁诗》，燕人韩婴所传的叫《韩诗》，鲁人毛亨所传的叫《毛诗》。四家解诗，多有不同，自东汉郑玄作笺后，学《毛诗》的渐多，以后其他三家逐渐衰废，而且先后亡佚了，故现在的《诗经》大抵就是毛亨《毛诗》所传。长期以来,《诗经》一直受到很高的评价,它对中国数千年的文学发展有深广的影响,而且是很珍贵的古代史料。《诗经》在汉语发展史上的地位也是非常重要的,它反映了约三千年前文学语言的真实面貌,具有丰富的词汇,尤其在研究上古音韵方面,它是极为重要的资料。

◎《诗经》反映了当时社会的各个方面,描述了复杂的社会生活以及人民大众的思想和感情,具有很强的现实主义精神。这不仅在十五国风中大量地反映出来,就是《雅》《颂》部分,也由于文学形象每每大于作家的思想,尽管作者是以他的阶级意识去表达他的主观意图,但内容上还是要反映出客观现实来的。更由于《小雅》《大雅》和《颂》是谈“王政”的,现实生活和社会矛盾反映得更为突出、具体和深刻。过去,《诗经》被统治阶级用作教化的工具,加以种种歪曲,一些文人学者加以穿凿附会去迎合统治者的思想,《雅》《颂》在今天被认为是为统治者服务的,一般选本往往不加以重视。其实,《雅》《颂》有不少篇章直接揭露统治者的丑恶,深中时弊,触及统治阶级内部实况。其艺术表现手法,也是义深语曲、揭露尖刻、爱憎分明的,人民性、艺术性不亚于民歌,如《小雅·十月之交》讽刺周幽王宠褒姒、用权臣,致国家危乱、人民受害。这首诗的第四章将与褒姒结党为恶的大小官员的姓名都一一指出,以明其罪,这是老百姓所难于了解的内幕。《小雅·雨无正》讽刺周幽王昏暴，小人误国，揭露了周幽王政令如雨之多而皆苛虐。诗的第六章描述了好人做人难，国家处于危急地位，还怕两面得罪人，非士大夫难于如此自白。《小雅·小旻》讽刺统治者政策邪僻，任用小人，诗的第二、第三章叙述了统治者只信谗言，官吏只说而不愿负责任，叹息国家焉得不乱。《大雅·板》反映了当时政治的腐败，讽劝同僚挽救西周摇摇欲坠的统治，诗的第五章描写人民苦极、贫极，而统治者不闻不问的现实情景。《大雅·民劳》对暴君周厉王听信奸佞及其暴虐之行给以警告，劝他勿再纵容小人劳民害国，诗的最后一章"民亦劳止，汔可小安。惠此中国，国无有残。无纵诡随，以谨缱绻。式遏寇虐，无俾正反。王欲玉女，是用大谏"，对统治者既揭露又规谏。

◎《颂》虽是祭祀乐歌，未直接抨击时弊，但仍然反映出社会现实。如《闵予小子》《访落》《敬之》《小毖》等诗篇，都透露了国家多难、自惩以毖后患的史实。《载芟》《良耜》等诗篇，也反映出人民终岁劳累、统治者大肆剥削的事实。《雅》《颂》部分，虽有些是宴会的乐歌，但却有不少披露时政的作品，表现了对周室趋于衰落的不安和忧虑；一些祭祖祀神的诗，提供了关于周的兴起、周初经济制度和生产情况的重要资料。所以，认为《雅》《颂》价值不大的想法，是个误解。

◎《诗经》反映了西周至春秋五百多年间社会的各个方面，文学家把它当作我国古代一部伟大的文学作品来读，史学家把它当作宝贵的史料来研究。“读《蟋蟀》而知人民之俭朴，读《隰有苌楚》而知人民之痛苦”，前人说得很具体。《诗经》较其他典籍为真实，这有其历史根源。那时统治者用民歌来检查政治“天子五年一巡守……命太师陈诗以观民风（《礼记·王制》）”,《颂》用来祭宗庙，又还诵诗来作外交辞令，各国接待宾客时，必赋诗以见志（据顾栋高《春秋大事表》载，赋诗凡二十八次）。再加上《诗经》全篇押韵、音节铿锵，人们乐于诵读，口语相传，虽遭秦火，仍无损于它的存在。《汉书·艺文志》说:“遭秦而全者，以其讽诵不独在竹帛故也。”

◎《诗经》的内容所反映的尖锐复杂的社会矛盾，以及极为深刻、丰富的思想性和人民性，可以从以下几方面来看。

其一，关于恋爱和婚姻的诗。反映男女爱情生活的诗在《国风》中占很大比重，这些诗大多数是民歌，感情大都是诚挚、热烈、纯朴、健康的。例如《周南·关雎》，写一个男子思慕一位在河边采摘荇菜的美丽姑娘，并设法去追求她：用琴瑟作乐来表达爱她之意，用钟鼓奏乐来使她快乐，表现了率真大胆的情感。《周南·卷耳》写一个采卷耳的妇女怀念她远行在外的爱人，想象他在外的各种困顿情况，抒发了离愁。《鄘风·柏舟》写一个姑娘自己找好了对象，不顾礼教的束缚和母亲的阻挠，誓死忠于爱情，不肯改变主意，表现了她强烈的斗争性。《卫风·木瓜》写情人互相赠送东西，以表爱情。《郑风·风雨》写一个女子正在想念她的爱人而恰好爱人就在此时回来了的喜出望外之情。

《诗经》中的爱情诗内容非常广泛，从不同角度表现恋爱生活的忧喜得失、离合变化。例如《召南·野有死麇》，写一个青年猎人在林中猎得獐和鹿，又砍了柴草，遇到一位使他惊叹地赞为“美如玉”的姑娘，并获得了她的爱情。诗歌表现了他们的结合自然而又自由，感情纯真而又粗犷。《邶风·静女》写一对情人在城隅幽会，男子来到时，他的爱人却故意躲了起来，他久等不见，急得“搔首踟蹰”，等到他发现爱人已经如约来了，而且情深意长地送给他一把红草时就大喜过望，他觉得那草儿“洵美且异”，因为那是心爱的人所赠，生动地描写了青年男女恋爱生活的情趣。

在《诗经》的爱情诗里，还有写恋爱被阻挠而内心苦恼的，如《郑风·将仲子》；有写女子失恋后对爱人的责怨的，如《郑风·狡童》；有写死生隔绝的痛苦的，如《唐风·葛生》。

其二，反抗并揭露统治阶级的残酷剥削。以《魏风·硕鼠》《魏风·伐檀》《豳风·七月》《小雅·大东》《大雅·荡》《大雅·桑柔》为例。

《魏风·硕鼠》:"硕鼠硕鼠，无食我黍！三岁贯女，莫我肯顾，逝将去女，适彼乐土。乐土乐土，爰得我所。"

《魏风·伐檀》:"不稼不穑，胡取禾三百廛兮？不狩不猎，胡瞻尔庭有县貆兮？彼君子兮，不素餐兮！"

《豳风·七月》:"七月流火，九月授衣。一之日觱发，二之日栗烈。无衣无褐，何以卒岁？"

《小雅·大东》:"小东大东，杼柚其空。"

《大雅·荡》:"曾是强御？曾是掊克？曾是在位？曾是在服？""女炰烋于中国，敛怨以为德。"

《大雅·桑柔》:"忧心慇慇，念我土宇。我生不辰，逢天僤怒。自西徂东，靡所定处。多我觏痻，孔棘我圉。"

在这些诗篇里，人民将贵族们比作"大老鼠"，还质问他们"不稼""不猎"，为啥吃穿不缺？人民终岁为他们劳动，自己却没衣没食，不知怎样度过寒冬，就连织布机上的产出也被搜括一空。他们还重用暴虐、贪鄙的人掌权，使人民从西往东，居无定所，受苦不尽。

其三，反抗压迫。对统治阶级残酷的压迫，发出不平的呼声。以《召南·小星》《邶风·北门》《齐风·东方未明》《小雅·十月之交》《小雅·雨无正》《小雅·北山》为例。

《召南·小星》:“嘒彼小星,三五在东。肃肃宵征,夙夜在公,寔命不同!”

《邶风·北门》:“出自北门,忧心殷殷。终窭且贫,莫知我艰?已焉哉!天实为之,谓之何哉!”

《齐风·东方未明》:“东方未明,颠倒衣裳。颠之倒之,自公召之。”

《小雅·十月之交》:“四方有羡,我独居忧。民莫不逸,我独不敢休。”

《小雅·雨无正》:“三事大夫,莫肯夙夜。邦君诸侯,莫肯朝夕。庶曰式臧,覆出为恶。”

《小雅·北山》:“或燕燕居息,或尽瘁事国。或息偃在床,或不已于行。”

这些诗句,表现了劳动人民被贵族们不顾死活地逼着日夜奔走劳动,忙得衣裤也穿倒了,许多苦役加于一身,家里妻子还诟骂不休,可是贵族们却“燕燕居息”,在家享受。在《曹风·候人》中,连下层官吏的幼女都沦落到饿饭,全家人饥寒交迫,苦不堪言。这种结果都是贵族们的压迫所造成的。

其四,反抗行役。如《邶风·式微》《王风·君子于役》《唐风·鸨羽》《小雅·祈父》《小雅·小明》。

> 《邶风·式微》:“式微式微，胡不归？微君之故，胡为乎中露?”
>
> 《王风·君子于役》:“君子于役，不知其期，曷至哉？鸡栖于埘，日之夕矣，羊牛下来。君子于役，如之何勿思!”
>
> 《唐风·鸨羽》:“肃肃鸨羽，集于苞栩。王事靡盬，不能艺稷黍。父母何怙？悠悠苍天，曷其有所。”
>
> 《小雅·祈父》:“祈父，予王之爪牙。胡转予于恤？靡所止居!”
>
> 《小雅·小明》:“我征徂西，至于艽野。二月初吉，载离寒暑。心之忧矣，其毒大苦！念彼共人，涕零如雨。岂不怀归？畏此罪罟!”

这些诗歌，具体而生动地反映了人民被加以繁重的徭役、行役，使他们背井离乡，日夜奔忙，不能回家耕种，养活父母。想自己回家，又怕被加罪，遭受更大的迫害。

其五，反抗婚姻的不自由。如《卫风·氓》《邶风·终风》《邶风·日月》《邶风·谷风》《王风·中谷有蓷》等篇，都对女子的不幸和婚姻的不自主寄托了深沉的同情，发出了愤激的呼声，为后世《琵琶行》《长恨歌》《孔雀东南飞》等名篇之先。

其六，揭露并讽刺统治阶级荒淫无耻的罪行。如《邶风·新台》讽刺卫宣公筑新台强娶儿媳的丑事,《齐风·南山》《齐风·敝笱》对齐襄公兄妹私通进行了无情的揭露。这些见不得人的事，尽出在统治者身上。他们夜里大开筵席，不醉不止，可人民却是吃不饱、穿不暖，叹息“知我如此，不如无生”。

其七，反映人民劳动生活。《豳风·七月》《小雅·甫田》《小雅·大田》《周颂·载芟》《周颂·良耜》《鲁颂·闷宫》反映了农业生产已有相当的发展。农民“播厥百谷”“黍稷重穋，禾麻菽麦”“有稷有黍，有稻有秬”。农夫们春播秋收，积粮纳税，以供贵族们酿酒祭祀。

《小雅·无羊》《鲁颂·駉》等诗篇，反映了畜牧业生产的发展:“谁谓尔无羊？三百维群……三十维物，尔牲则具。”“駉駉牡马，在坰之野。薄言駉者？有驈有皇，有骊有黄，以车彭彭。思无疆，思马斯臧。”这些诗篇反映了那时的牧人已能饲养大群羊牛和各种毛色的马，这是畜牧业上的一大进步。

《小雅·斯干》《大雅·绵》及《鲁颂·闷宫》描写了劳动人民砍伐松柏作为材料，筑土墙、建房屋，经过艰苦劳动，新居筑成，可挡风雨，可避鸟鼠;《小雅·大东》记录了当时修的又平又直的大路,“周道如砥，其直如矢”。这些诗反映了当时建筑方面的发展。

此外，反战思想也由一些诗篇表现出来，如《邶风·击鼓》《豳风·东山》《秦风·黄鸟》。

> 《邶风·击鼓》:“从孙子仲，平陈与宋。不我以归，忧心有忡……执子之手，与子偕老。于嗟阔兮，不我活兮。于嗟洵兮，不我信兮。”
>
> 《豳风·东山》:“我东曰归，我心西悲。制彼裳衣，勿士行枚。”
>
> 《秦风·黄鸟》:“彼苍者天，歼我良人！如可赎兮，人百其身。”

◎《诗经》里的作品多方面地描写了现实生活，表现了不同阶级的人在现实生活中的感受。特别可贵的是《诗经》对现实事物的反映并不是平铺直叙的，而是大量地运用了比、兴的艺术手法来表现。历来，人们以“赋、比、兴”作为《诗经》的写作方法。朱熹《诗集传》言:“赋者，敷也，敷陈其事而直言之者也。比者，以彼物比此物也。兴者，先言他物以引起所咏之辞也。”“赋”相当于今天文学上的叙述方法，“比”和“兴”相当于比拟、借喻、明喻、隐喻等修辞方法。《诗经》用“赋”写的篇章，多是较长篇的，如《卫风·硕人》《卫风·氓》《豳风·七月》《魏风·伐檀》《秦风·蒹葭》。至于《大雅》《小雅》，长篇特多，也即是用“赋”的写法多，虽是叙事，但并不排斥细腻的描写，如人物形象、人的内心活动和事件过程，都写得形象鲜明、意境深刻、感人极深。先就人物形象说。

> 《卫风·硕人》：“手如柔荑，肤如凝脂，领如蝤蛴，齿如瓠犀。螓首蛾眉，巧笑倩兮，美目盼兮！”

前五句写静的身体形象，已经非常美了，加上后两句，真是呼之欲出，把诗中人都画活了，是《洛神赋》（秾纤得衷，修短合度）、《长恨歌》（回眸一笑百媚生，六宫粉黛无颜色）等的范本，开启了后代刻画人物的先例。

> 《卫风·氓》：“三岁为妇，靡室劳矣。夙兴夜寐，靡有朝矣。言既遂矣，至于暴矣。兄弟不知，咥其笑矣。静言思之，躬自悼矣。”

写出女子结婚后勤苦持家，生活渐裕却被遗弃，为兄弟所讥笑，感到无限哀痛的事件过程和内心活动。《古诗十九首》《上山采蘼芜》《孔雀东南飞》及杜甫的《佳人》等，都是脱胎于此。

> 《豳风·七月》："四之日举趾。同我妇子，馌彼南亩，田畯至喜……一之日于貉，取彼狐狸，为公子裘。二之日其同，载缵武功。言私其豵，献豣于公。"

短短两节，写时令、写农民的劳动：一年到头不得休息，到年终，向贵族们献上年货，不禁使人想到《红楼梦》贾家庄头乌进孝年终向贾珍缴纳财物，在大风雪天走了一两个月才到，而贾珍还嫌少了的情况。

> 《魏风·伐檀》："坎坎伐檀兮，置之河之干兮，河水清且涟猗。"
>
> 《秦风·蒹葭》："蒹葭苍苍，白露为霜。所谓伊人，在水一方。溯洄从之，道阻且长。溯游从之，宛在水中央。"
>
> 《小雅·四月》："四月维夏，六月徂暑。先祖匪人，胡宁忍予？秋日凄凄，百卉具腓。乱离瘼矣，爰其适归？冬日烈烈，飘风发发。民莫不穀，我独何害！"

《魏风·伐檀》情景如画。《秦风·蒹葭》意境极美。《小雅·四月》以夏、秋、冬三种季节的特点——夏日酷暑、秋气肃杀、冬季严寒烘托时代离乱而人民无家可归的痛苦生活。写景、写时令，都是为写人及其丰富的感情。

《小雅·采薇》:“昔我往矣，杨柳依依。今我来思，雨雪霏霏。行道迟迟，载渴载饥。我心伤悲，莫知我哀!”

《小雅·采薇》用写景物、时令来托出内心活动，意境高妙，引人入胜，是由典型环境中刻画出典型性格的范例。前人评它是《诗经》中的压卷，一点不错。

◎《诗经》的比兴写法更是大量运用，如以硕鼠、鸱鸮比喻剥削者与压迫者，不但形象生动，实质也极贴切，是以彼物比此物的典型例子，又如以下《大雅·召旻》。

《大雅·召旻》:“如彼岁旱，草不溃茂。如彼栖苴，我相此邦，无不溃止。”

这是用天旱成灾，水中枯槁的浮草，来比国家的动乱，又如以下《小雅·天保》。

《小雅·天保》:“如月之恒,如日之升。如南山之寿,不骞不崩。如松柏之茂,无不尔或承。”

用高山、日月、松柏比国家的安定稳固,同前章一样,属于明喻手法,又看以下《鄘风·墙有茨》等。

《鄘风·墙有茨》:“墙有茨,不可束也。中冓之言,不可读也!所可读也,言之辱也!”

《王风·中谷有蓷》:“中谷有蓷,暵其干矣。有女仳离,嘅其叹矣!嘅其叹矣,遇人之艰难矣!”

《周南·桃夭》:“桃之夭夭,灼灼其华。之子于归,宜其室家。”

《鄘风·墙有茨》是用难得根除的墙上的蒺藜草,比喻那些贵族们所干的可耻行为,说来让人感到害羞。《王风·中谷有蓷》是用山洪来时被淹没,水退又被风吹、太阳晒干,任那风雨摧残,干湿不由自身做主的山谷中的益母草来比喻妇人被遗弃后无家可归,各处流离。《周南·桃夭》则以当春桃树红花盛开时的鲜艳绚烂喻初嫁少女的光艳照人,这是借喻写法。

◎《诗经》的遣词造句也极精练,诗人每每只用一个词语就画出事物的声色状貌来,生动地表现了美好的境界,《文心雕龙·物色篇》有如下记载。

故"灼灼"状桃花之鲜,"依依"尽杨柳之貌,"杲杲"为日出之容,"瀌瀌"拟雨雪之状,"喈喈"逐黄鸟之声,"喓喓"学草虫之韵。"皎日""嘒星",一言穷理;"参差""沃若",两字连形;并以少总多,情貌无遗矣。

这几句话,描述了《诗经》绘声绘色地状物的艺术手法。诗人善于将丰富的感情、复杂的事件、美妙的意境,用一词一语来表达,形成《诗经》的艺术特色。例如以下《召南·甘棠》等。

《召南·甘棠》:蔽芾甘棠,勿翦勿伐,召伯所茇。蔽芾甘棠,勿翦勿败,召伯所憩。蔽芾甘棠,勿翦勿拜,召伯所说。

召伯"所茇""所憩""所说"三个词,包含教人勿剪伐甘棠树的原因是召伯曾在树下停留过,反映出人民怀念召伯的心情。

《邶风·终风》:"终风且暴,顾我则笑。谑浪笑敖,中心是悼。"

“暴”字指狂风大作，象征其人之狂暴；“笑”字形容其人之轻浮，对妻子的侮辱。“谑浪笑敖”一句为“笑”字做注释，“悼”字写出妻子的无限伤心烦恼。整章诗十六字，写出丈夫的性格、侮辱妻子的事件和妻子感到的痛苦，真是精练极了。

《秦风·黄鸟》：“彼苍者天，歼我良人！如可赎兮，人百其身！”

“人百其身”一句，说明人民对车氏三子（三良）的爱惜之情，虽替死百次也愿意，和《离骚》的“虽九死其犹未悔”有着同样深沉的想法。

◎ 最后，谈谈《诗经》的用韵。《诗经》三百一十一篇，只有七篇没有韵，这七篇都在祭祀诗里（《周颂》）。至于《国风》《小雅》和《大雅》，是首首有韵。《诗经》的用韵格式大致有以下几种。

第一，句尾韵。如《周南·关雎》第一章（鸠、州、逑押韵）、第三章（得、服、哉、侧押韵），《邶风·静女》全诗，《魏风·硕鼠》第一章全都是句尾押韵。

第二，句中韵。《诗经》里不少的诗句以代词或语气词收尾，韵往往在代词或语气词的前面，如《魏风·伐檀》：“坎坎伐檀兮，置之河之干兮……胡瞻尔庭有县貆兮？彼君子兮，不素餐兮!”檀、干、涟、廛、貆、餐押韵，并不是押语气词“兮”的韵。

第三，在第一章中，有一韵到底的、有换韵的。如《邶风·静女》第一章是一韵到底的（姝、隅、蹰押韵）；第二章换了一次韵（娈、管押韵，炜、美押韵）。

第四，有句句押韵的，如《魏风·硕鼠》第一章:“硕鼠硕鼠，无食我黍！三岁贯女，莫我肯顾。逝将去女，适彼乐土。乐土乐土，爰得我所!”有隔句押韵的，如《周南·关雎》的第二、四、五章，都是第二、四句（偶句）押韵。有奇句和奇句押韵、偶句和偶句押韵的，如《邶风·静女》第三章:“自牧归荑，洵美且异。匪女之为美，美人之贻。”荑、美押韵，异、贻押韵。

《诗经》是民歌或模拟民歌的诗体，民歌是随口唱的，随口用韵，随时转韵，也就是所谓“天籁”（自然界的音响，指诗歌不事雕琢，得自然之趣）。因而，诗经用韵的格式是多样的，不局限于以上所举几种。

◎ 总之,《诗经》在写作技巧上，遣词用字精练生动，句法、章法变化无穷，状物写人形象逼真，叙事、抒情优美感人。在内容上，反映了人民群众的社会生活以及复杂的社会矛盾，是一部文学和历史的艺术珍品。因此，将它艰深的文字译成现代语言介绍给读者，是必要的，也是有价值的。

目录

国风

周南

召南

邶风

唐风

秦风

陈风

桧风

曹风

国风

◎ 周南

关雎

题解 一首男子追求河边采摘荇菜的美丽姑娘的恋歌。

关关雎鸠[①]，	水鸟应和关关唱，
在河之洲[②]。	歌唱在那沙洲上。
窈窕淑女[③]，	美丽善良的姑娘，
君子好逑[④]。	正是我的好对象。
参差荇菜[⑤]，	短的长的水荇菜，
左右流之[⑥]。	向左向右把它采。
窈窕淑女，	美丽善良的姑娘，
寤寐求之[⑦]。	睡里梦中使人想。
求之不得，	空想总是不能得，
寤寐思服[⑧]。	梦寐之中想更切。
悠哉悠哉[⑨]，	想她念她真难忘，
辗转反侧[⑩]。	翻来覆去天不亮。

参差荇菜，	水荇菜来短又长，
左右采之。	左采右采在河旁。
窈窕淑女，	美丽善良的姑娘，
琴瑟友之[11]。	想用琴瑟供她赏。
参差荇菜，	荇菜长短不整齐，
左右芼之[12]。	左边右边来摘取。
窈窕淑女，	美丽善良的姑娘，
钟鼓乐之。	想用钟鼓供欢娱。

注释

①关关：水鸟叫声。王先谦《诗三家义集疏》引《鲁诗》"关关，音声和也"，又引顾野王《玉篇》"关关，和鸣也"。雎（jū）鸠：一种水鸟。朱熹《诗集传》言："水鸟也，一名'王雎'，状类凫鹥。"闻一多《诗经通义》言："与鸤鸠、鹘鸠同类。"郭璞注《尔雅》言："雎鸠，雕类。"李时珍《本草纲目》载："鹗，雕类也。"

②洲：河中沙洲。

③窈窕（yǎo tiǎo）：马瑞辰《毛诗传笺通释》引《方言》"秦晋之间，美心为窈，美状为窕"；一说"善心为窈，善容为窕"。淑：善，好。

④逑（qiú）：配偶。闻一多《古典新义》言："逑、仇古通，《关雎篇》'君子好逑'，鲁齐诗并作'好仇'，亦即君子匹俦也。"

君子:《诗经》中，君子含义有两种，一是妻对夫的敬称；一是对当时统治者贵族的称呼，如后来称“老爷”“大人”等。

⑤参差（cēn cī）：长短不齐。荇（xìng）菜：多年生水草。夏天开花，黄色，嫩叶可食。

⑥流：朱熹《诗集传》言，“顺水之流而取之也”。陈奂《诗毛氏传疏》言，“古流、求同部。流，本不训‘求’，诂训云尔者，流读与‘求’同，其字作‘流’，其意为‘求’，此古人假借之法也”。

⑦寤（wù）：睡醒。寐（mèi）：睡着。

⑧思服：思念。

⑨悠：忧思貌。

⑩辗转：转动。反侧：翻来覆去。

⑪友：交好。朱熹《诗集传》言：“友者，亲爱之意。”

⑫芼（mào）：顾野王《玉篇》引作“覒”。芼之：即采之；一说选择。

葛覃

题解 女仆工作完毕，告假回家探望父母。

葛之覃兮①，　　葛草长得这么长，
施于中谷②，　　蔓生在那谷中央，

维叶萋萋[3]。　　叶儿茂盛色苍苍。
黄鸟于飞[4]，　　黄鹂成群在飞翔，
集于灌木，　　一起集在灌木上，
其鸣喈喈[5]。　　叽叽啾啾尽欢唱。

葛之覃兮，　　葛草长得这么长，
施于中谷，　　蔓生在那谷中央，
维叶莫莫[6]。　　叶儿茂盛绿变黄。
是刈是濩[7]，　　割下煮好绩麻忙，
为絺为绤[8]，　　细布粗布分别织，
服之无斁[9]。　　穿了不厌新衣裳。

言告师氏[10]，　　走去告诉我阿妈，
言告言归。　　说明我要回娘家。
薄污我私[11]，　　内衣脏了也要洗，
薄浣我衣[12]。　　外衣受污也洗刷。
害浣害否[13]，　　哪件不洗哪件洗，
归宁父母。　　洗完回家看爹妈。

注释

①葛：多年生草本植物，花紫红色，茎可做绳，纤维可织葛布。覃（tán）：延长。

②施（yì）：蔓延。

③维：语助词。萋萋：茂盛貌。

④黄鸟：黄鹂；一说黄雀。于：语助词。

⑤喈喈（jiē）：鸟鸣声。

⑥莫莫：茂盛貌。

⑦刈（yì）：割。濩（huò）：煮。

⑧絺（chī）：细的葛纤维织成的布。绤（xì）：粗的葛纤维织成的布。

⑨斁（yì）：厌。

⑩言：第一人称；一说语助词。师氏：闻一多《诗经通义》言，“姆，即师氏，论其性质，直今佣妇之事耳”，即管女奴的老妈子，本身是奴隶，类似管家奴隶。

⑪薄：语助词。污：洗去污垢。私：内衣。姚际恒《诗经通论》言：“私，衵（rì）服。”许慎《说文解字》言：“衵，日日所常衣。”

⑫浣（huàn）：洗濯。

⑬害：通“何”，表疑问句。否：不。

说明 这首诗是一个女奴写的。诗中有“言告师氏”句。在《诗经》中“师氏”有三处，除这里以外，其他两处一处是“楀维师氏”（《小雅·十月之交》），另一处是“趣马师氏”（《大雅·云汉》），这两处“师氏”都是指男官。这首诗中的“师氏”是指女师。《毛诗故训传》载："师，女师也。"闻一多《诗经通义》言："女师之职，略同奴婢，特以其年事长而明于妇道，故尊之曰师，亲之曰姆（母）耳。"本诗中那个要"言告师氏，言告言归"的，也必然是一个家庭女奴，或者说是一个女工奴，因而她才要去禀告师氏。收割葛藤是十分繁重艰苦的任务，贵族妇女不屑为，也是干不了的。《诗经》中有的诗是女诗人作的，例如《鄘风·载驰》，但那是一个贵族妇女，这却是一个出身卑贱的女奴，这首诗珍贵之处也就在此。

卷耳

题解 采摘卷耳的女子，怀念离家亲人，设想他途中所遇的种种困顿情况，以寄离思。

采采卷耳[①]，	采了又采卷耳菜，
不盈顷筐[②]。	老装不满浅竹筐。
嗟我怀人[③]，	叹我想着远行人，
寘彼周行[④]。	筐儿放在大路旁。

陟彼崔嵬[5]，	正在走上那高山，
我马虺隤[6]。	我的马儿腿发软。
我姑酌彼金罍[7]，	我且斟满那酒杯，
维以不永怀。	让我不想心暂安。
陟彼高冈，	正在走上那高冈，
我马玄黄[8]。	我的马儿毛发黄。
我姑酌彼兕觥[9]，	我且斟满牛角杯，
维以不永伤[10]。	让我心儿少忧伤。
陟彼砠矣[11]，	正在上那石山呦，
我马瘏矣[12]。	我马腿儿难站哟。
我仆痡矣[13]，	我仆快要病倒哟，
云何吁矣[14]。	几多忧愁怎完哟。

注释

①卷耳：植物名，又名"苍耳"，菊科一年生草本植物，果实呈枣核形，上有钩刺，可作药用。

②顷筐：浅而易盈的竹筐；一说斜口筐，后高前顷，如现今撮箕之类。

③嗟：叹词。

④寘：通“置”，放置。周行（háng）：大道。

⑤陟：登。彼：指示代名词。崔嵬（wéi）：山高不平。

⑥虺隤（huī tuí）：疲极而病。孙炎注《尔雅》言：“马退不能升之病也。”

⑦姑：姑且。罍（léi）：青铜制器皿，用以盛酒和水。

⑧玄黄：朱熹《诗集传》言，“玄黄，玄马而黄，病极而变色也”。闻一多《诗经通义》言，“眼花亦谓之玄黄”。

⑨兕觥（sì gōng）：一说野牛角做的酒杯，朱熹《诗集传》言，“兕，野牛，一角，青色，重千斤；觥，爵也，以兕角为爵也”；一说“觥”是青铜做成的牛形酒器，用以盛酒。

⑩永伤（及前句永怀）：长久思念。

⑪砠（jū）：有土的石山。

⑫瘏（tú）：患病。

⑬痡（pū）：因劳致病。

⑭吁（xū）：忧愁。云：语助词。

樛木

题解 祝贺亲人得到福禄。

南有樛木[1]，	南山有树弯又弯，
葛藟累之[2]。	野葛藤儿把它缠。

乐只君子[3]， 有这快乐的人啊，
福履绥之[4]。 幸福到来他得安。

南有樛木， 南山有树弯又弯，
葛藟荒之[5]。 野葛藤儿把它盘。
乐只君子， 有这快乐的人啊，
福履将之[6]。 幸福到来他大安。

南有樛木， 南山有树弯又弯，
葛藟萦之[7]。 野葛藤儿缠得欢。
乐只君子， 有这快乐的人啊，
福履成之[8]。 幸福到来他永安。

注释

①樛（jiū）:《毛诗故训传》载,“木下曲曰‘樛’”。

②葛藟（lěi）：王念孙《广雅疏证》言,“藟似葛，故古人以葛藟并称”。陆玑《毛诗草木鸟兽虫鱼疏》言,“藟，一名巨苽，似蘡薁，亦延蔓生”。宋代《开宝本草》中认为蘡薁是山葡萄，即野葡萄之类。累：系。

③只：语助词。

④履：马瑞辰《毛诗传笺通释》言,“履与禄双声，故履得训‘禄’”。绥:《毛诗故训传》载,“履，禄；绥，安也”。马瑞辰《毛诗传笺通释》言,“绥与遗叠韵，绥之言‘遗’，遗即

‘诒’也”。

⑤荒：掩盖。

⑥将：扶助。

⑦萦（yíng）：缠绕。

⑧成:《毛诗故训传》载,“就也”，即成就。

螽斯

题解 祝人子孙众多。

螽斯羽①，	蝗虫蝗虫振翅鸣，
诜诜兮②。	飞来飞去飞成群。
宜尔子孙③，	你的子孙多又多，
振振兮④。	好比蝗虫还繁盛。
螽斯羽，	蝗虫蝗虫振翅鸣，
薨薨兮⑤。	成群鸣来飞成群。
宜尔子孙，	你的子孙多又多，
绳绳兮⑥。	好比蝗虫还繁盛。
螽斯羽，	蝗虫蝗虫振翅鸣，

揖揖兮⑦。	飞来飞去聚成群。
宜尔子孙，	你的子孙多又多，
蛰蛰兮⑧。	好比蝗虫数不清。

注释

①螽（zhōng）斯：蝗虫。一说“斯”为语助词。严粲《诗缉》言：“螽蝗生子最多，信宿即群飞。因飞而见其多，故以‘羽’言之。”

②诜诜（shēn）：同“莘莘”，众多貌。

③宜：马瑞辰《毛诗传笺通释》言，“古文宜作‘宧’，窃谓宜从多声，即有多义”。

④振振：盛貌。马瑞辰《毛诗传笺通释》言：“振振，谓众盛也。振振与下章绳绳、蛰蛰皆为众盛。”《毛诗故训传》载：“仁厚也。”

⑤薨薨（hōng）：《尔雅》载，“众也”。

⑥绳绳：不绝貌。《尔雅》载：“戒也。”《毛诗故训传》载：“戒慎也。”

⑦揖揖：《毛诗故训传》载，“汇聚也”。揖为“集”之假借。

⑧蛰蛰（zhé），《毛诗故训传》载，“和集也”。《尔雅》载，“蛰，静也”。

说明

这首诗，《毛诗》认为是在歌颂后妃的子孙众多（见《毛诗·序》）；《齐诗》认为是在歌颂贵族的子孙众多（见《后汉书·荀爽传》）；《韩诗》认为是在歌颂贵族的子孙贤良（见《韩诗外传》[卷九]）。高亨认为都不是。他在《诗经续考》中说："我认为这首诗是民歌，为劳动人民所作，讽刺统治者的残酷剥削。"理解这首诗的关键在于"螽斯"二字。《毛诗故训传》载，"斯螽，蚣蝑也"，又《豳风·七月》中"五月斯螽动股"一句，可见《毛诗故训传》认为"螽斯"就是"斯螽"。根据许慎《说文解字》、陆玑《毛诗草木鸟兽虫鱼疏》、郭璞注《尔雅·释虫》、郭璞注《方言》，"螽斯"就是蚂蚱，用它的股翅发出鸣响。但《周南·螽斯》中的"螽斯羽，诜诜兮"形容螽斯群羽翅众多，"螽斯羽，薨薨兮"形容螽斯群振翅的声音（《齐风·鸡鸣》中的"虫飞薨薨"也是这个意思），"螽斯羽，揖揖兮"形容螽斯群众多，羽翅会集在一起，所以螽斯应是振翅在天空飞翔，而不是振翅在草中鸣叫。这样看来，"螽斯"并不是"斯螽"就很清楚了。《周南·螽斯》中的"螽"是一种昆虫的名称，指的是滥吃庄稼的蝗虫。许慎《说文解字》载："螽，蝗也。"《广雅·释虫》也是这样记载的。

斯，之也。即现代语中"的"字的意思。《诗经》中也还有这种例子，如《小雅·斯干》中的"如跂斯翼，如矢斯棘。如鸟斯革，如翚斯飞”，“斯”字都与“的”字同意，本篇的“螽斯羽”，就是螽之羽，就是说蝗虫的羽翅。这首诗用蝗虫来比喻剥削者，蝗虫靠吃劳动人民所种的庄稼而生存，剥削者靠剥削劳动人民生产的粮食而生存，它们的本质相似。剥削者占有劳动人民生产的粮食，养活子孙，他们的子孙繁多。如果说全诗是在用蚂蚱来比喻贵族的子孙，蚂蚱不过是一种小小的昆虫，诗人用这个来比喻，岂不是鄙视贵族，哪里是歌颂呢？至于蝗虫，从来人们都把它当作祸害，以它比喻贵族，更无歌颂之意。因此，这首诗揭露了剥削者的阶级本质，表达了劳动人民对剥削者的憎恨。

桃夭

题解 祝贺女子出嫁。

桃之夭夭[①]，	桃树含苞满枝杈，
灼灼其华[②]。	红霞灿烂一树花。
之子于归[③]，	这位姑娘来出嫁，

宜其室家[4]。　　欢欢喜喜成了家。

桃之夭夭，　　桃树含苞满枝杈，
有蕡其实[5]。　　花儿结果果儿大。
之子于归，　　这位姑娘来出嫁，
宜其家室。　　欢欢喜喜成一家。

桃之夭夭，　　桃树含苞花似锦，
其叶蓁蓁[6]。　　叶儿茂密绿成荫。
之子于归，　　这位姑娘来出嫁，
宜其家人。　　欢欢喜喜一家人。

注释

①夭夭：形容茂盛而艳丽；一说少壮的样子。

②灼灼（zhuó）：鲜明貌。

③归：妇人出嫁曰“归”。

④宜：与“仪”通。《尔雅》载：“仪，善也。”室家：犹夫妇。男子有妻谓之“有室”，女子有夫叫做“有家”，下章“家室”义同。

⑤有：语助词。蕡（fén）：朱熹《诗集传》言，“蕡，实之盛也”。于省吾《新证》言，“蕡、墳、颁与‘贲’古通，颁、贲并应读作‘斑’”。贲，古斑字。有蕡其实，即有斑其实。许慎《说文解字》言，“颁，大头也”，引申为大。

⑥蓁蓁（zhēn）：草木茂盛貌。

兔罝

题解　诗人赞扬武士的勇猛，意在讽刺诸侯豢养武士为心腹爪牙以压榨人民。

肃肃兔罝①，　认真密密结兔网，
椓之丁丁②。　敲打桩子叮当响。
赳赳武夫，　猛勇武夫雄赳赳，
公侯干城③。　捍卫公侯做屏障。

肃肃兔罝，　认真密密结兔网，
施于中逵④。　结在九岔路口旁。
赳赳武夫，　猛勇武夫雄赳赳，
公侯好仇⑤。　捍卫公侯做伴当。

肃肃兔罝，　兔网密结很认真，
施于中林⑥。　结在野外大森林。
赳赳武夫，　猛勇武夫雄赳赳，

公侯腹心。　　做那公侯腹心人。

注释

①肃肃：马瑞辰《毛诗传笺通释》言，“肃、宿古通用，《少牢馈食礼》郑注‘宿读为肃’是也，肃亦训‘缩’”。闻一多《古典新义》言，“肃，当读为‘缩’，缩犹密也”。兔：野兔；一说虎。闻一多《诗经通义》言，“案古本《毛诗》疑当作‘菟’(tú)，菟即於(wū)菟，谓虎也”。罝(jū)：捕兽的网。

②椓(zhuó)：许慎《说文解字》言，“椓，击也”。丁丁(zhēng)：伐木声。

③干城：闻一多《诗经通义》言，“公侯干城之‘干’，则闬(hàn)之省……闬亦训‘垣’”。垣、城有屏障之义。

④逵：《毛诗故训传》载，“逵，九达之道”。

⑤仇(qiú)：同“逑”，伴侣。

⑥林：《尔雅》载，“牧外谓之‘野’，野外谓之‘林’”。

芣苢

题解

劳动妇女采车前子时所唱的歌曲。

采采芣苢①，　　采了又采车前子，
薄言采之②。　　采呀快些来采它。
采采芣苢，　　快快来采车前子，

薄言有之[3]。　　收呀快些收起它。

采采芣苢，　　采了又采车前子，
薄言掇之[4]。　　一根一根拾起来。
采采芣苢，　　快快来采车前子，
薄言捋之[5]。　　一把一把捋下来。

采采芣苢，　　采了又采车前子，
薄言袺之[6]。　　提起衣襟装起它。
采采芣苢，　　快快来采车前子，
薄言襭之[7]。　　翻过衣襟兜满它。

注释

①芣苢（fú yǐ）：植物名，指车前子，种子和全草可入药。

②薄言：发语词。刘淇《助字辨略》言："薄，辞也；言，亦辞也。薄言，重言之也。《诗》凡云'薄言'，皆是发语之词。"

③有：《广雅》载，"取也"；一说收藏。

④掇（duō）：拾取。

⑤捋（luō）：以手掌握物而摘取，如捋桑叶。

⑥袺（jié）：手执衣襟以承物。

⑦襭（xié）：翻转衣襟插于腰带以承物。陈奂《诗毛氏传疏》言："襭者，插衽于带以纳物。"指束紧腰带翻转衣襟来装东西。

汉广

题解 诗人追求汉水游女，终于失望的恋歌。

南有乔木，	南方高树路旁生，
不可休思[①]。	树下少荫没行人。
汉有游女[②]，	汉江之上有游女，
不可求思。	要想追求不可能。
汉之广矣，	茫茫汉水宽又宽，
不可泳思。	要想游过难上难。
江之永矣[③]，	滔滔江水长又长，
不可方思[④]。	过渡难靠小木船。

翘翘错薪[⑤]，	丛丛杂树多枝杈，
言刈其楚[⑥]。	砍那荆条趁闲暇。
之子于归，	如果姑娘肯嫁我，
言秣其马[⑦]。	喂饱马儿去接她。
汉之广矣，	茫茫汉水宽又宽，
不可泳思。	要想游过难上难。
江之永矣，	滔滔江水长又长，

不可方思。　　过渡难靠小木船。

翘翘错薪，　　丛丛野树杂又杂，
言刈其蒌[8]。　　打柴选取芦蒿打。
之子于归，　　如果姑娘肯嫁我，
言秣其驹。　　喂饱马驹把马驾。
汉之广矣，　　茫茫汉水宽又宽，
不可泳思。　　要想游过难上难。
江之永矣，　　滔滔江水长又长，
不可方思。　　过渡难靠小木船。

注释

①休：马瑞辰《毛诗传笺通释》言，“止息也。从人依木，或作‘庥’”。“是休即庥荫之‘庥’，本义为木之荫人，得为人所依止，后乃通以休为息耳”。《毛诗故训传·郑玄笺》载，“木以高其枝叶之故，故人不得就而止息也”。思：语助词。

②游女：闻一多《诗经通义》言，“三家皆以游女为汉水之神，即相传郑交甫所遇汉皋二女”。

③永：水流长。许慎《说文解字》引作“羕”。

④方：环绕；一说浮；一说泭。《毛诗故训传》载：“方，泭也，筏。”王先谦《诗三家义集疏》言：“《鲁诗》，方作‘舫’。”即小舟。

⑤翘翘（qiáo）：本指鸟尾上的长羽，比喻杂草丛生。错薪：

魏源《诗古微》言,"三百篇言取妻者,皆以析薪取兴。盖古者嫁娶必以燎炬为烛,故《南山》之析薪、《车舝》之析柞、《绸缪》之束薪、《豳风》之伐柯,皆与此错薪、刈楚同兴"。

⑥楚:灌木名,即牡荆。

⑦秣:喂马。

⑧蒌(lóu):"芦"的假借字;一说为蒌蒿。陈奂《诗毛氏传疏》言:"故,蒿嫩时可食,老则为薪,高丈余。"

汝坟

题解 妻子对远役丈夫的怀念,反映当时统治阶级对劳动人民的残害。

遵彼汝坟[①],　　顺着汝水大堤走,
伐其条枚[②]。　　砍了树干又砍枝。
未见君子,　　还没看见那个人,
惄如调饥[③]。　　好比清早未进食。

遵彼汝坟,　　顺着汝水大堤走,
伐其条肄[④]。　　砍那枝条做柴火。
既见君子,　　已经看见那个人,

不我遐弃⑤。　　不曾远离抛弃我。

鲂鱼赪尾⑥，　　鲂鱼劳累尾巴红，
工室如燬⑦。　　王室差遣烈火同。
虽则如燬，　　虽然差遣如烈火，
父母孔迩⑧。　　父母近在要供奉。

注释

①遵：沿着。坟：大堤，或引申为水涯。

②枚：树干。朱熹《诗集传》言："枝曰'条'，干曰'枚'。"

③惄（nì）：忧愁。陈奂《诗毛氏传疏》言："《释文》引《韩诗》作'愵'。《方言》，'愵，忧也'。"《毛诗故训传·郑玄笺》载："惄，思也。"调（zhōu）饥：调，通"朝"，即早晨；调饥，即"朝饥"。《毛诗故训传·郑玄笺》载："未见君子之时，如朝饥思时。"

④肄（yì）：树被砍后又再生的小枝。

⑤遐：远。

⑥鲂鱼：鳊鱼。赪（chēng）尾：赤色的鱼尾。《毛诗故训传》载："赪，赤也；鱼劳则尾赤。"陈奂《诗毛氏传疏》言："意以鲂鱼之劳，喻君子之劳。"

⑦燬：火。

⑧孔：甚，很。

说明　这首诗的含义众说纷纭，主要是对诗中"惄如调饥”“鲂鱼赪尾”解释不同所致。“惄如调饥”的“饥”，闻一多说，是古时的一种隐语，指性的行为。对于“鲂鱼赪尾”，历来都是据《毛诗故训传》作“鱼劳则尾赤”的解释。闻一多一反此说，他据《左传·哀公十七年》：“卫侯贞卜，其《繇》曰，‘如鱼竀（赪）尾，衡流而方羊（方羊是游散、游荡之意）’。”疏引郑众说，“鱼肥则尾赤，方羊游戏，喻卫侯淫纵”，认为本篇“鲂鱼赪尾”义当从郑众说，并把“王室”作为“王孙”解，把“如燬”释为“性的冲动像火一样激烈”，因而认为本篇是一首情歌。

麟之趾

题解 赞美贵族子孙繁衍，后人遂以麟趾喻子孙的贤能。

麟之趾①，　　不踏生物麟蹄子，
振振公子②，　　好比公子多诚实，
于嗟麟兮③！　　麟真值得赞美啊！

麟之定④，　　不抵人的麟额头，

振振公姓[5]，	好比公孙多仁厚，
于嗟麟兮！	麟真值得赞美啊！
麟之角，	不触人的麟头角，
振振公族，	好比子孙多宽和，
于嗟麟兮！	麟真值得赞美啊！

注释

①麟：严粲《诗缉》言，“有足者宜踶，唯麟之足，可以踶而不踶”。“有额者宜抵，唯麟之额，可以抵而不抵”。“有角者宜触，唯麟之角，可以触而不触”。又陆玑《毛诗草木鸟兽虫鱼疏》言，“麟，麇身、牛尾、马足、黄色、圆蹄、一角，角端有肉。音中钟吕，行中规矩。游必择地，详而后处。不履生虫，不践生草，不群居，不侣行，不入陷阱，不罹罗网。王者至仁则出”。古人把麟看作至高至美的野兽，因而把它比作公子、公姓、公族的所谓“仁厚、诚实”。趾：足，指麟蹄。

②振振：诚实。公子：复数名词，指群公子。

③于：通“吁”，叹词。

④定：通“颠”，额头。

⑤公姓：王引之《经义述闻》言，“公姓，公族，皆谓子孙也”。朱熹《诗集传》言，“公姓，公孙也”。《毛诗故训传》载，“公族，公同祖也”。

◎ 召南

鹊巢

题解 写贵族女子出嫁时的铺张奢侈。

维鹊有巢，	喜鹊树上筑好窝，
维鸠居之[①]。	斑鸠飞来居住它。
之子于归，	这位姑娘要出嫁，
百两御之[②]。	备车百辆来迎她。

维鹊有巢，	喜鹊树上筑好窝，
维鸠方之[③]。	斑鸠飞来占有它。
之子于归，	这位姑娘要出嫁，
百两将之[④]。	备车百辆护送她。

维鹊有巢，	喜鹊树上筑好窝，
维鸠盈之[⑤]。	斑鸠飞来占满它。
之子于归，	这位姑娘要出嫁，
百两成之[⑥]。	备车百辆迎到她。

注释 ①鸠：一说鸤鸠（布谷鸟），自己不筑巢，居鹊的巢。贵州民间说斑鸠不筑巢，居其他鸟类筑的巢。

②两：同“辆”。御：陪侍；一说迎亲的车辆。

③方：占据。王引之《经义述闻》言：“方，读为‘放’……《论语·里仁》篇，‘放于利而行’，郑、孔注并曰，‘放，依也’。”

④将：送。陈奂《诗毛氏传疏》言：“将，训‘行’。送，又行之引申也。”

⑤盈：满。

⑥成：迎送成礼。

采蘩

题解 女子采蘩参加贵族祭祀。

于以采蘩[①]？	什么地方采白蒿？
于沼于沚[②]。	沙滩边上和池沼。
于以用之？	采来白蒿什么用？
公侯之事。	给予公侯祭祖考。
于以采蘩？	什么地方采白蒿？

于涧之中③。　　幽深山涧走一遭。
于以用之？　　采来白蒿什么用？
公侯之宫。　　拿给公侯祭宗庙。

被之僮僮④，　　首饰佩戴得整齐，
夙夜在公。　　早晚参加祭祀礼。
被之祁祁⑤，　　佩戴首饰多华丽，
薄言还归。　　祭祀完毕转家去。

注释

①于以：林之棠《诗经音释》言，“于以，问词”；一说，于以作语助词。蘩：白蒿，生陂泽中，似嫩艾叶，茎或赤或白，根茎可食。

②沼：沼泽。沚：小洲。

③涧：山夹水。

④被：通“髲”（bì）。《毛诗故训传》载：“首饰也。”陈奂《诗毛氏传疏》言：“被亦用编发。”编发，即妇人头上用的假发。僮僮（tóng）：陈奂《诗毛氏传疏》言，“古僮、童通。《射义》注，引《诗》‘被之童童’。《广雅》，‘童童，盛也’……童童为首饰盛”。

⑤祁祁：形容首饰盛；一说舒迟貌。

草虫

题解 女子怀念丈夫时的忧伤。

喓喓草虫[①]，	鸣声喓喓是草虫，
趯趯阜螽[②]。	跳跃追赶有蚱蜢。
未见君子，	当我还未见那人，
忧心忡忡[③]。	愁得心儿跳咚咚。
亦既见止[④]，	我既远远看见他，
亦既觏止[⑤]，	既然和他来相见，
我心则降。	心平气和才轻松。

陟彼南山，	爬那南山走又歇，
言采其蕨。	为的是要去采蕨。
未见君子，	当我还没见那人，
忧心惙惙[⑥]。	心中发愁意惶惑。
亦既见止，	我既远远看见他，
亦既觏止，	既然和他来会面，
我心则说[⑦]。	我的心儿才喜悦。

陟彼南山，　　爬那南山路迂回，
言采其薇[8]。　　为的是要去采薇。
未见君子，　　当我还没见那人，
我心伤悲。　　五内如摧心伤悲。
亦既见止，　　我既远远看见他，
亦既觏止，　　既然和他会了面，
我心则夷[9]。　　我心才能得安慰。

注释

①喓喓（yāo）：虫鸣声。草虫：郝懿行《尔雅义疏》言，“草螽，《诗》作草虫……《释文》引《草木疏》云，‘草螽……大小长短如蝗而青也’”。按此说颇像“纺织娘”，也好像北方的“蝈蝈儿”。

②趯（tì）：通“跃”。

③忡忡（chōng）：心跳。

④止：语助词。

⑤觏（gòu）：遇见。

⑥惙（chuò）：忧。许慎《说文解字》言：“惙，一曰意不定也。”

⑦说（yuè）：通“悦”。

⑧薇：草本植物，又名“巢菜”，或“野豌豆”。

⑨夷：平，指平静。马瑞辰《毛诗传笺通释》言：“心平则喜……”

采蘋

题解　女子为贵族采蘋祭祀。

于以采蘋[①]？	什么地方采浮萍？
南涧之滨。	在那南山涧水滨。
于以采藻？	什么地方采水藻？
于彼行潦[②]。	水沟边上采的好。
于以盛之？	什么东西把它装？
维筐及筥[③]。	圆形篓子方形筐。
于以湘之[④]？	什么器皿把它煮？
维锜及釜[⑤]。	有腿锅儿没腿釜。
于以尊之？	什么地方放置它？
宗室牖下[⑥]。	放在宗室窗户下。
谁其尸之[⑦]？	什么人儿主其事？
有齐季女[⑧]。	有个美丽的女娃。

注释　①蘋：多年生水草。

②行潦（xíng lǎo）：水沟；一说路上的积水。王先谦《诗三家义集疏》言："行、潦二字相连为义，行之为言流也。雨水流行，渟蓄汙下之处，其水无源，故曰'行潦'。"

③筐：与筥（jǔ）均为竹器。方称"筐"，圆称"筥"。

④湘：烹煮。《韩诗》作"鬺"（shāng）。

⑤锜（qí）：镬的一种。陆德明《经典释文》言："三足釜也。"釜：炊具，鼎类。有脚称"鼎"，无脚称"釜"。

⑥牖（yǒu）：天窗。

⑦尸：主持。古时祭祀用人充当神，称"尸"。

⑧齐（chāi）：好貌。季女：少女。

甘棠

题解 人民怀念召伯。

蔽芾甘棠①，	枝叶茂盛的棠梨，
勿翦勿伐②，	不剪不砍莫动它，
召伯所茇③。	召伯曾留在树下。
蔽芾甘棠，	枝叶茂盛的棠梨，
勿翦勿败④，	不剪不劈莫损它，

召伯所憩。　　召伯曾歇在树下。

蔽芾甘棠，　　枝叶茂盛的棠梨，
勿翦勿拜⑤，　　不剪不拔莫伤它，
召伯所说⑥。　　召伯曾停在树下。

注释

①蔽芾（fèi）：《毛诗故训传》载，“小貌”。朱熹《诗集传》言，“盛貌”。甘棠：棠梨树，又名“杜树”，落叶乔木，果实圆而小，味涩可食。

②翦：“剪”的异体字。

③茇（bá）：在草间住宿。严粲言：“《毛诗故训传·郑玄笺》载，‘茇’，草舍也。朱氏曰，‘止于其下以自蔽，犹‘草舍’耳。非真作‘舍’也。”胡承珙《毛诗后笺》言：“茇字当为‘废’之假借。《说文》，‘废，舍也’。”

④败：许慎《说文解字》言，“伐，击也……一曰败也”。败，亦同“伐”义。

⑤拜：吴闿生《诗义会通》言：“拜，拔也。《广韵》引作‘扒’。”扒义同“擘”，擘即剖、分开。

⑥说（shuì）：休憩，止息。《毛诗故训传》载：“说，舍也。”即停留。

行露

题解 女子不为强暴所迫，自述已志，作此诗以绝其人。

厌浥行露[①]，	道上露水湿漉漉，
岂不夙夜？	岂有不愿早早走？
谓行多露[②]。	就怕水多难行路。
谁谓雀无角[③]！	谁说雀子没嘴角！
何以穿我屋？	怎会啄穿我家屋？
谁谓女无家[④]，	谁人说你没成家，
何以速我狱[⑤]？	凭啥使我进监狱？
虽速我狱，	虽然使我进监狱，
室家不足[⑥]！	要想成家礼不足！
谁谓鼠无牙，	谁说老鼠没有牙，
何以穿我墉[⑦]？	怎会打通我家墙？
谁谓女无家，	谁人说你没成家，
何以速我讼？	凭啥逼我来诉讼？
虽速我讼，	虽然逼我来诉讼，

亦不女从！　　　　我也坚决不顺从！

注释

①厌浥（yì yì）：沾湿。陈奂《诗毛氏传疏》言："《说文》曰，'浥，湿也'……厌、浥、湿三字声同。"

②谓：马瑞辰《毛诗传笺通释》言，"谓，疑'畏'之假借。'谓行多露'，正言畏行道之多露耳"。

③角：闻一多《诗经通义》言，"《说文》曰，'噣，喙也'。角即'噣'之本字"。

④女：同"汝"；一说女儿。

⑤速：招致。

⑥家：朱熹《诗集传》言，"谓以媒聘求为家室之礼也"；一说婆家。

⑦墉：墙。

羔羊

题解　描写统治阶级士大夫的安闲生活。

羔羊之皮，　　　　羔羊袄儿皮毛松，
素丝五纶①。　　　五处花边白丝缝。

退食自公②，　　退朝回家去吃饭，
委蛇委蛇③。　　步子悠闲兴冲冲。

羔羊之革④，　　羔羊袄儿好皮革，
素丝五緎⑤。　　五处花边白丝缀。
委蛇委蛇，　　步子悠闲从容走，
自公退食。　　回家吃饭很自得。

羔羊之缝⑥，　　羔羊袄儿缝子宽，
素丝五总⑦。　　五处花边白丝缠。
委蛇委蛇，　　步子悠闲心舒畅，
退食自公。　　退朝吃饭回家转。

注释

①五紽（tuó）：陈奂《诗毛氏传疏》言，“五，古文作‘乂’，当读为交午之‘午’”。严粲《诗缉》言，“紽，缝也”。闻一多《诗经通义》言，“缝之义亦交午也”。午字在古字中像“8”，即丝交午成束形；紽交午之状，亦交午束丝之名。五与午，佗与紽并古字通。“五紽”，指针交织连缝的线路痕迹。紽，一说，以丝饰裘之名。林之棠《诗经音释》言：“紽、緎、总，皆数也。”

②退食自公：朱熹《诗集传》言，“退朝而食于家也”。马瑞辰释为“公家供卿大夫之常膳”，“以‘退食自公’，为自公食

而退”。

③委蛇（wēi yí）:《毛诗故训传·郑玄笺》载,“委曲自得之貌”。屈原《离骚》言,“载云旗之委蛇”。委蛇是旗帜扬貌。从人摇摆而行的样子，推知其心胸舒畅，以见其“行服相称，内外得宜”。《韩诗》作“逶迤”，曲折前进。

④革：马瑞辰《毛诗传笺通释》言,“革、鬲，古同音。革，当为‘革鬲’之同音假借。《说文》,‘革鬲，裘里也’”。

⑤绒（yù）:《毛诗故训传》载,“绒，缝也”。闻一多《诗经通义》言,“《传》训绒为‘缝’者，缝之义亦交午也”。

⑥缝：皮裘。闻一多《诗经通义》言：“依字当作‘韄’。《集韵》引《字林》‘韄，被韄也’。”

⑦总：闻一多《诗经通义》言,“午束两丝谓之‘总’…… 总与交午，义本相因也”。

殷其雷

题解　妇人盼望远行从役的丈夫早早归来。

殷其雷①，　　雷声殷殷震百里，
在南山之阳②。　隆隆发自南山阳。
何斯违斯③，　　为啥离此又他往，

莫敢或遑[4]？	不敢休息为哪桩？
振振君子，	诚实忠厚的人呀，
归哉归哉！	归来归来快整装！
殷其雷，	雷声殷殷震百里，
在南山之侧。	隆隆发自南山侧。
何斯违斯，	为啥离此又他往，
莫敢遑息？	不敢休息总离别？
振振君子，	诚实忠厚的人呀，
归哉归哉！	归来归来莫作客！
殷其雷，	雷声殷殷震百里，
在南山之下。	隆隆发自南山下。
何斯违斯，	为啥离此又他往，
莫或遑处[5]？	不敢休息求闲暇？
振振君子，	诚实忠心的人呀，
归哉归哉！	归来归来早回家！

注释

①殷（yǐn）：雷声。殷其雷即殷然雷声的意思。

②阳：山的南面称“阳”。日光常照的地方。

③斯：指示词。朱熹《诗集传》言：“何斯——斯，此人也；

违斯——斯，此地也。”违:《尔雅》载,“远也”。

④或：有。马瑞辰《毛诗传笺通释》言:“或、有，古通用。”

遑（huáng）：闲暇。

⑤处:《毛诗故训传》载,“居也”。

摽有梅

题解 女子希望男方及时前来求婚。

摽有梅[1]，	树上梅子落纷纷，
其实七兮[2]。	枝头还留有七成。
求我庶士[3]，	谁人有心追求我，
迨其吉兮[4]。	赶快趁着好时辰。
摽有梅，	树上梅子落纷纷，
其实三兮。	枝头只留有三成。
求我庶士，	谁人有心追求我，
迨其今兮。	今儿就是好时辰。
摽有梅，	树上梅子落纷纷，

顷筐塈之⑤。	提着筐儿走来盛。
求我庶士，	谁人有心追求我，
迨其谓之⑥。	说句话儿就得成。

注释

①摽（biào）：坠落；一说掷、抛。

②七：一说“七”与下章的“三”均不是指实数，古人以“七”到“十”的数表示多数；“三”以下的数表示少数。

③庶：众。

④迨：及时。

⑤顷筐：撮箕之类。塈（jì）：取；一说给。闻一多《诗经通义》言：“塈读为‘气’。《广雅》曰‘气，予也’……‘顷筐气之’则梅已抛尽，并其筐亦抛予之也。”

⑥谓：聚会；一说开口讲话；一说归，指女子出嫁。

说明

本篇诗的主题思想，据闻一多《诗经新义》考证，应为男女青年聚会，抛掷梅子选择情人。闻一多说：“摽，即古‘抛’字。顾野王《玉篇》曰‘摽，掷也’，《卫风·木瓜》曰‘投我以木瓜，报之以琼琚。匪报也，永以为好也’，当是女之求士者，相投之以木瓜，示愿以身相许之意，士亦嘉纳其情，因报之以琼瑶以定情也。”又说，“《召南·摽有梅》亦女求士之诗，而摽与投字既同谊，梅与木瓜、木桃、木李又皆果属，则摽梅亦女以梅摽男，而以梅相摽，亦正所以求之之法耳。”闻一多认为这是“古俗于夏季果熟之时，会人民于林中，士女分曹而聚，女各以果投其所悦之士，中焉者或以佩玉相报，即相约为夫妇焉”。

小星

题解 位卑职微的小吏，对自己日夜奔忙的命运发出不平的浩叹。

嘒彼小星①，	小小星儿发微光，
三五在东②。	三三五五在东方。
肃肃宵征③，	急急慌慌连夜走，
夙夜在公，	为了官家早晚忙，
寔命不同④！	只因命运不一样！
嘒彼小星，	光线微弱那小星，
维参与昴⑤。	还有参昴大星辰。
肃肃宵征，	急急慌慌连夜走，
抱衾与裯⑥。	只好抛弃裯和衾，
寔命不犹⑦！	只因命运不如人！

注释

①嘒（huì）：微貌。

②三五：参三星、昴五星，指参昴；一说列举天上星星的数目。

③肃肃：姚际恒《诗经通论》言，“肃、速同，疾行貌”。宵：夜。征：行。

④寔：“实”的异体字。是；此。

⑤参（shēn）、昴（mǎo）：星名，二者皆为二十八宿之一。

⑥抱：一说当读“抛”。闻一多《诗经新义》言，“抛作‘抱’，并二字古通之证。‘抛衾与裯’者……抛弃衾裯，不遑寝息”。衾（qīn）：被子。裯（chóu）：被单。

⑦犹：若；如；同。

江有汜

题解 媵女不得从嫁的怨词。

江有汜①，	大江也有倒流水，
之子归②，	这个姑娘要嫁人，
不我以③。	姑娘嫁人不用我。
不我以，	现在你既不用我，
其后也悔！	将来必然会后悔！

江有渚④，	大江也有小沙洲，
之子归，	这个姑娘出嫁走，
不我与⑤。	姑娘出嫁不带我。
不我与，	现在你既不带我，
其后也处⑥！	将来一定会发愁！

江有沱⑦，	大江也会有支河，
之子归，	这个姑娘要出嫁，
不我过⑧。	姑娘出嫁不理我。
不我过，	现在既然不理我，
其啸也歌⑨！	你后悔时哭当歌！

注释

①汜（sì）:《毛诗故训传》载,“决复入为汜”，由主流分出而复汇合的河水。

②之子归：一说应为“之子于归”。

③不我以：陈奂《诗毛氏传疏》言,“以，用也。不我以，不用我”。《邶风·谷风》有“不我屑以”之句，义同。用：需要。

④渚:《尔雅》载,“水中可居者曰‘洲’，小洲曰‘渚’”。《毛诗故训传》载,“水岐成渚”。

⑤不我与：陈奂《诗毛氏传疏》言,“不我与，不与我也。以、与二字，浑言义同”。

⑥处：闻一多《诗经新义》言,“处，亦疑当读为‘癙’，训

‘忧’，‘处’‘瘟’音同”。

⑦沱（tuó）：江水的支流。《毛诗故训传》载：“江之别者。”

⑧不我过：许慎《说文解字》言，“过，度也”。度，即“踱”。王先谦《诗三家义集疏》言，“《汉书·陆贾传》注，‘过，至也’。不我过，谓不至我所。”

⑨啸：蹙口出声，以舒愤懑之气；一说号哭。闻一多《诗经通义》言：“啸歌者，即号歌，谓哭而有言，其言又有节调也。”

说明 这首诗的题意历来有两种说法，一说系媵女未得从嫁的怨词。诸侯嫁女，多以媵女陪嫁。一说为弃妇怨词。汜，江水分出支流而复汇合，是为本水；渚，洲旁分水；沱，江水的支流；借喻丈夫有了新欢，爱情不专一。

野有死麕

题解 青年男女，在郊外获得爱情。

野有死麕[1]，	獐子尸体丢荒郊，
白茅包之。	清洁白茅把它包。

有女怀春，	年轻姑娘心儿动，
吉士诱之②。	青年猎人把她撩。

林有朴樕③，	大树林里有小树，
野有死鹿。	荒郊地里有死鹿。
白茅纯束④，	白茅搓绳捆着它，
有女如玉。	年轻姑娘美如玉。

舒而脱脱兮⑤！	慢慢来呀悄悄行！
无感我帨兮⑥！	不要动着我佩巾！
无使尨也吠⑦！	不要惹那狗乱吠！

注释

①麕（jūn）：獐子，像鹿，比鹿小，无角。闻一多《诗经新义》言："古人婚礼纳徵，用鹿皮为贽。"近世一些少数民族男子爱上女子，也猎取野兽馈赠女方，女方接受了，便是表示允许。

②吉士：指男猎人。

③朴樕（sù）：《毛诗故训传》言，"小木也"。

④纯束：捆扎。陈奂《诗毛氏传疏》言："纯亦束也。"

⑤舒：语助词；一说徐。脱脱（tuì tuì）：缓慢。《毛诗故训传》言："舒迟也。"

⑥感（hàn）：通"撼"，动摇。帨（shuì）：帨巾，佩巾；围腰。

⑦尨（máng）：多毛的狗。

何彼襛矣

题解 刺王姬出嫁，车服奢侈。

何彼襛矣[①]？	怎么这样的美丽？
唐棣之华[②]。	李子开花白如玉。
曷不肃雝[③]？	庄严雍和怎没见？
王姬之车。	那是王姬的乘舆。
何彼襛矣？	怎么这样的艳丽？
华如桃李。	艳丽有如桃和李。
平王之孙，	那是平王的外孙，
齐侯之子[④]。	也是齐侯的娇女。
其钓维何？	用啥鱼线才能行？
维丝伊缗[⑤]。	钓鱼用丝做钓纶。
齐侯之子，	那是齐侯的娇女，
平王之孙。	也是平王的外孙。

注释 ①襛（nóng）：繁盛貌。《韩诗》作“戎”。

②唐棣（dì）:《毛诗故训传》载,“栘也”。郭璞注《尔雅》言,“栘，似白杨，江东呼为‘夫栘’”。陆玑《毛诗草木鸟兽虫鱼疏》言,“(唐棣)奥李也……亦曰‘车下李’……”一说唐棣是车上的裳帷。闻一多《诗经新义》言,“唐棣即裳帷……常即衣裳本字，棣亦当读为‘帷’”,“裳帷，张布在车上，布下垂如帐”。

③肃：庄严。雍：雍容。

④平王、齐侯：平王、齐侯是谁？无定说，一说平王系指周文王。

⑤其钓维何？维丝伊缗（mín）：一说比喻婚姻门户相当。闻一多认为《诗经》中的“钓鱼”“吃鱼”是婚姻、恋爱的隐语。维：语助词。缗：钓丝。

驺虞

题解 称颂猎人的射击本领。

彼茁者葭①，	芦苇长得真茁壮，
壹发五豝②。	箭发射在母猪上。
吁嗟乎驺虞③！	啊！猎人真正是好样！
彼茁者蓬④，	蓬蒿长得真茁壮，

壹发五豵⑤。　　箭发射在小猪上。

吁嗟乎驺虞！　　啊！猎人真正是好样！

注释

①茁（zhuó）：草初生出地貌。葭（jiā）：初生的芦苇。

②壹：发语词。马瑞辰《毛诗传笺通释》言："壹发五豝，壹发五豵，二'壹'字皆发语词。"发：发矢。豝（bā）：牝豕。

③驺（zōu）虞：义兽；一说猎人。《毛诗故训传》载："驺虞，义兽也。"王先谦《诗三家义集疏》言："《鲁诗》说曰，'驺者，天子之囿也。虞者，囿之司兽者也'。"

④蓬：《毛诗故训传》载，"草也"。许慎《说文解字》言，"蒿也"。

⑤豵（zōng）：小猪。一岁曰'豵'。

说明

本篇有不同的解释，分歧的意见在"壹发五豝""壹发五豵"，以及"驺虞"上。二者如果得到确解，本篇的中心思想也就明确了。驺虞应为猎人而不是兽名。如果从全诗来看，作为兽名解释，一章和二章都不成义，全诗也不成义。古来释"驺虞"为猎人，也不乏见，《鲁诗》就是一个例子。今人鲍昌《释〈驺虞〉》（载于一九七八年第六期《南开大学学报》）言："虞字最原始意义……其字从'虍'从'吴'。'虍'是虎的象形；吴字从'大口'，含意为大声说话或喧哗……虞字可会意为披着虎皮大声呼叫的人，这正是古代猎人的形象。”又说：“驺字从‘马刍’。故驺以刈草饲马会意为‘厩御’，亦即指饲养牲畜的人……所以后来就把他们相提并论，出现了‘驺虞’。”“壹发五豝”（五豵），“壹”，本马瑞辰说为发语词；全句，朱熹说，“中必叠双也”亦通。古人每以七到十为多数，三以下为少数。五在三以上亦为多数。发五豝发五豵，是射得多，正因为射得多显示了猎人的本领。“彼茁者葭”“彼茁者蓬”，说的是初生出土的芦苇和刚冒出土的蓬蒿，疑为比喻猎人之词。这个猎人不仅本领过人，而且年轻。

◎ 邶风

柏舟

题解 妇人遭受遗弃，又为群小所欺，坚持真理，不甘屈服的抒愤诗。

汎彼柏舟①，　　荡着小小柏木舟，
亦汎其流②。　　随波上下泛中流。
耿耿不寐③，　　长夜不安难入睡，
如有隐忧④。　　如有烦恼万般愁。
微我无酒⑤，　　并非要喝没有酒，
以敖以游。　　也非想游没处游。

我心匪鉴⑥，　　我心不是那明镜，
不可以茹⑦。　　不能好丑都照尽。
亦有兄弟，　　也有同胞亲兄弟，
不可以据。　　要靠兄弟也不行。
薄言往愬⑧，　　也曾向他去倾诉，
逢彼之怒。　　他反向我大发怒。

我心匪石，	我心不比那磐石，
不可转也。	更比磐石难转移。
我心匪席，	我心不比那草席，
不可卷也。	更比草席难卷起。
威仪棣棣[9]，	人人各自有威仪，
不可选也[10]。	哪能随便让人欺。
忧心悄悄[11]，	满心烦乱如火烧，
愠于群小[12]。	得罪小人我心焦。
觏闵既多[13]，	受到痛苦既已多，
受侮不少。	遭到侮辱也不少。
静言思之，	痛定思痛静静想，
寤辟有摽[14]。	双手捶胸气难消。
日居月诸[15]，	请问月亮和太阳，
胡迭而微[16]？	有时为啥不放光？
心之忧矣，	烦恼在心洗不掉，
如匪浣衣。	好比没洗脏衣裳。
静言思之，	痛定思痛静静想，
不能奋飞。	恨不奋起高飞翔。

注释

①汎（fàn）：浮行；随水冲走。

②流：中流；水中间。

③耿耿：形容心中不安。《毛诗故训传》载："耿耿，犹儆儆也。"马瑞辰《毛诗传笺通释》言："儆借作'耿'。耿一作'炯'。《诗》耿、炯音义并同。"

④隐忧：深忧，隐亦忧也，又痛也。《韩诗》作"殷"。

⑤微：无。

⑥鉴：青铜器名。古人盛水于鉴以照影，战国以后铜镜也称为"鉴"。

⑦茹（rú）：王先谦《诗三家义集疏》言，"容也"。胡承珙《毛诗后笺》言，"欧阳本义训茹为'纳'，谓鉴纳形在内，不择妍丑，我心不能兼容善恶"。

⑧愬（sù）：告诉。

⑨威仪：左丘明《左传》言，"有威而可畏谓之'威'；有仪而可象谓之'仪'"。《诗经》中的"威仪"，有尊严、面子等意思，以及西周贵族阶级认为修身养性的庄严容止。棣棣：雍容娴雅貌。

⑩选：闻一多《风诗类钞》言，"选，巽。屈挠退让也"。

⑪悄悄：忧貌。

⑫愠（yùn）：怨恨。

⑬闵（mǐn）：忧伤。

⑭寤：交互。闻一多《诗经通义》言："为五之孳乳字……正当读为'互'。"辟（pì）：通"擗"，捶胸。摽：《毛诗故训传》载，"拊心貌也"。闻一多《诗经通义》言，"摽，读为

‘嘌’…… 象击声”。

⑮居、诸：作语助词。

⑯迭：更迭。微：指隐微无光。

绿衣

题解　诗人睹物伤心，感情缠绵地悼念亡妻。

绿兮衣兮，	绿衣服啊绿衣服，
绿衣黄里①。	绿的面子黄的里。
心之忧矣，	心忧伤啊心忧伤，
曷维其已②！	这份忧伤何时已！

绿兮衣兮，	绿衣服啊绿衣服，
绿衣黄裳。	绿的衣服黄的裳。
心之忧矣，	心忧伤啊心忧伤，
曷维其亡③！	这份忧伤何时忘！

绿兮丝兮，	绿色丝啊绿色丝，
女所治兮。	绿丝是你亲手治。

我思古人[4]，　　教我想念故人啊，
俾无訧兮[5]！　　使我一生少过失！

絺兮绤兮[6]，　　葛布不论粗和细，
凄其以风[7]。　　穿上只觉凉凄凄。
我思古人，　　教我想念我故人，
实获我心！　　事事都中我心意！

注释

①里：余冠英《诗经选译》言，“里，在里面的衣服，即指下章‘黄裳’的裳。从上下说，衣在上，裳在下；从内外说，衣在外，裳在里”。

②已：止。

③亡：通“忘”；一说停止。王引之《经义述闻》言：“亡，犹已也。”

④古人：故人，指故妻。

⑤俾（bǐ）：使。訧（yóu）：同“尤”，过失、罪过。

⑥絺（chī）：细葛布。绤（xì）：粗葛布。

⑦凄：凉意。

燕燕

题解 卫庄姜送归妾。

燕燕于飞[①]，　　双双燕子展翅飞，
差池其羽[②]。　　翅儿参差不整齐。
之子于归，　　这个人儿回家转，
远送于野。　　远出相送到郊区。
瞻望弗及，　　渐渐远去望不见，
泣涕如雨。　　泪珠滚滚如落雨。

燕燕于飞，　　双双燕子展翅飞，
颉之颃之[③]。　　翩翩上下好如意。
之子于归，　　这个人儿回家转，
远于将之。　　远去送行道别离。
瞻望弗及，　　渐渐远去望不见，
伫立以泣[④]。　　久立原地掩面泣。

燕燕于飞，　　双双燕子展翅飞，
下上其音。　　上下呢喃细语声。

之子于归，　　这人于此回家转，
远送于南⑤。　　远去送行到南门。
瞻望弗及，　　渐渐远去望不见，
实劳我心。　　千愁万感伤我心。

仲氏任只⑥，　　仲氏你有好德行，
其心塞渊。　　诚实深远是其心。
终温且惠⑦，　　性情柔和又温顺，
淑慎其身。　　一生行事极谨慎。
先君之思，　　临行追念及先君，
以勖寡人。　　就将好话劝寡人。

注释

①燕燕：即燕子。

②差池其羽：形容燕子“张舒其尾翼”。姚际恒《诗经通论》言：“燕尾双歧如剪，故曰‘差池’。”

③颉（jié）之颃（háng）之：飞而上曰“颉”；飞而下曰“颃”。

④伫（zhù）：久立等待。

⑤南：野外。闻一多《诗经通义》言：“南、林，古声近字通。”一说南方。朱熹《诗集传》言：“于南者，陈在卫南。”

⑥仲氏任只：仲，排行第二；氏，姓氏；任，姓；只，作语助词。

⑦终：既，已经。

说明 此诗是送别之词，但是，谁送谁呢？意见有分歧。《毛诗·序》言：“《燕燕》，卫庄姜送归妾也。”据左丘明《左传》所载鲁隐公三年、四年的记事，卫庄公妻庄姜无子，以庄公妾陈女戴妫之子完为己子，庄公死，完即位，不久被州吁所杀；《毛诗·序》盖以为此诗是完被杀后，戴妫被迫归陈，庄姜相送之作。《韩诗》则说是卫定姜归其娣，送之而作。《鲁诗》《齐诗》均以为定姜送其媳归宁；一说是某一个国君送妹出嫁。

日月

题解 女子控诉丈夫对她的遗弃；一说卫庄姜为失宠于庄公而作。

日居月诸[①]，	月亮月亮和太阳，
照临下土。	光辉昼夜照四方。
乃如之人兮，	就是这样一个人，
逝不古处[②]。	与我相处变了样。
胡能有定[③]，	他的脾气哪有准，
宁不我顾[④]。	不曾顾我把我忘。

日居月诸，	太阳太阳和月亮，
下土是冒[⑤]。	日夜普照大地上。
乃如之人兮，	就是这样一个人，
逝不相好。	对我不好变了样。
胡能有定，	他的脾气哪有准，
宁不我报[⑥]。	不报答我把我忘。

日居月诸，	月亮月亮和太阳，
出自东方。	东方闪闪露光芒。
乃如之人兮，	就是这样一个人，
德音无良[⑦]。	半句好话也不讲。
胡能有定，	他的脾气哪有准，
俾也可忘！	已经完全把我忘！

日居月诸，	太阳太阳和月亮，
东方自出。	光芒四射出东方。
父兮母兮，	我的爸啊我的娘，
畜我不卒[⑧]。	何不把我终身养。
胡能有定，	他的脾气哪有准，
报我不述[⑨]！	对我无礼不像样！

注释

①居：陈奂《诗毛氏传疏》言，“居字当读为‘其’，语助词”。诸：作语助词。

②逝：朱熹《诗集传》言，“发语词”。闻一多《诗经通义》言，“逝与‘遾’‘噬’通。遾、曷并训‘逮’，是噬亦同‘曷’也……曷为疑问副词”。古处：旧处，原来相处；一说即“姑处”。闻一多《诗经通义》言，“古处本即‘姑处’……‘逝不古处’，言曷不暂时留居……”

③定：止。指心定、心安。

④宁：乃，曾；一说岂，难道。

⑤冒：覆盖。

⑥不报：陈奂《诗毛氏传疏》言，“即不答也”。

⑦德音无良：姚际恒《诗经通论》言，“音字不必泥，犹云‘其德不良耳’”。《毛诗故训传·郑玄笺》载，“无善恩意之声语于我也”。

⑧畜我不卒：马瑞辰《毛诗传笺通释》言，“《孟子》，‘畜君者，好君也’。畜我不卒，谓好我不终”。

⑨不述：朱熹《诗集传》言，“述，循也。言不循义理也”。吴闿生《诗义会通》言，“陈奂云，述即‘遹’字，不遹，不道也。《韩诗》作‘不术’。术，法也”。

终风

题解 女子对狂暴的丈夫的怨恨；一说卫庄姜伤所遇不淑。

终风且暴[1]，	狂风吹得大又疾，
顾我则笑。	见了我时笑嘻嘻。
谑浪笑敖[2]，	对我戏谑又讪笑，
中心是悼。	使我伤心带烦恼。
终风且霾[3]，	狂风大作扬尘土，
惠然肯来。	难得大驾肯光顾。
莫往莫来，	如果不来又不往，
悠悠我思。	我又老是把他想。
终风且曀[4]，	既是狂风又天阴，
不日有曀。	不见太阳黑沉沉。
寤言不寐，	翻来覆去不能睡，
愿言则嚏[5]。	念他使他打喷嚏。
曀曀其阴，	黑黑沉沉是天阴，

虺虺其雷[6]。　　轰轰震动是雷声。
寤言不寐，　　翻来覆去睡不着，
愿言则怀。　　但愿他能想着我。

注释

①终：终日；一说既。王引之《经义述闻》言："终，犹既也。"暴：《毛诗故训传》载，"疾也"。许慎《说文解字》引作瀑，"瀑，急雨也"。

②谑浪笑敖：戏谑。

③霾（mái）：阴霾。空气中悬浮着的大量的烟尘所形成的混浊现象。

④曀（yì）：阴而有风。王先谦《诗三家义集疏》言："《释名》，'曀，翳也'，谓日光掩翳也。"

⑤愿言则嚏：严粲言，"言我为伤悼汝之故，寤觉而不寐，愿汝嚏也"。嚏：打喷嚏。

⑥虺虺（huǐ）：雷始发之声。

击鼓

题解　卫国兵士，远戍陈国和宋国，久役不得归，怀念妻子，回忆临行与妻子诀别之词。

击鼓其镗[①]，　　大鼓擂得咚咚响，
踊跃用兵[②]。　　士兵踊跃练刀枪。
土国城漕[③]，　　国人运土建漕城，
我独南行。　　独独派我去南方。

从孙子仲，　　跟从统兵孙子仲，
平陈与宋[④]。　　联好与国陈和宋。
不我以归，　　既不允许我回家，
忧心有忡。　　满腹忧愁心伤痛。

爰居爰处？　　何处是我安身地？
爰丧其马[⑤]？　　何处使我丢马匹？
于以求之？　　叫我哪里去寻找？
于林之下。　　只好找到树林里。

死生契阔[⑥]，　　苦生苦死在一道，
与子成说[⑦]。　　曾经和你约过了。
执子之手，　　紧紧握着你的手，
与子偕老。　　愿意白头同偕老。

于嗟阔兮[⑧]，　　可叹如今相别离，

不我活兮。　　要想生还不能去。
于嗟洵兮[9]，　　可叹如今远离别，
不我信兮[10]。　　使我誓约成空语。

注释

①镗：鼓声。许慎《说文解字》引作“鼞”。
②兵：武器，刀枪之类。
③土国：《毛诗故训传·郑玄笺》载，“或役土功于国”。
④平：朱熹《诗集传》言，“平，和也。合二国之好也”。
⑤爰居爰处？爰丧其马：《毛诗故训传》载，“有不还者，有亡其马者”。《毛诗故训传·郑玄笺》载，“不还，谓死也、伤也、病也。今于何居乎？于何处乎？于何丧其马乎？”爰：《诗经》中多为语助词，亦作疑问代名词。
⑥契阔：马瑞辰《毛诗传笺通释》言，“契当读如契合之‘契’，阔读如疏阔之‘阔’……契阔与死生相对成文，犹云合离聚散耳”。
⑦成说：马瑞辰《毛诗传笺通释》言，“成说即成言也……《传》训说为‘数’者，盖为预有成计，犹言有成约也”。
⑧阔：许慎《说文解字》言，“疏也”，即离别之意。
⑨洵：远。《韩诗》作“夐”。
⑩信：古“伸”字，志不得伸；一说犹言终古；一说“誓约有信”的“信”。

凯风

题解 七子对母亲抚育劳苦的咏叹；一说七子因父虐待其母，故作此诗，名为慰母，实为谏父。

凯风自南[1]，	和风吹来从南方，
吹彼棘心[2]。	吹得枣树渐渐长。
棘心夭夭，	枣树长得嫩葱葱，
母氏劬劳[3]。	辛苦劳累我亲娘。
凯风自南，	和风吹来从南方，
吹彼棘薪。	枣树成柴长又长。
母氏圣善，	亲娘慈祥又良善，
我无令人。	子不成材难报娘。
爰有寒泉，	哪口井水寒透骨，
在浚之下[4]。	井水就在浚城处。
有子七人，	枉有儿子七个人，
母氏劳苦。	母亲劳累多辛苦。

睍睆黄鸟⑤，	美丽黄雀咭咭鸣，
载好其音。	黄雀叫得好歌声。
有子七人，	枉有儿子七个人，
莫慰母心。	不能安慰娘的心。

注释

①凯风：和风；一说南风。

②棘（jí）心：棘即酸枣，落叶灌木，枝上多刺，开黄绿色小花，实小，味酸。马瑞辰《毛诗传笺通释》言：“盖枣棘初生，皆先见尖刺，尖刺即心，心即纤小之义。”

③劬（qú）：辛苦。

④爰有寒泉，在浚之下：闻一多《诗经通义》言，“皆言泉水浸薪，疑本篇寒泉乃承上章棘薪而言，亦谓薪为泉水所浸而受伤害”。本篇这两句，可能为古代的俗语，以薪为泉水所浸，薪不能长，或薪被水打湿不能着火，比喻儿女遭受灾害，使母亲更加辛劳。

⑤睍睆（xiàn huǎn）：犹间关，鸟叫声；一说美丽、好看。《毛诗故训传》载：“好貌。”

雄雉

题解

妻子怀念远役的丈夫。

雄雉于飞，	野鸡飞翔在深林，
泄泄其羽[①]。	缓缓来往飞不停。
我之怀矣，	我今怀念远行人，
自诒伊阻[②]。	自留阻隔难相近。
雄雉于飞，	野鸡飞翔在深林，
下上其音。	上下飞鸣好歌声。
展矣君子[③]，	诚实可爱的人啊，
实劳我心。	朝思暮想劳我心！
瞻彼日月，	眼看日子过得快，
悠悠我思。	常常想起挂心怀。
道之云远[④]，	路道又是那么远，
曷云能来？	什么时候能回来？
百尔君子[⑤]，	请问大人先生们，
不知德行？	不知什么叫德行？
不忮不求[⑥]，	不去害人不贪吝，
何用不臧[⑦]！	走到哪儿都得成！

注释 ①泄泄（yì）：朱熹《诗集传》言，“飞之缓也”。《毛诗故训传》

载，“雄雉见雌雉飞，而鼓其翼泄”。
②诒（yí）：通“贻”。伊：作语助词。
③展：诚实。
④云：作语助词。
⑤百尔君子：《毛诗故训传·郑玄笺》载，“汝众君子”。
⑥忮（zhì）：忌恨，害也。求：贪心。
⑦臧（zāng）：善。

匏有苦叶

题解 姑娘在河边等待对岸的情人；一说隐士不求进取之作。

匏有苦叶①，　　葫芦叶苦难入口，
济有深涉②。　　济水深处也能走。
深则厉③，　　水深连衣把河过，
浅则揭④。　　水浅双手把衣兜。

有弥济盈⑤，　　茫茫济水涨满河，
有鷕雉鸣⑥。　　野鸡叫唤声咯咯。
济盈不濡轨⑦，　　水满岂不淹车轮，
雉鸣求其牡。　　求伴叫唤是雌雉。

雍雍鸣雁[8]，　　和谐叫唤是雁鹅，
旭日始旦。　　初升红日照清波。
士如归妻[9]，　　你如有心来娶我，
迨冰未泮[10]。　　别等冰散先渡河。

招招舟子[11]，　　船夫摇船下小舟，
人涉卬否[12]。　　别人过河我不走。
人涉卬否，　　别人过河我不走，
卬须我友[13]。　　我要等待我朋友。

注释

①匏（páo）：葫芦之属。苦：苦味；一说枯。这句说，葫芦至八月叶变枯，已经老黄，可以挖空做渡水的工具。

②济：水名。涉：涉水过河；一说渡口。闻一多《诗经通义》言："涉，名词，谓水中可济涉之处，犹津也。"

③厉：以衣涉水；一说拴葫芦在腰泅渡。闻一多《诗经通义》言："《广雅》曰，'厉'，带也。名词带谓之厉，动词带亦谓之厉。"

④揭（qì）：牵衣涉水；一说扛。闻一多《诗经通义》言："即揭荷之'揭'。"

⑤㳽（mí）：水满貌。盈：满。

⑥鷕（yǎo）：雌野鸡鸣声。

⑦不濡（rú）：不，语助词。濡，沾湿。轨：车轴头。

⑧雍雍：雁声和谐。

⑨归妻：娶妻。

⑩迨：及；乘时。泮（pàn）：同“胖”，融解。

⑪招招：闻一多《诗经通义》言，“《释文》引向注曰，‘调调、刁刁，皆动摇貌’…… 招招与调调、刁刁声同，谓舟子鼓楫时，身体屈伸动摇之貌也”。

⑫卬（áng）：我。卬否：即我不走之意。

⑬友：指爱侣。今人亦称男女一方为“朋友”。

谷风

题解 姑娘遭受遗弃。离家时，倾诉自己的不幸。

习习谷风①，	暴风吹得哗啦啦，
以阴以雨。	乌云满天雨又下。
黾勉同心②，	同心合意过日子，
不宜有怒。	不该动辄把怒发。
采葑采菲③，	拔了萝卜拔蔓菁，
无以下体④。	不单要叶也要根。
德音莫违，	过去恩情莫忘记，
及尔同死。	愿同谐老不变心。

行道迟迟[5]，　　被赶出门步子慢，
中心有违[6]。　　心里有恨气难散。
不远伊迩，　　路并不是那么远，
薄送我畿[7]。　　你只送到大门坎。
谁谓荼苦[8]，　　谁说苦菜味儿苦，
其甘如荠[9]。　　比我痛苦荠还甜。
宴尔新昏[10]，　　新婚快乐迷着你，
如兄如弟。　　更比兄弟还缠绵。

泾以渭浊，　　比了渭水泾水浑，
湜湜其沚[11]。　　泾水停流也会清。
宴尔新昏，　　快乐新婚迷着你，
不我屑以[12]。　　不屑再近我这人。
毋逝我梁，　　不要动我捕鱼梁，
毋发我笱[13]。　　不要打开我鱼筐。
我躬不阅[14]，　　我身尚且不相容，
遑恤我后[15]。　　难顾身后日子长。

就其深矣，　　过渡遇到河水深，
方之舟之。　　用桨用篙把船撑。
就其浅矣，　　过渡遇到河水浅，

泳之游之。　　下水游泳往前行。
何有何亡，　　家里东西无何有，
黾勉求之。　　不惜劳苦去寻求。
凡民有丧，　　邻里若有灾和难，
匍匐救之[16]。　　走着爬着也去救。

不我能慉[17]，　　你已不会再爱我，
反以我为仇。　　又当仇人看待我。
既阻我德，　　掩我美德说我坏，
贾用不售[18]。　　好比卖货没处卖。
昔育恐育鞫[19]，　　从前惊恐又困穷，
及尔颠覆[20]。　　颠沛流离你我同。
既生既育，　　如今生活好过了，
比予于毒。　　厌我看我像毒虫。

我有旨蓄[21]，　　我腌咸菜有一瓮，
亦以御冬。　　留到寒天好过冬。
宴尔新昏，　　快乐新婚迷着你，
以我御穷。　　用我积蓄挡贫穷。
有洸有溃[22]，　　对我咆哮大发怒，
既诒我肄[23]。　　全家活路给我做。

不念昔者，　　从前恩情你不念，
伊余来塈[24]。　　也曾相爱在一处。

注释

①习习（sà）：象声词。谷风：东风；一说暴风；一说山谷吹来的风。

②黾（mǐn）勉：勉力。

③采葑采菲：马瑞辰《毛诗传笺通释》言，“葑通作‘芜’；芜菁，芜菁也……《释草》，‘菲，芴……菲、菔一声之转，菲、菔、葩声亦相近，芦菔今作萝卜’”。

④无以下体：王夫之《诗经稗疏》言，“不可以其茎叶之恶而不采其根也……草木逆生，则根在下为上体，叶在上为下体”。如萝卜、蔓菁等，叶、根皆可吃。按王夫之说，“此二菜，初则食叶，后乃食根”，但此二菜主要是食根。本篇诗中含义更重要的是“要叶不要根”，比喻恋新人而遗弃故人。

⑤迟迟：迟缓，徐行貌。

⑥违：马瑞辰《毛诗传笺通释》言，“《释文》《韩诗》云，‘违，很也’……很亦恨也”。

⑦畿（jī）：门槛。

⑧荼（tú）：苦菜。

⑨荠：荠菜。

⑩宴：乐。

⑪湜湜（shí）：水清貌。沚：许慎《说文解字》中作“止”，沉淀。

⑫不我屑以：马瑞辰《毛诗传笺通释》言，“以，犹与也，不

我屑以，谓不我肯与”。

⑬毋逝我梁，毋发我笱（gǒu）：梁即用石头筑起的捕鱼用的堤坝。笱即捕鱼用的竹笼，大口窄颈，装有细竹的倒须，鱼能进，不能出。据闻一多《神话与诗·说鱼》考证，这两句应是古时的隐语。在《诗经》中，以鱼来代替“匹偶”或“情侣”。这里，是指不愿同丈夫言欢和好，反映了这个妇人的复杂心理状态——又想又恨。

⑭阅：容纳。

⑮恤（xù）：忧。

⑯匍匐：爬行。

⑰能：通“宁”。慉（xù）：爱。

⑱贾（gǔ）：经商。

⑲育恐育鞠：吴闿生《诗义会通》言，“育，长；鞠，穷也”。谓长期处于恐惧穷苦之中。闻一多《诗经通义》言，“本篇‘昔育恐育鞠’，义不可通，疑两育字为‘有’之误……且本篇与《小雅·谷风》篇，所咏一事，唯文词详略为异，当系一诗之分化。此之‘有恐有鞠’，即彼之‘将恐将惧’，有、将，皆语词，鞠即惧声之转也”。

⑳颠覆：艰难、患难。

㉑旨蓄：美菜。马瑞辰《毛诗传笺通释》言：“‘蓄’与‘蓫’古通……而诗言旨者，自贫者视之为旨耳。蓫为恶菜。”

㉒洸（guāng）：武貌。溃：怒貌。

㉓既诒我肄（yì）：既即尽。诒即遗留，留给。肄即辛劳的工作。

㉔来：语助词。塈（jì）：马瑞辰《毛诗传笺通释》言，“爱，

正字作‘悉’。《说文》，悉，惠也。悉，古文。是懸即古文爱字。此诗塈，疑即懸之假借。”

式微

题解 人民行役，颠连穷困，对统治者发出不平的怨恨。

式微式微①，　　快要晚来快要黑，
胡不归？　　为啥有家归不得？
微君之故②，　　不为官家去服役，
胡为乎中露③？　　为啥夜行身带露？

式微式微，　　快要晚来快要黑，
故不归？　　为啥有家归不得？
微君之躬④，　　不为养活你官家，
胡为乎泥中？　　为啥浑身滚泥巴？

注释 ①式：作语助词。微：昧，昏黑。
②微：非，不是。
③中露：露中，倒文以协韵。

④躬：身体。

旄丘

题解 黎人遭流亡之苦，责卫国不相救所发的呼声。

旄丘之葛兮[1]，	高高山上长葛藤，
何诞之节兮[2]。	为啥节儿是蔓生。
叔兮伯兮，	叔啊伯啊不早来，
何多日也？	为啥很久不在心？
何其处也？	为啥安居不动身？
必有与也。	必有同伴候你们。
何其久也？	为啥居留这样久？
必有以也。	必有其他啥原因。
狐裘蒙戎[3]，	狐裘皮毛乱纷纷，
匪车不东[4]。	并非车子不东行。
叔兮伯兮，	叔啊伯啊不早来，
靡所与同！	没有救难同情心！

琐兮尾兮[⑤]，　　我们国小人低微，
流离之子[⑥]。　　流亡的人难回归。
叔兮伯兮，　　叔啊伯啊不早来，
褎如充耳[⑦]！　　充耳不闻笑微微！

注释

①旄（máo）丘：前高后低的土山。

②诞（yán）：通“延”。马瑞辰言：“何诞之节兮，犹云何延其节也。延，长也。”节：葛的枝节。

③蒙戎：乱貌。陆德明《经典释文》言：“依《左传》读作‘尨茸’。”尨：多毛犬。茸：通“绒”，刺绣用的丝缕，指纷乱之状。

④匪：非也；一说和“彼”通用。

⑤琐兮尾兮：吴闿生《诗义会通》言，“琐，小也；尾，微也”。

⑥流离：鸟名，即“枭”；一说转徙离散。

⑦褎（yòu）：朱熹《诗集传》言，“多笑貌”。充耳：塞耳。古代挂在冠冕两旁以玉制成的饰物，各用丝绳下垂到耳门旁，叫“充耳”，又叫“塞耳”。后来，转化为“充耳不闻”一词。

说明

这首诗，一说是一个贵族妇女被遗弃了，漂泊在外，她丈夫有了新欢，对她的哀诉竟充耳不闻。余冠英《诗经选译》言：“女子呼爱人为伯、为叔，或叔伯，在诗经里常见。‘叔兮伯兮’语气像对两个人，实际是对一人说话。”诗中“以”与“与”都是指男女夫妻之间关系说的。“不我以”是“不要我”,“不我与”是“不爱我”;“必有以也”与“必有与也”指有了所爱,即新欢。

简兮

题解 刺贤人不为时用,居于伶官。

简兮简兮[1],	咚咚震响是鼓声,
方将万舞[2]。	羽籥舞蹈快举行。
日之方中,	正是太阳刚当顶,
在前上处[3]。	排头他是第一人。
硕人俣俣[4],	勇士身高又魁梧,
公庭万舞。	在那公庭演万舞。
有力如虎,	力大无穷如猛虎,
执辔如组[5]。	手执韁绳柔如组。
左手执籥[6],	左手执笛吹又扭,

右手秉翟[7]。　　挥舞雉尾用右手。
赫如渥赭[8]，　　舞罢容颜色如丹，
公言锡爵[9]！　　公爷赏他一杯酒！

山有榛[10]，　　高高山上榛栗生，
隰有苓[11]。　　低低湿地长苦苓。
云谁之思？　　请问我是在想谁？
西方美人。　　想的西方那美人。
彼美人兮，　　那人真是贤明啊，
西方之人兮！　　是从西方来的人！

注释

①简：鼓声；一说大貌。《商颂·那》载："奏鼓简简。"朱熹《诗集传》言："简简，和大也。"

②万舞：舞名。朱熹《诗集传》言："万者，舞之总名。武用干戚，文用羽籥也。"

③在前上处：在前列的上头。

④硕：大貌。俣俣（yǔ）：大而美。

⑤执辔（pèi）如组：辔，马缰绳。一车四马，每马两条缰，四马共八条缰，两条系在车上，六条在驾车人手中。技术熟练地牵着六条缰绳，整整齐齐，像一排正在编织的丝组。组：用丝织成的宽带子。

⑥籥（yuè）：乐器名。

⑦翟（dí）：野鸡的尾羽。

⑧赫：红色。渥（wò）：厚。赭（zhě）：赤褐色；一种可做颜料的矿石，叫赭石。

⑨锡：赐。爵：酒器，青铜制，用以温酒和盛酒。

⑩榛（zhēn）：落叶灌木，花黄褐色，果实叫榛子，果皮坚硬，果仁可食。

⑪隰（xí）：低洼的湿地。苓（líng）：甘草；一说苍耳；一说黄药；一说地黄。

泉水

题解 本篇与《鄘风·载驰》同为卫宣公之女许穆夫人怀念亲人、思慕祖国的诗篇。

毖彼泉水[1]，　　清清泉水涓涓流，
亦流于淇。　　一流流到淇水头。
有怀于卫，　　思回卫国不如愿，
靡日不思。　　没有一日不思念。
娈彼诸姬[2]，　　那些同姓好姑娘，
聊与之谋[3]。　　且和她们去商量。

出宿于泲[④]，	当初出门宿在泲，
饮饯于祢。	饮酒饯行又在祢。
女子有行[⑤]，	姑娘成人要出嫁，
远父母兄弟。	远离兄弟父母家。
问我诸姑，	回家问候姑姑们，
遂及伯姊！	也跟大姐讲些话！

出宿于干，	当初出门宿在干，
饮饯于言。	饮酒饯行又在言。
载脂载舝[⑥]，	涂好车油安好轴，
还车言迈[⑦]。	掉转车头向卫都。
遄臻于卫[⑧]，	走到卫国快又快，
不瑕有害[⑨]？	该不超出常理外？

我思肥泉[⑩]，	我一想到那肥泉，
兹之永叹。	长叹一声更思念。
思须与漕，	想到须邑又想漕，
我心悠悠。	我的思想想得远。
驾言出游，	驾上车子去出游，
以写我忧[⑪]。	聊且解除我心忧。

注释

①毖（bì）：泉水流貌。马瑞辰《毛诗传笺通释》言："毖者，'泌'之假借…… 泌亦泉水涌出之貌。"

②诸姬：同姓之女。陈奂《诗毛氏传疏》言："卫，姬姓。卫女嫁诸侯，有侄娣从，故以诸姬为同姓之女。"

③聊：愿；一说姑且。

④泲：与下文的祢、干、言都是来时所经各地地名；须、漕都是卫邑名。

⑤行：闻一多《诗经通义》言，"女子谓嫁一曰'适'，行亦犹适也"。

⑥载：发语词。脂：脂膏，涂车轴的油脂。舝（xiá）：车轴两头的金属键，陆德明《经典释文》言，"车轴头金也"。

⑦还车：回转车。迈：远。

⑧遄（chuán）：快速地。臻（zhēn）：至。

⑨瑕：《毛诗故训传》载，"远也"；《毛诗故训传·郑玄笺》载，"犹过也"；王引之《经传释词》言，"遐，何也……'遐不'，皆谓何不也"；马瑞辰《毛诗传笺通释》言，"瑕、遐，古通用，遐之言胡也……'不遐'，犹云'不无'，疑之之词也"。

⑩肥泉：水同出异归；一说地名。

⑪写：《毛诗故训传》载，"除也"。"写"与"卸"音义同。

北门

题解 这是一篇位卑任重，处境困穷，无处诉说的小官吏的怨诗。

出自北门，	我从北门走出来，
忧心殷殷。	心烦意乱想不开。
终窭且贫[①]，	既受苦来又贫困，
莫知我艰？	谁人理解我愁怀？
已焉哉！	算了吧！
天实为之，	老天这样安排下，
谓之何哉[②]！	我能怎样奈何它！

王事适我[③]，	王爷差事派给我，
政事一埤益我[④]。	公家苦役加给我。
我入自外，	我从外面回家来，
室人交遍谪我[⑤]。	家里人人责骂我。
已焉哉！	算了吧！
天实为之，	老天这样安排下，
谓之何哉！	我能怎样奈何它！

王事敦我[⑥]，	王爷差事逼迫我，
政事一埤遗我。	公家苦役全给我。
我入自外，	我从外面回家来，
室人交遍摧我[⑦]。	家里人人讽刺我。
已焉哉！	算了吧！
天实为之，	老天这样安排下，
谓之何哉！	我能怎样奈何它！

注释

①窭（jù）：贫寒。《尔雅》载：“窭，贫也。”朱熹《诗集传》言：“贫而无以为礼也。”

②谓：马瑞辰言，“按谓，犹奈也”，即奈何不得之意。

③王事：周王的事。适：投。马瑞辰《毛诗传笺通释》言：“适当为‘擿’之省……《说文》随字注，‘一曰投也’。”

④政事：公家的事。埤（pí）益：加。

⑤谪：谴责。

⑥敦：逼迫。马瑞辰《毛诗传笺通释》言：“敦为‘槌’之假借。敦与槌双声，槌借作‘敦’……《释文》引《韩诗》，‘敦，迫’。”

⑦摧：《毛诗故训传·郑玄笺》载，“摧者，刺讥之言”。按摧，挫也，对人加以讽刺，亦即挫折之意。

北风

题解 情人相爱，愿在大风雪中同归去；一说卫国行虐政，百姓惧祸，相携离去。

北风其凉，	北风吹来冷飕飕，
雨雪其雱[①]。	大雪纷纷落得久。
惠而好我[②]，	承你把我当好友，
携手同行。	拉着手儿一道走。
其虚其邪[③]？	岂可舒缓又从容？
既亟只且[④]！	祸乱急迫事严重！
北风其喈[⑤]，	北风快得呼呼吹，
雨雪其霏[⑥]。	纷纷大雪满天飞。
惠而好我，	承你把我当好友，
携手同归。	拉着手儿一同回。
其虚其邪？	岂可舒缓又从容？
既亟只且！	祸乱急迫事严重！
莫赤匪狐，	狐狸毛色总是红，

莫黑匪乌⑦。	乌鸦毛色黑又浓。
惠而好我，	承你把我当好友，
携手同车。	拉着手儿上车中。
其虚其邪？	岂可舒缓又从容？
既亟只且！	祸乱急迫事严重！

注释

①雨：作动词。雱（páng）：雪盛貌。

②惠：《尔雅》载，“爱也”。

③虚：宽貌；一说徐缓。陆德明《经典释文》言：“虚，徐也。”邪：通“徐”，《毛诗故训传·郑玄笺》载，“邪读如‘徐’”。

④亟：同“急”。只且（jū）：作语助词。

⑤喈（jiē）：疾貌。

⑥霏：雨雪纷飞。

⑦莫赤匪狐，莫黑匪乌：意谓赤狐、乌鸦都系不祥之物，以喻坏人。若不急急同行，不仅风雪更大更难走，且恐将为坏人所阻不得同行。匪：非也。狐：一说古人常用以比喻男性伴侣。乌：一说吉祥鸟。

静女

题解

男女青年的幽期密约；一说刺卫宣公纳媳。

静女其姝[①]，　温柔静雅的姑娘，
俟我于城隅[②]。　约我相会城角上。
爱而不见[③]，　爱她老是见不着，
搔首踟蹰[④]。　急得搔头又心慌。

静女其娈[⑤]，　温柔静雅的姑娘，
贻我彤管[⑥]。　送我彤管好式样。
彤管有炜，　彤管颜色红鲜鲜，
说怿女美[⑦]。　我真喜欢你漂亮。

自牧归荑[⑧]，　摘草送我郊外来，
洵美且异[⑨]。　草儿真美又奇怪。
匪女之为美，　并非草儿真正美，
美人之贻。　赠品因是美人带。

注释

①静：文静，安详。姝（shū）：美丽。

②城隅：城角隐蔽处；一说城上之角楼。

③爱：“薆”的假借字。《尔雅》载：“薆，隐也。”

④踟蹰（chí chú）：徘徊不定。

⑤娈：年轻美丽。

⑥彤管：涂红的管子；一说和荑应是一物；一说彤管为红管草，

即红色管状的初生植物；一说红管的笔。《毛诗故训传·郑玄笺》载，“笔赤管也”。

⑦说怿（yuè yì）：喜悦。

⑧牧：野外。荑：《毛诗故训传》载，“茅之始生也”；余冠英《诗经选译》言，“‘芍药’，香草名，和‘蘼芜’同类。男女以芍药相赠是结恩情的表示”。

⑨洵：实在，诚然。

新台

题解 刺卫宣公筑新台强占儿媳的丑事。

新台有泚①，　　新台照水影鲜明，
河水浟浟②。　　河水洋洋满又平。
燕婉之求③，　　原想得到好对象，
籧篨不鲜④！　　鸡胸丑汉厌死人！

新台有洒⑤，　　新台照水高又高，
河水浼浼⑥。　　河水滚滚浪滔滔。
燕婉之求，　　原想得个好对象，
籧篨不殄⑦！　　鸡胸老丑是脓包！

鱼网之设， 为着捕鱼设网罗，
鸿则离之[8]。 谁知网了癞蛤蟆。
燕婉之求， 原想得个好对象，
得此戚施[9]！ 谁知老丑又背驼！

注释

①泚（cǐ）：鲜明貌。《韩诗》作“漼”。

②浼浼（mǐ）：盛貌，水满貌。

③燕婉：《毛诗故训传》载，“燕，安；婉，顺也”，指夫妇和好。

④籧篨（qú chú）：陈奂《诗毛氏传疏》言，“《国语》，‘籧篨、戚施为八疾之二’”，即鸡胸、驼背；一说籧篨和戚施都是“詹诸”，即蛤蟆。鲜：善。

⑤洒（cuǐ）：高峻貌。

⑥浼浼（měi）：水盛貌。

⑦殄（tiǎn）：《毛诗故训传·郑玄笺》载，“当作‘腆’，善也”。马瑞辰《毛诗传笺通释》言，“腆、殄古通用……殄与珍古同音，故腆借作‘珍’，即可借作‘殄’”。

⑧鸿：蛤蟆。闻一多《诗新台鸿字说》言，“苦即‘鸿’之古读也……而苦实蟾蜍之异名”。鸿释蛤蟆是闻一多的创见，但后来他对这一说法又有新的意见，“‘鸿’‘公’谐声，‘鸿’是双关语”。离：通“罹”，遭受。

⑨戚施：见本篇注释④。

二子乘舟

题解 父母悬念舟行的孩子；一说，卫宣公二子，争相为死，国人伤之而作是诗。

二子乘舟，　　两子各去乘小舟，
泛泛其景①。　　河里飘浮影悠悠。
愿言思子②，　　每一想到他们俩，
中心养养③。　　心中感到无限愁。

二子乘舟，　　两子各去乘小舟，
泛泛其逝。　　船儿远去影悠悠。
愿言思子，　　每一想到他们俩，
不瑕有害？　　该不遭害在船头？

注释 ①景：同“憬”，远行貌。

②愿：思念貌。《尔雅》载：“愿，思也。”

③养养：忧貌。

◎ 鄘风

柏舟

题解 姑娘婚姻不得自由，向母亲倾诉她贞坚的爱情。

汎彼柏舟，	荡着小小柏木船，
在彼中河。	浮在那条河中间。
髧彼两髦[①]，	那人刘海两边垂，
实维我仪[②]。	实是我的好侣伴。
之死矢靡它[③]。	爱他到死心不变。
母也天只，	我的娘呀我的天，
不谅人只！	何不体谅我心愿！

汎彼柏舟，	荡着小小柏木船，
在彼河侧。	浮在那条河侧边。
髧彼两髦，	那人刘海两边垂，
实维我特[④]。	实是我的好侣伴。
之死矢靡慝[⑤]。	到死我心不会变。
母也天只[⑥]，	我的娘呀我的天，

不谅人只！　　何不体谅我心愿！

注释

①髧（dàn）：发垂貌。两髦（máo）：男子未成年时剪发齐眉。

②仪：配偶。马瑞辰《毛诗传笺通释》载："仪为'偶'字之假借。"

③之：至。矢：誓。靡：无。

④特：配偶。

⑤慝（tè）：邪恶，恶念，引申为变心。

⑥只：语助词。

墙有茨

题解　卫国人民对统治者荒淫无耻的揭露。

墙有茨[①]，　　墙上长了蒺藜草，
不可扫也。　　生了根儿难得扫。
中冓之言[②]，　　中夜房里说的话，
不可道也！　　污秽龌龊不能道！
所可道也，　　如果一定把它讲，
言之丑也！　　说来只叫人害臊！

墙有茨，	墙上长了蒺藜株，
不可襄也[③]。	生了根儿难得除。
中冓之言，	中夜房里说的话，
不可详也[④]！	脏得没法来详述！
所可详也，	如果一定要详述，
言之长也！	话长叫人说不出！

墙有茨，	带刺蒺藜长墙上，
不可束也[⑤]。	没法捆来没处放。
中冓之言，	中夜房里说的话，
不可读也[⑥]！	臭得不能把它讲！
所可读也，	如果一定要再讲，
言之辱也！	说来羞人难想象！

注释

①茨（cí）：植物名，蒺藜。一年生草本植物，果实有刺。

②中冓（gòu）：陈奂《诗毛氏传疏》言，"《说文》，'冓，交积材也'……凡室必积材盖屋，故室内谓之内冓"。马瑞辰《毛诗传笺通释》言，"《释文》，冓本又作'遘'，《玉篇》引作'冓'。冓、遘皆为'垢'……垢当读为'诟'，耻辱也……此诗内冓，亦当读为'内诟'，谓内室诟耻之言"。

③襄：除去。

④详：《韩诗》作"扬"。陆德明《经典释文》言："扬，犹道

也。”指讲话。

⑤束:《毛诗故训传》载,“束而去之”。

⑥读:许慎《说文解字》言,“读,诵书也”。引申其义,凡事而诵之亦曰“读”。

君子偕老

题解 赞扬贵妇人华服美饰,人极漂亮,然而本质极坏。似赞扬而实讽刺。

君子偕老,	她和君子共白头,
副笄六珈①。	玉簪首饰插满头。
委委佗佗③,	举止大方又从容,
如山如河,	如河之深如山重,
象服是宜③。	穿了华服很漂亮。
子之不淑,	然而你却不善良,
云如之何!	这又叫人怎样讲!

玼兮玼兮④,	真鲜艳啊真鲜艳,
其之翟也。	穿上彩绣衣几件。

鬒发如云⑤，	黑发如云长又美，
不屑髢也⑥。	不屑用那假发佩。
玉之瑱也⑦，	美玉耳环垂两旁，
象之揥也⑧，	象牙发插插头上，
扬且之皙也⑨。	额头宽广肤如玉。
胡然而天也！	怎么好像天仙哟！
胡然而帝也！	怎么好像帝女哟！
瑳兮瑳兮⑩！	真艳丽呵真艳丽！
其之展也⑪。	上穿朱红绉纱衣。
蒙彼绉絺，	内罩上衣葛布衫，
是绁袢也⑫。	这是夏日白内衫。
子之清扬⑬，	你既眉清目又秀，
扬且之颜也⑭。	额角方广貌不丑。
展如之人兮⑮！	像你这样的人啊！
邦之媛也⑯！	应是倾国之女啊！

注释

①副：妇人的一种首饰。笄（jī）：用以盘发的簪子，许慎《说文解字》言，“笄，簪也”。六珈：笄饰，用玉做成，垂珠有六颗，叫“六珈”。

②委委佗佗（tuó）：朱熹《诗集传》言，“雍容自得之貌”。

佗与“蛇”通，即“逶迤”，行走庄重而又从容自得，近于踱方步，上体扭曲摇摆不定。

③象服：袆衣。

④玼（cǐ）:《毛诗故训传》载,“鲜盛貌”。

⑤鬒（zhěn）：黑发。

⑥髢（dí）：假发。

⑦瑱（tiàn）：冠冕上垂在两耳旁的玉。

⑧揥（tì）：发钗一类的首饰；一说可用以搔头。

⑨扬：额。《毛诗故训传》载,“眉上广”。皙：白净。

⑩瑳（cuō）：玉色鲜明洁白。

⑪展：通“襢”，古代后妃和命妇的一种礼服。

⑫绁袢（xiè pàn）：夏天穿的白色内衣。

⑬扬：目。《毛诗故训传》载,“扬，视清明也”。

⑭扬：陈奂《诗毛氏传疏》言,“此扬指‘颡’”，颡即额。颜：额；一说颜引申为面容、脸色。

⑮展：诚。

⑯媛：美女。

桑中

题解 卫人讽刺贵族男女幽期密约的诗篇。

爰采唐矣[1]？	想采菟丝走哪方？
沬之乡矣[2]。	最好走向那沬乡。
云谁之思？	你猜我是想哪个？
美孟姜矣[3]。	美丽姑娘叫孟姜。
期我乎桑中[4]，	和我相约在桑中，
要我乎上宫[5]，	邀我会面在上宫，
送我乎淇之上矣。	还到淇上把我送。
爰采麦矣？	走向哪方去割麦？
沬之北矣。	最好走向沬乡北。
云谁之思？	你猜我是把谁想？
美孟弋矣。	弋家美丽大姑娘。
期我乎桑中，	和我相邀在桑中，
要我乎上宫，	约我会面在上宫，
送我乎淇之上矣。	还到淇水把我送。
爰采葑矣[6]？	走向哪方去采葑？
沬之东矣。	最好走向沬乡东。
云谁之思？	你猜我是想哪个？
美孟庸矣。	美丽姑娘叫孟庸。
期我乎桑中，	和我相约在桑中，

要我乎上宫，　　邀我会面在上宫，
送我乎淇之上矣。　淇水临别把我送。

注释

①爰：于何。唐：植物名，即“菟丝子”，寄生蔓草，秋初开小花，籽实入药。

②沬（mèi）：卫邑名。

③孟：兄弟姐妹中排行居长者。姜及下章的弋、庸：朱熹《诗集传》言，“姜，齐女，言贵族也；弋，《春秋》或作‘姒’，盖杞女，夏后氏之后，亦贵族也；庸，疑亦贵族也”。故姜、弋、庸，皆贵族姓。

④桑中：地名。

⑤要：邀也。上宫：宫室。《毛诗故训传·郑玄笺》载：“与期于桑中，要见我于上宫。”赵岐《章句》言：“上宫，楼也。”一说上宫系地名。

⑥葑（fēng）：芜菁。

鹑之奔奔

题解

卫宣公，上烝庶母夷姜，下纳公子伋妻，复杀子肆虐，国人讽之，以为鸟兽之不若。

鹑之奔奔[①]，　　鹌鹑伴儿相随飞，

鹊之彊彊[2]。	喜鹊伴儿飞相随。
人之无良，	人却恶毒不良善，
我以为兄[3]！	为啥当他兄弟看！
鹊之彊彊，	喜鹊伴儿相随飞，
鹑之奔奔。	鹌鹑伴儿飞相随。
人之无良，	人却恶毒不良善，
我以为君[4]！	我却把他当君看！

注释 ①鹑（chún）：鸟名，即“鹌鹑”的简称。奔奔：《毛诗故训传·郑玄笺》载，“奔奔、彊彊，言其居有常匹，飞则相随之貌”。

②彊彊（jiāng）：鸟群飞相随之貌。

③我：我与何，古音相通，《韩诗》引作“何以为兄”，下章“我”同。

④君：君主，指卫宣公；一说“小君”；一说“尊长”；一说夫君。

定之方中

题解 赞卫文公徙迁复国，从事建设，大兴农业，繁殖六畜，克勤克俭，使国人能得其所。

定之方中[①]， 营室星儿照天中，
作于楚宫[②]。 冬天兴建楚邱宫。
揆之以日[③]， 测量方向用日影，
作于楚室。 建筑房屋兴工程。
树之榛栗， 种上树木有榛栗，
椅桐梓漆[④]， 还种椅桐和梓漆，
爰伐琴瑟。 长成伐来做琴瑟。

升彼虚矣[⑤]， 登上那座旧城址，
以望楚矣。 远望楚邱的位置。
望楚与堂[⑥]， 查看楚邱和堂邑，
景山与京[⑦]， 大山高丘同屹立，
降观于桑。 下到平地看蚕桑。
卜云其吉， 占个卦儿很吉祥，
终然允臧。 这儿是个好地方。

灵雨既零[⑧]， 春来好雨注如泉，
命彼倌人。 叫那为头驾驶员。
星言夙驾[⑨]， 天晴早早把车驾，

说于桑田。　　停车在那桑田下。
匪直也人[⑩]，　　不特关心把农劝，
秉心塞渊，　　诚心为国深谋远，
騋牝三千[⑪]。　　马儿繁殖到三千。

注释

①定：星名，即营室。《尔雅》载："营室谓之'定'。"朱熹《诗集传》言："定，北方之宿，营室星也。此星昏而正中，夏正十月也，于是时，可以营制宫室，故谓之营室。"

②于：王引之《经义述闻》言，"当读曰'为'，谓作为此宫室也。古声于与为通"。楚：《毛诗故训传》释为楚丘。

③揆（kuí）：度，即测量太阳的升落以认定方向。

④榛、栗、椅、桐、梓、漆：皆木名，椅即"山桐子"。

⑤虚（qū）：故城；一说大丘。

⑥堂：楚邱旁邑，《毛诗故训传》释为堂邑。

⑦景山：大山。京：高丘。

⑧灵：善。马瑞辰《毛诗传笺通释》言："《尔雅·释诂》，'令，善也'，即灵之假借。"零：落雨。陈奂《诗毛氏传疏》言："古字作'霝'。《尔雅》，'霝，落也'。"

⑨星：晴。《韩诗》言："星，精也。"精，即晴明。夙：早上。

⑩匪：同"非"。直：正直。

⑪騋（lái）：七尺以上的马。牝（pìn）：母马。

蝃蝀

题解 女子找爱人，却遭毁谤。

蝃蝀在东[①]，	东方彩虹出现了，
莫之敢指。	没有一人敢指它。
女子有行，	年轻姑娘出嫁去，
远父母兄弟。	远离父母兄弟家。
朝隮于西[②]，	清晨云彩升在西，
崇朝其雨[③]。	整个早晨都落雨。
女子有行，	年轻姑娘来出嫁，
远兄弟父母。	兄弟父母都远离。
乃如之人也，	如你这般年轻人，
怀昏姻也[④]。	不尊婚配之正道。
大无信也[⑤]，	真是大大不可信，
不知命也[⑥]。	不知等待父母命。

注释 ①蝃蝀（dì dōng）：虹。《尔雅》作“螮蝀”。

②隮（jī）：升云；一说虹。

③崇朝：终朝。《毛诗故训传》载："从旦至食时为终朝。"

④怀：同《召南·野有死麕》"有女怀春"的"怀"同。

⑤无信：一说不守媒妁之言。

⑥不知命也：《毛诗故训传·郑玄笺》载，"不知婚姻当待父母之命"。

说明 这首诗一说讽刺私奔女；一说是一个妇女斥责一个男子不通过媒妁之言、不禀告父母，竟同旁人私通，认为此诗以虹比喻不正当的男女关系。

相鼠

题解 统治阶级用虚伪的礼节以欺骗人民，人民深恶痛绝，比之为鼠，给予辛辣的讽刺。

相鼠有皮①，	请看老鼠还有皮，
人而无仪②。	可是人却没威仪。
人而无仪，	既然为人没威仪，
不死何为！	不死还干什么呢！

相鼠有齿，　　　请看老鼠还有齿，
人而无止[③]。　　可是人却没行止。
人而无止，　　　既然为人没行止，
不死何俟！　　　等待什么还不死！

相鼠有体，　　　请看老鼠还有体，
人而无礼。　　　可是人却不懂礼。
人而无礼，　　　既然为人不懂礼，
胡不遄死[④]！　　何不赶快死了去！

注释

①相:《毛诗故训传》载,“视也”。

②无仪:《毛诗故训传》载,“无礼仪者，虽居尊位，犹为暗昧之行”。《毛诗故训传·郑玄笺》载,“仪，威仪也。视鼠有皮，虽居高显之处，偷食苟得，不知廉耻，亦与人无威仪者同”。

③止:《毛诗故训传·郑玄笺》载,“容止”，指守礼法的行为。

④遄（chuán）：迅速。

干旄

题解　美卫文公群臣乐于招纳贤士。

孑孑干旄[1]，	旄牛尾飘那旌旗，
在浚之郊。	行行到了浚郊区。
素丝纰之[2]，	白色丝缕编缝好，
良马四之。	良马四匹为前驱。
彼姝者子，	那个美好的人啊，
何以畀之[3]？	用些什么赠送伊？

孑孑干旟[4]，	画着隼鸟那旌旗，
在浚之都[5]。	行行到了那浚邑。
素丝组之，	白色丝缕组织好，
良马五之。	良马五匹为前驱。
彼姝者子，	那个美好的人啊，
何以予之？	用些什么赠给伊？

孑孑干旌[6]，	鸟羽为饰是干旌，
在浚之城[7]。	行行到那浚都城。

素丝祝之，　　白色丝缕来编好，
良马六之。　　良马六匹往前行。
彼姝者子，　　那个美好的好人，
何以告之⑧。　　用啥忠言建议伊？

注释

①孑孑（jié）：朱熹《诗集传》言，“特出之貌”，指旗高举而显眼。干旄（máo）：以旄牛尾装饰旗杆，树于车后，彰显威仪；干，通“竿”。陈奂《诗毛氏传疏》言，“旄与氂同”。许慎《说文解字》言，“氂，牛尾也”。马瑞辰《毛诗传笺通释》言，“是古者聘贤招士，多以弓旌车乘，此诗干旄、干旟、干旌，皆历举招贤者之所建”。

②纰（pí）：在衣冠或旗帜上镶边。

③畀（bì）之：给予。闻一多《诗经新义》言：“畀之、予之、告之，告与畀、予义同。”

④旟（yú）：画有鸟隼的旗帜。

⑤都：古时地方的区域名。《管子·乘马》载：“四乡命之曰‘都’。”

⑥旌（jīng）：旗帜的一种，缀旄牛尾于竿头，下有五彩鸟羽为饰。

⑦城：陈奂言，“凡诸侯封邑大者，皆谓之都城也”。

⑧告：作名词用，忠言也；一说，告同“予”。

载驰

题解 许穆夫人念故国覆亡，不能往救，赴漕吊唁并陈复国大计，到漕邑为许国大夫所阻，因赋诗以见志。

载驰载驱，　　赶着车马快快走，
归唁卫侯[①]。　　回国慰问我卫侯。
驱马悠悠[②]，　　驱马赴卫路遥远，
言至于漕[③]。　　到了漕邑才停留。
大夫跋涉[④]，　　大夫跋涉来赶我，
我心则忧。　　使我心里发了愁。

既不我嘉[⑤]，　　对我赴卫不赞成，
不能旋反。　　要我速回万不能。
视尔不臧，　　我看你们想法差，
我思不远。　　难道我思不深沉。
既不我嘉，　　尽管对我不赞成，
不能旋济[⑥]。　　也难阻止我前进。
视尔不臧，　　我看你们想得差，
我思不闷[⑦]？　　难道我思不谨慎？

陟彼阿丘[8]，	车儿走到阿丘上，
言采其蝱[9]。	采点贝母宽宽肠。
女子善怀，	女人固然多忧虑，
亦各有行[10]。	各人自有其主张。
许人尤之[11]，	许国大夫埋怨我，
众稚且狂[12]。	既是幼稚又狂妄。

我行其野，	我行祖国原野上，
芃芃其麦[13]。	麦儿正在蓬勃长。
控于大邦，	呼求援助到大国，
谁因谁极[14]？	靠谁前来把卫帮？
大夫君子，	各位大夫先生们，
无我有尤。	不必指责我主张。
百尔所思，	纵然你们想百样，
不如我所之。	我想不如我亲往。

注释

①唁（yàn）：《毛诗故训传》载，“吊失国曰‘唁’”。

②悠悠：远貌。

③言至于漕：来到祖国的土地漕邑；一说“我想去到漕邑”。

④大夫：指许国赶来阻止许穆夫人去卫国的诸臣。

⑤嘉：赞同。

⑥济：陈奂《诗毛氏传疏》言，“《说文》，‘霁，雨止也’。济，读同‘霁’，故训‘止’”。

⑦阙（bì）：余冠英《诗经选译》言，“同‘毖’，慎也”。

⑧阿丘：有一边偏高的山丘。

⑨蝱（méng）：药名，即贝母。采蝱治病，喻设法救国。

⑩行：道理。

⑪尤：抱怨，责怪。

⑫众：既。王引之《经义述闻》言：“当读为‘终’，终犹‘既’矣。”

⑬芃芃（péng）：草茂盛貌。

⑭因：依靠。极：至，此处意指来援助复国。

◎ 卫风

淇奥

题解 卫武公为周平王卿相，年过九十，深自儆惕，有文章，能纳人规谏。卫人颂其德，作此诗。

瞻彼淇奥①，	看那淇水水河湾，
绿竹猗猗②。	绿竹婀娜长得欢。
有匪君子③，	这个文雅的君子，
如切如磋，	如琢骨角器一般，
如琢如磨④。	如雕玉石美无斑。
瑟兮僩兮⑤，	态度庄严胸宽大，
赫兮咺兮⑥。	既有威仪又文雅。
有匪君子，	这个文雅的君子，
终不可谖兮⑦！	教人始终难忘他！

瞻彼淇奥，	看那淇水水河湾，
绿竹青青。	绿竹青青长得欢。
有匪君子，	这个文雅的君子，

充耳琇莹[8]，	耳瑱美玉光闪闪，
会弁如星[9]。	帽缝宝石如星灿。
瑟兮僩兮，	态度庄严胸宽大，
赫兮咺兮。	既有威仪又文雅。
有匪君子，	这个文雅的君子，
终不可谖兮！	教人始终难忘他！

瞻彼淇奥，	看那淇水水河湾，
绿竹如箦[10]。	绿竹成林长得欢。
有匪君子，	这个文雅的君子，
如金如锡，	好比金锡精又坚，
如圭如璧。	好比圭璧润而圆。
宽兮绰兮[11]，	宽宏旷达又得体，
猗重较兮[12]。	心胸开展如车耳。
善戏谑兮[13]，	笑谈幽默有风趣，
不为虐兮[14]！	可是话不伤害你！

注释

①奥（yù）：通“澳”。水边弯曲的地方。

②绿竹：一说绿为“王刍”，竹为“萹蓄”。猗猗（yī）：长而美貌。

③匪：通“斐”，有文采貌。

④切、磋、琢、磨:《毛诗故训传》载,“骨曰‘切’,象曰‘磋’,玉曰‘琢’,石曰‘磨’”。

⑤瑟:庄严貌。僩(xiàn):宽大貌。

⑥赫:威严貌。咺:(xuān)有威仪貌,《韩诗》作“宣”。

⑦谖(xuān):《尔雅》载,“谖,忘也”。

⑧琇莹:美石、宝石。

⑨会弁(biàn):会,指鹿皮会合处。弁,指鹿皮帽。会弁如星,即在会合处缀上宝石,如同星星。

⑩箦(zé):“积”的假借。陈奂《诗毛氏传疏》言:“积,郁积。谓绿竹郁然其茂积也。”

⑪绰:旷达;一说柔和貌。

⑫猗(yǐ):通“倚”。重较:车厢上有两重横木的车子,为古代卿士所乘。

⑬戏谑:开玩笑。

⑭虐:粗暴。

说明 这首诗,有人认为是一首恋歌,男女爱慕之诗。它同《秦风·终南》一个格调——一个女子爱上一个穿着华丽的贵族。闻一多《风诗类钞》言:“似乎也是女子的作品。‘不为虐兮’一句,尤可玩味。”

考槃

题解 留恋山林生活的赞歌。为何留恋山林？大概是不见容于社会，故避处山林。

考槃在涧[①]，	乐意盘桓山涧里，
硕人之宽[②]。	贤人才大心宽裕。
独寐寤言[③]，	独睡独醒独自语，
永矢弗谖。	此乐永誓不忘记。
考槃在阿[④]，	乐意盘桓在山阿，
硕人之薖[⑤]。	贤人才大心快活。
独寐寤歌，	独睡独醒独唱歌，
永矢弗过[⑥]。	此乐永誓不忘它。
考槃在陆[⑦]，	乐意盘桓在平陆，
硕人之轴[⑧]。	贤人才大心宽舒。
独寐寤宿[⑨]，	独睡独醒独自卧，
永矢弗告[⑩]。	此乐永誓不说出。

注释 ①考槃（pán）：朱熹《诗集传》言，“盘桓之意”。《毛诗故训传》载，“考，成；槃，乐也”。

②宽：一说貌美。闻一多《风诗类钞》言：“宽读‘婠’，指貌美。”

③寐：睡。寤：醒；一说寤为互。《陈风·东门之池》有“可与晤歌”之句，《毛诗故训传·郑玄笺》载：“晤犹对也，言淑姬贤女，君子宜与对歌。”闻一多《诗经通义》言：“寤、晤亦并读为‘互’。”

④阿：山阿，山的曲隅。

⑤薖（kē）：同“窝”；一说薖为“窠”的假借。朱熹《诗集传》言：“或云亦宽大之意。”引申为快活或宽舒。

⑥过：闻一多《风诗类钞》言：“过，失也，失亦忘也。”

⑦陆：高平曰“陆”；一说大土山。

⑧轴：进，解作进展之意，与上“宽”“薖”解为宽舒；一说美貌。

⑨宿：闻一多《风诗类钞》认为读作“哮”。

⑩弗告：朱熹《诗集传》言，“弗告者，不以此乐告人也”。闻一多《风诗类钞》认为告读作“造”，“造，遗忘也”。

说明 这首诗，有的说为咏隐士生活；有的说“记梦”，是诗人做梦同他心爱的人儿的对话、对歌、对唱。诗中的“寤言”“寤歌”“寤宿”，同《陈风·东门之池》中的“晤歌”“晤语”“晤言”相同，以言词互相问答，或以歌声互相唱和。现在贵州少数民族青年男女相恋，互相“对歌”，和这正同。

硕人

题解 卫庄公夫人庄姜初适卫，国人称赞她的美丽。

硕人其颀[①]，　　那人高大貌美丽，
衣锦褧衣[②]。　　穿的锦服罩布衣。
齐侯之子，　　她是齐侯的女儿，
卫侯之妻。　　又是卫侯的爱妻。
东宫之妹[③]，　　东宫太子亲妹妹，
邢侯之姨，　　邢国诸侯的小姨，
谭公维私[④]。　　谭公又是她妹婿。

手如柔荑，　　纤纤指如茅芽儿，
肤如凝脂，　　雪白皮肤像凝脂，
领如蝤蛴[⑤]，　　颈项比那木虫白，
齿如瓠犀[⑥]。　　牙齿真像瓠瓜子。
螓首蛾眉[⑦]，　　方正前额弯眉梢，

巧笑倩兮[8]，	轻盈笑时酒窝俏，
美目盼兮[9]！	黑白分明眼波妙！

硕人敖敖[10]，	那人身长貌美好，
说于农郊[11]。	停车休息在近郊。
四牡有骄，	四马驾车极雄壮，
朱幩镳镳[12]。	马口铁边红绸飘。
翟茀以朝[13]，	羽扇蔽车来上朝，
大夫夙退，	大夫早早退朝去，
无使君劳。	莫叫君主太操劳。

河水洋洋，	黄河河水满泱泱，
北流活活[14]。	往北流得哗哗响。
施罛涉涉[15]，	渔网霍霍撒水中，
鳣鲔发发[16]。	鳣鱼鲔鱼跳得慌。
葭菼揭揭[17]，	芦苇荻梗长得长，
庶姜孽孽[18]，	陪嫁姜女都盛妆，
庶士有朅[19]。	护从武士也轩昂。

注释

①硕人：高大、白胖的人。颀（qí）：修长貌。

②褧（jiǒng）：妇女出嫁用麻布制成的罩衣，以御灰尘。

③东宫：指太子。

④私：古时女子称姊妹之丈夫为“私”。

⑤蝤蛴（qiú qí）：天牛的幼虫，色白身长。

⑥瓠（hù）犀：葫芦籽。

⑦螓（qín）：似蝉而小，头宽广方正。蛾眉：蚕蛾的触角，细长而曲。

⑧倩：笑靥美好貌。

⑨盼：眼儿黑白分明。

⑩敖敖：身长貌。

⑪农郊：《毛诗故训传》载，“近郊”；一说东郊。

⑫幩（fén）：装在马口旁的扇汗用具。徐锴《说文解字系传》言：“谓以帛缠马口旁铁，扇汗，使不汗也。”镳镳（biāo）：马嚼子。

⑬翟茀（dí fú）：在遮蔽车后的围子上，以雉羽为饰者叫翟茀。

⑭活活：水流声。

⑮施：设。罛（gū）：大的渔网。濊濊（huò）：撒网入水声。

⑯鳣（zhān）：鳇鱼，李时珍《本草纲目》载，“鳣出江淮黄河辽海深水处，无鳞大鱼也……其小者近百斤，其大者二三丈至一二千斤”；一说为赤鲤。鲔（wěi）：鲟鱼，李时珍《本草纲目》载，“（鲔）出江淮黄河辽海深水处……其色青碧，腹下色白，其鼻长与身等，口在颔下”；一说鲤属。发发（pō）：盛貌；一说鱼跳跃掉尾声；《韩诗》作“鲅鲅”。

⑰葭（jiā）：初生的芦苇。菼（tǎn）：初生的荻。沈括《梦溪笔谈》载：“《诗》云，‘葭菼揭揭’，则葭，芦也；菼，荻

也。”揭揭：长貌。

⑱庶姜：指随嫁的姜姓众女。齐国姜姓，故称“庶姜”。孽孽：盛饰貌。

⑲士：从嫁的媵臣。朅（qiè）：勇武貌，《韩诗》作“桀”。

氓

题解 一个勤劳善良的妇女，哀诉她被遗弃的不幸遭遇。此诗反映当时妇女被压迫的社会制度，为后世《琵琶行》《长恨歌》以及《孔雀东南飞》等名篇之所本。

氓之蚩蚩①，	那人走来嘻嘻笑，
抱布贸丝②。	拿着布币把丝换。
匪来贸丝，	哪里真是要买丝，
来即我谋。	是来找我谈婚事。
送子涉淇，	谈完送你过淇水，
至于顿丘。	直到顿丘不忍回。
匪我愆期③，	非我有意误婚期，
子无良媒。	是你不曾请好媒。
将子无怒④，	请你不必多生气，

秋以为期。　　清秋时节是佳期。

乘彼垝垣[5]，　　登上那堵坏城墙，
以望复关[6]。　　目的在把复关望。
不见复关，　　没有看到那复关，
泣涕涟涟。　　两眼不住泪汪汪。
既见复关，　　一经看到那复关，
载笑载言。　　又是笑来又是讲。
尔卜尔筮[7]，　　你已求神问过卦，
体无咎言[8]。　　卦上没说不祥话。
以尔车来，　　那就驾上你车来，
以我贿迁[9]。　　连我嫁妆运走吧。

桑之未落，　　当那桑树叶未落，
其叶沃若[10]。　　叶儿黄绿嫩得多。
于嗟鸠兮，　　小斑鸠啊小斑鸠，
无食桑葚。　　切莫嘴馋吃桑葚。
于嗟女兮，　　好姑娘啊好姑娘，
无与士耽[11]。　　切莫迷他长得俊。
士之耽兮，　　他若把你爱上了，
犹可说也[12]。　　想丢你时也得行。

女之耽兮，	你若把他爱上了，
不可说也！	要想甩开不可能！

桑之落矣，	等到桑树叶儿落，
其黄而陨[13]。	颜色枯黄往下脱。
自我徂尔[14]，	自从我到你家来，
三岁食贫。	三年过的苦生活。
淇水汤汤，	当初淇水满泱泱，
渐车帷裳[15]。	打湿我的车帷裳。
女也不爽[16]，	如今我没变心肠，
士贰其行[17]！	你的行为却两样！
士也罔极[18]，	男人每每心叵测，
二三其德！	三心二意坏思想！

三岁为妇，	我做媳妇三年整，
靡室劳矣。	全家家务我担纲。
夙兴夜寐，	起早睡晚埋头干，
靡有朝矣。	没有一天不困顿。
言既遂矣[19]，	家业逐渐得遂心，
至于暴矣。	你就越来越专横。
兄弟不知[20]，	兄弟不知这情况，

咥其笑矣[21]。	总是把我笑一场。
静言思之，	静下来后细思量，
躬自悼矣[22]。	只能自己把心伤。
及尔偕老，	原想和你同偕老，
老使我怨。	谁知越老越是糟。
淇则有岸，	宽宽淇水也有岸，
隰则有泮[23]。	长长漯水也有畔。
总角之宴[24]，	我俩小时一道玩，
言笑晏晏[25]。	说说笑笑那么欢。
信誓旦旦[26]，	山盟海誓许了愿，
不思其反，	谁知你不想从前，
反是不思[27]，	从前快乐你不想，
亦已焉哉！	算了算了莫再讲！

注释

①氓：许慎《说文解字》言，“民也”；一说初指奴隶，后指自由民。蚩蚩（chī）：敦厚貌；一说无知貌；一说戏笑貌。

②布：布匹；一说古时的货币。

③愆（qiān）：过期。

④将：愿，请。

⑤垝（guǐ）垣：毁坏的墙。

⑥复关：地名；一说返回关来。

⑦卜（bǔ）：用龟甲占卜吉凶。筮（shì）：用蓍草占吉凶。

⑧体：占卜出来的卦象。咎言：不吉之言。

⑨贿：财物。

⑩沃若：朱熹《诗集传》言，“润泽貌”，以嫩桑叶光泽茂盛比婚姻之美满。

⑪耽：陈奂《诗毛氏传疏》言，“凡乐过其节谓之耽”。

⑫说：《毛诗故训传·郑玄笺》载，“解也”。

⑬陨：坠落。

⑭徂（cú）：往，嫁。

⑮渐：沾湿，浸渍。孔颖达《五经正义》言：“渐，同‘渍’也；湿也。”

⑯爽：失，差。

⑰贰：差错。王引之《经义述闻》言：“贰当为‘貣’之讹……即‘忒’之借字也。”

⑱罔极：不可测。严粲《诗缉》言：“曹氏曰，罔极，言不可测知。”一说心不正。《毛诗故训传》载：“极，中也。”

⑲遂：胡承珙《毛诗后笺》言，“盖遂本训‘终’、训‘竟’，皆有久意”。

⑳知：知道。

㉑咥（xì）：大笑貌。

㉒躬：自己，亲自。

㉓隰：余冠英《诗经选译》言，“当作‘湿’，水名，就是漯河”。泮（pàn）：通“畔”，岸。

㉔总角：古时儿童两边梳辫，如双角，称总角，指童年。宴：逸乐。

㉕晏晏：《毛诗故训传》载，“晏晏，和柔也”。

㉖旦旦：诚恳的样子。

㉗不思其反，反是不思：朱熹《诗集传》言，“曾不知其反复以至于此也……既不思其反复而至此矣，则亦如之何哉？亦已而已矣”。《毛诗故训传·郑玄笺》载，“反，复也”。

竹竿

题解 卫女远嫁诸侯，思父母、念故园，欲归不能，写这诗以抒感情。

籊籊竹竿[①]， 钓鱼竹竿长又长，
以钓于淇。 儿时垂钓淇水旁。
岂不尔思？ 这种情景岂不想？
远莫致之。 路远无法归故乡。

泉源在左[②]， 想起泉源流左边，
淇水在右。 淇水又流在右面。
女子有行， 姑娘长成出嫁后，

远兄弟父母。　　远离父母兄弟前。

淇水在右，　　想起淇水流在右，
泉源在左。　　泉源又在左面流。
巧笑之瑳[3]，　　巧笑时节齿雪白，
佩玉之傩[4]。　　佩玉晃悠极轻柔。

淇水滺滺[5]，　　淇水长长流复流，
桧楫松舟。　　桧木为楫松为舟。
驾言出游，　　乘着轻舟出游去，
以写我忧。　　暂时卸除我心忧。

注释

①籊籊（tì）：长而尖削貌。《毛诗故训传》载："籊籊，长而杀也。"陈奂《诗毛氏传疏》言："杀者，纤小之称。"

②泉源：一说水名。朱熹《诗集传》言："即百泉也，在卫之西北，而东南流入淇。"

③瑳（cuō）：《毛诗故训传》载，"巧笑貌"。许慎《说文解字》言，"瑳玉色鲜白"。马瑞辰《毛诗传笺通释》言，"当为'齹'之假借，《说文》齹字注，一曰'开口见齿之貌'"。

④傩（nuó）：行有节度；一说婀娜、轻盈柔美貌。

⑤滺滺（yōu）：水流貌。

芄兰

题解 人民对统治者骄横无礼、装腔作势、不称其服的讽刺。

芄兰之支①，　柔弱蔓生芄兰枝，
童子佩觿②。　儿童佩戴象牙锥。
虽则佩觿，　虽然佩戴象牙锥，
能不我知③。　有才不被我所知。
容兮遂兮④，　摇摇摆摆装得像，
垂带悸兮⑤。　飘带下垂乔模样。

芄兰之叶，　柔弱蔓生芄兰叶，
童子佩韘⑥。　儿童佩戴象牙玦。
虽则佩韘，　虽然佩戴象牙玦，
能不我甲⑦。　有才不把我超越。
容兮遂兮，　摇摇摆摆装得像，
垂带悸兮。　飘带下垂乔模样。

注释 ①芄（wán）兰：植物名，即“萝藦”，又名“婆婆针线包”，草本，蔓生。支：通“枝”；一说萝藦的夹实，两两成叉形，支同“叉”。

②觿（xī）：解结的用具，象骨制成，形如锥，也用为佩饰；一说成年人佩带，用以解结。

③能不我知：此句与下章“能不我甲”，为《诗经》中难解的句子。朱熹《诗集传》言：“知犹智也，言其才能不足以知于我也。”《毛诗故训传》载：“不自谓无知，以骄慢人。”能犹乃，引申为自己本无知，却伪装知；一说难道不同我相好。《尔雅》载：“知，匹也。”

④容：《毛诗故训传·郑玄笺》载，“容，刀也”，即佩刀。遂：《毛诗故训传·郑玄笺》载，“瑞也”。《尔雅》载，“璲，瑞也”，璲、瑞为玉名，可以为佩；一说容、遂为舒缓放肆之貌。

⑤悸：飘带下垂貌。

⑥韘（shè）：钩弦用具，象骨做成，戴在右手大拇指上，射箭时用以钩弦。

⑦能不我甲：王引之《经义述闻》言，“能当为‘而’读”；一说作语助词，全句引申为自己本无能反而认为别人不如己；一说难道不同我亲热。朱熹《诗集传》言，“甲，长也。言其才能不足以长于我也”。《毛诗故训传》载，“甲，狎也”。

说明 《毛诗·序》对本诗的解释是“刺惠公也。骄而无礼，大夫刺之”。朱熹不从《毛诗·序》，说“此诗不知所谓，不敢强解”。闻一多《风诗类钞》认为这是一首情歌：萝藦的夹实和叶像“觿”和“韘”，诗以萝摩起兴；象牙锥和象牙玦是成年人用的；过去相好的小伙伴（童子）现在佩戴着它，说明童子已经成年了；彼时，未成年男女相处比较随便，成年后便要严格些，而且男女之间的心理已发生了变化，相互接近会感到羞涩，不随便言谈，特别是童年时很要好的异性伙伴，一旦碰面，更会如此，这首诗就写了这一情景。

河广

题解 宋人侨居卫国，思乡不得归，写这诗以抒怀念之情。

谁谓河广①？　　谁说河面太宽广？
一苇杭之②。　　芦苇编筏可行航。
谁谓宋远？　　谁说宋国路太远？
跂予望之③。　　踮起脚来可相望。

谁谓河广？　　谁说河面太宽广？
曾不容刀④。　　划只小船也不行。
谁谓宋远？　　谁说宋国路太远？

曾不崇朝。　　走到不要一早晨。

注释

①河：指黄河。卫国在戴公之前都于朝歌，和宋国隔黄河相望。

②一苇杭之：马瑞辰《毛诗传笺通释》言，“《正义》言一苇者谓一束也…… 一苇杭之，盖谓一苇之长，可比方之甚言河之狭也。下章‘曾不容刀’，亦谓河之狭不足容刀，非谓乘刀而渡，则上不乘苇而渡，明矣”。

③跂（qí）：踮起脚。

④刀：朱熹《诗集传》言，“小船曰‘刀’”。诗人极言河小，意谓宋近也。

伯兮

题解　妻子怀念久役不归的丈夫而作的抒情诗。

伯兮朅兮[①]，　　真英勇呀我夫君，
邦之桀兮。　　他是国家的英杰。
伯也执殳[②]，　　丈二长殳拿在手，
为王前驱！　　为王出征走前列！

自伯之东，　　　自从出征他往东，
首如飞蓬。　　　头发不梳乱蓬蓬。
岂无膏沐[3]？　　　哪是缺少脂和粉？
谁适为容[4]！　　　为谁梳洗为谁容！

其雨其雨，　　　盼落雨啊盼落雨，
杲杲出日[5]。　　　谁知红日东方起。
愿言思伯，　　　每次想起他出征，
甘心首疾！　　　痛在头来苦在心！

焉得谖草[6]？　　　哪里可得忘忧草？
言树之背[7]。　　　栽在北堂要趁早。
愿言思伯，　　　每次想到他出征，
使我心痗[8]！　　　心中郁结多烦恼！

注释

①伯：古时妻子对丈夫的称呼。

②殳（shū）：古兵器。《毛诗故训传》载："殳，长丈二而无刃。"

③膏沐：妇女润发的油脂。

④适：陈奂《诗毛氏传疏》言，"当读为'敌'。《说文》，'敌，仇也'。《尔雅》，'仇，匹也'"。

⑤杲（gǎo）：日出貌。

⑥谖草：或作“萱草”，古时传说中一种使人忘忧的草。

⑦背：同“北”，指北堂。马瑞辰《毛诗传笺通释》言，“《说文》，‘北，从二人相背’，是北本从背”。

⑧痗（mèi）：病也；一说忧病。

有狐

题解 女向男求爱，虽其人贫无衣裤，但仍爱他；一说妻子怀念久役不归的丈夫。

有狐绥绥[①]，　　有只狐狸独自走，
在彼淇梁[②]。　　在那淇水堰坝口。
心之忧矣，　　我的心儿真发愁，
之子无裳[③]。　　他连裤儿也没有。

有狐绥绥，　　有只狐狸独自走，
在彼淇厉[④]。　　在那淇水的渡口。
心之忧矣，　　我的心儿真发愁，
之子无带。　　他连腰带也没有。

有狐绥绥， 有只狐狸独自走，
在彼淇侧。 在那淇水岸上头。
心之忧矣， 我的心儿真发愁，
之子无服。 他连衣服也没有。

注释

①狐：一说狐喻男性。绥绥：朱熹《诗集传》言，“独行求匹之貌”；一说行迟貌；一说多毛貌。闻一多《风诗类钞》言，“绥绥，多毛貌”。

②梁：河梁，河中堆石而成，可以过人，或用以拦鱼。

③裳：古时上称衣，下称裳。

④厉：河水深及腰部，可以涉过之处；一说水边的浅滩。

木瓜

题解 男女相爱，互相赠答；一说卫人思报齐桓公复国厚恩而作。

投我以木瓜， 他送我的是木瓜，
报之以琼琚[①]。 我拿美玉报答他。
匪报也， 美玉哪能算报答，
永以为好也！ 是求永久相好呀！

投我以木桃，	他送我的是红桃，
报之以琼瑶[2]。	我报他的是琼瑶。
匪报也，	琼瑶哪能算报答，
永以为好也！	是求彼此永相好！

投我以木李，	他送我的是酥李，
报之以琼玖[3]。	我报他的是琼玖。
匪报也，	琼玖哪能算报答，
永以为好也！	是求彼此好到底！

注释

①琼：赤色玉；亦泛指美玉。琚（jū）：佩玉。
②瑶：美玉；一说似玉的美石。
③玖（jiǔ）：浅黑色玉石。

◎ 王风

黍离

题解 周大夫行役过镐京，见旧时宗庙宫室遗址黍稷茂盛，因悲周室颠覆，乃作此诗。

彼黍离离[①]，	地里黍禾长成列，
彼稷之苗。	高粱正在发绿叶。
行迈靡靡[②]，	行过旧地步子慢，
中心摇摇[③]。	心中恍惚意忐忑。
知我者，	了解我的，
谓我心忧；	说我心忧愁；
不知我者，	不了解我的，
谓我何求。	说我有要求。
悠悠苍天，	苍天苍天你在上，
此何人哉[④]？	谁颠覆它成这样？

彼黍离离，	地里黍禾长成队，
彼稷之穗。	高粱也正在抽穗。

行迈靡靡，	走过旧地步子慢，
中心如醉。	心中昏乱像酒醉。
知我者，	了解我的，
谓我心忧；	说我在发愁；
不知我者，	不了解我的，
谓我何求。	说我有要求。
悠悠苍天，	苍天苍天你在上，
此何人哉？	谁颠覆它成这样？

彼黍离离，	地里黍禾长成行，
彼稷之实。	快结米的是高粱。
行迈靡靡，	走过旧地步子慢，
中心如噎⑤。	心中好像噎得慌。
知我者，	了解我的，
谓我心忧；	说我在发愁；
不知我者，	不了解的，
谓我何求。	说我有要求。
悠悠苍天，	苍天苍天你在上，
此何人哉？	谁颠覆它成这样？

注释 ①离离：行列貌。马瑞辰《毛诗传笺通释》言："离离者，状

其有行列也。”

②靡靡：行步迟缓貌。

③摇摇：形容心神不安。《毛诗故训传》载：“摇摇，忧无所愬。”

④此何人哉：严粲认为，此句应为“致此颠覆者是何人乎”之义。

⑤噎（yē）：忧深气逆，不能呼吸。

君子于役

题解 妻子怀念行役无期不能归家的丈夫。

君子于役[1]，　　丈夫服役老在外，
不知其期，　　何时归来真难猜，
曷至哉？　　究竟哪年才回来？
鸡栖于埘[2]，　　鸡儿已经飞进窝，
日之夕矣，　　眼看太阳往西落，
羊牛下来。　　牛羊回转走下坡。
君子于役，　　丈夫服役老在外，
如之何勿思！　　叫我如何不想他！

君子于役，	丈夫服役老不归，
不日不月③，	盼月盼日哪时回，
曷其有佸④？	不知何时能相会？
鸡栖于桀⑤，	鸡儿已经飞上架，
日之夕矣，	眼看太阳往西落，
羊牛下括⑥。	牛羊回转下山坡。
君子于役，	丈夫服役老在外，
苟无饥渴！	愿他不受饥与渴！

注释

①役：服劳役。

②埘（shí）：墙壁上挖洞做成的鸡窠。《毛诗故训传》载：“凿墙而栖曰‘埘’。”

③不日不月：没法用日月来计算时间。

④有佸（huó）：相会。《毛诗故训传》载：“会也。”陆德明《经典释文》引《韩诗》：“佸，至也。”

⑤桀：鸡栖木。《尔雅》作“榤”，小木桩。

⑥括：来。《毛诗故训传》载：“括，至也。”

君子阳阳

题解

情人相约出游，感到乐趣无穷。

君子阳阳①，　　君子走来喜洋洋，
左执簧，　　左手拿着那笙簧，
右招我由房②。　　右手招我去游逛。
其乐只且③。　　快乐真是不可量。

君子陶陶④，　　君子走来乐陶陶，
左执翿⑤，　　左手拿着鸟羽旄，
右招我由敖。　　右手招我去游遨。
其乐只且。　　这样快乐真逍遥。

注释

①阳阳：马瑞辰《毛诗传笺通释》言，“阳与养古同声。《尔雅》，‘养，乐也’。阳阳亦乐意”。

②由房：马瑞辰《毛诗传笺通释》言，“由、游，古同声通用。由敖，犹游遨也。由房与由遨亦当同义，皆谓相招为游戏耳……房与放，古音亦相近，由房当读为‘游放’”。按由房、由敖义同，系变文协韵。

③只且：作语助词。

④陶陶：和乐貌。

⑤翿（dào）：即纛，羽毛做成的舞具。

扬之水

题解 周平王母家申国邻楚，数被侵伐，因遣戍守申，使人民家室离散，国人作诗讽之。

扬之水[①]，	缓缓流动那河水，
不流束薪。	不能漂动一束薪。
彼其之子[②]，	安居家乡这个人，
不与我戍申[③]。	没法和我去守申。
怀哉怀哉！	真想家啊真想家！
曷月予还归哉？	哪年才能转回家？

扬之水，	缓缓流动那河水，
不流束楚。	不能漂动柴一束。
彼其之子，	安居国内这个人，
不与我戍甫。	没法和我去守甫。
怀哉怀哉！	真想家啊真想家！
曷月予还归哉？	哪月哪日能回家？

扬之水，	缓缓流动那河水，

不流束蒲。　　一束蒲草难漂起。
彼其之子，　　安居国内这个人，
不与我戍许。　没法和我去守许。
怀哉怀哉！　　真想家啊真想家！
曷月予还归哉？哪月哪日能回家？

注释　①扬：激扬。

②彼其之子：朱熹《诗集传》言，“戍人指其家室而言也”。

③申及下章的甫、许：均为小诸侯国。

中谷有蓷

题解　写凶年饥馑，室家相弃，弃妇无告的悲苦。

中谷有蓷①，　　谷中生长益母草，
暵其干矣②。　　被水浸湿又渐干。
有女仳离③，　　流离失所的女子，
嘅其叹矣④！　　伤心慨然而长叹！
嘅其叹矣，　　伤心慨然而长叹，
遇人之艰难矣⑤！叹息嫁人真艰难！

中谷有蓷，　　谷中生长益母草，
暵其脩矣⑥。　　浸湿接着又吹干。
有女仳离，　　流离失所的女子，
条其啸矣⑦！　　伤心不禁长声叹！
条其啸矣，　　伤心不禁长声叹，
遇人之不淑矣。　　只因嫁了个坏蛋！

中谷有蓷，　　谷中生长益母草，
暵其湿矣⑧。　　天干之后草尽枯。
有女仳离，　　流离失所的女子，
啜其泣矣⑨！　　伤心呜咽尽哭泣！
啜其泣矣，　　伤心呜咽尽哭泣，
何嗟及矣⑩。　　要想后悔来不及！

注释

①蓷（tuī）：药草名，即益母草，果实名“茺蔚子”；一说陆草，怕水，“最能任酷烈，日愈烈，色愈鲜”；一说“正生海滨池泽，其性宜湿”。

②暵（hàn）：许慎《说文解字》作“鸂”。“鸂，水濡而干也”。

③仳（pǐ）离：仳即别，仳、离连文，旧时特指妇女被遗弃而离去。

④嘅（kǎi）：叹息。

⑤遇人之艰难矣：即嫁个好男人不容易。

⑥脩（xiū）：陈奂《诗毛氏传疏》言，“《说文》，脩，脯也。脯，干肉也……因之凡干皆曰‘脩’矣”。

⑦条：《毛诗故训传》载，“条，长也”。

⑧湿：“㬤”（qī）的假借，晒干。王引之《经义述闻》言：“此‘湿’与‘水湿’之湿异义，湿亦且干也。”

⑨啜（chuò）：哭泣时抽噎。

⑩何嗟及矣：胡承珙《毛诗后笺》言，“当作‘嗟何及矣’”。

兔爰

题解 没落贵族感叹生不逢时遭受百忧的歌篇。

有兔爰爰[①]，	兔子网里来挣脱，
雉离于罗[②]。	野鸡遭罪陷罗网。
我生之初，	我初出生那些时，
尚无为[③]。	太平无事少折磨。
我生之后，	自打从我出生后，
逢此百罹，	遭逢各种灾和祸，
尚寐无吪[④]。	最好睡觉啥不说。

有兔爰爰，	兔子脱网自去逛，
雉离于罦⑤。	野鸡陷入那罗网。
我生之初，	我初出生那些时，
尚无造⑥。	太平无事少祸殃。
我生之后，	自打从我出生后，
逢此百忧，	遭逢百忧结愁肠，
尚寐无觉。	最好睡觉眼闭上。

有兔爰爰，	兔子挣脱往前蹦，
雉离于罿⑦。	野鸡却陷在网中。
我生之初，	我初出生那些时，
尚无庸⑧。	太平少劳天下同。
我生之后，	自打从我出生后，
逢此百凶，	遭受祸害逢百凶，
尚寐无聪。	最好睡觉装耳聋。

注释

①爰爰（yuán）：王先谦《诗三家义集疏》言，“《韩诗》曰，‘爰爰，发踪之貌也……《汉书·萧何传》颜注，‘发踪，谓解绁而放也’”。

②离：同“罹”，遭难。

③为：一说为、繇古同字，为、造、庸，皆为劳役之事。

④无吪（é）：不说话；一说不动。下章“无觉”“无聪”，是不见、不闻之意。

⑤罦（fú）：一种装设机关的网，能自动捕捉鸟兽，又叫“覆车网”。

⑥造：《毛诗故训传》载，“为也”。

⑦罿（tóng）：捕鸟网。

⑧庸：《毛诗故训传·郑玄笺》载，“劳也”。《毛诗故训传》载，“用也”。《尔雅》载，“作、造，为也”。郝懿行《尔雅义疏》言，“为者，行也……用也”。庸亦同“为”、同“造”。

说明 这首诗历来有不同的解释。《毛诗·序》言：“《兔爰》，闵周也。桓王失信，诸侯背叛，构怨连祸，王师伤败，君子不乐其生焉。”现代研究者认为该诗体现的是在变革的时候奴隶主贵族哀叹本身的失势。郭沫若《中国古代社会研究》言：“这首诗表现一个阶级动摇的时候，在下位的兔子悠游得乐，在上位的野鸡反投了罗网。这投了罗网的野鸡便反反复复地哀叹起来——只睡觉罢，管他妈的！”一说小百姓苦于劳役，灾祸频仍，无可奈何，只求得暂时的安静。

葛藟

题解 父母兄弟离散，流离失所、寄人篱下的青年痛苦的呼声。

绵绵葛藟[①]，	长得长的葛藟藤，
在河之浒[②]。	在那水涯边上生。
终远兄弟，	远离我那兄弟们，
谓他人父。	去叫别人做父亲。
谓他人父，	虽然叫他做父亲，
亦莫我顾[③]。	他却对我没情分。
绵绵葛藟，	长得长的葛藟藤，
在河之涘[④]。	在那河水岸边生。
终远兄弟，	远离我那兄弟们，
谓他人母。	去叫别人做母亲。
谓他人母，	虽然叫她做母亲，
亦莫我有。	对我不爱没恩情。
绵绵葛藟，	葛藟藤儿长又多，
在河之漘[⑤]。	水边生长一棵棵。

终远兄弟，	远离我那兄弟们，
谓他人昆[6]。	去叫别人做哥哥。
谓他人昆，	虽然叫他做哥哥，
亦莫我闻[7]。	他却装聋不怜我。

注释

①绵绵：绵长不绝之貌。

②浒（hǔ）：水边。

③顾：王引之《经义述闻》言，“顾也、有也、闻也，皆亲爱之意也”。

④涘（sì）：水边。

⑤漘（chún）：水边。

⑥昆：兄。

⑦闻：王引之《经义述闻》言，“犹问也，谓相恤问也，古字闻与问通”。

采葛

题解 情人相思之词；一说朋友互相想念。

彼采葛兮，	那个人啊去采葛，
一日不见，	一天不相见，

如三月兮！　　好比隔了三月啊！

彼采萧兮[1]，　　那个人啊采青蒿，
一日不见，　　一天不相见，
如三秋兮[2]！　　好比过了三秋啊！

彼采艾兮，　　那个人啊采香艾，
一日不见，　　一天不相见，
如三岁兮！　　好比挨过三年啊！

注释　①萧：植物名，蒿的一种，即“青蒿”，有香气，古时用以祭祀。②三秋：余冠英《诗经选译》，“通常以一秋为一年，后代又有以‘三秋’专指秋季三月的用法。在这首诗里，‘三秋’该长于‘三月’，短于‘三岁’，义同三季”。

大车

题解　女子对男子表示坚贞的爱情。

大车槛槛[1]，　　大车开动声坎坎，

毳衣如菼[2]。　　绣袍色如芦苇秆。
岂不尔思？　　岂有我不想念你？
畏子不敢！　　怕你做事不勇敢！

大车哼哼[3]，　　大车开动缓又重，
毳衣如璊[4]。　　绣袍色如美玉红。
岂不尔思？　　岂有我不想念你？
畏子不奔！　　出奔怕你不相从！

榖则异室[5]，　　活着哪怕不同房，
死则同穴。　　死了愿和你同葬。
谓予不信，　　莫说我话难作准，
有如皦日[6]！　　太阳高高悬天上！

注释

①大车：古代用牛拉货的车。槛槛（kǎn）：车声。

②毳（cuì）衣：古代冕服；一说毡子和车衣；一说类似披毡。《毛诗故训传》载："大夫之服。"闻一多《风诗类钞》言："毳，毳布，即毡子。衣是车衣，车上蔽风雨的帷帐。"

③哼哼（tūn）：车行很重、很慢貌，亦作车声。

④璊（mén）：赤色的玉；一说赤苗的谷。闻一多《风诗类钞》言："璊，一种赤苗的谷类。"

⑤榖：活着。《毛诗故训传》载："生也。"

⑥皦：同“皎”，光亮。

丘中有麻

题解 女子等待情人时所作的各种悬想。

丘中有麻，	小丘上面种苎麻，
彼留子嗟[1]。	哪个留氏叫子嗟。
彼留子嗟，	哪个留氏叫子嗟，
将其来施施[2]。	愿他高兴走过来。
丘中有麦，	小丘上面种大麦，
彼留子国。	哪个留氏叫子国。
彼留子国，	哪个留氏叫子国，
将其来食。	愿他快来共进食。
丘中有李，	小丘上面苦李生，
彼留之子。	哪个人是留氏子。
彼留之子，	哪个人是留氏子，
贻我佩玖。	他将美玉把我赠。

注释

①彼留子嗟：谁留下留子嗟。朱熹《诗集传》言："妇人望其所与私者而不来，故疑丘中有麻之处，复有与之私而留之者，今安得其施施然而是乎。"一说其义为"那个留子嗟"。留：一说留客的留；一说指刘姓。马瑞辰《毛诗传笺通释》言："留、刘古通用。"子嗟和下章的子国，一说是刘氏一人数名。②将：请，愿，希望。施施：高兴貌。

说明

这首诗是写女子盼望情人来幽会。丘中有麻、有麦、有李，是幽会的地方，正如同《鄘风·桑中》的"桑中"一样。留，一说为刘姓。子嗟、子国是人名。《左传·昭公元年》载："刘子曰，'美哉禹功！'"显见刘姓比较早就有了，这个女子等的就是这个姓刘的男子。一说子嗟、子国都是古代美男子的泛称，不一定是指某一个人。全诗绝不是如《毛诗·序》说的"思贤"，而是一首幽会的情歌。诗中赤裸、坦率地道出盼望情人到来。"贻我佩玖"，闻一多说"合欢以后，男赠女以佩玉，反映了这一诗歌的原始性"。这首诗，朱熹也认为它是"妇人望其所私与者而不来。"

◎ 郑风

缁衣

题解 作者对所谓“好人”的称道，并愿为他服务。

缁衣之宜兮[1]，	黑色朝服正相宜，
敝，予又改为兮[2]。	破了给你来改易。
适子之馆兮[3]，	到你公馆去看你，
还，予授子之粲兮[4]。	回来为你把饭备。
缁衣之好兮，	黑色朝服很美好，
敝，予又改造兮。	破了给你来改造。
适子之馆兮，	到你公馆去看你，
还，予授子之粲兮。	回来为你备饭早。
缁衣之蓆兮[5]，	黑衣宽大真适合，
敝，予又改作兮。	破了给你来改作。
适子之馆兮，	到你公馆去看你，
还，予授子之粲兮。	回来为你备吃喝。

注释 ①缁（zī）衣：黑色的朝服。

②敝：坏。改为及下章的改造、改作，是随着衣服的破烂程度不同而说的，以见其关心。

③馆：客舍。

④粲：餐。陈奂《诗毛氏传疏》言："粲为'餐'之假借字。"

⑤蓆：宽，大。许慎《说文解字》言："蓆，广多也。"《尔雅》载："蓆，大也。"

将仲子

题解 姑娘要求情人别来她家，以免受父母兄弟及邻居的责骂。

将仲子兮[1]，	仲子仲子说与你，
无踰我里[2]，	切莫跨进我乡里，
无折我树杞[3]。	切莫攀折那柳杞。
岂敢爱之？	难道我还爱惜它？
畏我父母。	唯恐爹娘来责骂。
仲可怀也，	仲子我很怀念你，
父母之言，	可我爹娘来责骂，
亦可畏也。	这事真叫我害怕。

将仲子兮，	仲子我和你商量，
无窬我墙，	切莫爬进我家墙，
无折我树桑[4]。	切莫折断那些桑。
岂敢爱之？	难道我还爱惜它？
畏我诸兄。	哥哥要说讽刺话。
仲可怀也，	仲子我很怀念你，
诸兄之言，	可我哥哥说闲话，
亦可畏也。	这事真叫我害怕。

将仲子兮，	仲子请你听我言，
无窬我园，	切莫跳进我家园，
无折我树檀[5]。	切莫爬断那树檀。
岂敢爱之？	难道我还爱惜它？
畏人之多言。	唯恐别人说闲话。
仲可怀也，	仲子我很怀念你，
人之多言，	可是别人说闲话，
亦可畏也。	这事叫我真害怕。

注释

①将（qiāng）：愿，请。

②窬：跨越。里：邻里。《毛诗故训传》载："二十五家为里。"

③杞（qǐ）：木名，即杞树，又名"榉"，落叶乔木，树如柳

叶，木质坚实。

④树桑：即桑树，倒文以协韵。

⑤树檀：即檀树，倒文以协韵。

叔于田

题解 颂扬青年猎人的豪迈和英武；一说刺郑庄公。

叔于田[①]，	叔去郊外射飞禽，
巷无居人。	大街小巷都没人。
岂无居人？	难道真是没有人？
不如叔也，	谁都不如那阿叔，
洵美且仁。	那么漂亮又亲仁。

叔于狩[②]，	叔到郊外猎野兽，
巷无饮酒。	街巷都没人喝酒。
岂无饮酒？	难道真没人喝酒？
不如叔也，	谁也不如那阿叔，
洵美且好！	那么善良又清秀！

叔适野③，	郊外打猎叔离家，
巷无服马④。	街巷没人会驾马。
岂无服马？	难道真没人驾马？
不如叔也，	谁也不如那阿叔，
洵美且武！	漂亮英武真可夸！

注释 ①田：打猎。朱熹《诗集传》言："田，取禽也。"

②狩：冬猎。

③野：郊外。

④服马：用马驾车。《毛诗故训传·郑玄笺》载："犹乘马也。"

大叔于田

题解 赞美善射、善猎、善御及善骑的青年猎人；一说刺郑庄公。

叔于田，	叔到郊外去打猎，
乘乘马①。	四匹马儿驾着车。
执辔如组，	手执缰绳如丝组，
两骖如舞②。	车旁两马像飞舞。
叔在薮③，	叔去围猎到湖边，

火烈具举[4]。	猎火到处都烧遍。
襢裼暴虎[5]，	空拳赤膊捉猛虎，
献于公所。	提来献到庄公处。
将叔无狃[6]，	叔啊不要再逞强，
戒其伤女。	谨防猛虎把你伤。
叔于田，	叔去打猎到围场，
乘乘黄。	四马驾车毛色黄。
两服上襄[7]，	带头两马驾中央，
两骖雁行。	两骖排列如雁行。
叔在薮，	叔到湖边青草地，
火烈具扬。	一片猎火来烧起。
叔善射忌[8]，	射猎叔是神箭手，
又良御忌。	驾车御马叔为首。
抑磬控忌[9]，	有时勒马缓缓进，
抑纵送忌[10]。	有时放马往前奔。
叔于田，	叔到郊外去打猎，
乘乘鸨[11]。	驾车四马毛杂色。
两服齐首，	中央两马并头进，
两骖如手。	两骖好比左右手。

叔在薮，	叔在湖边青草地，
火烈具阜[12]。	熊熊猎火燃烧起。
叔马慢忌，	叔马渐走渐缓慢，
叔发罕忌[13]。	叔箭渐射渐稀罕。
抑释掤忌[14]，	箭筒打开把箭放，
抑鬯弓忌[15]。	又把弓儿囊里藏。

注释

①乘（chéng）乘（shèng）：四马驾车叫乘。前一乘字是动词，后一乘字是名词。

②骖（cān）：车辕两边的马。

③薮（sǒu）：湖泽边低地，草木丛生，禽兽聚居之所；也专指湖泽。

④火烈：放火烧草，隔断野兽逃跑的路。具举：齐举。

⑤襢（tǎn）裼（xī）：《毛诗故训传》载，“肉袒也”。暴虎：空拳搏虎；郝懿行《尔雅义疏》言，“暴者，搏也”。暴、搏古音相近。

⑥狃（niǔ）：习以为常，不复措意。《毛诗故训传·郑玄笺》载：“狃，复也。”

⑦服：驾车四马中处于中央的两匹马。上襄：王先谦《诗三家义集疏》言，“王引之云，‘上者前也。上骧犹言并驾于前’……陈乔枞云，‘襄盖骧之假借’”。

⑧忌：作语助词。

⑨抑：作语助词。磬控：《毛诗故训传》载，“骋马曰‘磬’，

止马曰‘控’，发矢曰‘纵’，从禽曰‘送’”。马瑞辰《毛诗传笺通释》言，“磬、控，双声字。纵、送，迭韵字……磬、控、纵、送，皆言御者驰逐之貌”。

⑩纵送：见前“磬控”注。

⑪鸨（bǎo）：有黑白杂毛的马。

⑫阜：旺盛。

⑬罕：稀少。

⑭掤（bīng）：箭筒的盖子。

⑮鬯（chàng）：通“韔”，弓囊；把弓装入弓囊。

清人

题解 郑文公恶高克贪而无礼，使将清邑之兵御敌于河上。久而不召，师散而归，高克奔陈。公子素以为高克进不按理，文公退高克不循法，作此诗加以讽刺。

清人在彭[1]，	清邑士兵来到彭，
驷介旁旁[2]。	披甲驷马极壮盛。
二矛重英[3]，	两支矛头饰红羽，
河上乎翱翔。	河上逍遥不前进。

清人在消，	清邑士兵来到消，
驷介麃麃[④]。	披甲驷马威又骁。
二矛重乔[⑤]，	两矛勾挂野鸡毛，
河上乎逍遥。	在那河上挺逍遥。

清人在轴，	清邑士兵到轴郊，
驷介陶陶[⑥]。	披甲驷马驱驰妙。
左旋右抽[⑦]，	左转战车右拔刀，
中军作好[⑧]。	将军容颜极美好。

注释

①清：郑国的地名，诗中的彭、消、轴亦均为地名。

②驷：古四马驾车为一乘，即驾车的四匹马。介：甲。旁旁：盛貌。

③二矛：酋矛、夷矛。重英：以朱羽为矛饰，二矛竖车上，遥遥相对，重叠相见。

④麃麃（biāo）：威武貌。

⑤乔：即雉羽。

⑥陶陶：驱驰之貌。

⑦左旋：向左边旋转。抽：拔刀。朱熹《诗集传》言："左，谓在将军之左，执辔而御马者也。右，谓勇士在将军之右，执兵以击刺者也。"马瑞辰《毛诗传笺通释》言："王氏谓，'左旋右抽为戎车回旋演战之法'。"

⑧中军：古三军为上军、中军、下军，中军的将帅为主帅。

羔裘

题解 陈古以讽今，刺当时郑国无此等臣僚。

羔裘如濡[1]，	羔裘袄子很润泽，
洵直且侯[2]。	品格正直又伟美。
彼其之子，	穿着袍子的那人，
舍命不渝[3]。	舍命为公不后悔。
羔裘豹饰[4]，	羔羊袍子镶豹皮，
孔武有力[5]。	看来又勇又有力。
彼其之子，	穿着袍子的那人，
邦之司直[6]。	主持正义在国里。
羔裘晏兮[7]，	羔羊袍子真辉煌，
三英粲兮[8]。	三道镶边发亮光。
彼其之子，	穿着袍子的那人，
邦之彦兮[9]。	才堪一国之俊杰。

注释 ①羔裘：一说古代大夫的朝服。濡（rú）：润泽。

②洵：确实。侯：美。

③渝：变。

④豹饰：用豹皮做衣服的边。

⑤孔：甚，很。

⑥司直：《毛诗故训传》载，“司，主也”。陈奂《诗毛氏传疏》言，“主直者，犹《论语》云，‘主忠信也’”。

⑦晏：鲜盛貌。

⑧三英：闻一多《风诗类钞》言，“英，裘饰也。疑即上之豹饰。凡三列，故曰‘三英’”。徐璈《诗经广诂》言，“《毛诗拾遗》曰，‘英谓古者以素丝饰裘’……”粲：光耀。

⑨彦：士的美称。

遵大路

题解 劳动人民爱情诗，女要求男莫骤然丢掉旧情。

遵大路兮，	顺着大路向前走，
掺执子之祛兮[1]。	拉着你的衣袖口。
无我恶兮，	请你不要讨厌我，
不寁故也[2]。	旧情不要骤然丢。

遵大路兮， 顺着大路向前走，
掺执子之手兮。 一把拉着你的手。
无我魗兮③， 请你不要嫌我丑，
不寁好也④。 念旧不要把我丢。

注释 ①掺（shǎn）：拉住。袪（qū）：袖口。
②寁（zǎn）：丢弃，忘记。故：故人。
③魗（chóu）：同“丑”。《毛诗故训传》载：“魗，弃也。”
④好：旧好。

女曰鸡鸣

题解 猎人夫妇，相诫早起及相互爱悦。

女曰鸡鸣， 妻子说雄鸡在歌唱。
士曰昧旦①。 丈夫说天刚蒙蒙亮。
子兴视夜， 你快起身看夜空，
明星有烂②。 启明星儿在东方。
将翱将翔③， 快快跑来快快走，
弋凫与雁。 将那鸭雁都射伤。

弋言加之④，　　射来大雁和野鸭，
与子宜之⑤。　　为你调和烹饪它。
宜言饮酒，　　将这佳肴来下酒，
与子偕老。　　白头偕老美无涯。
琴瑟在御⑥，　　又弹琴来又鼓瑟，
莫不静好⑦。　　生活安静幸福家。

知子之来之⑧，　　知你慰我对我好，
杂佩以赠之⑨。　　送你佩玉莫嫌少。
知子之顺之，　　知你对我很体贴，
杂佩以问之⑩。　　送你佩玉请收好。
知子之好之，　　知你对我恩爱深，
杂佩以报之。　　送你佩玉以为报。

注释

①昧旦：天将亮的时候。

②明星：启明星。

③将翱将翔：朱熹《诗集传》言，“则当翱翔而往弋取凫雁而归矣”，指行动快；一说指猎雁时如飞鸟一样逍遥自得的乐趣。

④弋：用绳系在箭上射。加：射中；一说“加豆”，一种食器。

⑤宜：《尔雅》载，“肴也”，这里作动词。

⑥御：奏。

⑦静：美好。马瑞辰《毛诗传笺通释》言："'靖'的假借。"

⑧来：抚慰。

⑨杂佩：玉佩，用各种佩玉构成，称"杂佩"。

⑩问：赠送。

有女同车

题解 赞美同车姑娘。

有女同车，	与我同车那姑娘，
颜如舜华[①]。	美如木槿花一样。
将翱将翔，	将要走来将要行，
佩玉琼琚。	戴的美玉闪闪亮。
彼美孟姜，	美丽姑娘是孟姜，
洵美且都[②]。	真是又美又堂皇。

有女同行，	与我同行那姑娘，
颜如舜英。	美如木槿花一样。
将翱将翔，	将要走来将要行，
佩玉将将。	佩戴美玉叮当响。

彼美孟姜，　　美丽姑娘她姓姜，
德音不忘[3]。　　她的德行不能忘。

注释

①舜华：与下章的舜英均为植物名，二者即芙蓉花，又名“木槿”。
②都：娴雅。
③德音不忘：王引之《经义述闻》言，“犹言‘德音不已’”。

山有扶苏

题解

女子与情人失约的感叹；一说刺时人美恶不辨。

山有扶苏[1]，　　山上桑树多枝丫，
隰有荷华。　　洼地水里长荷花。
不见子都，　　好人子都没碰见，
乃见狂且[2]。　　偏偏遇到狂娃娃。

山有乔松，　　山上长着长青松，
隰有游龙[3]。　　地下低湿长水红。
不见子充，　　好人子充没碰到，

乃见狡童。	偏偏只见这顽童。

注释

①扶苏：茂木；一说桑树。马瑞辰《毛诗传笺通释》言："钱大昕曰，'扶、辅声义皆相近，长言为扶苏，急言为辅'……扶苏又通作'蒲苏'。《公羊》何休注，'蒲苏，桑也'。"此篇扶苏对荷华，下章乔松对游龙，荷华、乔松和游龙都指具体的实物，按《诗经》对文的惯例，扶苏也应指具体的实物，依何休注为桑木。

②且：举动乖张、疯癫。

③游龙：植物名。《毛诗故训传》载："红草也。"

萚兮

题解

女子要求和爱人共同唱歌。

萚兮萚兮[1]，	树叶脱啊树叶脱，
风其吹女。	大风吹得起又落。
叔兮伯兮[2]，	叔啊伯啊你快来，
倡予和女[3]。	你来唱歌我来和。
萚兮萚兮，	树叶脱啊树叶脱，

风其漂女[4]。　　风吹飘飘起又落。
叔兮伯兮，　　叔啊伯啊你快来，
倡予要女[5]。　　你来唱歌我拍和。

注释

①萚（tuò）：脱落的树叶。《毛诗故训传》载，“萚，槁也”。《毛诗故训传·郑玄笺》载，“槁，谓木叶也”。

②叔兮伯兮：余冠英《诗经选译》言，“女子呼爱人为‘伯’或‘叔’或‘叔伯’……‘叔兮，伯兮’语气像对两人，实际是对一人说话”。

③倡：倡导；一说唱。

④漂：飘。

⑤要（yāo）：《毛诗故训传》载，“成也”。陈奂《诗毛氏传疏》言，“成，亦和也……凡乐节一终，谓之一成，故要为成也”。

狡童

题解　女子对爱人的责怨。

彼狡童兮[1]，　　那个狡猾小坏蛋，
不与我言兮。　　不再和我来摆谈。

维子之故[2]，　就是因你的缘故，
使我不能餐兮。　使我不能吃好饭。

彼狡童兮，　那个狡猾小坏蛋，
不与我食兮。　不再和我同吃饭。
维子之故，　就是因你的缘故，
使我不能息兮。　使我睡觉也难安。

注释

①狡：狡猾。

②维：因为。陈奂《诗毛氏传疏》言："为也。"

褰裳

题解 男女间戏谑之辞，表现民间男女爱情。

子惠思我，　倘若你还在爱我，
褰裳涉溱[1]。　涉水提衣蹚溱河。
子不我思，　倘若你不再爱我，
岂无他人？　难道我就没人爱？
狂童之狂也且[2]！　你这狂童太傻啊！

子惠思我，　　倘若你还在爱我，
褰裳涉洧[3]。　　涉水提衣蹚洧河。
子不我思，　　倘若你不再爱我，
岂无他士？　　难道我就没人爱？
狂童之狂也且！　　你这狂童太傻啊！

注释　①褰（qiān）：揭起；溱（zhēn）：河名。
②狂童之狂：余冠英《诗经选译》言，“等于说痴狂中的痴狂”。也且：作语助词。
③洧（wěi）：河名，即今河南省双洎河。

丰

题解　女子后悔没与情人同行，盼他来驾车同去。

子之丰兮[1]，　　你多丰满壮健啊，
俟我乎巷兮[2]，　　等我等在小巷啊，
悔予不送兮[3]！　　后悔我没送你啊！

子之昌兮[4]，　　你多健壮魁梧啊，
俟我乎堂兮，　　等我等在堂屋啊，
悔予不将兮[5]！　后悔我没同行啊！

衣锦褧衣[6]，　　我穿锦衣套单衣，
裳锦褧裳。　　又穿锦裳套单裳。
叔兮伯兮，　　伯啊叔啊你快来，
驾予与行[7]！　　驾车和你一同去！

裳锦褧裳，　　我穿锦裳套单裳，
衣锦褧衣。　　又穿锦衣套单衣。
叔兮伯兮，　　叔啊伯啊你快来，
驾予与归[8]！　　驾车和你同归去！

注释

①丰：丰满，标致。

②巷：《毛诗故训传》载，“门外也”。马瑞辰《毛诗传笺通释》言，“古谓里道为‘巷’，亦谓所居之宅为‘巷’”。

③送：胡承珙《毛诗后笺》言，“送，致女；逆，亲迎也。《春秋》言致女者即以女授婿之谓……非自谓其不送男子也”。

④昌：健壮。

⑤将：应为《召南·鹊巢》“百两将之”的“将”，指出嫁时的迎送。

⑥褧（jiǒng）：见《卫风·硕人》注②。
⑦行：往。
⑧归：回；一说指女子出嫁。

东门之墠

题解 怨情人不来相娶。

东门之墠[①]，	东门城外地平坦，
茹藘在阪[②]。	地旁坡上茜草满。
其室则迩，	房屋相距倒很近，
其人甚远。	人却隔我实在远。
东门之栗，	东门城外栗树茂，
有践家室[③]。	房屋成行栗叶覆。
岂不尔思？	岂有我不想念你？
子不我即[④]。	是你不来把我找。

注释 ①墠（shàn）：铲地使之平坦。
②茹藘（lǘ）：草名，即茜草，可染红色。阪（bǎn）：坡。

③践：朱熹《诗集传》言，“践，行列貌。门之旁有栗，栗之下有成行列之家室，亦识其处也”。

④即：就，接近。

风雨

题解 女子盼到亲人来时的喜悦。

风雨凄凄①， 风吹雨打寒气多，
鸡鸣喈喈②。 耳听鸡儿正唱歌。
既见君子， 既然已经看见你，
云胡不夷③？ 怎说我还不快乐？

风雨潇潇④， 风声雨声一齐到，
鸡鸣胶胶⑤。 耳听鸡儿喔喔叫。
既见君子， 既然已经看见你，
云胡不瘳⑥？ 怎说我病还不好？

风雨如晦⑦， 风雨天气黑沉沉，
鸡鸣不已。 耳听鸡儿叫不停。

既见君子，	既然已经看见你，
云胡不喜[8]？	怎说我还不欢欣？

注释

①凄凄：寒凉。

②喈喈（jiē）：鸟鸣声。

③夷：夷、恰相通；一说平。

④潇潇：形容风高雨急。

⑤胶胶：鸡鸣声；一说“鸡声错杂”。

⑥瘳（chōu）：病愈。

⑦晦：昏暗。

⑧胡：何。

子衿

题解 女子等候情人时的焦急心情。

青青子衿[1]，	你那衣领颜色青，
悠悠我心。	念你常常挂我心。
纵我不往，	纵然我还不能去，
子宁不嗣音[2]？	为啥你不来个信？

青青子佩，　　你的佩玉青绶带，
悠悠我思。　　念你常常挂我怀。
纵我不往，　　纵然我还不能去，
子宁不来？　　为啥你不自己来？

挑兮达兮[3]，　　来来往往趟赶趟，
在城阙兮[4]。　　独自等在城楼上。
一日不见，　　若有一天不会面，
如三月兮！　　好比隔了三月长！

注释

①衿（jīn）：衣领。

②嗣：《韩诗》作“诒”，“诒，寄也。曾不寄问也”。

③挑兮达兮：往来轻疾貌。

④城阙：闻一多《诗经通义》言，“盖城墙当门两旁筑台，台上设楼，是谓观，亦谓之阙……城阙为城正面夹门两旁之楼”。

扬之水

题解　妻子劝丈夫勿轻信谗言。

扬之水，	又浅又缓那流水，
不流束楚[①]。	一捆荆条飘不起。
终鲜兄弟[②]，	既没哥来又没弟，
维予与女。	只有咱俩在一起。
无信人之言，	千万莫信别人话，
人实迋女[③]。	他们是在哄骗你。
扬之水，	水浅又缓流不顺，
不流束薪。	一捆柴火不能运。
终鲜兄弟，	既没兄来又没弟，
维予二人。	只有咱们两个人。
无信人之言，	千万莫信别人话，
人实不信。	别人的话不可信。

注释

①楚：荆条。

②鲜（xiǎn）：少。

③迋（kuāng）：诳骗。

出其东门

题解 男子表现自己爱有所专。

出其东门，	走出东边那城门，
有女如云。	游的姑娘多如云。
虽则如云，	虽然姑娘多如云，
匪我思存[①]。	可都不合我的心。
缟衣綦巾[②]，	白衣青巾的那位，
聊乐我员[③]。	才是我所爱的人。
出其闉阇[④]，	走出东城重门下，
有女如荼[⑤]。	游女多如白茅花。
虽则如荼，	虽然多如白茅花，
匪我思且[⑥]。	可我都不去牵挂。
缟衣茹藘，	白衣红巾的那位，
聊可与娱。	愿同游乐恋着她。

注释 ①思：作语助词。存：在；一说思念；一说慰藉。

②缟：白色。

③员：孔颖达《五经正义》言，“云、员古今字，语助词也”。马瑞辰《毛诗传笺通释》言，“当读为‘婚姻孔云’之云；彼《笺》云，‘云，犹友也’，有与友同”。

④闉阇（yīn dū）：城外曲城的重门。马瑞辰《毛诗传笺通释》言：“出其闉阇谓出此曲城重门。”

⑤荼：茅花。

⑥且：作语助词；一说读为“著”，“思著”犹“思存”；一说慰藉。

野有蔓草

题解 情人不期而遇的喜悦。

野有蔓草，	野地青草长得旺，
零露漙兮①。	露珠沾在草儿上。
有美一人，	有个美丽俊姑娘，
清扬婉兮②。	眉目清秀好模样。
邂逅相遇③，	不期而遇来碰到，
适我愿兮。	如愿乐得难想象。

野有蔓草，	野地长满碧绿莎，

零露瀼瀼[4]。　　草儿上面露珠多。
有美一人，　　有个美丽俊姑娘，
婉如清扬[5]。　　眉目清秀像花朵。
邂逅相遇，　　不期而遇来碰见，
与子偕臧。　　你我同行都快乐。

注释

①漙（tuán）：露多貌，本亦作“团”。
②婉：美好。
③邂逅（xiè hòu）：不期而遇。
④瀼瀼（ráng）：露盛貌。
⑤清扬：马瑞辰《毛诗传笺通释》言，“盖目以清明为美，扬亦明也”。

溱洧

题解

青年男女春游之乐；一说夫妇同游之乐。

溱与洧，　　溱水流来洧水流，
方涣涣兮[1]。　　春来涨满那沙洲。
士与女，　　青年小伙和姑娘，

方秉蕳兮[2]。	清香兰花拿在手。
女曰观乎？	姑娘说道且去游？
士曰既且，	小伙子说虽游过，
且往观乎！	不妨再去走一走！
洧之外，	一走走到洧水河，
洵訏且乐[3]。	地大人多真快乐。
维士与女，	挤满都是男和女，
伊其相谑，	又是笑来又是说，
赠之以勺药[4]。	互相赠送香芍药。

溱与洧，	溱水河来洧水河，
浏其清矣[5]。	河水深清起微波。
士与女，	青年小伙和姑娘，
殷其盈矣[6]。	一伙一伙真是多。
女曰观乎？	姑娘说道去看看？
士曰既且，	小伙子说虽看过，
且往观乎！	不妨再去乐一乐！
洧之外，	一走走到洧水河，
洵訏且乐。	地方宽敞人快活。
维士与女，	挤满都是男和女，
伊其将谑，	又是笑来又是说，

赠之以勺药。　互相赠送香芍药。

注释

①涣涣：春水盛貌。

②秉：执。蕑（jiān）：即兰草，又名“大泽兰”，与山兰有别。

③讦（xū）：大。

④勺药：马瑞辰《毛诗传笺通释》言，“古之勺药非今之所云芍药，盖蘼芜之类，故《传》以为香草”。蘼芜，李时珍《本草纲目》认为即未结根时的川芎嫩苗。

⑤浏（liú）：水清貌。《韩诗》作“漻”。

⑥殷：众多。

◎ 齐风

鸡鸣

题解 妻子催促丈夫早起朝会，意在讽刺在朝者的荒淫怠惰。

鸡既鸣矣，　　耳听雄鸡已在叫，
朝既盈矣[1]。　　朝里人员已齐到。
匪鸡则鸣，　　这个哪是鸡儿叫，
苍蝇之声。　　是那苍蝇嗡嗡闹。

东方明矣，　　东方已经在发亮，
朝既昌矣[2]。　　朝里人员已满堂。
匪东方则明，　　这个哪是东方亮，
月出之光。　　是那明月的清光。

虫飞薨薨[3]，　　虫儿薨薨到处飞，
甘与子同梦[4]。　　甘心和你同梦寐。
会且归矣，　　可是朝会将散去，
无庶予子憎[5]。　　因我莫使你受累。

注释 ①朝：朝堂；一说早集。

②昌：朱熹《诗集传》言，“昌，盛也”。意谓人多，与“既盈”之“盈”同义。

③薨薨（hōng）：虫聚飞貌。

④甘：愿。

⑤无庶予子憎：《毛诗故训传·郑玄笺》载，“庶，众也……无使君臣以我故，憎恶于子”。马瑞辰《毛诗传笺通释》言，“无庶即‘庶无’之倒文……予，犹遗也，遗，犹贻也。无庶予子憎，即庶无遗子憎”。

说明 本篇“朝”历来释为“朝堂”（朝会），但有人认为是一男一女的对话，其语气和情调颇和《郑风·女曰鸡鸣》相类似，不是什么“夫人”“君子”，而是一对劳动人民；不是什么“卿大夫朝会于君”，而是劳动人民去赶朝集，或称“朝市”。认为《毛诗故训传》《毛诗故训传·郑玄笺》常从当时封建统治者的政治需要出发，把诗中的某些人物附会为君子、贤妃。

还

题解 猎人互相间的赞美。

子之还兮[①]，　　　你这个人真轻巧，
遭我乎猺之间兮[②]。猺山里面来碰到。
并驱从两肩兮[③]，　并排驱赶两只兽，
揖我谓我儇兮[④]！　给我作揖说我好！

子之茂兮[⑤]，　　　你这个人真美壮，
遭我乎猺之道兮。　碰到猺山道路上。
并驱从两牡兮[⑥]，　并排驱赶两公兽，
揖我谓我好兮！　　作揖还说我好样！

子之昌兮，　　　　你这个人真正强，
遭我乎猺之阳兮。　和我相遇猺山阳。
并驱从两狼兮，　　并排驱赶两只狼，
揖我谓我臧兮！　　作揖又说我善良！

注释

①还：轻捷貌。《韩诗》作“嫙”，好貌。

②猺（náo）：山名。间：亦作“闲”。

③从：逐。肩：三岁的野兽。

④揖：作揖，古时相见时的一种礼节，表示尊敬。儇（xuān）：敏捷，轻便，《韩诗》作“婘”，好貌。

⑤茂：美。

⑥牡：公兽。

著

题解 姑娘见到迎亲时的未婚夫。

俟我于著乎而[1]，	他等我在门屏边，
充耳以素乎而[2]，	耳瑱边挂白丝线，
尚之以琼华乎而[3]。	加上红玉更明显。
俟我于庭乎而，	他等我在庭院中，
充耳以青乎而，	耳瑱青丝两边同，
尚之以琼莹乎而。	加上美玉色泽红。
俟我于堂乎而，	他等我在那堂屋，
充耳以黄乎而，	耳瑱黄丝入我目，
尚之以琼英乎而。	还挂漂亮美红玉。

注释

①俟：朱熹《诗集传》言，“东莱吕氏曰，‘昏礼，婿往女家亲迎……齐俗不亲迎，故女至婿门，始见其俟己也’”。著：通“宁”，门与屏风之间，古代婚娶迎亲的地方。乎而：方言，作语助词。

②充耳以素：严粲《诗辑》言，“见其充耳以素丝为紞也，其

统之末加以美石如琼之华，谓‘瑱’也”。充耳：古代挂在冠冕两旁的饰物，以玉制成，下垂到耳。

③尚：加。陈奂《诗毛氏传疏》言：“上训‘尚’，尚与上通。《广雅》，尚，加也。”琼：赤玉，本篇中的华、莹、英均指玉之色泽。

东方之日

题解 写新婚夫妇恩爱，形影不离。

东方之日兮，	东方日出这时候，
彼姝者子，	那个姑娘好清秀，
在我室兮。	她到我的住房来。
在我室兮，	她到我的住房来，
履我即兮[①]。	踩着我的步子走。

东方之月兮，	月出东方这时候，
彼姝者子，	那个姑娘好清秀，
在我闼兮[②]。	她到我的门内来。
在我闼兮，	她到我的门内来，

履我发兮[3]。	踩着我的脚步走。

注释 ①履我即兮：朱熹《诗集传》言，“履，蹑；即，就也，言此女蹑我之迹而相就也”。马瑞辰《毛诗传笺通释》言，“就，谓所就止之处；即，行也。《广雅》，‘行，迹也’。‘即，脚迹’”。

②闼（tà）：门内。

③履我发兮：朱熹《诗集传》言，“发，行去也，言蹑我而行去也”。马瑞辰《毛诗传笺通释》言，“发当为‘跋’之假借……凡行亦通谓之跋，跋借作‘发’……《广雅》，‘发，举足也’，举足即为行，则发之本义亦得训‘行’”。行、发均指脚迹。

东方未明

题解 穷苦人民，应徭役、受监视，忙得早晚不宁的情况。

东方未明，	东方无光天没亮，
颠倒衣裳。	颠去倒来穿衣裳。
颠之倒之，	忙得衣裳颠倒穿，
自公召之。	只因公爷叫唤忙。

东方未晞①，	东方天黑没亮光，
颠倒裳衣。	倒去颠来穿衣裳。
倒之颠之，	忙得衣裳颠倒穿，
自公令之。	公爷来催太慌张。
折柳樊圃②，	折下柳条编栅栏，
狂夫瞿瞿③。	狂夫瞪着眼儿看。
不能辰夜④，	不能司夜失节度，
不夙则莫⑤。	不是太早就太晚。

注释

①晞（xī）：破晓，“昕”的假借字。

②樊：藩篱，篱笆。圃：《毛诗故训传》载，“菜园也”。

③狂夫：监工；一说狂妄无知的人；一说古代掌驱疫和基葬时驱鬼的官属。瞿瞿（jù）：惊顾貌。王先谦《诗三家义集疏》言，“瞿瞿者，‘眀’之借字。《说文》眀下云‘左右视也’”，意谓狂夫（监工）鼓着眼监视应差者编篱笆。

④辰夜：《尔雅》载，“不辰，不时也”。郭璞注《尔雅》言，“辰，亦时也”。吴闿生《诗义会通》言，“《庄子》，‘见卵而求时夜’，崔注，‘时夜，司夜也’”。时夜，指鸡，鸡司晨，亦指人能掌握时间。“不能辰夜”，指人不能掌握时间。陈奂《诗毛氏传疏》言，“不能时，失时也”。

⑤不夙则莫：《毛诗故训传》载，“夙，早；莫，晚也”。陈奂

《诗毛氏传疏》言，“‘不早则晚’承夜字而言。夜，谓未明、未晞也。通章皆言太早，章末始言晚，盖有失之早者，即有失之晚者”。

南山

题解 讽刺齐襄公与文姜兄妹淫乱，鲁桓公纵容文姜而遭杀身之祸。

南山崔崔[①]， 又高又险那南山，
雄狐绥绥[②]。 狡猾狐狸找侣伴。
鲁道有荡[③]， 鲁国大路极平坦，
齐子由归。 文姜由此嫁鲁桓。
既曰归止， 既然已经嫁鲁桓，
曷又怀止[④]？ 为啥想她心不端？

葛屦五两[⑤]， 葛鞋排列两不差，
冠緌双止[⑥]。 冠缨两旁双双挂。
鲁道有荡， 鲁国大路极平坦，
齐子庸止[⑦]。 文姜由此去出嫁。
既曰庸止， 既然已经出了嫁，

曷又从止[8]？	为啥你又去从他？

艺麻如之何[9]？	种麻怎样去培育，
衡从其亩[10]。	横直耕好那田土。
取妻知之何？	娶妻应该怎样娶？
必告父母。	必先告诉老父母。
既曰告止[11]，	既然告诉老父母，
曷又鞠止[12]？	为啥让她来纵欲？

析薪如之何？	砍柴怎样去使劲？
匪斧不克。	离开斧头不可能。
取妻如之何？	妻子怎样来迎娶？
匪媒不得。	离开媒人可不行。
既曰得止，	既然已经娶了她，
曷又极止[13]？	为啥让她又纵淫？

注释

①崔崔：高。

②绥绥：朱熹《诗集传》言，“求匹之貌”。

③荡：平坦。

④怀：朱熹《诗集传》言，“思也”。《尔雅》载，“怀，来也”。

⑤屦（jù）：麻、葛等制成的单底鞋。五两：王夫之《春秋

稗疏》言，“按此‘五’字当与‘伍’通，行列也。言陈履者，必以两为一列也。乃与冠緌必双，男女有匹之义合”。马瑞辰《毛诗传笺通释》言，“两者，‘緉’之省借。《说文》，‘緉，履两枚也’”。

⑥緌（ruí）：帽带结在下巴下面下垂的部分。

⑦庸：由，用。《毛诗故训传·郑玄笺》释“庸”为“用”：“文姜既用此道嫁于鲁侯。”马瑞辰《毛诗传笺通释》言：“庸训为‘用’，即为‘由’矣，谓由之以嫁于鲁矣。”

⑧从：朱熹《诗集传》言，“相从也”。

⑨艺：种植。

⑩衡：横。从：通“纵”，东西为横，南北为纵。

⑪告：指娶妻告于父母；一说告于祖庙。

⑫鞠（jū）：亦作“鞫”，穷极，放任无束，与下章的“极”义同。

⑬极：放任无束。

说明 本篇讽刺贵族阶级的荒淫无耻。诗中齐子指齐襄公妹文姜，她嫁鲁桓公，又同齐襄公私通。方玉润《诗经原始》言：“首章言襄公纵淫，不当自淫其妹……次章言文姜即淫，亦不当顺从其兄……后二章言鲁桓公以父母之命，凭媒妁言，而成此婚配，非苟合者比……而又曷从其入齐，至令得穷其所欲而无止极，自取杀身之祸乎？”

甫田

题解　怀念远人，久不归家，徒劳心力，以诫时人厌小务大、忽近图远，徒劳无功；一说少女怀念少年，久不相见，及相见，已由小孩变为成人。

无田甫田[1]，　　别想耕种那大田，
维莠骄骄[2]。　　稗草长得挺新鲜。
无思远人，　　不要思念远方人，
劳心忉忉[3]。　　想念起来心如煎。

无田甫田，　　大块土田别想耕，
维莠桀桀[4]。　　密密麻麻稗草生。
无思远人，　　不要思念远行人，
劳心怛怛[5]。　　想念起来太劳心。

婉兮娈兮，　　清秀漂亮那孩子，
总角丱兮[6]。　　两旁梳条小辫子。
未几见兮，　　几时没有看见他，
突而弁兮[7]。　　突然戴上大帽子。

注释

①无田（diàn）甫田：不要耕种大田。第一个“田”，耕种，动词；第二个“田”，田地，名词。甫：大。

②莠：杂草，狗尾草。骄骄：高大貌。杨雄《法言》作“乔”。《尔雅》载：“乔，高也。”

③忉忉（dāo）：忧劳貌。

④桀桀：长貌。陈奂《诗毛氏传疏》言：“桀桀者，即‘揭揭’之假借。”

⑤怛怛（dá）：悲伤。

⑥丱（guàn）：两角貌。古时小孩两边梳一小辫上翘，像双角，称“总角”。

⑦弁（biàn）：冠。古时成年戴冠，称“加冠”。

卢令

题解 赞美猎人。

卢令令[①]，　　猎狗颈上铃铛响，
其人美且仁。　那人漂亮好心肠。

卢重环[②]，　　猎狗两环套颈上，
其人美且鬈[③]。　那人勇壮又漂亮。

卢重鋂[4]，　　　猎狗颈上套双环，
其人美且偲[5]。　那人又美又能干。

注释

①卢：猎犬。令令：铃声，"铃"的省借，猎犬颈环发出的响声。

②重环：子母环。

③鬈（quán）：美好；一说勇壮。《毛诗故训传·郑玄笺》载："鬈，读当为'权'；权，勇壮也。"

④鋂（méi）：一大环套二小环。

⑤偲（cāi）：多才。

敝笱

题解　对文姜返齐荒淫无耻的秽行的讽刺。

敝笱在梁[1]，　　破烂鱼篓在鱼梁，
其鱼鲂鳏[2]。　　鲂鱼鳏鱼不慌张。
齐子归止，　　　文姜回到齐国去，
其从如云。　　　仆从多如云一样。

敝笱在梁，　　　破烂鱼篓在鱼梁，

其鱼魴鱮[3]。　　鲢鳊大鱼自游荡。
齐子归止，　　文姜回到齐国去，
其从如雨。　　仆从多如雨一样。

敝笱在梁，　　破烂鱼篓在鱼梁，
其鱼唯唯[4]。　　鱼儿进出自来往。
齐子归止，　　文姜回到齐国去，
其从如水。　　仆从多如水一样。

注释

①敝笱（gǒu）：破旧的鱼篓。

②魴（fáng）：鳊鱼。鳏（guān）：鲲鱼，即“黄颊鱼”，李时珍《本草纲目》载，“其性独行，故曰‘鳏’”。

③鱮（xù）：鲢鱼，李时珍《本草纲目》载，“陆佃云，鱮好群行相与也，故曰‘鱮’；相连也，故曰‘鲢’”。

④唯唯：鱼相随行之貌。《毛诗故训传·郑玄笺》载：“行相随顺之貌。”《毛诗故训传》载：“出入不制。”

载驱

题解　讽刺文姜回齐的无耻行为。

载驱薄薄[①]，	车马走得震天响，
簟茀朱鞹[②]。	红车花帘好堂皇。
鲁道有荡，	鲁国大路平坦坦，
齐子发夕[③]。	文姜出发天没亮。
四骊济济[④]，	四匹黑马雄赳赳，
垂辔沵沵[⑤]。	马缰垂下轻又柔。
鲁道有荡，	鲁国大路平坦坦，
齐子岂弟[⑥]。	文姜全然不知羞。
汶水汤汤[⑦]，	汶水滚滚向前流，
行人彭彭[⑧]。	路上行人挤不休。
鲁道有荡，	鲁国大路平坦坦，
齐子翱翔。	文姜逍遥自在游。
汶水滔滔[⑨]，	滔滔浩荡汶水河，
行人儦儦[⑩]。	路上行人那么多。
鲁道有荡，	鲁国大道平坦坦，
齐子游敖。	文姜自在逍遥过。

注释 ①薄薄：车疾行声。

②簟（diàn）：方纹竹席；一说席作车门。茀：车帘；一说雉羽做的蔽覆，放在车后。朱鞹（kuò）：红色兽皮；一说用来做蔽覆。

③发夕：马瑞辰《毛诗传笺通释》言，“以其天已将明，而日尚未出，谓之‘发夕’”。《毛诗故训传》载，“自夕发至旦”，即从傍晚出发到天亮。陆德明《经典释文》言，“发夕，《韩诗》云‘发，旦也’”。

④骊：黑色马。济济：美貌。

⑤瀰瀰：朱熹《诗集传》言，“柔貌”。吴闿生《诗义会通》言，“辔垂貌”。

⑥岂弟：高兴、得意而心不在焉。严粲言：“乐易安舒，恬然无惭耻之色。”

⑦汤汤（shāng）：水大貌。

⑧彭彭：多貌。

⑨滔滔：水流浩荡。

⑩儦儦（biāo）：行貌；一说众多貌。

猗嗟

题解 刺鲁庄公虽有威仪、技艺，但不能防闲其母而正家庭，措词巧妙，意在言外。

猗嗟昌兮①，	真是健壮的人啊，
颀而长兮②，	个儿长得适度啊，
抑若扬兮③。	额角丰满美好啊。
美目扬兮，	眉目清秀真美啊，
巧趋跄兮④，	走路矫健从容啊，
射则臧兮！	箭又射得很妙啊！

猗嗟名兮⑤，	真是漂亮的人啊，
美目清兮，	眼睛明亮清秀啊，
仪既成兮⑥，	仪式已经完成啊，
终日射侯⑦。	终日练靶很认真。
不出正兮⑧，	每箭都中红心啊，
展我甥兮⑨！	真是我好外甥啊！

猗嗟娈兮，	真是美好的人啊，
清扬婉兮。	眼睛明亮清秀啊。
舞则选兮⑩，	舞蹈又合节奏啊，
射则贯兮⑪。	射箭技术极优啊。
四矢反兮⑫，	四箭都中一点啊，
以御乱兮。	可以御敌保国啊。

注释

①猗嗟：叹词。昌：盛。

②颀：长貌。

③抑：美貌。陈奂《诗毛氏传疏》言：“懿，美也。抑、懿古同声。”扬：额角丰满。

④趋：许慎《说文解字》言，“走也”。跄：许慎《说文解字》言，“动也”。趋、跄连读，疾行走动的意思；一说行走快慢有节奏。

⑤名：马瑞辰《毛诗传笺通释》言，“名、明古通用，名当读为‘明’，明亦昌盛之义”。《毛诗故训传》载，“目上为‘名’”，指眉与眼之间。

⑥仪既成：陈奂《诗毛氏传疏》言，“仪，容仪”。《毛诗故训传》载，“成，备也”。一说仪容端正。

⑦侯：靶。

⑧正：箭靶中心彩画处。

⑨展：诚，真是。甥：朱熹《诗集传》言，“姊妹之子曰‘甥’”。《尔雅》载，“姊妹之夫为‘甥’”。

⑩选：《毛诗故训传》载，“齐也”。陈奂《诗毛氏传疏》言，“选者，正其舞位之谓。齐者，正也。舞位正则与乐节相应”。

⑪贯：射中箭靶。

⑫反：《毛诗故训传·郑玄笺》，“复也”，指箭皆射中原处。

◎ 魏风

葛屦

题解 对傲慢的贵族妇女的讽刺。女仆为主人缝制新衣、新鞋，可她心胸狭窄，不睬女仆。

纠纠葛屦[①]，	葛绳编的葛鞋凉，
可以履霜。	穿上葛鞋踩得霜。
掺掺女手[②]，	那双纤细巧女手，
可以缝裳。	可以缝出好衣裳。
要之襋之[③]，	缝了腰身又缝领，
好人服之[④]。	请那美人试新装。

好人提提[⑤]，	美人看起多神气，
宛然左辟[⑥]，	转身就走向左方，
佩其象揥[⑦]。	头上戴了象牙钗。
维是褊心[⑧]，	心儿偏狭不大量，
是以为刺。	刺她所以写诗章。

注释 ①纠纠：缠绕、绑。屦（jù）：鞋。

②掺掺（xiān）：形容女手的纤细。《韩诗》作“纤纤”。

③要：衣服的腰身。襋（jí）：衣领。这里的要、襋作动词，即缝纫衣服的衣领和腰部。

④好人：美人，贵人，含有讽刺的意思。

⑤提提：一说腰细貌；一说安舒貌；一说瞋目而视，指傲慢的态度。

⑥宛然：回转貌。辟：同“避”。

⑦揥（tì）：古代的一种首饰，可用以搔头。

⑧褊（biǎn）心：心胸狭窄。

汾沮洳

题解 女子赞爱人的品质、才能超过贵族，以刺品质低劣、游手好闲的贵族。

彼汾沮洳①，	汾水岸边地湿润，
言采其莫②。	我摘酸模做汤羹。
彼其之子，	他是那样一个人，
美无度③。	美得实在说不尽。
美无度，	美得实在说不尽，

殊异乎公路[4]！　　超过那官名公路！

彼汾一方，　　汾水河岸那一方，
言采其桑。　　我在那儿采蚕桑。
彼其之子，　　他是那样一个人，
美如英。　　美得真和花一样。
美如英，　　美得真和花一样，
殊异乎公行[5]！　　超过那官名公行！

彼汾一曲，　　在那曲折汾水湾，
言采其萎[6]。　　我采泽泻在河岸。
彼其之子，　　他是那样一个人，
美如玉。　　美得真如玉一般。
美如玉，　　美得真如玉一般，
殊异乎公族[7]！　　超过那官名公族！

注释

①汾：水名。沮洳（jù rú）：低湿的地方。徐璈《诗经广诂》言："沮洳，泉泥相和貌。"

②莫；草名，即"酸模"。李时珍《本草纲目》载："酸模，根叶花形并同羊蹄，但叶小味酸为异，其根赤黄色。"

③度：衡量。《毛诗故训传·郑玄笺》载："美无有度，言不可

尺寸。”

④殊异：优异出众。公路：官名，贵族军职的头衔，掌诸侯的路车。

⑤公行：官名，掌诸侯的兵车。《毛诗故训传·郑玄笺》载：“主君兵车的行列。”

⑥蒉（xù）：即“泽泻”，药用植物。

⑦公族：官名，掌诸侯的属车。《毛诗故训传》载：“公族，公属。”陈奂《诗毛氏传疏》言：“属，谓属车也。”

园有桃

题解 士人处于困境，叹息知己难得。

园有桃，	果树园中种了桃，
其实之肴。	桃子熟了味儿好。
心之忧矣，	我的心呀真忧伤，
我歌且谣[①]。	只好唱歌又诵谣。
不知我者，	不很了解我的人，
谓我士也骄。	说我这人真骄傲。
彼人是哉？	难道那人说对了？
子曰何其[②]？	你说应该怎么好？

心之忧矣，	我的心啊多烦恼，
其谁知之？	究竟有谁能知道？
其谁知之？	究竟有谁能知道？
盖亦勿思[③]！	为何他们没想到！

园有棘，	果树园中种了枣，
其实之食。	枣子吃来味儿好。
心之忧矣，	我的心啊真忧伤，
聊以行国。	且行各处把忧消。
不知我者，	不很了解我的人，
谓我士也罔极[④]。	说我要求无穷高。
彼人是哉？	难道那人说对了？
子曰何其？	你说应该怎么好？
心之忧矣，	我的心儿多烦恼，
其谁知之？	究竟谁人会知道？
其谁知之？	究竟谁人会知道？
盖亦勿思！	为何他们没想到！

注释

①我歌且谣:《毛诗故训传》载,“曲合乐曰‘歌’，徒歌曰‘谣’”。

②其：作语助词。

③盖：何。陈奂《诗毛氏传疏》言："盖与'盍'同。盍，何也"。亦：作语助词。

④罔极：朱熹《诗集传》言，"言其心纵恣无所至极"。《尔雅》载，"罔，无也"。《毛诗故训传》载，"极，中也"。王先谦《诗三家义集疏》言，"罔极，失其中正之心"。

陟岵

题解 征人远役，登高瞻望，想象父母兄弟对他的思念和希望。

陟彼岵兮①，	走到那座青山上，
瞻望父兮。	高处好把我爹望。
父曰嗟！	爹说唉！
予子行役，	我儿去服役，
夙夜无已。	早早晚晚趟赶趟。
上慎旃哉②，	小心身体多保重，
犹来无止③！	快回切莫留异乡！

陟彼屺兮④，	走到那座光山上，
瞻望母兮。	高处好把我娘望。

母曰嗟！	娘说唉！
予季行役⑤，	老四去服役，
夙夜无寐。	早早晚晚没沾床。
上慎旃哉，	小心身体多保重，
犹来无弃！	快回切莫把娘忘！

陟彼冈兮，	走上那座小山冈，
瞻望兄兮。	高处好把我哥望。
兄曰嗟！	哥说唉！
予弟行役，	我弟去服役，
夙夜必偕。	早早晚晚都在忙。
上慎旃哉，	小心身体多保重，
犹来无死！	快回切莫死异乡！

注释

①岵（hù）：有草木的山。《尔雅》载："山多草木曰'岵'。"《毛诗故训传》载："山无草木曰'岵'。"据孔颖达考证，后者为传写之误。

②上：通"尚"，希望。旃（zhān）：犹之，作语助词。

③犹：可。无止：方玉润言，"无止，谓无止于彼而不来也"。

④屺（qǐ）：《尔雅》载，"山无草木曰'屺'"。

⑤季：在兄弟辈中排行第四或最小的叫"季"。《毛诗故训传》载："季，少子也。"

十亩之间

题解 采桑人之歌；一说有归农想法之人的咏叹。

十亩之间兮，　　十亩桑田树青青，
桑者闲闲兮[①]。　悠闲自在采桑人。
行与子还兮[②]。　我将邀你一同行。

十亩之外兮，　　十亩青青桑田外，
桑者泄泄兮[③]。　采桑悠闲又自在。
行与子逝兮。　　我将邀你同归来。

注释 ①闲闲：宽闲貌。
②行：且。《毛诗传笺通释》言：“颜师古注《汉书·扬雄传》曰，‘行，且也’。李善《文选》注亦曰，‘行，犹且也’。”
③泄泄（yì）：一说多言；一说多人之貌；一说弛缓舒散。朱熹《诗集传》言：“泄泄，犹沓沓也，盖弛缓之意。”

伐檀

题解 劳动人民对统治阶级不劳而食的讽刺。

坎坎伐檀兮①，	叮叮当当伐檀树，
置之河之干兮②，	放它河边高岸处，
河水清且涟猗③。	河水清波起又伏。
不稼不穑④，	既不耕种又不获，
胡取禾三百廛兮⑤？	为啥取禾三百束？
不狩不猎，	既不上山去打猎，
胡瞻尔庭有县貆兮⑥？	为啥庭中挂貉肉？
彼君子兮，	那些贵族老爷们，
不素餐兮⑦！	可是白吃米饭不！

坎坎伐辐兮，	叮当伐树做车辐，
置之河之侧兮，	放它河旁高地处，
河水清且直猗⑧。	河水清澈笔直流。
不稼不穑，	既不耕种又不获，
胡取禾三百亿兮⑨？	为啥取禾三百束？
不狩不猎，	既不上山去打猎，

胡瞻尔庭有县特兮[10]？　为啥庭中挂兽肉？
彼君子兮，　那些贵族老爷们，
不素食兮！　可是白吃闲饭不！

坎坎伐轮兮，　叮当伐树做车轮，
置之河之漘兮，　伐下放它在河滨，
河水清且沦猗[11]。　河水连环起波纹。
不稼不穑，　既不耕种又不获，
胡取禾三百囷兮[12]？　为啥取禾三百捆？
不狩不猎，　既不上山去打猎，
胡瞻尔庭有县鹑兮？　为啥庭中挂鹌鹑？
彼君子兮，　那些贵族老爷们，
不素飧兮[13]！　可是白吃熟饭不！

注释

①坎坎：伐木声。

②干。河岸。

③涟：波纹。《毛诗故训传》载，“风行水成文曰‘涟’”。猗：语气词，类似“啊”。

④稼：种谷，播种。穑：敛谷，收获。

⑤廛（chán）：束，捆，作名词。

⑥县：同“悬”，挂。貆（huán）：幼小的貉。

⑦素餐：光吃饭不干活，谓不劳而食。《毛诗故训传》载：“素，

空也。”不素餐，是故作反话去讽刺那些贵族；一说不素餐是指贵族不吃素光吃荤。

⑧直：直波。指水流成纹如道路。

⑨亿：束，捆，作名词。

⑩特：三岁的兽。

⑪沦：《尔雅》载，“小波为‘沦’”。

⑫囷（qūn）：束，捆，作名词；一说为圆形的谷仓。

⑬飧（sūn）：晚餐，引申为熟食。

硕鼠

题解 劳动人民把统治阶级喻为偷粮的老鼠，并发誓要到没有剥削的乐土去。

硕鼠硕鼠①，	大老鼠呀大老鼠，
无食我黍！	别老偷吃我的黍！
三岁贯女②，	三年养活惯了你，
莫我肯顾。	可从不把我照顾。
逝将去女③，	我已决心离开你，
适彼乐土。	去那安静的乐土。
乐土乐土，	乐土乐土真快乐，

爰得我所！	那才是我安身处！

硕鼠硕鼠，	大老鼠呀大老鼠，
无食我麦！	别老偷吃我的麦！
三岁贯女，	三年养活惯了你，
莫我肯德。	从不感谢我的德。
逝将去女，	我已决心离开你，
适彼乐国。	去那理想的乐国。
乐国乐国，	乐国乐国真快乐，
爰得我直④！	我再不会受剥削！

硕鼠硕鼠，	大老鼠呀大老鼠，
无食我苗！	别老偷吃我的苗！
三岁贯女，	三年养活惯了你，
莫我肯劳。	对我全没点慰劳。
逝将去女，	我已决心离开你，
适彼乐郊。	到那快乐的乡郊。
乐郊乐郊，	快乐乡郊真快乐，
谁之永号⑤？	谁还长叹把苦叫？

注释 ①硕鼠：土耗子，大鼠。

②贯:《毛诗故训传》载,“事也”。《韩诗》引作“宦”。马瑞辰《毛诗传笺通释》言,“即‘宦’之假借”。许慎《说文解字》言,“宦，仕也”。

③逝：徐彦《公羊传疏》引作“誓”。

④直：同“值”；一说同“职”。指不受剥削。

⑤之：永号，马瑞辰《毛诗传笺通释》言,“犹永叹也”。

◎ 唐风

蟋蟀

题解 诗人诫自己、勉别人及时行乐，但须有节制，不荒废正事。

蟋蟀在堂，	蟋蟀已在屋里叫，
岁聿其莫[①]。	一岁之末快要到。
今我不乐，	如我现在不行乐，
日月其除[②]。	日子白白空跑掉。
无已大康[③]，	行乐不要太过度，
职思其居[④]。	想想工作怎样搞。
好乐无荒，	行乐不要太荒唐，
良士瞿瞿[⑤]。	好人收敛才算好。

蟋蟀在堂，	蟋蟀已在屋里叫，
岁聿其逝。	一年过去岁暮到。
今我不乐，	如我现在不行乐，
日月其迈。	日子就会空过了。
无已大康，	行乐不要大过度，

职思其外。	分外担子也要挑。
好乐无荒，	行乐不要太荒唐，
良士蹶蹶[⑥]。	好人敏捷才算好。

蟋蟀在堂，	蟋蟀已在屋里叫，
役车其休[⑦]。	役车岁暮停开了。
今我不乐，	如我现在不行乐，
日月其慆[⑧]。	日子等于白过掉。
无已大康，	行乐不要太过度，
职思其忧。	艰难工作考虑到。
好乐无荒，	行乐不要太荒唐，
良士休休[⑨]。	好人自得才算好。

注释

①聿（yù）：作语助词。莫：暮，古同字。

②除：过去。

③大康：朱熹《诗集传》言，“大康，过于乐也”。大读作“泰”，康乐。

④职思其居：《毛诗故训传·郑玄笺》载，“当主思于所居之事”。《毛诗故训传》载，“职，主也”。

⑤瞿瞿（jù）：《尔雅》载，“瞿瞿、休休，俭也”。许慎《说文解字》言，“俭，约也。约亦收敛之义”。又“休者，释诂云，息也，美也。息亦止，美亦乐，止节甘乐为俭”。一说惊

顾貌。

⑥蹶蹶（guì）:《毛诗故训传》载，“动而敏于事”。

⑦役车：服役的车子。

⑧慆（tāo）：逝去。

⑨休休：安闲自得，乐而有节貌；一说惊悚貌。

山有枢

题解 讽刺贵族老爷们的贪鄙、吝啬和懒惰。

山有枢①，　　枢树生长在山坡，
隰有榆②。　　洼地榆木长得多。
子有衣裳，　　你既有衣又有裳，
弗曳弗娄③？　　为啥不拿来穿着？
子有车马，　　你既有车又有马，
弗驰弗驱？　　不去驱驰为什么？
宛其死矣④，　　忽然一天你死去，
他人是愉！　　徒让别人来享乐！

山有栲⑤，　　山上栲树迎风摇，

隰有杻[6]。	洼地杻树长得好。
子有廷内[7]，	你有宫室很漂亮，
弗洒弗扫？	为啥懒得去打扫？
子有钟鼓，	你有钟鼓好乐器，
弗鼓弗考[8]？	为啥不把它们敲？
宛其死矣，	忽然一天你死去，
他人是保[9]！	徒让别人来逍遥！

山有漆，	山上生长有漆树，
隰有栗。	洼地栗木长满路。
子有酒食，	你既有酒又有肴，
何不日鼓瑟？	为啥不把瑟来鼓？
且以喜乐，	既是可以供娱乐，
且以永日。	也度长日也消暑。
宛其死矣，	忽然一天你死去，
他人入室。	徒让别人来居住。

注释 ①枢:（shū）：木名，刺榆。

②榆（yú）：木名，白榆，又名“枌”，落叶乔木。

③弗：不。曳（yè）：拖，古时裳长拖地。娄：顾野王《玉篇》引作“搂”，古时裳长需提着走。

④宛：死貌。

⑤栲（kǎo）：木名，樗，又名“臭椿”。

⑥杻（niǔ）：木名，《尔雅》载，“杻，檍”。陈奂《诗毛氏传疏》言，“檍为梓属”。

⑦廷内：王引之《经义述闻》言，“廷，与‘庭’通，庭为中庭，内为堂与室也”。

⑧考：敲击。

⑨保：《毛诗故训传·郑玄笺》载，“居也”。指占有。

扬之水

题解 叙相见的欢乐；一说晋昭公国事不振，人民不安，离晋去曲沃——昭公封桓叔所在地。该诗表现人们见桓叔的喜悦。

扬之水，	又浅又缓那条河，
白石凿凿[①]。	清波底下白石多。
素衣朱襮[②]，	素色衣服朱红领，
从子于沃[③]。	大家跟你到曲沃。
既见君子，	既已看见那个人，
云何不乐？	为啥还说不欢乐？

扬之水，	又浅又缓那河流，
白石皓皓④。	清波荡过白石浮。
素衣朱绣⑤，	素色衣服红绣领，
从子于鹄⑥。	跟去鹄邑不犯愁。
既见君子，	既已看见那个人，
云何其忧？	为啥还说我心忧？

扬之水，	缓慢河水少波纹，
白石粼粼⑦。	水清石现好白净。
我闻有命，	我听已有你的令，
不敢以告人！	自然不敢告诉人！

注释

①凿凿：鲜明貌。

②襮（bó）：绣有黼纹的衣领。《尔雅》载："黼领谓之'襮'。"

③沃：地名，曲沃。

④皓皓：洁白。

⑤绣：闻一多《风诗类钞》作"袖"。王念孙《广雅疏证》言："《汉书·十三王传》，'刺方领绣'。晋灼注云，'今之妇人直领也'。"

⑥鹄：亦指曲沃。

⑦粼粼（lín）：清澈貌。

椒聊

题解 赞美妇人，以花椒喻她多子，以椒香美之。

椒聊之实[①]，	一串山椒多难计，
蕃衍盈升。	种它可结一升许。
彼其之子，	我们看到的那人，
硕大无朋[②]。	魁梧大得难以比。
椒聊且，	一串一串山椒啊，
远条且[③]！	香味飘得真远啊！

椒聊之实，	一串山椒难计数，
蕃衍盈匊[④]。	结子两手捧不住。
彼其之子，	我们看到那个人，
硕大且笃。	身体高大有风度。
椒聊且，	一串一串山椒啊，
远条且！	香味飘得真远啊！

注释 ①椒聊：花椒，又称“山椒”，多子，味香。古人以椒喻妇人子孙多。聊，聚也。草木结子多成一串，古人叫“聊”，今人

叫“嘟噜”。

②无朋：无比。《毛诗故训传》载：“朋，比也。”

③远条：指香气远扬。《毛诗故训传》载：“条，长也。”

④匊（jū）：两手合捧。陈奂《诗毛氏传疏》言：“匊俗作‘掬’。”匊为“掬”的本字。

绸缪

题解 反映新婚夫妇的爱情。

绸缪束薪①，	柴火缠绕捆得紧，
三星在天②。	参星已在东方明。
今夕何夕？	今夜是何夜？
见此良人。	见到这好人。
子兮子兮③！	你呀你呀！
如此良人何？	把这好人怎么办呀？

绸缪束刍④，	刍草捆紧解不开，
三星在隅。	参星出自东南来。
今夕何夕？	今夜是何夜？

见此邂逅[⑤]。　　见到心爱人。
子兮子兮！　　你呀你呀！
如此邂逅何？　　把这爱人怎么办呀？

绸缪束楚，　　荆条捆紧成一束，
三星在户。　　参星闪耀当窗户。
今夕何夕？　　今夜是何夜？
见此粲者[⑥]。　　见到这美人。
子兮子兮！　　你呀你呀！
如此粲者何？　　把这美人怎么办呀？

注释

①绸缪（chóu móu）：朱熹《诗集传》言，“犹缠绵也”。束薪：以薪刍紧束，比喻夫妇同心，情意缠绵。

②三星：参星。

③子兮：你呀。作诗的人，兴奋自呼。

④刍（chú）：喂牲口的青草。

⑤邂逅（xiè hòu）：即“解覯”，原义为爱悦。这里作名词，指志趣相投的人、满意的人。《毛诗故训传》载：“解覯，解悦也。”陈奂《诗毛氏传疏》言：“解覯古语，解悦今语……覯，遇也。《谷梁传》，‘遇者，志相得也’。”

⑥粲：鲜明貌。

杕杜

题解 咏叹流浪人的苦难。

有杕之杜[①]， 有株赤棠独特生，
其叶湑湑[②]。 叶儿青青真茂盛。
独行踽踽[③]， 孤零零地一人走，
岂无他人？ 难道没有同路人？
不如我同父[④]。 哪像同宗兄弟亲。
嗟行之人， 流浪人啊真可叹，
胡不比焉[⑤]？ 谁来和他作个伴？
人无兄弟， 人家没有兄和弟，
胡不佽焉？ 谁来和他共苦难？

有杕之杜， 那株赤棠独特生，
其叶菁菁。 叶儿青青真茂盛。
独行睘睘[⑥]， 孤零零地一人走，
岂无他人？ 难道就没同路人？
不如我同姓[⑦]。 哪像同姓兄弟亲。
嗟行之人， 流浪人啊真可叹，

胡不比焉？　　谁来和他作个伴？
人无兄弟，　　人家没有兄和弟，
胡不佽焉[8]？　　谁来同他共苦难？

注释

①杕（dì）：挺立貌。《毛诗故训传》载：“杕，特貌。”

②湑湑（xǔ）：盛貌。

③踽踽（jǔ）：孤独貌。许慎《说文解字》言：“疏行貌。”

④同父：同祖父的族昆弟。陈奂《诗毛氏传疏》据《尔雅》认为祖父、曾祖、高祖均为“父”；同于高祖的族昆弟，均可谓“同父”。

⑤比：帮助。《毛诗故训传·郑玄笺》载：“辅也。”

⑥睘睘（qióng）：孤独无依貌，亦作“茕茕”。

⑦同姓：陈奂《诗毛氏传疏》引程瑶田《宗法小记》，“孙以祖之字为姓，故同祖昆弟谓之同姓”。

⑧佽（cì）：《毛诗故训传》载，“助也”。

羔裘

题解

一说晋人刺在位者不恤其民；一说是一个姑娘谴责一个过去相好的贵族。

羔裘豹袪[1]，　　羊袍袖口豹皮边，
自我人居居[2]。　虐待我们不惜怜。
岂无他人？　　　岂是没有别家走？
维子之故[3]。　　只因相识在从前。

羔裘豹褎[4]，　　羔羊袍子豹皮袖，
自我人究究。　　虐待我们嫌不够。
岂无他人？　　　岂是没有别家走？
维子之好。　　　只因你我是故旧。

注释

①袪（qū）：袖口。
②“居居”及下章的“究究”：《尔雅》载，“居居、究究，恶也”。
③维子之故：《毛诗故训传·郑玄笺》载，“岂无他人可归往者乎？我不去者，乃念子故旧之人也”。
④褎（xiù）：同“袖”。

说明

这首诗，有作婚姻恋爱诗来解释的。在《风诗类钞》中，闻一多把这首诗当作婚姻诗来分类，认为是一个女子谴责一个过去相好的贵族男子。这首诗的一些用词用句，和《郑风·遵大路》相似，《郑风·遵大路》是哀求情人不要断情。“无我恶兮，不寁故也”“无我魏兮，不寔好也”同《唐风·羔裘》“自我人居居”“自我人究究”，以及“维子之故”“维子之好”中的一些用词和含义是相同的。

鸨羽

题解 徭役繁重，劳苦人民对不能耕种以养父母的控诉。

肃肃鸨羽①，	野雁飞起沙沙响，
集于苞栩②。	飞来集在栎树上。
王事靡盬③，	王爷差事老没完，
不能艺稷黍。	不种稷黍田园荒。
父母何怙④？	我的爹娘靠谁养？
悠悠苍天，	苍天呀苍天，
曷其有所？	何时安居返家乡？
肃肃鸨翼，	野雁飞起翅儿响，
集于苞棘⑤。	飞来集在枣树上。
王事靡盬，	王爷差事老不完，
不能艺黍稷。	不种黍稷田园荒。

父母何食？　　　岂不饿坏我爹娘？
悠悠苍天，　　　苍天呀苍天，
曷其有极？　　　差事何时能收场？

肃肃鸨行[6]，　　野雁在天飞成行，
集于苞桑。　　　飞来集在桑树上。
王事靡盬，　　　王爷差事老没完，
不能艺稻粱。　　不能回家种稻粱。
父母何尝？　　　我的爹娘怎么养？
悠悠苍天！　　　苍天呀苍天！
曷其有常？　　　生活何时才正常？

注释

①肃肃：雁振翅声。鸨（bǎo）：鸟名，按鸨系雁属，性不喜栖息木上，以鸨之不得其所，喻人离乡远役，亦不得其所。

②苞：丛生。栩（xǔ）：栎树。

③靡盬（gǔ）：无停息的时候。王引之《经义述闻》言，“盬者，息也……《尔雅》曰，‘栖、迟、憩、休、苦、息也’……苦读与靡盬之‘盬’同。”

④怙（hù）：依靠，凭恃。

⑤棘（jí）：酸枣树，落叶灌木，果实较枣小，果仁供药用。

⑥行：飞成行；一说鸨的腿，同“胻”；一说指翅。

无衣

题解 赞美友人衣服，目的在怀念他。

岂曰无衣？	难道我没衣服穿？
七兮[①]。	我有衣服六七套。
不如子之衣，	不如你的衣饰好，
安且吉兮。	又舒适来又美妙。

岂曰无衣？	难道我没衣服穿？
六兮。	我有衣服六七套。
不如子之衣，	不如你的衣饰好，
安且燠兮[②]。	又舒服来又温暖。

注释

①七：一说指多数。闻一多《七十二》言："在十为足数的系统中，五是半数，五减二得三，是少数，五加二得七，是多数。古书中说到'三'或'七'，往往是在这种意义下，作为代表少数或多数的象征数字的。"

②燠（yù）：暖。

有杕之杜

题解 诗人表达对所爱者的感情。

有杕之杜，	有株挺立大赤棠，
生于道左。	长在大路左角上。
彼君子兮，	那个极好的人啊，
噬肯适我[①]？	哪里肯到我家访？
中心好之，	心中十分喜爱他，
曷饮食之[②]。	何不备饭请他尝。

有杕之杜，	有株特生大赤棠，
生丁道周[③]。	长在大路右角上。
彼君子兮，	那个极好的人啊，
噬肯来游？	哪里肯来我家逛？
中心好之，	心中十分喜爱他，
曷饮食之。	何不备饭请他尝。

注释

①噬（shì）：发语词；一说同“曷”。

②食：饮食；一说指性爱。

③周：马瑞辰《毛诗传笺通释》言，“右、周古音同部，周即右之假借。右，通作‘周’”。

葛生

题解 这是一篇悼念丈夫从军丧亡的诗，含有反战思想。

葛生蒙楚，	葛藤缠绕那荆树，
蔹蔓于野[①]。	蔹草蔓生田坎路。
予美亡此，	我爱的人已去了，
谁与独处[②]？	荒郊谁和他同住？
葛生蒙棘，	葛藤缠得枣树低，
蔹蔓于域[③]。	墓地蔹草绿萋萋。
予美亡此，	我爱的人已去了，
谁与独息？	郊外独处谁同息？
角枕粲兮[④]，	角枕发光光灿烂，
锦衾烂兮[⑤]。	锦衾鲜艳五色闪。
予美亡此，	我爱的人已去了，

谁与独旦？	郊外度夜谁作伴？
夏之日，	炎炎难度夏日长，
冬之夜[6]。	漫漫冬夜也心伤。
百岁之后，	苦熬到了百年后，
归于其居[7]。	相会在他那墓场。
冬之夜，	漫漫寒冬度寒夜，
夏之口。	炎炎赤日过六月。
百岁之后，	苦熬到了百年后，
归于其室[8]。	相见在他那墓穴。

注释

①蔹（liǎn）：植物名，白蔹，攀缘性草本植物，根可入药。

②谁与独处：一说指死者独处郊外，是诗人“对面着笔”的手法。

③域：坟地。

④角枕：牛角枕，敛尸的物品。

⑤锦衾：锦缎的褥子，敛尸的物品。

⑥夏之日，冬之夜:《毛诗故训传》载，“言长也”。陈奂《诗毛氏传疏》言，“夏日长，冬夜长，故云言长也”。《毛诗故训传·郑玄笺》载，“思者于昼夜之长时尤甚，故极言之以尽情”。

⑦居:《毛诗故训传·郑玄笺》载,“坟墓也”。

⑧室:《毛诗故训传·郑玄笺》载,“犹冢圹也”。

采苓

题解 告诫人们切勿轻信谗言。

采苓采苓[①],	采药去把甘草挖,
首阳之巅。	向着首阳山顶爬。
人之为言[②],	别人喜欢造谣言,
苟亦无信。	你可不要去信他。
舍旃舍旃[③],	莫睬他呀莫睬他,
苟亦无然[④]。	若不如此就是假。
人之为言,	别人喜欢乱说话,
胡得焉[⑤]?	究竟他能得个啥?

采苦采苦,	挖苦菜呀挖苦菜,
首阳之下。	首阳山下走过来。
人之为言,	别人喜欢造谣言,
苟亦无与[⑥]。	没人附和你莫睬。

舍旃舍旃，	莫睬他呀莫睬他，
苟亦无然。	若不如此就是假。
人之为言，	别人喜欢乱说话，
胡得焉？	究竟他能得个啥？

采葑采葑，	挖芜菁呀挖芜菁，
首阳之东。	向着首阳东边行。
人之为言，	别人喜欢造谣言，
苟亦无从。	切勿轻易去相信。
舍旃舍旃，	莫睬他呀莫睬他，
苟亦无然。	若不如此就是假。
人之为言，	别人喜爱乱说话，
胡得焉？	究竟他能得个啥？

注释

①苓：同“蘦”，甘草。

②为言：许慎《说文解字》作“伪言”。古为、伪同，即讹言、谬言。

③舍旃（zhān）：朱熹《诗集传》言，“姑舍置之”。旃，犹之，作代词。

④无然：不要以为然。

⑤胡得焉：朱熹《诗集传》言，“则造谣者无所得”。

⑥无与：《毛诗故训传》载，“勿用也”。指不要理会。

◎ 秦风

车邻

题解 没落的贵族士大夫，劝人及时行乐。

有车邻邻[①]，	有车行时声辚辚，
有马白颠[②]。	有匹马儿白额纹。
未见君子，	要见的人还没见，
寺人之令[③]。	只待侍从传命令。
阪有漆，	山上漆树发绿叶，
隰有栗。	洼地栗树水润泽。
既见君子，	已经会见那君子，
并坐鼓瑟。	和他并坐同鼓瑟。
今者不乐，	如今若不尽情乐，
逝者其耋[④]。	转眼八十度岁月。
阪有桑，	桑树生长在山坡，
隰有杨。	洼地傍水长绿杨。

既见君子，　　已经会见那君子，
并坐鼓簧。　　和他并坐同鼓簧。
今者不乐，　　如今若不及时乐，
逝者其亡。　　转眼人老快死亡。

注释

①邻邻：同“辚辚”，车行声。
②白颠：马白额，额上长白毛。
③寺人：宦者。
④耋（dié）：八十曰“耋”。

驷驖

题解

贵族游猎盛况。

驷驖孔阜[1]，　　四匹肥马毛色黑，
六辔在手。　　六根缰绳手里捏。
公之媚子[2]，　　公爷宠爱的那人，
从公于狩。　　随从公爷去打猎。

奉时辰牡[3]，　　追逐各种成年兽，

辰牡孔硕[4]。　　肥大野兽到处有。
公曰左之[5]，　　公爷命令车向左，
舍拔则获[6]。　　一箭放出就擒走。

游于北园，　　游猎直游到北园，
四马既闲[7]。　　四马缓行多熟练。
輶车鸾镳[8]，　　轻车鸾铃马衔镳，
载猃歇骄[9]。　　猃歇骄狗载车前。

注释

①驷驖（tiě）：四匹黑如铁的马。阜：肥硕。《毛诗故训传》载："阜，大也。"

②媚子：亲信、宠爱的人。

③奉：朱熹《诗集传》言，"虞人翼以待射也"。即猎人驱赶野兽供狩猎。时：是。辰牡：五岁的公兽，此处应指大的公兽。

④硕：肥大。

⑤左之：向左。

⑥舍拔：放箭。舍，放；拔，箭的尾端。

⑦闲：《毛诗故训传》载，"习也"。闲、娴古通，熟练。

⑧輶（yóu）：轻便的车。鸾镳：鸾，铃；镳，马口铁。鸾在镳，故曰"鸾镳"。

⑨猃（xiǎn）：长嘴的猎狗。歇骄：《尔雅》作"猲獢"，短嘴的猎狗。

小戎

题解 妇人思念征夫，从回忆车马、武器到赞扬他的美德。

小戎俴收[①]，	小巧戎车车厢小，
五楘梁辀[②]。	五条花皮把辕绕。
游环胁驱[③]，	活环皮条控骖马，
阴靷鋈续[④]。	银圈扣牢车皮条。
文茵畅毂[⑤]，	虎皮铺上长毂车，
驾我骐馵[⑥]。	骐纹白腿马驾好。
言念君子，	我真想念那君子，
温其如玉。	温和真如美玉妙。
在其板屋，	他住木板搭的房，
乱我心曲。	念他使我心乱跳。

四牡孔阜，	四匹肥马雄赳赳，
六辔在手。	六根缰绳拿在手。
骐駵是中[⑦]，	中驾一对赤身马，
騧骊是骖[⑧]。	黄色骖马两边走。
龙盾之合[⑨]，	龙盾合列在车前，

鋈以觼軜[10]。	铜环辔绳串成扣。
言念君子，	时刻想念的君子，
温其在邑。	远在西域战敌寇。
方何为期？	什么时候是归期？
胡然我念之！	叫我怎不挂心头！
俴驷孔群[11]，	金甲披马马合群，
厹矛鋈錞[12]。	三棱矛杆装银镈。
蒙伐有苑[13]，	盾牌画着杂毛羽，
虎韔镂膺[14]。	虎皮弓袋镂了金。
交韔二弓[15]，	弓袋交错放两弓，
竹闭绲縢[16]。	绳索绑牢竹弓檠。
言念君子，	时刻想念的君子，
载寝载兴[17]。	睡睡起起都不宁。
厌厌良人[18]，	他人又好又安静，
秩秩德音[19]。	规矩聪明有德行。

注释

①小戎：兵车，因车厢比一般车小，故叫“小戎”。俴收(jiàn)：小的车厢。俴，浅；收：轸。陈奂《诗毛氏传疏》言：“其四面束舆之木谓之‘轸’,《诗》则谓之‘收’。收，聚也，谓聚众材而收束之也。”

②五楘（mù）：用皮革缠在车辕上成“㐅”形。“五”古文作“㐅”。梁辀（zhōu）：弯曲的车辕如舟状。

③游环：活动的环。陈奂言：“游，犹流也，设环流于服马背上，是谓之游环。”胁驱：孔颖达《五经正义》言，“胁驱者，以一条皮，上系于衡，后系于轸……骖马欲入，则此皮约之，所以止入也”。

④靷（yǐn）：引车前行的皮带。孔颖达《五经正义》言：“古之驾四马者，服马夹辕，其颈负轭，两骖在旁，挽靷助之。”鋈（wù）续：以白铜镀的环紧紧扣住皮带。鋈，白铜；续，连续。

⑤文茵：虎皮坐垫。《毛诗故训传》载：“文茵，虎皮也。”茵，亦作“鞇”。畅毂（gǔ）：长毂。毂，车轮中心的圆木，中有圆孔，用以插轴。

⑥骐（qí）：青黑色如棋盘格子纹的马。馵（zhù）：后左足白的马。

⑦骝（liú）：亦作“騮”，赤黑色的马。

⑧䯄（guā）：黄色黑嘴的马。

⑨龙盾：画龙的盾牌。

⑩觼軜（jué nà）：有舌的环，以舌穿过皮带，使内辔固定。陈奂《诗毛氏传疏》言：“觼者，所以贯骖内（纳）辔之环也。”《毛诗故训传》载：“軜，骖内辔也。”

⑪俴驷：披薄甲的四马；一说不批甲的四马。孔群：马群很协和。

⑫厹（qiú）：三棱矛。鋈錞（duì）：以白铜镀矛戟柄末的平

底金属套。

⑬蒙:《毛诗故训传》载,“讨羽也”。《毛诗故训传·郑玄笺》载,“蒙,庞也”。在盾上刻杂乱的羽纹。伐:盾。苑:花纹貌。

⑭虎韔(chàng):以虎皮做的弓囊。镂膺:在弓囊前缕金。

⑮韔:弓袋;一说将弓放进弓袋。

⑯闭:弓檠,竹制,弓卸弦后缚在弓里防损伤的用具。绲(gǔn):绳。縢(téng):缠束。

⑰载寝载兴:睡起貌。

⑱厌厌:安静。

⑲秩秩:《尔雅》载,“智也”。

蒹葭

题解 这是一篇美丽的情歌,想望伊人,可望而不可即,饱含无限情意。

蒹葭苍苍[①],	河畔芦苇色苍苍,
白露为霜。	夜来清露凝成霜。
所谓伊人,	我所想念的那人,
在水一方。	正在河水那一方。

溯洄从之[2]，	逆流而上去寻她，
道阻且长。	水中多石路又长。
溯游从之[3]，	顺流而下去寻她，
宛在水中央。	仿佛在那水中央。
蒹葭凄凄[4]，	岸旁芦苇长得欢，
白露未晞[5]。	露水珠儿还没干。
所谓伊人，	我所想念的那人，
在水之湄。	正是在那水草滩。
溯洄从之，	逆流而上去寻她，
道阻且跻[6]。	水路升高舟行难。
溯游从之，	顺流而下去寻她，
宛在水中坻[7]。	仿佛在那小渚间。
蒹葭采采[8]，	岸旁芦苇颜色鲜，
白露未已。	白露珠儿颗颗圆。
所谓伊人，	我所想念的那人，
在水之涘[9]。	正是在那水涯前。
溯洄从之，	逆流而上去寻她，
道阻且右[10]。	水路弯曲行不便。
溯游从之，	顺流而下去寻她，

宛在水中沚⑪。　　仿佛在那小洲边。

注释

①蒹葭（jiān jiā）：蒹，没长穗的芦苇；葭，初生的芦苇。苍苍：鲜明、茂盛貌。

②溯洄：逆流而上。

③溯游：顺流而下。

④凄凄：茂盛貌，亦作"萋萋"。

⑤晞（xī）：干。

⑥跻（jī）：登，升。

⑦坻（chí）：小渚。

⑧采采：茂盛貌。

⑨涘（sì）：水边。

⑩右：不直，绕弯。严粲《诗辑》言："今乃出其右，是迂回难至也。"

⑪沚：水中的沙洲。

终南

题解

终南山的姑娘对进山青年表示热烈爱慕。

终南何有？　　什么长在终南山？
有条有梅①。　　山楸红梅生长繁。

君子至止，　　来到此地那君子，
锦衣狐裘。　　狐裘袍儿彩衣鲜。
颜如渥丹，　　面目丰满又红润，
其君也哉[2]。　　真似君王很庄严。

终南何有？　　什么长在终南山？
有纪有堂[3]。　　杞树赤棠生长繁。
君子至止，　　来到此地那君子，
黻衣绣裳[4]。　　青黑绣衣彩裳宽。
佩玉将将，　　佩戴美玉叮当响，
寿考不忘[5]。　　祝你长寿永得安！

注释

①条：山楸；一说柚树。

②其君也哉：《毛诗故训传》载，“仪貌尊严也”。

③有纪有堂：王引之《经义述闻》言，“纪读为‘杞’，堂读为‘棠’……纪、堂假借字耳”。

④黻（fú）：古代礼服上黑与青相间的花纹。《毛诗故训传》载：“黑与青谓之‘黻’。”绣：五彩皆备的绘画。《毛诗故训传》载：“五色备谓之绣。”

⑤寿考不忘：王引之《经义述闻》言，“‘寿考不忘’，犹言万寿无疆也”。

黄鸟

题解 秦穆公死后，杀“三良”以殉葬。秦人痛惜“三良”，写此诗以示反抗，从中揭露统治者的罪行，反对残酷的殉葬制度。

交交黄鸟[1]，	黄鸟飞去又飞来，
止于棘。	飞去枣林中徘徊。
谁从穆公[2]？	啥人陪葬秦穆公？
子车奄息。	子车奄息遭了灾。
维此奄息，	说起奄息这个人，
百夫之特[3]。	是超百人的干才。
临其穴，	走近他的坟墓地，
惴惴其栗[4]。	使人战栗使人哀。
彼苍者天，	苍天呀苍天，
歼我良人[5]！	杀害好人不应该！
如可赎兮，	如果可赎这条命，
人百其身[6]！	人替百死也愿挨！
交交黄鸟，	小小黄鸟在飞翔，
止于桑。	飞来停在桑树上。

谁从穆公？	啥人陪葬秦穆公？
子车仲行。	还有子车氏仲行。
维此仲行，	说起仲行这个人，
百夫之防⑦。	可比百人力量强。
临其穴，	走近他的坟墓地，
惴惴其栗。	使人战栗又悲伤。
彼苍者天，	苍天呀苍天，
歼我良人！	杀害好人黑心肠！
如可赎兮，	如果可赎这条命，
人百其身！	替他百死也愿当！

交交黄鸟，	飞来飞去小黄鸟，
止于楚。	飞来停在荆树上。
谁从穆公？	啥人陪葬秦穆公？
子车鍼虎。	子车鍼虎被他挑。
维此鍼虎，	说起子车家鍼虎，
百夫之御。	可敌百人真英豪。
临其穴，	走近他的坟墓地，
惴惴其栗。	使人战栗气难消。
彼苍者天，	苍天呀苍天，
歼我良人！	杀害好人罪难饶！

如何赎兮，　　如果可赎这条命，
人百其身！　　人替百死也不逃！

注释

①交交：飞而往来之貌；一说鸟叫声。
②从：从死，即殉葬。
③特：朱熹《诗集传》言，“特，杰出之称”。一说匹敌，匹配。
④惴惴（zhuì）：恐惧。栗：战栗。
⑤歼（jiān）：消灭，杀尽。
⑥人百其身：一人替“三良”死百次都愿意。《毛诗故训传·郑玄笺》载：“如此奄息之死，可以他人赎之者，人皆百其身。谓一身百死犹为之，惜善人之甚。”一说，拿百人去换他一人。朱熹《诗集传》言：“则人皆愿百其身以易之矣。”
⑦防：抵挡。《毛诗故训传》载：“比也。”《毛诗故训传·郑玄笺》：“犹当也。”

晨风

题解　女子怀念爱人。

鴥彼晨风①，　　晨风似箭高飞翔，
郁彼北林②。　　飞到北林树荫藏。

未见君子，	还没见到那人啊，
忧心钦钦[3]。	愁肠郁结心忧伤。
如何如何？	为什么啊为什么？
忘我实多！	你却时刻把我忘！

山有苞栎[4]，	山上栎树长得多，
隰有六驳[5]。	洼地生长有六驳。
未见君子，	还没见到那人啊，
忧心靡乐[6]。	满心忧愁不快乐。
如何如何？	为什么呀为什么？
忘我实多！	你却一点不想我！

山有苞棣[7]，	山上郁李长得低，
隰有树檖[8]。	洼地山梨生得密。
未见君子，	还没见到那人啊，
忧心如醉。	如同酒醉心忧急。
如何如何？	为什么呀为什么？
忘我实多！	时刻都把我忘记！

注释

①鴥（yù）：疾飞貌。晨风：鸟名，即鹯，似鹞。

②郁：茂盛貌。北林：林名；一说在北面的森林。

③钦钦:《尔雅》载,“忧也”。

④栎(lì):落叶乔木,花黄褐色,俗叫“柞树”,或“麻栎”。

⑤六驳(bó):树名;一名驳马。孔颖达《五经正义》言:“驳马,梓榆也,其树皮青白驳荦,遥视似驳马。”六,指多数。

⑥靡乐:不乐;一说“乐”读为“疗”。

⑦棣(dì):木名,即唐棣,又名“郁李”。

⑧檖(suì):山梨。

无衣

题解 反映战士们的友谊,从穿衣到赴敌,都愿患难与共。

岂曰无衣?	谁说你没有军装?
与子同袍[①]。	你我共同穿衣裳。
王于兴师[②],	国家调兵去打仗,
修我戈矛。	修好武器戈和矛。
与子同仇!	你我仇敌是一样!

岂曰无衣?	谁说你没有军装?
与子同泽[③]。	你我共穿内衣裳。
王于兴师,	国家调兵去打仗,

修我矛戟。　　修好武器矛和戟。
与子偕作！　　你我同把敌人防！

岂曰无衣？　　谁说你没有军装？
与子同裳。　　战袍你我同武装。
王于兴师，　　国家调兵去打仗，
修我甲兵。　　修好我们那甲胄。
与子偕行！　　赴敌你我同前往！

注释

①袍：长衣服的通称，古代指装有旧丝棉的长衣。

②王：秦国国君；一说指周王。秦累次和西戎打仗，西戎是周天子及各诸侯国的共同敌人，秦人伐戎，不免要打起王命的旗号。

③泽：朱熹《诗集传》言，"泽，里衣也，以其亲肤近于垢泽，故谓之'泽'"。

渭阳

题解

表现外甥与舅舅惜别的感情。

我送舅氏，　　我给舅舅去送行，

曰至渭阳①。　远送送到渭水滨。
何以赠之？　拿点什么赠送他？
路车乘黄！　黄马大车表我心！

我送舅氏，　我给舅舅去送行，
悠悠我思②。　常常思念我娘亲。
何以赠之？　拿点什么赠送他？
琼瑰玉佩③！　美玉琼瑶表我心！

注释

①曰：语词，无实义。渭：水名。阳：山的南面或水的北面。

②悠悠我思：孔颖达言，“悠悠我思，念母也。因送舅氏而念母，为念母而作诗”。一说想起使我心忧。

③琼：美玉。瑰：美石。

权舆

题解

没落贵族留恋过去的生活，哀叹今不如昔。

於我乎①！　唉！我呀！
夏屋渠渠②，　过去每餐多丰裕，

今也每食无余。　如今每餐没剩余。
於嗟乎！　哎呀！
不承权舆[③]！　哪能再和当初比！

於我乎！　唉！我呀！
每食四簋[④]，　过去每餐四碗肴，
今也每食不饱。　如今每顿吃不饱。
於嗟乎！　哎呀！
不承权舆！　哪里还有当初好！

注释

①於（wū）：叹词。

②夏屋：大俎，大的食器。《毛诗故训传》载："夏，大也。"《毛诗故训传·郑玄笺》："屋，具也。"马瑞辰《毛诗传笺通释》言："《尔雅》以夏屋为礼食大具。"渠渠：《广雅》载，"渠渠，盛也。正状其礼食大具之盛"。

③权舆：本谓草木萌芽的状态，引申为起始、初时。戴德《大戴礼记·诰志》载："于时冰泮发蛰，百草权舆。"

④簋（guǐ）：古代食器，青铜或陶制。

◎ 陈风

宛丘

题解 讽刺游荡、荒淫无度者。

子之汤兮[①]，	你是那么的放荡，
宛丘之上兮[②]。	在那宛丘高地上。
洵有情兮，	虽然你也有热情，
而无望兮[③]。	可是并没好声望。
坎其击鼓[④]，	把鼓敲得咚咚响，
宛丘之下。	宛丘山下尽情逛。
无冬无夏，	不分冬来不分夏，
值其鹭羽[⑤]。	鹭丝羽毛拿手上。
坎其击缶[⑥]，	瓦盆敲得当当响，
宛丘之道。	舞在宛丘大路旁。
无冬无夏，	不分冬来不分夏，
值其鹭翿[⑦]。	鹭丝羽旃拿手上。

注释 ①汤（dàng）：游荡，放荡。李昉《太平御览》引作“荡”。

②宛丘：四方高、中央凹下的土山。

③望：德望；一说观望；一说望祀；一说仰望。

④坎：击鼓声。

⑤值:《毛诗故训传》载,“持也”。

⑥缶（fǒu）：小口大腹的瓦器。

⑦翿（dào）：一种舞具，聚鸟羽于柄头，下垂如盖，舞者持之以舞。

东门之枌

题解 良辰美景，男女青年会舞于市上。

东门之枌[①]，	东门生有白榆树，
宛丘之栩。	宛丘山里长榆木。
子仲之子，	子仲家中那姑娘，
婆娑其下[②]。	树林之下翩翩舞。

榖旦于差[③]，	选择吉祥的一天，
南方之原。	聚在南方那平原。
不绩其麻，	不再忙着织麻线，

市也婆娑。	市场里面舞翩翩。
穀旦于逝，	选择良辰同去乐，
越以鬷迈[④]。	会合前往多又多。
视尔如荍[⑤]，	你像锦葵花样美，
贻我握椒[⑥]。	一把花椒送给我。

注释

①枌（fén）：木名，白榆。

②婆娑：舞蹈。

③穀旦：良辰，好日子。差：择。

④越以：作语助词。陈奂《诗毛氏传疏》言："越读同'粤'。《尔雅》，'粤，于也……此云'越以'，皆合二字为发语之词。" 鬷（zōng）：众。《毛诗故训传·郑玄笺》载："鬷，总也。" 吴闿生《诗义会通》言："鬷，总合而行。"

⑤荍（qiáo）：锦葵，草本植物，夏季开花，花紫色或白色。

⑥贻我握椒：给我一把花椒。徐璈《诗经广诂》引欧阳询等《艺文类聚》之说："男女结情好也。" 赠椒表示结恩情。

衡门

题解 没落贵族的自我安慰之作。

衡门之下①，	一木搭门门虽低，
可以栖迟②。	那儿也可来安居。
泌之洋洋③，	清清泉水荡漾流，
可以乐饥④。	欣赏流水可忘饥。
岂其食鱼，	难道人要想吃鱼，
必河之鲂？	定吃黄河那鲂鱼？
岂其取妻，	难道人要想成家，
必齐之姜？	须娶齐国姜姓女？
岂其食鱼，	难道人要想吃鱼，
必河之鲤？	定吃黄河那鲤鱼？
岂其取妻，	难道人要想成家，
必宋之子？	须娶宋国子家女？

注释 ①衡门：横木为门；一说“东西曰‘横’”，指陈国东西头的门。

②栖迟：游玩休憩。

③泌：泉水名。洋洋：水流貌。

④乐饥：言清泉供欣赏，可以忘饥。

说明 这首诗，闻一多解释为情歌，释“衡门”为城门名，认为横门底下，如同城隅、城阙是古时男女相会游息的地方。认为古代男女幽会的所在地，一般依山傍水，好行秘密事，所以山和水叫“密”，水或叫“泌”。“泌之洋洋”，含有这个意思。一说这首诗的中心思想是对贵族婚姻的藐视。“小家碧玉赛过名门闺秀”，诗的第二、第三章讲：难道娶老婆一定要贵族姑娘么?”

东门之池

题解 男女恋爱诗，彼此约会摆谈、唱歌。

东门之池[①]，	东门护城河水旁，
可以沤麻[②]。	这是沤麻好地方。
彼美淑姬，	良善美丽那姑娘，
可与晤歌[③]。	可以和她同歌唱。
东门之池，	东门护城河水下，
可以沤纻[④]。	可以浸洗那纻麻。
彼美淑姬，	良善美丽那姑娘，

可与晤语。	可以和她来谈话。

东门之池，	东门护城河水旁，
可以纻菅[5]。	菅芽浸洗好地方。
彼美淑姬，	良善美丽那姑娘，
可与晤言。	可以和她诉衷肠。

注释

①池：护城河。

②沤（òu）：渍，把麻用水浸泡。

③晤歌：以歌声互相唱和。

④纻（zhù）：苎麻，多年生草本植物，茎皮含纤维质，可做绳，织夏布。

⑤菅（jiān）：菅草，多年生草本植物，叶子细长可做索。

东门之杨

题解 男女恋爱，约会于黄昏之后。

东门之杨，	东门外面白杨林，
其叶牂牂[1]。	树叶发出沙沙声。

昏以为期，　　相会约在黄昏后，
明星煌煌[②]。　　启明星儿闪闪明。

东门之杨，　　东门城外有白杨，
其叶肺肺[③]。　　风吹叶儿沙沙响。
昏以为期，　　相会约在黄昏后，
明星晢晢[④]。　　这时星儿闪闪亮。

注释

①牂牂（zāng）：风吹树叶的响声；一说茂盛貌。
②明星：启明星。
③肺肺（pèi）：同“牂牂”。
④晢晢（zhé）：明亮。《毛诗故训传》载：“犹煌煌也。”

墓门

题解

谴责坏人。

墓门有棘[①]，　　墓门旁边有荆棘，
斧以斯之[②]。　　挥动斧头把它劈。
夫也不良，　　他呀不是好东西，

国人知之。　　全国人民都知悉。
知而不已，　　知道他坏他不改，
谁昔然矣[3]。　　还和从前一样坏。

墓门有梅[4]，　　墓门长有酸梅树，
有鸮萃止[5]。　　猫头鹰啊飞来住。
夫也不良，　　他呀不是好东西，
歌以讯之[6]。　　作歌告诫难劝阻。
讯予不顾[7]，　　劝告他也不愿改，
颠倒思予[8]。　　是非难分好和歹。

注释

①墓门：墓穿的门；一说陈国城门。

②斯：砍。《毛诗故训传》载："析也。"

③谁昔：往昔，畴昔。

④梅：应作"棘"。

⑤鸮（xiāo）：鸟名，亦称"猫头鹰"。萃：草丛生貌，引申为聚集。

⑥讯：作"谇"（suì），劝谏。

⑦予：朱熹《诗集传》言，"讯予之'予'，疑当依前章作'而'字"。

⑧颠倒思予：古人倒文成义，应为"颠倒予思"。"颠倒"，即好事说成歹事。

防有鹊巢

题解 因爱人受人欺诳而感心忧。

防有鹊巢①，	水坝怎有鹊做巢，
邛有旨苕②。	山上怎会长水草。
谁侜予美③？	哪个欺诳我爱人？
心焉忉忉。	我的心里真烦恼。
中唐有甓④，	庭中怎有瓦铺道，
邛有旨鹝⑤。	山上怎会生水草。
谁侜予美？	哪个欺诳我爱人？
心焉惕惕⑥。	心里忧愁似插刀。

注释

①防：堤岸。

②邛（qióng）：山丘。苕（tiáo）：许慎《说文解字》言，“苕草也”。马瑞辰《毛诗传笺通释》言，“是苕生于下湿，今诗言邛有者，亦以喻谗言之不可信”。一说苇苕，即苇花。

③侜（zhōu）：欺诳。

④唐：朝堂前和宗庙门内的大路。甓（pì）：古代的砖瓦。

⑤鹝（yì）：杂色的小草，也叫“绶草”。

⑥惕惕：忧惧。

说明 鹊是筑巢在树上的，这里却说河堤上有鹊巢；苕本是湿草，长在低洼水湿处，这里却说长在山上；瓦是盖屋的，这里却说拿它来铺路——这些都是反常的怪事，也是不应有的事。马瑞辰《毛诗传笺通释》言："不应有而以为有，所以为谗言也。"正因为这样，旁人的小话（谗言）是不能相信的。这首诗可能为男人听信小话，影响夫妻关系，女方因此感到苦恼。

月出

题解 月下想念一个漂亮的姑娘。

月出皎兮，	月儿出来明亮亮，
佼人僚兮①。	美人长得多漂亮。
舒窈纠兮②，	缓缓步月真窈窕，
劳心悄兮③。	想她使得我心伤。

月出皓兮，	月儿皎洁照城郊，

佼人懰兮[4]。　　美人月下多俊俏。
舒忧受兮[5]，　　缓步走来姿态美，
劳心慅兮[6]。　　想她使得我心焦。

月出照兮，　　月儿出来照四方，
佼人燎兮[7]。　　美人月下是素装。
舒夭绍兮[8]，　　缓缓行来仪容好，
劳心惨兮[9]。　　想她想得我断肠。

注释

①佼（jiǎo）：美好貌。陆德明《经典释文》言："佼，又作'姣'……《方言》云自关而东河济之间，凡好谓之'姣'。"僚（liáo）：通"嫽"，好貌。

②窈纠（yǎo jiǎo）：谓妇女行步舒缓。

③悄：忧。

④懰（liú）：好貌。

⑤忧受：顾野王《玉篇》言，"忧受，舒迟之貌"。

⑥慅（cǎo）：忧愁。

⑦燎：朱熹《诗集传》载，"明也"；一说娇美。

⑧夭绍：同"要绍"。胡承珙《毛诗后笺》言："要绍，谓婵娟作姿容也。"体态柔美。

⑨惨：即"懆"（cǎo），忧愁貌。

株林

题解 陈灵公淫于夏姬，国人作此诗讽刺他。

胡为乎株林[1]？　他为啥子去株林？
从夏南[2]。　去找夏南寻开心。
匪适株林，　其实并非去株林，
从夏南。　为找夏南急急行。

驾我乘马[3]，　骑我大马跑不停，
说于株野[4]。　停下就在那株林。
乘我乘驹，　骑我骏马快快走，
朝食于株。　赶到株林去纵淫。

注释

①株林：夏氏的食邑，指夏姬的住地。
②夏南：夏姬之子夏征舒，字夏南。这里是隐辞，指夏姬。
③我：指陈灵公。
④说（shuì）：停车休息。

泽陂

题解 女子思念心上人。

彼泽之陂[①]，	在那池塘清水处，
有蒲与荷。	长着蒲草与荷花。
有美一人，	有个漂亮的人儿，
伤如之何[②]。	想他无法奈何他。
寤寐无为[③]，	夜来睡觉不安宁，
涕泗滂沱[④]。	涕泪汪汪如雨下。

彼泽之陂，	在那池塘清水处，
有蒲与蕳[⑤]。	长着蒲草与兰花。
有美一人，	有个漂亮的人儿，
硕大且卷[⑥]。	身材雄伟美鬈发。
寤寐无为，	夜来睡觉总不宁，
中心悁悁。	心中苦闷尽想他。

彼泽之陂，	在那池塘清水处，
有蒲菡萏[⑦]。	长着蒲草与荷花。

有美一人，	有个漂亮的人儿，
硕大且俨[8]。	身材雄伟双下巴。
寤寐无为，	睡觉总是不安宁，
辗转伏枕。	翻去翻来想着他。

注释

①陂（bēi）：堤防，堤岸。《毛诗故训传》载：“泽障。”陈奂《诗毛氏传疏》言：“障，防也。”

②伤：女性第一人称代名词，《尔雅》注引《鲁诗》作“阳”，阳为“伤”之假借。郝懿行《尔雅义疏》言：“女之贱者称‘阳’。”阳为女性谦称。

③寤寐：醒和睡，此处意思偏在睡的一面。

④涕泗：涕，眼泪；泗，鼻涕。

⑤蕳（jiān）：兰草。《毛诗故训传·郑玄笺》读为“莲”，古莲、兰声通，亦可作“莲”。

⑥卷（quán）：通“婘”，好貌，这里指头发卷曲而美的样子。

⑦菡萏（hàn dàn）：荷花。

⑧俨：《韩诗》作“嫱”。陈奂《诗毛氏传疏》言：“薛君《章句》云，‘嫱，重颐也’。”重颐，即双下巴。

◎ 桧风

羔裘

题解 贵族女子追念她的恋人。

羔裘逍遥[①]，	游玩时候穿羔裘，
狐裘以朝。	公堂朝会着狐裘。
岂不尔思？	难道我不把你想？
劳心忉忉。	想你使得我心忧。
羔裘翱翔，	游玩时候穿羔裘，
狐裘在堂。	上那公堂着狐裘。
岂不尔思？	难道我不把你想？
我心忧伤。	想你使得我悲愁。
羔裘如膏，	羔裘如脂色泽亮，
日出有曜[②]。	太阳照着闪金光。
岂不尔思？	难道我不把你想？
中心是悼。	想你使得我哀伤。

注释 ①逍遥：与“翱翔”同，游逛。

②羔裘如膏，日出有曜：陈奂《诗毛氏传疏》言，“《传》云，‘日出照曜，然后见其如膏’。此倒句也”。膏，脂膏；曜，发光。

素冠

题解 对家遭不幸事者的同情。

庶见素冠兮[①]，　幸见人戴白帽啊，
棘人栾栾兮[②]，　又黑又瘦焦劳啊，
劳心抟抟兮[③]。　心中忧愁难描啊。

庶见素衣兮，　幸见人穿白衣啊，
我心伤悲兮，　我心感到悲戚啊，
聊与子同归兮[④]。　愿共患难和你啊。

庶见素韠兮[⑤]，　幸见人穿白裙啊，
我心蕴结兮，　我心真是郁结啊，
聊与子如一兮。　愿意和你同心啊。

注释 ①庶：幸，希冀之词。

②棘：瘦瘠。马瑞辰《毛诗传笺通释》言："棘为'瘠'之假借。"栾栾（luán）：瘦瘠貌。马瑞辰《毛诗传笺通释》言："《说文》，'脔，臞也'……脔脔为正字，栾栾为假借字。"臞，瘦。

③传传：忧不安貌。

④同归：马瑞辰《毛诗传笺通释》言，"同归，犹下章言如一，皆谓一致，非谓归其家也"。

⑤韠（bì）：朝服的一部分，即蔽膝。

隰有苌楚

题解 诗人生处乱世，自叹不如草木无知无累，无家无室。

隰有苌楚[①]，	洼地生长有羊桃，
猗傩其枝[②]。	发出柔软嫩丫枝。
夭之沃沃[③]，	多么光泽多么好，
乐子之无知[④]。	羡你无识又无知。

隰有苌楚，	洼地生长有羊桃，
猗傩其华。	一片红霞正开花。

夭之沃沃，	多么鲜艳多么美，
乐子之无家。	羡你无累没成家。
隰有苌楚，	沣地生长有羊桃，
猗傩其实。	桃枝累累多果实。
夭之沃沃，	多么光泽多么好，
乐子之无室。	羡你无累无家室。

注释

①苌（cháng）楚：植物名，又名“羊桃”“猕猴桃”。

②猗傩（ē nuó）：同“婀娜”，轻盈柔美貌；一说美盛貌。王引之《经义述闻》言：“苌楚之枝，柔弱蔓生，故《传》《笺》并以猗傩为柔顺。但下文云，‘猗傩其华’‘猗傩其实’，华与实不得言柔顺，而亦云‘猗傩’，则猗傩乃美盛之貌。”

③夭：《毛诗故训传》载，“少也”。沃沃：吴闿生《诗义会通》言，“光泽也”。

④子：朱熹《诗集传》言，“子，指苌楚也”。无知：政繁赋重，人不堪其苦，叹其不如草木之无知而无忧也。

匪风

题解

游子怀乡的咏叹。

匪风发兮[①]，　　那阵狂风正吹啊，
匪车偈兮[②]。　　那车快得像飞啊。
顾瞻周道[③]，　　回头望着那大路，
中心怛兮[④]。　　满腹忧愁心碎啊。

匪风飘兮[⑤]，　　那旋风吹得响啊，
匪车嘌兮[⑥]。　　那车快得摇晃啊。
顾瞻周道，　　回头望着那大路，
中心吊兮。　　我的心儿忧伤啊。

谁能亨鱼[⑦]？　　谁人要想来烹鱼？
溉之釜鬵[⑧]。　　应把大锅洗干净。
谁将西归？　　谁人要往西方走？
怀之好音[⑨]。　　托他带个平安信。

注释

①匪：彼。发：风声。

②偈（jié）：疾驰貌。

③周道：大路。

④怛（dá）：悲伤。

⑤飘：旋风。

⑥嘌（piāo）：朱熹《诗集传》言，“嘌，漂摇不定貌”；一说

疾速貌。

⑦亨:“烹”的本字。

⑧溉:洗。鬵(xín):釜类的烹器。

⑨怀:吴闿生《诗义会通》言,“《传》以怀为‘归’,归者,馈遗之义”。

◎ 曹风

蜉蝣

题解 没落士大夫的哀叹。

蜉蝣之羽[①]，　　蜉蝣翅儿薄又亮，
衣裳楚楚[②]。　　真像鲜明新衣裳。
心之忧矣，　　我的心啊好忧伤，
于我归处[③]。　　究竟归处在何方。

蜉蝣之翼，　　蜉蝣长着薄翅羽，
采采衣服。　　真像新衣多艳丽。
心之忧矣，　　我的心啊好忧伤，
于我归息。　　究竟何时得归息。

蜉蝣掘阅[④]，　　蜉蝣掘洞刚飞出，
麻衣如雪。　　洁白如雪麻衣服。
心之忧矣，　　我的心啊好忧伤，
于我归说[⑤]！　　究竟何处是归宿！

注释

①蜉蝣之羽：闻一多《风诗类钞》言，“蜉蝣的羽极薄而有光泽，几乎是透明的。古人形容麻织品做成的衣服，往往比成蜉蝣的羽，因此便称这种衣服为羽衣”。

②楚楚:《毛诗故训传》载,“鲜明貌”。

③我：通“何”。俞樾《群经平议》言：“《经》云‘于我归处’，《笺》云‘于何依归乎’，盖即以‘我’为‘何’。我、何，古音相通。”一说“我”应作第一人称。于：高亨《诸子新笺》言，“《说文》，‘于古文乌，乌，何也’”。

④掘阅：马瑞辰《毛诗传笺通释》言，“按《广雅》，掘，穿也……阅，读为‘穴’”。

⑤说（shuì）：止息。《毛诗故训传·郑玄笺》载：“说，犹舍息也。”

候人

题解

同情候人，讽刺不称其服的贵族士大夫。

彼候人兮[①]，	迎送宾客那候人，
何戈与祋[②]。	扛着短戈和殳棍。
彼其之子，	那些闲散士大夫，
三百赤芾[③]。	红皮裹腿三百人。

维鹈在梁[4]， 鹈鹕停在鱼梁上，
不濡其翼。 并没沾湿它翅膀。
彼其之子， 那些闲散士大夫，
不称其服。 不配穿那好衣裳。

维鹈在梁， 鹈鹕鱼梁上面飞。
不濡其咮[5]。 并没沾湿它的嘴。
彼其之子， 那些闲散士大夫，
不遂其媾[6]。 高官厚禄他不配。

荟兮蔚兮[7]， 云雾浓浓弥漫啊，
南山朝隮[8]。 南山早晨彩云多。
婉兮娈兮， 真娇小啊真可爱，
季女斯饥！ 娇小女娃受饥饿！

注释

①候人：整治道路及迎送宾客的小官。《周礼·夏官》载："各掌其方之道治与其禁令，以设候人。"

②何：同"荷"，扛物也。祋（duì）：即殳，古兵器。

③芾（fú）：身份为大夫及以上的官员、贵族的朝服的一部分，用熟皮做成，穿起来遮着两膝，又叫"蔽膝"。

④鹈（tí）：水鸟名，即鹈鹕，亦称“伽蓝鸟”。

⑤不濡其咮（zhòu）：咮，鸟嘴。《毛诗故训传》载：“咮，喙也。”本句意谓鸟嘴未湿，是不曾吃到鱼。比喻候人受饥，连幼女也挨饿，而贵族却享受厚禄的有三百人。

⑥不遂其媾：《毛诗故训传》载，“媾，厚也”。《毛诗故训传·郑玄笺》载，“遂，犹久也，言终将薄于君也”。另一说，闻一多《风诗类钞》言，“所候者终不来，故曰‘不遂其媾’”。

⑦荟（huì）兮蔚（wèi）兮：云雾弥漫貌。

⑧朝隮（jī）：朝云，彩虹；一说指云上升。

鸤鸠

题解 称颂君子的仪表风度好，意在陈古讽今。

鸤鸠在桑[1]，	布谷做巢桑树上，
其子七兮。	小鸟七只它喂养。
淑人君子，	那个善良的君子，
其仪一兮[2]。	威仪处处不改样。
其仪一兮，	威仪处处不改样，
心如结兮[3]。	结实坚定好心肠。

鸤鸠在桑，	布谷做巢桑树上，
其子在梅。	小鸟梅树间飞翔。
淑人君子，	那个善良的君子，
其带伊丝[④]。	带子是那白丝镶。
其带伊丝，	带子是那白丝镶，
其弁伊骐[⑤]。	皮帽色和骐一样。
鸤鸠在桑，	布谷做巢桑树上，
其子在棘。	小鸟枣树间飞翔。
淑人君子，	那个善良的君子，
其仪不忒。	他的仪容很端庄。
其仪不忒，	他的仪容很端庄，
正是四国[⑥]。	就是各国好榜样。
鸤鸠在桑，	布谷做巢桑树上，
其子在榛。	小鸟榛树间飞翔。
淑人君子，	那个善良的君子，
正是国人。	全国人民的榜样。
正是国人，	全国人民的榜样，
胡不万年。	怎不传国永无疆。

注释 ①鸤（shī）鸠：布谷鸟。

②仪：仪容。

③如结：朱熹《诗集传》言，“如物之固结而不散也”。

④其带伊丝：陈奂《诗毛氏传疏》言，“带以素丝缘边，所谓其带伊丝也”。

⑤骐：马之青黑色者，指皮弁颜色而言。

⑥正：法则；一说榜样；一说纠正。

下泉

题解 曹国人对周王室的怀念。

冽彼下泉[①]，	泉水真是寒得很，
浸彼苞稂[②]。	浸透丛生稂草根。
忾我寤叹[③]，	醒后我只长太息，
念彼周京。	一心想念周京城。
冽彼下泉，	泉水真是寒得很，
浸彼苞萧。	浸透丛生蒿草根。
忾我寤叹，	醒后我只长太息，
念彼京周。	一心想念那周京。

洌彼下泉，	泉水真是寒得很，
浸彼苞蓍。	浸透丛生蓍草根。
忾我寤叹，	醒后我只长太息，
念彼京师。	一心想念那京城。

芃芃黍苗，	黍苗茂盛长得佳，
阴雨膏之。	阴天小雨润泽它。
四国有王④，	四方诸侯有贤王，
郇伯劳之⑤。	郇伯国君慰劳他。

注释

①洌（liè）：寒冷。下泉：泉下流。

②稂（láng）：童粱，莠一类的草，对禾苗有害。

③忾（xì）：《毛诗故训传·郑玄笺》言，“忾，叹息之意”。

④有王：《毛诗故训传·郑玄笺》言，“谓朝聘于天子也”。

⑤郇（xún）伯：指晋大夫荀跞。

◎ 豳风

七月

题解 反映奴隶受贵族的压迫剥削，虽终岁勤苦，仍不免饥寒交迫，是一幅奴隶受压迫、剥削的悲惨画面。

七月流火[1]，	七月火星流向西，
九月授衣[2]。	九月官家分寒衣。
一之日觱发[3]，	冬月北风吼不歇，
二之日栗烈[4]。	腊月寒气更凛冽。
无衣无褐[5]，	粗衣短褐没一件，
何以卒岁[6]？	怎样度过这残年？
三之日于耜[7]，	正月赶着修农具，
四之日举趾[8]。	二月插足把田犁。
同我妇子[9]，	老婆孩子一同走，
馌彼南亩[10]，	送酒送饭到南亩，
田畯至喜[11]。	酒饭田官来享受。

七月流火，	七月火星流向西，

九月授衣。	九月官家分寒衣。
春日载阳[12]，	春天太阳红艳艳，
有鸣仓庚。	黄莺声声把歌唱。
女执懿筐[13]，	姑娘深筐提在手，
遵彼微行[14]，	顺着墙边小路走，
爰求柔桑。	采桑先把嫩枝扭。
春日迟迟[15]，	春天日子渐渐长，
采蘩祁祁[16]。	采摘白蒿众人忙。
女心伤悲，	采蒿姑娘心悲伤，
殆及公子同归[17]。	恐被公子往家抢。

七月流火，	七月火星流向西，
八月萑苇[18]。	八月芦苇收获齐。
蚕月条桑[19]，	养蚕月季修桑树，
取彼斧斨[20]。	双手举起那大斧。
以伐远扬[21]，	砍掉桑树长条枝，
猗彼女桑[22]。	攀着嫩枝摘叶儿。
七月鸣鵙[23]，	七月伯劳叫叽叽，
八月载绩。	八月丝成把麻绩。
载玄载黄，	染色有黑又有黄，
我朱孔阳，	我染朱红更漂亮，

为公子裳。	拿给公子做衣裳。

四月秀葽[24]，	四月远志结了子，
五月鸣蜩[25]。	五月蝉儿叫不止。
八月其获，	八月去把早稻割，
十月陨萚。	十月风吹树叶落。
一之日于貉，	冬月打貉上山坳，
取彼狐狸，	要把狐狸来捉到，
为公子裘。	取皮去做公子袄。
二之日其同[26]，	腊月大家聚一起，
载缵武功[27]。	继续打猎练武艺。
言私其豵[28]，	打得小猪自要它，
献豜于公[29]。	三岁大猪献官家。

五月斯螽动股[30]，	五月蝗虫鼓翅膀，
六月莎鸡振羽[31]。	六月展翅纺织娘。
七月在野，	七月蟋蟀在野地，
八月在宇，	八月跳到屋檐底，
九月在户，	九月又在门口跃，
十月蟋蟀入我床下。	十月钻入我床角。
穹窒熏鼠[32]，	烟熏鼠穴堵窟窿，

塞向墐户[33]。	封闭北窗糊门缝。
嗟我妇子，	我的老婆孩子啊，
曰为改岁[34]，	新年将到旧年完，
入此室处。	快搬进屋避风寒。
六月食郁及薁[35]，	六月吃李和葡萄，
七月亨葵及菽[36]。	七月煮豆和葵苗。
八月剥枣[37]，	八月打下树上枣，
十月获稻。	十月收获田里稻。
为此春酒[38]，	酿成春酒香又清，
以介眉寿[39]。	老人喝了添精神。
七月食瓜，	七月吃的瓜和菜，
八月断壶[40]，	八月又把葫芦采，
九月叔苴[41]。	九月拣起麻子来。
采荼薪樗[42]，	挖些苦菜打些柴，
食我农夫。	农夫才能把锅开。
九月筑场圃，	九月筑好晒谷场，
十月纳禾稼。	十月晒干收进仓。
黍稷重穋[43]，	早稻晚稻高粱米，
禾麻菽麦。	禾麻豆麦都收起。

嗟我农夫，	庄稼人啊真可怜，
我稼既同，	地里活儿刚刚完，
上入执宫功[44]。	又给公爷修大院。
昼尔于茅，	白天你得去割草，
宵尔索绹[45]。	夜里草绳要搓好。
亟其乘屋[46]，	赶紧上房盖好屋，
其始播百谷。	春一开始种百谷。
二之日凿冰冲冲，	腊月打冰响当当，
三之日纳于凌阴[47]。	正月运去冰室藏。
四之日其蚤[48]，	二月取冰祭祀忙，
献羔祭韭。	祭祀要献韭和羊。
九月肃霜[49]，	九月寒露结为霜，
十月涤场[50]。	十月打扫晒谷场。
朋酒斯飨[51]，	捧了自酿两杯酒，
曰杀羔羊。	宰杀一只小羔羊。
跻彼公堂，	大家一齐上公堂，
称彼兕觥[52]，	双手捧起牛角觥，
万寿无疆！	齐祝公爷寿无疆！

注释 ①流：火下为流。火：星名，又叫“大火”。一年自秋季开始，

大火星自西而下谓之“流火”。

②授衣：指贵族士大夫分寒衣；一说让女工裁寒衣；一说九月是发寒衣的季节。

③一之日：周历正月，夏历十一月。以下二之日、三之日、四之日顺序类推。《毛诗故训传》载：“一之日，十之余也；一之日，周正月也。”陈奂《诗毛氏传疏》言：“云‘一之日，十之余也’者，十，十月也，数起于一，终于十，复从十月而数其余月。一之日，十有一月之日；二之日，十有二月之日，皆有纪夏正也。”觱（bì）发：《毛诗故训传》载，“风寒也”；一说大风吹过发出的声音。

④栗烈：凛冽，寒气。

⑤褐（hè）：粗布制成的短衣。

⑥卒岁：终岁，年底。

⑦于：为，这里指修理。耜（sì）：古时的犁头。

⑧举趾：举脚踩耜耕地，耒耜尖端处有一短横木，用脚踩耜入地翻掘泥土。

⑨妇子：妻子和小孩。

⑩馌（yè）；送饮食到田间。《毛诗故训传》载：“馈也。”南亩：向阳的耕地。

⑪田畯：田神；一说农官。喜：酒食。《毛诗故训传·郑玄笺》载：“喜，读为饎。”

⑫阳：温暖。

⑬懿筐：深筐。

⑭微行：小路。《毛诗故训传》载：“墙下径也。”

⑮迟迟：缓慢，指夏季白天渐渐长起来。

⑯蘩：白蒿；一说煮蒿润蚕茧，蚕易出。

⑰殆：怕，畏。及：与。同归：指被胁迫去做妾婢，人身受到侮辱。

⑱萑（huán）苇：萑初生时叫“蒹”；苇，长成后的葭。

⑲条桑：修剪桑枝，条作动词。

⑳斨（qiāng）：方孔的斧。

㉑远扬：指又长又高的桑枝。

㉒猗彼女桑：用索拉着采嫩桑。

㉓䴗（jú）：鸟名，又叫“伯劳”，体态华丽，嘴大锐利，鸣声洪亮，但不悦耳。

㉔秀葽（yāo）:《毛诗故训传》载，“不荣而实曰‘秀’。葽，草也”。郭璞注《尔雅》言，“今‘远志’也。”

㉕蜩（tiáo）：蝉。

㉖同：相聚，集合。

㉗缵：继续。武功：军事演习；一说指田猎。

㉘豵（zōng）：小野猪。

㉙豜（jiān）：大野猪。

㉚斯螽动股：螽斯以股鸣；一说蝗虫动腿鼓翅膀。

㉛莎鸡：虫名，即“纺织娘”。

㉜穹（qióng）：穷尽，除治。窒（zhì）：堵塞。

㉝向:《毛诗故训传》载，“北出牖也”。牖，窗户。墐：用泥涂抹。

㉞曰：助词，同“聿”。改岁：除岁。

㉟郁：郁李；一说山楂。薁（yù）：野葡萄。

㊱葵：滑菜。

㊲剥：扑，打。

㊳春酒：冻醪；一说白酒；一说冬日酿酒，经春始成，故名“春酒”。

㊴介：林义光《诗经通解》言，“介读为‘匄’，乞也”。寿眉：人老眉长，表示寿长。

㊵壶：通“瓠”。

㊶叔：拾取。苴（jū）：麻子。

㊷荼（tú）苦菜。樗（chū）：木名，亦名“臭椿”。

㊸重穋（lù）：重，晚熟作物；穋，早熟作物。《毛诗故训传》载：“后熟曰‘重’，先熟曰‘穋’。”

㊹上：同“尚”。宫：宫室。功：事。

㊺绹（táo）：绳。

㊻亟：急。

㊼凌阴：冰室。

㊽蚤：取；一说通“早”。

㊾肃霜：下霜；一说指天气肃爽。王国维《观堂集林》言：“肃霜、涤场，皆互为双声，乃之联绵字，不容分别释之。肃霜，犹言肃爽；涤场，犹言涤荡也。”

㊿涤场：打扫场地。

51朋酒：两壶酒。《毛诗故训传》载：“两樽曰‘朋’。”

52称：举起酒杯敬酒。

鸱鸮

题解 诗人以鸟筑巢养雏历尽艰苦来代言其穷苦经历，反映他对统治阶级的愤恨。

鸱鸮鸱鸮[1]，	鸱鸮啊鸱鸮！
既取我子，	你已抓去我小鸟，
无毁我室。	别再毁坏我的巢。
恩斯勤斯[2]，	辛勤劳苦把心操，
鬻子之闵斯[3]。	喂养孩子我病倒。
迨天之未阴雨，	趁着老天没落雨，
彻彼桑土[4]。	飞到桑根剥桑皮。
绸缪牖户，	修好我那门和窗，
今女下民，	树下行人品不一，
或敢侮予。	有人可能把我欺。
予手拮据[5]，	我的双手已疲劳，
予所捋荼。	我还筑巢啣茅草。
予所蓄租[6]，	我又把草来储聚，

予口卒瘏⑦， 我嘴累得吃不消，
曰予未有室家。 可我巢儿没修好。

予羽谯谯⑧， 我的毛羽渐稀少，
予尾翛翛⑨。 我的尾巴枯又焦。
予室翘翘⑩， 我的房子很危险，
风雨所漂摇， 风吹雨打快掀倒，
予维音哓哓⑪！ 急得我只大声叫！

注释

①鸱鸮（chī xiāo）：猫头鹰一类的鸟。

②恩斯勤斯：犹殷勤。王先谦《诗三家义集疏》言："《鲁诗》，恩作'殷'……《笺》云，'殷勤于稚子'，亦本《鲁诗》。"斯：语助词。

③鬻（yù）：养育，"育"的借字。闵：病。

④彻："撤"的假借，《毛诗故训传》载，"剥也"。桑土（dù）：桑根。吴闿生《诗义会通》言："《韩诗》，土作'杜'。《方言》，'杜，根也'。"

⑤拮据：操作辛劳。

⑥蓄：积。租：聚。

⑦卒：尽。

⑧谯谯（qiáo）：羽毛残敝。

⑨翛翛（xiāo）：羽毛枯焦，唐宋旧本作"修"。陈奂《诗

毛氏传疏》言:"按《中谷有蓷》《传》,'脩且干也'。脩与修通……谓鸟羽劳敝修修然,无润泽之色,亦且干之义也。"

⑩翘翘:危貌,形容鸟巢摇晃不定。

⑪哓哓(xiāo):因恐惧发出的叫声。

东山

题解 从征兵士还乡,途中想念家乡田园荒芜而妻子悲叹的心情。

我徂东山[①],	我从出征去东山,
慆慆不归[②]。	长年累月不能还。
我来自东,	我由东山快启程,
零雨其濛[③]。	小雨纷纷下不停。
我东曰归,	一说快离东山归,
我心西悲。	念着西方使我悲。
制彼裳衣,	缝件普通新服装,
勿士行枚[④]。	不裹绑腿再打仗。
蜎蜎者蠋[⑤],	山蚕树上蠕蠕动,
烝在桑野[⑥]。	聚在那片桑林中。
敦彼独宿[⑦],	蜷曲独宿的兵卒,

亦在车下。	就在战车底下住。
我徂东山，	从我出征去东山，
慆慆不归。	长年累月不能还。
我来自东，	我由东山快起身，
零雨其濛。	小雨纷纷下不停。
果赢之实[8]，	瓜蒌结子把藤牵，
亦施于宇。	子儿挂在屋檐边。
伊威在室[9]，	地虱虫儿房里爬，
蠨蛸在户[10]。	蜘蛛结网门上挂。
町畽鹿场[11]，	场上野鹿跑又逛，
熠燿宵行[12]。	萤火虫儿闪闪亮。
不可畏也，	这么荒凉多可怕，
伊可怀也[13]。	可我更加怀念它。
我徂东山，	从我出征去东山，
慆慆不归。	长年累月不能还。
我来自东，	我由东山快启程，
零雨其濛。	小雨纷纷下不停。
鹳鸣于垤[14]，	墩上叫的是老鹳，
妇叹于室。	妻子室内长声叹。

洒扫穹窒，	扫扫屋子塞鼠洞，
我征聿至。	我行将归可重逢。
有敦瓜苦[15]，	苦瓜结了一条条，
烝在栗薪[16]。	挂在柴上黄又焦。
自我不见，	我没看见这情景，
于今三年。	而今已有三年整。

我徂东山，	从我出征去东山，
慆慆不归。	长年累月不能还。
我来自东，	我由东山快启程，
零雨其濛。	小雨纷纷下不停。
仓庚于飞[17]，	黄莺到处在飞翔，
熠耀其羽。	美丽翅儿闪着光。
之子于归，	姑娘快要做新娘，
皇驳其马[18]。	马儿有红又有黄。
亲结其缡[19]，	娘替娇女结佩巾，
九十其仪[20]。	各种礼节谆谆训。
其新孔嘉，	新婚可真够幸福，
其旧如之何[21]？	久别重聚又何如？

注释 ①徂（cú）：往。

②慆慆（tāo）：久。马瑞辰《毛诗传笺通释》言："滔、悠古同声通用。悠悠，久也。"

③濛：微雨貌。

④士：事。行枚：闻一多《风诗类钞》言，"行，胻；枚，徽。后世谓之行縢、行缠，今之裹腿"。指换上平民服装，不再当兵。《毛诗故训传·郑玄笺》载，"行阵衔枚"。枚像筷子，古代行军为避免被敌人发觉，口里衔枚以防喧哗。

⑤蜎蜎（yuān）：蠕动貌。蠋（zhú）：毛虫。朱熹《诗集传》言："蠋，桑虫如蚕者也。"

⑥烝（zhēn）：乃。马瑞辰《毛诗传笺通释》言："烝与曾同音，为叠韵。烝当为'曾'之借字。曾，乃也。"

⑦敦：《毛诗故训传》载，"敦，犹专专也"。专，古"团"字，意谓士兵蜷曲成一团睡在车下，反不及山蚕在桑林得所。彼：士卒本人；一说指士卒的妻子。

⑧果臝（luǒ）：瓜蒌，蔓生葫芦科植物。

⑨伊威：蚜蝛。陆玑《毛诗草木鸟兽虫鱼疏》言："一名'鼠妇'，在壁根下瓮土中生……"李时珍《本草纲目》载："俗名'湿生虫'，曰地鸡、地虱者，象形。"

⑩蟏蛸（xiāo shāo）：长脚蜘蛛。

⑪町畽（tǐng tuǎn）：田舍旁的空地，禽兽践踏的地方，畽亦作"疃"。

⑫熠（yì）燿：闪光貌。宵行：萤火虫。

⑬伊：《毛诗故训传·郑玄笺》，"当作'繄'，繄犹是也"。

⑭鹳（guàn）：水鸟名，形似鹤。垤（dié）：小土堆。

⑮敦：圆的。瓜苦：《毛诗故训传·郑玄笺》载，“瓜瓣有苦者，以喻其心苦也”。朱熹《诗集传》言，“因见苦瓜系于栗薪之上”。一说瓠。古时结婚行合卺之礼时，以一匏分作两瓢，夫妇各执一瓢盛酒饮。

⑯栗：通“裂”。《毛诗故训传·郑玄笺》载：“析也。”

⑰仓庚：鸟名，即黄莺、黄鹂，亦作“仓鹒”“鸧鹒”。

⑱皇：黄白色。驳：赤白色。

⑲缡（lí）：古时妇女的佩巾。古时女子出嫁，母亲训诫，并替她结好佩巾的带子。

⑳九十其仪：朱熹《诗集传》言，“九其仪，十其仪，言其仪之多也”。

㉑其新孔嘉，其旧如之何：《毛诗故训传·郑玄笺》载，“其新来时甚善，至今则久矣，不知其如何也？”

破斧

题解 东征战士，庆幸自己能得生还。

既破我斧，	已经战破我的斧，
又缺我斨[①]。	我斨缺口成废物。
周公东征，	周公出征往东走，

四国是皇[2]。　　四方各国得了救。
哀我人斯，　　可怜出征我兵士，
亦孔之将[3]。　　生还真是幸运事。

既破我斧，　　既已战坏我的斧，
又缺我锜[4]。　　我锯缺口成废物。
周公东征，　　周公往东去征伐，
四国是吪[5]。　　四方各国受感化。
哀我人斯，　　可怜出征我兵士，
亦孔之嘉。　　生还是件大喜事。

既破我斧，　　既已战坏我的斧，
又缺我銶[6]。　　凿子缺口成废物。
周公东征，　　周公往东去出征，
四国是遒[7]。　　四方各国得稳定。
哀我人斯，　　可怜出征我兵士，
亦孔之休。　　生还是件大美事。

注释

①斨（qiāng）：方孔斧，斧柄方孔者曰“斨”。

②皇：通“匡”，匡正。《尔雅》载：“皇、匡，正也。”

③将：《毛诗故训传》载，“大也”。陈奂《诗毛氏传疏》言，

“《诗述闻》云，‘大与美义相近’”。

④锜（qí）：凿类兵器。

⑤吪（é）：教化。朱熹《诗集传》言：“化也。”

⑥銶（qiú）：凿子；一说独头斧。

⑦遒（qiú）：安和。《毛诗故训传》载：“固也。”

伐柯

题解 写古时婚嫁要通过媒人介绍，为人做媒称“伐柯”，亦以“伐柯”比喻遵循一定的准则。

伐柯如何[1]？　　怎样制作那斧柄？
匪斧不克。　　没有斧头不可能。
取妻如何？　　怎样迎娶那女子？
匪媒不得。　　没有媒人可不行。

伐柯伐柯，　　做斧柄呀做斧柄，
其则不远。　　这个法则在近旁。
我觏之子，　　见到我娶的这人，
笾豆有践[2]。　　她把餐具摆成行。

注释

①柯：斧柄。陈奂《诗毛氏传疏》言："《说文》，'柯，斧柄也'…… 按柯者斧柄之名，伐斧柄，必待斧而后成。"

②笾（biān）：古代祭祀和宴会时盛果品的竹器。豆：古代木制盛肉或其他食品的器皿。践：《毛诗故训传》载，"行列貌"。陈奂《诗毛氏传疏》言，"行列即陈列"。

九罭

题解 对周公的留恋；一说是贵族阶级的饮宴留客诗。

九罭之鱼①，　　渔网抛在河中央，
鳟鲂②。　　网着鲜鱼鳟与鲂。
我觏之子，　　我所看见那个人，
衮衣绣裳③。　　穿着龙衣和彩裳。

鸿飞遵渚，　　大雁顺着沙洲飞，
公归无所，　　公爷并非没处归，
于女信处④！　　请在这里住一回！

鸿飞遵陆，　　大雁顺着陆地飞，

公归不复，　　　　公爷离去不再回，
于女信宿！　　　　请再于此住一回。

是以有衮衣兮[5]，　龙衣留在这里哟，
无以我公归兮！　　别让公爷回去哟！
无使我心悲兮！　　别再使我悲伤啊！

注释

①九罭（yù）：捕小鱼的细孔网。
②鳟（zūn）：鱼名，赤眼鳟。
③衮衣：衣上绣卷龙，大公、君王的礼服。
④女：同“汝”。信：再宿。郝懿行《尔雅义疏》言：“信乃再宿，宿仅一宿。”
⑤有：收藏。《广雅》载：“取也。”闻一多《风诗类钞》言：“有，藏之也。”

狼跋

题解

赞美周公。

狼跋其胡[1]，　　　狼向前进踩了胡，
载疐其尾[2]。　　　后退又踏了尾部。

公孙硕肤[3]，　　周公心宽体又胖，
赤舄几几[4]。　　金饰鞋子闪闪亮。

狼疐其尾，　　狼向后退踏尾部，
载跋其胡。　　向前进时踩了胡。
公孙硕肤，　　周公心宽体又胖，
德音不瑕[5]。　　美好声名传远方。

注释

①跋（bá）：踏。胡：兽颔下的垂肉。朱熹《诗集传》言："胡，颔下悬肉也。"

②疐（zhì）：踩，牵绊。

③硕肤：马瑞辰《毛诗传笺通释》言，"肤当读'如肤革充盈'之'肤'。硕肤者，心广体胖之象"。肤，繁体字为"膚"，"胪"的借字，闻一多《风诗类钞》言，"腹前肥曰'胪'"。

④赤舄（xì）：王先谦《诗三家义集疏》言，"赤舄以金为饰，谓之'金舄'"。几几：《广雅》载，"盛也"，以状盛服之貌；一说铜锡合金做的鞋头饰物。

⑤不瑕：俞樾《古书疑义举例》言，"不，语词。瑕与'遐'通，远也。言其德音之远也"。陈奂《诗毛氏传疏》认为《大雅·思齐》"烈假不瑕"的"瑕"，义当同《豳风·狼跋》"德音不瑕"的"瑕"。《毛诗故训传》载，"瑕，过也"。

说明 本篇一说和一个脑满肠肥的贵族开玩笑，比喻他胖得像老狼一样，行走艰难，一起一伏，但又宣扬他声名德行很好。

雅

◎ 小雅

鹿鸣

题解 统治者大宴群臣宾客的诗篇。

呦呦鹿鸣[①]，	野鹿呼伴呦呦叫，
食野之苹[②]。	在那野外吃艾蒿。
我有嘉宾，	我有许多好宾客，
鼓瑟吹笙。	鼓瑟吹笙把他邀。
吹笙鼓簧[③]，	娱宾吹笙又鼓簧，
承筐是将[④]。	赠送币帛盛满筐。
人之好我，	他们对我那么好，
示我周行[⑤]。	指我大路好方向。
呦呦鹿鸣，	野鹿呼伴呦呦叫，
食野之蒿。	在那野外吃青蒿。
我有嘉宾，	我有许多好宾客，
德音孔昭。	名声显耀道德高。
视民不恌[⑥]，	教民不薄要厚道，

君子是则是效。	他把法则来仿效。
我有旨酒，	我有佳肴和美酒，
嘉宾式燕以敖[7]。	邀客饮酒又逍遥。

呦呦鹿鸣，	野鹿呼伴呦呦鸣，
食野之芩[8]。	在那野外吃黄芩。
我有嘉宾，	我有许多好宾客，
鼓瑟鼓琴。	招待他们鼓瑟琴。
鼓瑟鼓琴，	招待他们鼓瑟琴，
和乐且湛[9]。	大家快乐能尽兴。
我有旨酒，	我有佳肴和美酒，
以燕乐嘉宾之心[10]。	使客快活乐在心。

注释

①呦呦（yōu）：鹿鸣声。刘安等《淮南子》载："鹿鸣兴于兽而君子美之，取其见食而相呼也。"

②苹：皤蒿。李时珍《本草纲目》载："苹即陆生皤蒿，俗呼'艾蒿'。"

③簧：乐器中用以发声的片状振动体。《毛诗古训传》载："吹笙则鼓簧也。"

④承筐是将：古代帝王用竹筐盛币帛送宾客。承，奉；将，送。

⑤示我周行：姚际恒《诗经通论》言，"犹云指我路途耳"。

⑥视:《毛诗故训传·郑玄笺》载,“古‘示’字也”。民:奴隶;一说自由民。恌(tiāo):轻佻。陈奂《诗毛氏传疏》言,“恌,当为‘佻’……佻,愉。今《尔雅》愉作‘偷’。愉、偷古今字”。

⑦燕:通“宴”。式:发语词。敖:游逛。

⑧芩(qín):蒿类植物。

⑨湛(dān):过度逸乐。《毛诗故训传》载:“乐之大。”朱熹《诗集传》言:“湛,乐之久也。”

⑩燕:《毛诗故训传》载,“安也”。

四牡

题解 慰劳使臣勤于王事;一说使臣自咏之辞。

四牡騑騑[1],	四马驾车跑如飞,
周道倭迟[2]。	大路又远又迂回。
岂不怀归?	岂有不想把家归?
王事靡盬[3],	国事而今不巩固,
我心伤悲。	我的心里很伤悲。
四牡騑騑,	四匹马儿往前驭,

啴啴骆马[4]。　　骆马跑得光喘气。
岂不怀归？　　岂有不作归家计？
王事靡盬，　　国事而今没巩固，
不遑启处[5]。　　无暇回家去安居。

翩翩者鵻[6]，　　林里斑鸠翩翩飞，
载飞载下，　　有时高来有时低，
集于苞栩[7]。　　飞来集在柞木上。
王事靡盬，　　国事而今没巩固，
不遑将父。　　无暇还家养父去。

翩翩者鵻，　　翩翩飞的是斑鸠，
载飞载止，　　有时高飞有时留，
集于苞杞[8]。　　飞来集在杞柳头。
王事靡盬，　　国事而今没巩固，
不遑将母。　　无暇养母不远游。

驾彼四骆，　　驾那车儿马四匹，
载骤骎骎[9]。　　驱车赶马走得急。
岂不怀归？　　岂有不作归家计？
是用作歌，　　因此写了这诗歌，

将母来谂[10]。　　　　思归养母来告语。

注释

①骓骓（fēi）：马行走不停貌。

②倭迟：迂回遥远貌。《韩诗》作“倭夷”。潘岳《西征赋》作“威夷”，并引《韩诗·薛君章句》“威夷，险也”。《毛诗故训传》载：“倭迟，历远之貌。”

③盬（gǔ）：《毛诗故训传》载，“不坚固也”。王引之《经义述闻》言，“盬者，息也”。

④啴啴（tān）：马喘息貌。骆马：白毛黑鬣的马。

⑤启处：安居休息。《毛诗故训传》载：“启，跪；处，居也。”古人席地而坐，跪，谓双膝着地，上身挺立；居谓坐。

⑥雏（zhuī）：斑鸠，又称“鹁鸠”“鹁鸪”。

⑦苞栩：丛生的柞木。

⑧苞杞：丛生的杞柳。

⑨骤（zhòu）：奔驰貌。骎骎（qīn）：马速行貌。《毛诗故训传》载：“骎骎，骤貌”。

⑩谂（shěn）：思念。马瑞辰《毛诗传笺通释》言：“谂，深谏也……义与《笺》训谂为‘告’者合，但以《经》义求之，仍从《传》训‘念’为是。”

皇皇者华

题解 派遣使臣访求贤达。

皇皇者华[1]， 灿烂鲜花多丰腴，
于彼原隰[2]。 盛开高原和洼地。
駪駪征夫[3]， 出使往来的使臣，
每怀靡及[4]。 怀私稽留来不及。

我马维驹[5]， 我马身有六尺高，
六辔如濡。 六根缰绳光泽好。
载驰载驱， 又赶马来又驱车，
周爰咨诹[6]。 遍访贤达求善道。

我马维骐， 我马是骐善于走，
六辔如丝。 六根缰绳如丝柔。
载驰载驱， 又赶车来又驱车，
周爰咨谋。 遍访贤达求良谋。

我马维骆， 我的骆马是黑鬣，

六辔沃若[7]。	六根缰绳很光泽。
载驰载驱，	又赶马来又驱车，
周爰咨度。	遍访贤达求良策。
我马维骃，	我的骃马毛杂色，
六辔既均[8]。	六根缰绳调在侧。
载驰载驱，	又赶马来又驱车，
周爰咨询。	遍访贤达问善策。

注释

①皇皇:《毛诗故训传》载,"犹煌煌也"。这里指花光彩耀眼。

②原隰：平原，低洼地。《毛诗故训传》载,"高平曰'原',下湿曰'隰'"。

③骁骁(shēn)：左丘明《国语》引作"莘莘"，众多貌。征夫：行人。

④每怀靡及:《毛诗故训传·郑玄笺》载,"《春秋外传》曰，怀和为每怀也，和当为'私'。众行夫既受君命，当速行，每人怀其私相稽留，则于事将无所及"。一说，此句意即"虽有德，恐达不到"。

⑤驹：本作"骄"，马高六尺为"骄"。

⑥周爰咨诹:《毛诗故训传》载,"忠信为周，访问于善为咨，咨事为诹"。左丘明《国语》载,"叔孙穆子曰,'咨才为诹，咨事为谋，咨义为度，咨亲为询'"。《尔雅》载,"爰，于也"。

是故，咨诹即询问，下章“咨谋”“咨度”“咨询”义相近。

⑦沃若：光泽。

⑧均：协调。

常棣

题解 欢宴兄弟、以笃友爱。

常棣之华[①]，	棠棣花开白如银，
鄂不韡韡[②]。	萼柎光华同根生。
凡今之人，	试看如今一般人，
莫如兄弟。	有谁能像兄弟亲。

死丧之威[③]，	死丧对人是威胁，
兄弟孔怀。	唯有兄弟最关切。
原隰裒矣[④]，	原上聚土埋葬了，
兄弟求矣。	兄弟寻求心肠热。

脊令在原[⑤]，	鹡鸰又飞又鸣唤，
兄弟急难。	兄弟总会来救难。

每有良朋，　　纵有亲密好朋友，
况也永叹[6]。　　只会教人长声叹。

兄弟阋于墙[7]，　　兄弟在家不和睦，
外御其务[8]。　　有敌却同去御侮。
每有良朋，　　纵有亲密好朋友，
烝也无戎[9]。　　总是不会来相助。

丧乱既平，　　丧乱已经渐平定，
既安且宁。　　既是安全又宁静。
虽有兄弟，　　虽然有兄又有弟，
不如友生[10]。　　好像不如朋友亲。

傧尔笾豆[11]，　　排起碗盏盛珍馐，
饮酒之饫[12]。　　全家开宴来饮酒。
兄弟既具，　　兄弟一齐都到来，
和乐且孺[13]。　　亲人团聚乐无忧。

妻子好合，　　你和妻子感情深，
如鼓瑟琴。　　好比鼓瑟和弹琴。
兄弟既翕[14]，　　兄弟大家很和睦，

和乐且湛。　　团聚快乐能尽兴。

宜尔室家，　　组织你的好家庭，
乐尔妻帑[15]。　　爱你妻儿感情真。
是究是图，　　既是深思又谋划，
亶其然乎[16]？　　岂有如此不相信？

注释

①常棣之华：棠棣，即郁李。常棣之华，系车上帷裳之花。

②鄂：一般指花萼；一说遏。不：一说当作“拊”。韡韡：光明貌。

③威：畏。

④裒（póu）：聚集。

⑤脊令：鹡鸰，鸟名，头黑额白，背黑腹白，尾长，住水边；一说鹡鸰为水鸟，“今在原，失其常处，则飞则鸣，求其类”，犹如兄弟之间救急难。

⑥况：发语词；一说益，增加。

⑦阋（xì）：兄弟相争于内。《尔雅》载：“阋，恨也。”

⑧务：通“侮”。

⑨烝：乃，就是。马瑞辰《毛诗传笺通释》言：“‘烝’与‘曾’同音为叠韵，当为‘曾’之借字。曾，乃也。”戎：助。

⑩虽有兄弟，不如友生：姚际恒《诗经通论》言，“此章言丧乱既平而安宁矣，乃虽有兄弟反不如友生，何哉？盖此时兄弟已亡，所与周旋者唯友生而已，故为深痛”。生，语气词。

⑪傧：陈设。

⑫饫（yù）：《毛诗故训传》载，“私也”，指私宴。

⑬孺：相亲。《毛诗故训传》载：“属也。”孔颖达《五经正义》言：“和而甚忻乐，且复骨肉相亲属也。”一说：“孺，当读为‘愉’，乐也。”

⑭翕（xī）：合，聚。

⑮帑（nú）：儿女，或指妻和子。

⑯亶（dǎn）：诚然，信然。

伐木

题解 宴朋友亲戚故旧。

伐木丁丁①，	砍伐树木叮叮响，
鸟鸣嘤嘤②。	鸟儿嘤嘤叫得慌。
出自幽谷，	它们深谷飞出来，
迁于乔木。	飞来聚在高树上。
嘤其鸣矣，	鸟儿嘤嘤叫又鸣，
求其友声。	是求朋友那声音。
相彼鸟矣，	看看这些小鸟儿，
犹求友声，	尚找朋友到处鸣，

矧伊人矣[3]，　　何况他还是好人，
不求友生？　　不找朋友怎能行？
神之听之[4]，　　神明总会听他的，
终和且平。　　既要和来也要平。

伐木许许[5]，　　伐木许许号子声，
酾酒有藇[6]。　　滤去酒糟酒味醇。
既有肥羜[7]，　　既有肥美五月羔，
以速诸父。　　邀请叔伯很殷勤。
宁适不来，　　是他因事而不来，
微我弗顾。　　非我顾念不真诚。
於粲洒扫，　　房屋扫得真干净，
陈馈八簋。　　摆上八盆肴和羹。
既有肥牡，　　既有美味好肥羊，
以速诸舅。　　邀请诸舅很殷勤。
宁适不来，　　是他因事而不来，
微我有咎。　　非我有错不恭敬。

伐木于阪，　　伐木在那斜坡前，
酾酒有衍[8]。　　滤渣的酒如清泉。
笾豆有践，　　木碗竹碗列成行，

兄弟无远。	哥哥弟弟莫疏远。
民之失德，	不念亲情那些人，
干糇以愆⑨。	干粮待客不真诚。
有酒湑我⑩，	有酒我把它滤清，
无酒酤我⑪。	没酒我去买几斤。
坎坎鼓我⑫，	我们击鼓声坎坎，
蹲蹲舞我⑬。	我们跳舞态蹲蹲。
迨我暇矣，	待到我们闲暇时，
饮此湑矣。	摆这清酒来欢饮。

注释

①丁丁：伐木声。

②嘤嘤：鸟和鸣声；一说惊惧貌。

③矧（shěn）：况且，何况。

④神之听之：一说应警戒（注意）和听从。马瑞辰《毛诗传笺通释》言："《尔雅·释诂》，神，慎也；慎，诚也。神之即慎之也。《广雅》，听，从也。听之，谓能听从。"

⑤许许：朱熹《诗集传》言，"众人共力之声"。刘安《淮南子》载，"举大木者呼邪许"，即伐木者劳动时的"号子"。

⑥釃（shī，一说shāi）：滤酒。藇（xù）：美貌；一说藇是茱萸，用以制酒，酒有茱萸的香气。

⑦羜（zhù）：五个月的小羊。

⑧衍：美貌；一说满溢。

⑨愆：过失。

⑩湑（xǔ）：滤过的酒，引申为清酒。

⑪酤：买酒,《毛诗故训传·郑玄笺》载,“买也”；一说一种速成的酒,《毛诗故训传》载,“一宿酒也”。

⑫坎坎：鼓声。

⑬蹲蹲（cún）：舞貌。

天保

题解 群臣祝福君主。

天保定尔①，　　上天为你安基础，
亦孔之固。　　国家平安很巩固。
俾尔单厚②，　　使你忠厚待百姓，
何福不除③。　　赐你各种的幸福。
俾尔多益，　　使你得的财物多，
以莫不庶④。　　因此物产都富庶。

天保定尔，　　上天为你安基础，
俾尔戬穀⑤。　　使你群臣齐受福。

罄无不宜[6]，	群臣办事尽相宜，
受天百禄。	受到天赐百种禄。
降尔遐福[7]，	长远幸福赐给你，
维日不足。	天天唯恐还不足。

天保定尔，	基础上天来安定，
以莫不兴。	因此样样都兴盛。
如山如阜，	好比高山和大阜，
如冈如陵。	好比冈岭和丘陵。
如川之方至，	好比大川水骤涨，
以莫不增。	因此没有不加增。

吉蠲为饎[8]，	择吉斋戒设酒浆，
是用孝享[9]。	备好对神来献上。
禴祠烝尝[10]，	春夏秋冬都祭祀，
于公先王[11]。	祭那先公与先王。
君曰卜尔[12]，	先公先王说赐你，
万寿无疆。	赐你万寿永无疆。

神之吊矣[13]，	神来享祭安天下，
诒尔多福。	多种幸福给你家。

民之质矣，　　　人民平静能安居，
日用饮食⑭。　　日常饮食也不差。
群黎百姓⑮，　　许多庶民和百官，
遍为尔德⑯。　　被你道德都感化。

如月之恒⑰，　　好比上弦月亮明，
如日之升。　　　好比太阳刚亮升。
如南山之寿，　　好比南山得长寿，
不骞不崩⑱。　　不会亏蚀不会崩。
如松柏之茂，　　好比松柏蓊郁长，
无不尔或承。　　样样你都可继承。

注释

①保:《毛诗故训传·郑玄笺》载,“安也”。
②单:《毛诗故训传》载,“单，信也；或曰厚也”。《毛诗故训传·郑玄笺》载,“单，尽也，天使女尽厚天下之民”。
③除：予，赐。马瑞辰《毛诗传笺通释》言:“除、余古通用……余通为‘予’。”
④以：发语词，无实义。庶：众。
⑤戬（jiǎn）：福。扬雄《方言》载:“福禄谓之‘祓戬’。”穀：禄，善。
⑥罄：尽。
⑦遐：远。

⑧蠲：通“涓”，清洁。

⑨孝享：献祭。

⑩禴祠烝尝：祭祀的名称。禴，夏祭；祠，春祭；烝，冬祭；尝，秋祭。

⑪于公先王：献祭于先公、先王。“公”字前省“先”字，以求句法整齐。

⑫君：先公、先王的统称，代表神的“尸”。《毛诗故训传》载：“先君也。尸所以象神。”卜：赐予。

⑬吊：至。

⑭民之质矣，日用饮食：下民质朴，安居乐业。马瑞辰《毛诗传笺通释》言：“《广雅》，常，质也。此诗‘质’即为‘常’，谓民安其常，唯日用饮食，犹《击壤歌》言，‘耕田而食，凿井而饮’也。”

⑮黎：民众；一说奴隶。

⑯遍为尔德：普遍受到你的德教。马瑞辰《毛诗传笺通释》言：“为，当读如‘式讹尔心’之‘讹’。讹，化也。遍为尔德，犹遍化尔德也。”

⑰恒：月上弦貌。

⑱骞：《毛诗故训传》载，“亏也”。崩：毁坏。

采薇

题解 出征战士久役归来。

采薇采薇[①]，	采薇菜呀采薇菜，
薇亦作止[②]。	薇菜刚刚在发芽。
曰归曰归，	说回家呀说回家，
岁亦莫止。	一年快完回不成。
靡室靡家，	既离家来又离室，
猃狁之故[③]。	猃狁猖狂是原因。
不遑启居，	无暇安居奔走忙，
猃狁之故。	猃狁猖狂是原因。

采薇采薇，	采薇菜呀采薇菜，
薇亦柔止[④]。	薇菜长得很鲜嫩。
曰归曰归，	说回家呀说回家，
心亦忧止。	心中忧愁又烦闷。
忧心烈烈[⑤]，	心里烦得像火烧，
载饥载渴。	饥渴交迫实难忍。
我戍未定，	我们戍守没定处，

靡使归聘[6]。	无法叫人传家信。

采薇采薇，	采薇菜呀采薇菜，
薇亦刚止[7]。	薇菜越长越坚硬。
曰归曰归，	说回家呀说回家，
岁亦阳止[8]。	十月又是小阳春。
王事靡盬，	王事繁杂没稳定，
不遑启处。	无暇回家去安身。
忧心孔疚[9]，	心里愁得将成病，
我行不来[10]。	想快回家恐不能。

彼尔维何[11]？	哪种花儿开得欢？
维常之华。	常棣花开真好看。
彼路斯何[12]？	高大兵车谁乘坐？
君子之车。	将帅驱驰来往返。
戎车既驾，	兵车已经驾好了，
四牡业业。	四匹雄马好壮观。
岂敢定居？	我们哪敢说定居？
一月三捷[13]。	一月之中三接战。

驾彼四牡，	驾车马儿有四匹，

四牡骙骙[14]。	四匹马儿挺神气。
君子所依，	车上乘坐是将帅，
小人所腓[15]。	兵士凭它来隐蔽。
四牡翼翼[16]，	四马训练已娴熟，
象弭鱼服[17]。	鱼皮箭袋象牙弭。
岂不日戒？	岂有天天不报警？
猃狁孔棘[18]。	猃狁入侵很紧急。
昔我往矣，	回想当初我离家，
杨柳依依[19]。	嫩柳枝儿飘飘挂。
今我来思，	如今战后我归来，
雨雪霏霏。	雨雪纷纷漫天下。
行道迟迟，	道路泥泞走得慢，
载渴载饥。	饥渴交迫真苦煞。
我心伤悲，	我的心呀多忧伤，
莫知我哀！	没人知我苦生涯！

注释

①薇：野豌豆。

②亦：语助词。作：初生。止：语助词。

③猃狁（xiǎn yǔn）：我国古代北方少数民族。春秋时指“戎狄”，秦汉时指“匈奴”，隋唐时指“突厥”。

④柔：嫩，比喻进一步生长。《毛诗故训传》载：“柔，始生也。”

⑤烈：忧貌。陈奂《诗毛氏传疏》言：“《广雅》，‘烈烈，忧也’，烈与烈‘同’。”

⑥聘：问，问候。

⑦刚：坚硬。《毛诗故训传·郑玄笺》载：“谓少坚忍时。”

⑧阳：阴历十月。《毛诗故训传·郑玄笺》载：“十月为阳。”

⑨疚：病

⑩我行不来：不能回家；一说从军后还没受到过慰问。

⑪尔：许慎《说文解字》引作“苶”，苶的假借，花盛貌。

⑫路：大车。

⑬捷：接站、交战；一说胜；一说抄行小路。捷、接，声同，古字通用。

⑭骙骙：马强壮貌。

⑮腓（féi）：庇，隐蔽。《毛诗故训传》载：“辟也。”

⑯翼翼：娴熟，指军马训练有素，步伐整齐。

⑰弭：弓末的弯曲处，以骨制作。鱼服：鱼皮也；一说鱼皮制的箭袋。

⑱棘：急。

⑲依依：茂盛貌。马瑞辰《毛诗传笺通释》言：“依依犹殷殷。依、殷古同声。”

出车

题解 出征猃狁，告捷劳还。后采以入乐，用以慰劳远征将士凯旋的乐歌。

我出我车，	我驾车儿把家离，
于彼牧矣。	来到郊外那牧地。
自天子所，	我来是从天子处，
谓我来矣[①]。	天子叫我来御敌。
召彼仆夫，	召集那些车夫们，
谓之载矣。	叫他把车装载齐。
王事多难，	目前国家多边患，
维其棘矣！	事情急迫莫迟疑！

我出我车，	我驾车儿把家离，
于彼郊矣。	车行来到那郊区。
设此旐矣[②]，	陈列旐旗在车上，
建彼旄矣。	又将干旄来竖立。
彼旟旐斯[③]，	那些旟旗和旐旗，
胡不旆旆[④]！	旗缀岂不往下垂！

忧心悄悄，	我心不禁暗忧愁，
仆夫况瘁[5]！	仆夫憔悴没休息！

王命南仲[6]，	王命南仲为主将，
往城于方。	建筑堡垒去北方。
出车彭彭，	兵车辚辚向前行，
旂旐央央[7]。	龙旗旐旗鲜又亮。
天子命我，	天子出令派遣我，
城彼朔方。	去筑堡垒到朔方。
赫赫南仲[8]，	赫赫威武那南仲，
玁狁于襄[9]。	扫除玁狁安边疆。

昔我往矣，	回想出征那当初，
黍稷方华！	黍稷花开开满株！
今我来思，	如今平敌我归来，
雨雪载涂！	雨雪纷飞满路途！
王事多难，	国家边境多患难，
不遑启居！	无暇安居返故土！
岂不怀归？	返家岂有我不想？
畏此简书[10]！	就怕告急来盟书！

喓喓草虫，	喓喓叫唤是草虫，
趯趯阜螽。	跳跃追赶是阜螽。
未见君子，	还没见到那个人，
忧心忡忡。	忧愁塞满我心胸。
既见君子，	已经看见那个人，
我心则降[11]。	心里平静才轻松。
赫赫南仲，	赫赫威武那南仲，
薄伐西戎[12]。	开往西方伐西戎。
春日迟迟，	春天太阳落迟迟，
卉木萋萋。	正是花木繁盛时。
仓庚喈喈，	黄莺枝头声声唱，
采蘩祁祁[13]。	人们从容采白蒿。
执讯获丑[14]，	审讯敌将俘敌兵，
薄言还归！	凯旋时唱献俘词！
赫赫南仲，	赫赫威武那南仲，
狎狁于夷！	狎狁平息从此始！

注释

①谓：马瑞辰《毛诗传笺通释》言，“《广雅》，‘谓，使也’。谓我来，即使我来”。

②旐（zhào）：画着龟蛇的旗帜。

③旟（yú）：画鸟隼的旗帜。

④旆旆：下垂貌；古时旗末状如燕尾的垂旒。《毛诗故训传》载："旆旆，旒垂貌。"

⑤况：憔悴。陈奂《诗毛氏传疏》言："况，古作'兄'。兄，兹也。《北山》，'或尽瘁事国，彼《传》云，尽力劳瘁以从国事。况、瘁二字平列义同'。《楚辞·九叹》云，'顾仆夫之憔悴'，又云，'仆夫慌悴'，并与《诗》况瘁同'。"

⑥南仲：《汉书·古今人表》载，"南仲，宣王时人"。《毛诗故训传·郑玄笺》载，"王使南仲为将，率往筑城于朔方，为军垒以御北狄之难"。

⑦央央：《毛诗故训传》载，"鲜明貌"。

⑧赫赫：《毛诗故训传》载，"盛"，声名显赫。

⑨襄：除。

⑩简书：写在竹简上的官方文书；一说盟书。马瑞辰《毛诗传笺通释》载："简书即盟书之假借。古简字读若'裥'，与明、盟同声通用。《左传》引此诗而释之曰，'简书，同恶相恤之谓也'…… 盟书即戒命之词。"

⑪喓喓草虫 …… 我心则降：按与《召南·草虫》首章文句极相似。召南在长江、淮河流域，周时开发较晚。"喓喓草虫 …… 我心则降"，可能为西周当时流行的一首民歌中的诗句，《召南·草虫》也受其影响，中心思想是妻子怀念征人，原来的民歌可能也是这样。正因如此，作诗的人才引用这几句来说明妻子对自己的怀念。所以，这几句诗放在这章里语气不连贯，看起来也很突然，大约就是这个原因。

⑫西戎：据王国维考证为猃狁。

⑬祁祁:《毛诗故训传》载,“舒迟也”。《尔雅》载,“徐也”。指战争胜利，人心安定；一说众多貌。

⑭执讯获丑：胡承珙《毛诗后笺》言,“‘馘，获也’，不服者杀而献其左耳曰‘馘’。彼《传》释馘为‘获’，则此诗获字即为‘馘’之假借字。生者讯之，杀者馘之。‘执讯获丑’，言讯、馘者众也”。讯，生得敌人而听断其辞；馘，割下敌人的左耳用以计功。

杕杜

题解 妻子怀念征人，盼能早归。

有杕之杜，　　赤棠特生在山丘，
有睆其实[1]。　　结实累累挂枝头。
王事靡盬，　　国家大事没巩固，
继嗣我日[2]。　　继续延期把我留。
日月阳止，　　又到十月小阳春，
女心伤止，　　妻子心怀满腔愁，
征夫遑止[3]！　　征人得暇应归休！

有杕之杜，	赤棠特生在山头，
其叶萋萋。	叶儿繁盛长得茂。
王事靡盬，	国家大事没巩固，
我心伤悲。	我的心里真发愁。
卉木萋止，	花木正是盛开时，
女心悲止，	妻子心怀满腔愁，
征夫归止！	征人久役应归休！

陟彼北山，	登上此山望远方，
言采其杞[4]。	去采枸杞上山冈。
王事靡盬，	国家大事没巩固，
忧我父母。	愁着父母无人养。
檀车幝幝[5]，	役车已经渐损坏，
四牡痯痯[6]，	雄马疲乏不肥壮，
征夫不远！	征人归家路不长！

匪载匪来[7]，	不见装载不见来，
忧心孔疚。	忧得成病心不开。
期逝不至，	归期已过人不到，
而多为恤[8]。	伤心愁苦满胸怀。
卜筮偕止[9]，	又卜又筮消息好，

会言近止， 卜筮都说近日来，
征夫迩止！ 征人回家想来快！

注释

①睆（huàn）:《毛诗故训传》载，“实貌”；一说光泽貌；一说果实浑圆貌。

②嗣：续。

③遑:《毛诗故训传》载，“暇也”。空闲。

④杞：枸杞。

⑤檀车：檀木做的车；一说役车，即出差劳役的车。幝幝（chǎn）：破敝貌。

⑥痯痯（guǎn）：疲貌。

⑦匪载匪来：前“匪”为发语词，后“匪”作“不”解。载，指车乘。

⑧恤：忧。

⑨偕：嘉。皆、嘉一声之转，字通作“偕”。

鱼丽

题解 贵族宴饮宾客。

鱼丽于罶[1]， 鱼儿聚集罶中跃，

鲿鲨[2]。	鲿鲨大鱼下蒸锅。
君子有酒，	主人有酒又有肴，
旨且多。	味既鲜美而且多。
鱼丽于罶，	鱼儿聚游曲梁内，
鲂鳢[3]。	鲂鳢大鱼多美味。
君子有酒，	主人有酒又有肴，
多且旨。	又丰盛来又鲜美。
鱼丽于罶，	鱼儿聚在罶中游，
鰋鲤[4]。	鰋鲤大鱼是珍馐。
君子有酒[5]，	主人有酒又有肴，
旨且有。	味儿鲜美样样有。
物其多矣，	各种食物真多哟，
唯其嘉矣[6]。	味儿又都美好哟。
物其旨矣，	各种食物真美哟，
唯其偕矣[7]。	十分齐备合口哟。
物其有矣，	各种食物都有哟，

唯其时矣[8]。　　又都是些时鲜哟。

注释

①丽（lí），通“罹”，遭遇，落入；一说历，经过。罶（liǔ），竹制的捕鱼工具。在河中砌石拦鱼，罶放石中，鱼进罶，能进不能出。本篇和《豳风·九罭》同一格调，都以鱼钻进了篓中便能进不能出，比喻宾客来了就要尽情宴饮才能回去。

②鲿（cháng）：鱼名，黄颊鱼。鲨：这里指一种小鱼。

③鲂（fáng）：跟鳊鱼相似，银灰色，腹部隆起。鳢（lǐ）：鱼名，亦称“黑鱼”。

④鰋（yǎn）：鱼名，鲇鱼。

⑤有：朱熹《诗集传》载，“有，犹多也”。

⑥唯其：因其如是。陈奂《诗毛氏传疏》言：“犹言唯其如是，所以如是……此诗文法倒装耳。”

⑦偕：齐备。

⑧时：善；一说有时，适时。

南有嘉鱼

题解

贵族宴宾客。

南有嘉鱼[1]，　　嘉鱼产在江汉河，

烝然罩罩[2]。	捕鱼篓里捉得多。
君子有酒,	主人有肴又有酒,
嘉宾式燕以乐。	嘉宾饮酒很快乐。
南有嘉鱼,	嘉鱼产在江汉河,
烝然汕汕[3]。	泽畔鱼樔捕得多。
君子有酒,	主人有肴又有酒,
嘉宾式燕以衎[4]。	嘉宾饮酒真快乐。
南有樛木,	南方曲木长得多,
甘瓠累之。	瓠瓜累累缠树柯。
君子有酒,	主人设有肴和酒,
嘉宾式燕绥之。	嘉宾饮酒很安乐。
翩翩者雏,	翩翩飞的是斑鸠,
烝然来思。	飞来集在树梢头。
君子有酒,	主人设有肴和酒,
嘉宾式燕又思[5]。	主宾劝饮乐无忧。

注释

①南:江汉之间;一说指南方。嘉鱼:美好的鱼。

②烝:众,这里指鱼很多。罩:捕鱼具。刘安《淮南子·说

林训》载："罩者抑之，抑即按也。"罩罩，指不只一罩。

③汕汕（shàn）：捕鱼具。《毛诗故训传》载："汕汕，樔也。"郝懿行《尔雅义疏》言："《笺》云，'樔者今之撩罟也'……撩罟今谓之抄网也。"

④衎（kàn）：乐。

⑤又：劝酒。

南山有臺

题解 贵族宴宾乐得贤才。

南山有臺[①]，	南山生长有莎草，
北山有莱[②]。	北山莱草长得好。
乐只君子，	快乐是你诸君子，
邦家之基。	国家根基作依靠。
乐只君子，	快乐是你诸君子，
万寿无期。	祝你万寿永不老。

南山有桑，	南山生有饲蚕桑，
北山有杨。	北山也长有白杨。

乐只君子，	快乐是你诸君子，
邦家之光。	都为国家增了光。
乐只君子，	快乐是你诸君子，
万寿无疆。	祝你万寿永无疆。

南山有杞[③]，	南山枸杞长得长，
北山有李。	北山李树生机旺。
乐只君子，	快乐是你诸君子，
民之父母。	好比人民父母样。
乐只君子，	快乐是你诸君子，
德音不已。	你们声名会远扬。

南山有栲[④]，	南山生长有山樗，
北山有杻[⑤]。	北山杻檍也成株。
乐只君子，	快乐是你诸君子，
遐不眉寿。	寿长眉毛白又粗。
乐只君子，	快乐是你诸君子，
德音是茂。	你们盛名传各处。

南山有枸[⑥]，	南山枸树叶覆地，
北山有楰[⑦]。	北山楸树长得齐。

乐只君子，　　快乐是你诸君子，
遐不黄耇⑧。　　长寿又把白发易。
乐只君子，　　快乐是你诸君子，
保艾尔后⑨。　　长远安定你后嗣。

注释

①臺：莎草，可制作蓑衣。

②莱：草名，即藜，亦称“灰菜”。嫩叶可食。

③杞：木名，枸杞；一说杞柳；一说枸骨。枸杞为小淮木，杞柳多生在水边。李时珍《本草纲目》引陈藏器说：“枸骨树如杜仲，《诗》云，‘南山有枸’是也。”

④栲（kǎo）：《尔雅》载，“山樗”。郭璞注《尔雅》言，“类漆树”。

⑤杻（niǔ）：《尔雅》载，“檍”。

⑥枸（jǔ）：枳椇，实如拳曲，味甘美，如饧蜜，贵州称“拐枣”。

⑦楰（yú）：木名，《尔雅》载，“鼠梓”。郭璞注《尔雅》言，“楸属，今江东有虎梓”。郝懿行《尔雅义疏》言，“大叶如桐叶而黑，山中人谓之椟楸，即郭所云‘虎梓’”。

⑧黄耇（gǒu）：《毛诗故训传》载，“黄，黄发也；耇，老”。少年发黑，老发白，白久变黄，因称老人为“黄耇”。

⑨保艾：《毛诗故训传》载，“艾，养；保，安也”。《尔雅》载，“艾，长也”。

蓼萧

题解 宴饮来朝的诸侯。

蓼彼萧斯[1]，	白蒿长得大又长，
零露湑兮[2]。	露珠落在叶儿上。
既见君子[3]，	已经看见诸君子，
我心写兮[4]。	我的心里挺舒畅。
燕笑语兮，	又饮酒来又谈笑，
是以有誉处兮[5]。	这真安乐而徜徉。
蓼彼萧斯，	白蒿长得大又长，
零露瀼瀼[6]。	露珠落满叶儿上。
既见君子，	已经看见诸君子，
为龙为光[7]。	又受宠来又增光。
其德不爽，	他们道德既不差，
寿考不忘。	祝愿长寿也未忘。
蓼彼萧斯，	白蒿长得大又长，
零露泥泥[8]。	露水沾湿叶儿上。

既见君子，　　已经看见诸君子，
孔燕岂弟[9]。　　饮酒谈笑很欢畅。
宜兄宜弟，　　为兄为弟都相宜，
令德寿岂[10]。　　德高快乐寿又长。

蓼彼萧斯，　　白蒿长大长满堤，
零露浓浓。　　浓浓露水叶上滴。
既见君子，　　已经看见诸君子，
鞗革冲冲[11]。　　铜饰辔首垂得低。
和鸾雍雍[12]，　　和鸾铃儿叮当响，
万福攸同[13]。　　万种福泽所同聚。

注释

①蓼（lù）：长大貌。马瑞辰《毛诗传笺通释》言：“蓼从‘翏’声，为高飞貌，与长大义相近，故蓼得训为长大貌。”

②零：落。湑（xǔ）：盛貌；一说湑为滤过的酒，引申为清，作晶莹貌；一说露貌。

③君子：一说指诸侯。

④写：宣泄。《毛诗故训转·郑玄笺》载：“舒其情意，无复留恨也。”

⑤誉处：王引之《经义述闻》言，“《集传》引苏氏曰，‘誉、豫通。凡《诗》之豫皆乐也’……《尔雅》曰，‘豫，乐也；豫，安也’。则誉处，安处也”。

⑥瀼瀼（ráng）：露盛貌。

⑦龙:《毛诗故训传》载,“宠也”。

⑧泥泥：濡湿貌。《毛诗故训传》载:“泥泥，落满也。”

⑨岂弟（kǎi tì）：同“恺悌”，和易近人。

⑩岂（kǎi）：乐。

⑪鞗（tiáo）革：皮革所制的马缰绳。许慎《说文解字》作“鋚勒”，辔首饰物。冲冲：垂饰貌。

⑫和鸾：古代车马上的铃铛。《毛诗故训传》载:“在轼曰‘和’，车辘曰‘鸾’。”鸾为“銮”的假借。

⑬攸：所。

湛露

题解 周王夜宴诸侯。

湛湛露斯[1]，　　夜里下露露水寒，
匪阳不晞[2]。　　太阳不晒不会干。
厌厌夜饮[3]，　　安闲欢畅开夜宴，
不醉无归。　　酒不醉时家不还。

湛湛露斯，　　夜里下露露水浓，

在彼丰草。	下在那些茂草丛。
厌厌夜饮，	安闲欢畅开夜宴，
在宗载考④。	设宴就在宗室中。
湛湛露斯，	夜里下露露水深，
在彼杞棘。	湿遍杞树和枣林。
显允君子，	明达诚实众君子，
莫不令德。	酒后仍有好德行。
其桐其椅⑤，	林中生长桐和椅，
其实离离⑥。	累累果实挂枝里。
岂弟君子，	平易快乐的君子，
莫不令仪。	酒后仍有好威仪。

注释

①湛湛：露重貌。

②阳：同“旸”。许慎《说文解字》言：“日出也。”晞（xī）：《毛诗故训传》载，“干也”。

③厌厌：《毛诗故训传》载，“安也”。夜饮：《毛诗故训传》载，“私燕也”，祭毕与族人饮。

④宗：同族。胡承珙《毛诗后笺》言：“《经》言宗者，古人谓同姓为宗……在宗犹言于同姓也。”考：《毛诗故训传·郑玄笺》载，“成也”；孔颖达《五经正义》言，“留之而成饮”，指

举行宴会。

⑤椅：山桐子。《毛诗故训传·郑玄笺》载："桐也，椅也，同类而异名。"

⑥离离：《毛诗故训传》载："垂也。"

彤弓

题解 欢宴有功诸侯，并赐予彤弓。

彤弓弨兮[1]，	朱弓不用弦松开，
受言藏之[2]。	王命把它藏起来。
我有嘉宾，	我今既有好宾客，
中心贶之[3]。	衷心喜爱他们来。
钟鼓既设，	钟鼓乐器都备好，
一朝飨之[4]。	今朝痛饮同开怀。

彤弓弨兮，	朱弓不用弦松开，
受言载之[5]。	王命把它藏起来。
我有嘉宾，	我今既有好宾客，
中心喜之。	衷心喜爱他们来。

钟鼓既设，　　钟鼓乐器都备好，
一朝右之[⑥]。　　今朝劝饮同开怀。

彤弓弨兮，　　朱弓不用已放开，
受言櫜之[⑦]。　　把它珍重藏起来。
我有嘉宾，　　我今既有好宾客，
中心好之。　　衷心喜爱他们来。
钟鼓既设，　　钟鼓乐器都备好，
一朝酬之[⑧]。　　今朝酬功同开怀。

注释

①彤弓：朱红的弓。弨（chāo）：放松弓弦。《毛诗故训传》载："弨，弛貌。"

②言：指王命。

③贶（kuàng）：爱戴。马瑞辰《毛诗传笺通释》言："贶通作'况'……《广韵》，'况，善也'。'中心贶之'，正谓'中心善之'……贶之与下章好之、善之同义。"

④飨（xiǎng）：用酒食款待人。《毛诗故训传·郑玄笺》载："大饮宾曰'飨'。"

⑤载：装载。《毛诗故训传》载："载以归也。"

⑥右：通"侑"，劝酒。

⑦櫜（gāo）：隐藏。《毛诗故训传》载："韬也。"一说弓囊。

⑧酬：劝酒。《毛诗故训传·郑玄笺》载："主人又饮而酌宾，谓之'酬'。"

菁菁者莪

题解 人君乐育贤才。

菁菁者莪[1]，	莪蒿茂盛长得多，
在彼中阿[2]。	生长在那丘陵中。
既见君子，	既已看见诸君子，
乐且有仪。	又有威仪又快乐。
菁菁者莪，	莪蒿长得很茂盛，
在彼中沚[3]。	在那河中小洲生。
既见君子，	既已看见诸君子，
我心则喜。	我的心里真高兴。
菁菁者莪，	莪蒿茂盛长成丛，
在彼中陵[4]。	生长在那大山中。
既见君子，	既已看见诸君子，
锡我百朋[5]。	好比赐我一百朋。
泛泛杨舟，	杨木船儿水中游，

载沉载浮⑥。　　有时沉来有时浮。
既见君子，　　既已看见诸君子，
我心则休⑦。　　我心快乐不发愁。

注释

①菁菁:《毛诗故训传》载,“盛貌”。莪（é）：莪蒿。
②阿：大的丘陵。
③沚：水中小洲。
④陵：大土山。
⑤朋:《毛诗故训传·郑玄笺》载,“古者货贝，五贝为朋。赐我百朋，得禄多，言得意也”。
⑥载：则。
⑦休：喜。王引之《经义述闻》言:“休休犹欣欣，亦语之转也。”

六月

题解

赞周宣王臣尹吉甫出征猃狁有功。

六月栖栖①，　　六月不安人惶惶，
戎车既饬②。　　兵车整饬上前方。
四牡骙骙③，　　四匹马儿很强壮，

载是常服[4]。	旗竖日月士戎装。
猃狁孔炽[5]，	猃狁入侵兵力盛，
我是用急[6]。	因而出兵很匆忙。
王于出征，	王命出征去抗敌，
以匡王国。	匡救王国保家乡。
比物四骊[7]，	四匹黑马都强壮，
闲之维则。	习战全靠法度良。
维此六月，	只有在这六月中，
既成我服[8]。	已经备好我戎装。
我服既成，	既已备好我戎装，
于三十里[9]。	日行卅里走得忙。
王于出征，	王命出征去抗敌，
以佐天子。	辅助天子固国防。
四牡修广[10]，	四匹马儿大又长，
其大有颙[11]。	长大显得更雄壮。
薄伐猃狁，	开往边疆伐猃狁，
以奏肤公[12]。	取得大功返家乡。
有严有翼[13]，	武能制敌文抚众，
共武之服[14]。	共赴战乱向远方。

共武之服，	远方共同赴战乱，
以定王国。	安定王国有力量。
猃狁匪茹[15]，	猃狁猖狂不自量，
整居焦获[16]。	入侵焦获我边疆。
侵镐及方，	还把镐方来侵扰，
至于泾阳。	深入直到我泾阳。
织文鸟章[17]，	竖起鸟隼大旗帜，
白旆央央[18]。	帛镶旗边极鲜亮。
元戎十乘[19]，	大型兵车有十乘，
以先启行。	先行急驶向战场。
戎车既安，	戎车安排将应战，
如轾如轩[20]。	时高时低驰向前。
四牡既佶[21]，	四匹马儿雄赳赳，
既佶且闲。	既是雄健又熟娴。
薄伐猃狁，	迫近边疆伐猃狁，
至于太原。	驱逐敌人到太原。
文武吉甫，	文武兼备尹吉甫，
万邦为宪。	万方效法好榜样。

吉甫燕喜，	庆贺吉甫设珍馐，
既多受祉[22]。	祝福赏赐把功酬。
来归自镐[23]，	他从镐地凯旋回，
我行永久。	我们行军时间久。
饮御诸友[24]，	招待战友设筵席，
炰鳖脍鲤[25]。	烹鳖脍鲤样样有。
侯谁在矣[26]？	还有谁人在座中？
张仲孝友[27]。	孝悌张仲是好友。

注释

①栖栖：朱熹《诗集传》言："栖栖，犹惶惶不安之貌。"

②饬：整饬，整顿。

③骙骙（kuí）：马强壮貌。

④常服：画着日月，有垂饰的大旗。《毛诗故训传》载："日月为常；服，戎服也。"一说"服"是旗之属。

⑤炽：《毛诗故训传》载："盛也。"

⑥急：紧急。

⑦比物：孔颖达《五经正义》言，"比物者，比同力之物。戎事齐力尚强，不取同色。而言四骊者，虽以齐力为主，亦不厌其同色……"指力气均衡。

⑧服：军服。陈奂《诗毛氏传疏》言："即戎服。"

⑨于三十里：行军三十里。《毛诗故训传》载："师行三十里。"

⑩修：长。广：大。

⑪颙（yóng）：许慎《说文解字》言："大头也。"引申为大貌。

⑫奏：为。肤：大。公：功。

⑬严：威严。翼：《毛诗故训传·郑玄笺》载，"言今师之群帅，有威严者，有恭敬者，而共典是兵事。言文武之人备"。一说谨肃。《毛诗故训传》载，"翼，敬也"。

⑭共武之服：共同作战。朱熹《诗集传》言："将帅皆严谨以共武事也。"服：事。

⑮茹：度。匪茹，即不自量力。

⑯焦获：周之地名。

⑰织：旗帜。朱熹《诗集传》言："同'帜'。"

⑱白旆：帛做的旗帜。

⑲元：大。

⑳轾（zhì）：车顶前低后高。轩：车顶前高后低。如轾如轩，指车行进安稳。

㉑佶：健壮貌。

㉒祉：福。

㉓镐（hào）：古都名。

㉔御：进献。

㉕炰（páo）：烹煮。脍（kuài）：生食的鱼片。

㉖侯：作语助词，同"唯"。

㉗张仲：《毛诗故训传·郑玄笺》载，"张仲，吉甫之友，其性孝友"。

采芑

题解 赞美周宣王卿士方叔率军出征，克敌制胜。

薄言采芑[①]，	采苦菜来采苦菜，
于彼新田[②]。	采在新田那地带。
于此菑亩[③]，	采它又在菑亩中，
方叔莅止。	方叔来到讲武功。
其车三千[④]，	戎车壮盛有三千，
师干之试[⑤]。	练武捍敌士争先。
方叔率止，	主将方叔统队伍，
乘其四骐。	驾车驭马雄如虎。
四骐翼翼[⑥]，	四匹骐马顺序走，
路车有奭[⑦]。	戎车涂红染茅蒐。
簟笰鱼服[⑧]，	花席为帘鲛皮服，
钩膺鞗革[⑨]。	马带饰钩铜辔伏。

薄言采芑，	采苦菜来采苦菜，
于彼新田。	采在新田那地带。
于此中乡[⑩]，	采它又在这中乡，

方叔莅止。　方叔到来为主将。
其车三千，　戎车壮盛有三千，
旂旐央央。　龙旂龟旐色彩鲜。
方叔率止，　主将方叔领队列，
约軝错衡[11]。　皮缠车毂鲜红色。
八鸾玱玱[12]，　马口鸾铃响当当，
服其命服。　主将受命易戎装。
朱芾斯皇，　朱黄衣服多辉煌，
有玱葱珩[13]。　佩戴碧玉叮当响。

鴥彼飞隼，　鹞鹰飞得快又高，
其飞戾天[14]，　一飞飞到九重霄，
亦集爰止，　又集停在大树上，
方叔莅止。　方叔来到为主将。
其车三千，　戎车壮盛有三千，
师干之试。　练武捍敌士争先。
方叔率止，　主将方叔帅队伍，
钲人伐鼓[15]。　退师击钲进击鼓。
陈师鞠旅[16]，　陈师整旅好誓师，
显允方叔[17]。　显耀方叔来主持。
伐鼓渊渊[18]，　行军击鼓声咚咚，

振旅阗阗[19]。	整理队伍鼓声隆。

蠢尔蛮荆[20]，	尔等蛮荆狂又愚，
大邦为雠。	视我大邦为仇敌。
方叔元老，	主将方叔是元老，
克壮其犹[21]。	克敌战略真正好。
方叔率止，	方叔到来帅队伍，
执讯获丑。	执讯敌人擒俘虏。
戎车啴啴[22]，	戎车队列真正多，
啴啴焞焞[23]。	又多又盛敌难破。
如霆如雷[24]，	车行声震如雷霆，
显允方叔。	方叔赏罚真明信。
征伐猃狁，	出师征服那猃狁，
蛮荆来威。	蛮荆闻风而归心。

注释

①芑（qǐ）：苦菜。

②新田：开垦两年的田地。

③菑（zī）亩：开垦一年的田地。《尔雅》载："田一岁曰'菑'。"郭璞注《尔雅》言："今江东呼初耕地反草为'菑'。"反草即翻草。

④其车三千：兵车一乘，有甲士三人，步卒七十二人，载辎

重车二十五人，凡百人，三千乘应有三十万众；一说此处是夸张的说法，以状军威，并非实数。

⑤师干之试:《毛诗故训传·郑玄笺》载,“士卒皆有佐师捍敌之用”。《毛诗故训传》载,“师，众；干，捍；试，用”。

⑥翼翼：整饬貌，顺序貌。

⑦奭（shì）：通“赩”，赤色。《毛诗故训传》载:“奭，赤貌。”孔颖达《五经正义》言:“彼茅蒐染为奭，故知赤貌也。”茅蒐即茜草。

⑧簟笰:《毛诗故训传·郑玄笺》载,“笰之言蔽也，车之蔽饰”。朱熹《诗集传》言,“以方文竹簟为车蔽”。鱼服：用鲛鱼皮为矢服。服，古“箙”字，箭囊。

⑨钩膺：马胸腹上的带饰。膺，马带。

⑩乡：同“乡党”的“乡”；一说在开垦一年的新田中。

⑪约軝（qí）：约束。朱熹《诗集传》言:“軝，毂也。以皮缠束兵车之毂而朱之也。”错衡：车上衡木的花纹。

⑫八鸾：铃在镳上叫鸾，马口旁有两个铃，四匹马共八个铃。

⑬玱（qiāng）：玉声。葱珩：青色的佩玉。

⑭戾：至。

⑮钲：古时号令士众进退的一种乐器。钲人，即击钲传令的人。《毛诗故训传》载:“钲以静之，鼓以动之。”

⑯陈师：整列队伍。鞫旅：告诫士卒。

⑰允：作语助词。

⑱渊渊：鼓声。

⑲振旅：休整军队；一说停止操练军队。谷梁赤《谷梁传》言：“出曰治兵，习战也；入曰振旅，习战也。”阗阗（tián）：象

声词，击鼓声。

⑳蠢：不恭。《尔雅》载："蠢，不逊也。"

㉑犹：谋。

㉒啴啴（tān）：众多。

㉓焞焞（tūn）：盛貌，指朱红的车子闪闪发光。

㉔霆：霹雳。

说明 《毛诗·序》说这篇是讲周宣王南征。吴闿生认为是北伐振旅，陈军威以警诫荆蛮，他著的《诗义会通》说："刘向所谓'方叔、吉甫为宣王诛猃狁，而百蛮从'者，最得其实。说者以为南征，非是……案前人亦有疑及此者。荆公云，'前三章详序其治兵，末章美其成功，出战之事略而不言，盖以宿将董大众，荆人自服也'。苏子由云，'方叔南征，先治其兵，既众且治，而蛮荆遂服'。朱子云，'南征荆蛮想不甚费力，不曾大段战斗，故只盛称军容而已。然皆误荆蛮之服为实有其事，不知乃作者虚拟颂祷之词……且果系南征，无端而羼入猃狁，于文义为支离矣'。"此说供参考。

车攻

题解 贵族出猎。

我车既攻[1]，　　我车整理坚又强，
我马既同[2]。　　我的马儿都雄壮。
四牡庞庞[3]，　　四匹牡马很结实，
驾言徂东[4]。　　驾起车子往东方。

田车既好，　　猎车既已齐备好，
四牡孔阜[5]。　　四匹牡马大又高。
东有甫草[6]，　　东边甫田草茂盛，
驾言行狩。　　驾车打猎走一遭。

之子于苗[7]，　　人们夏猎去远郊，
选徒嚣嚣[8]。　　清点人数哄哄闹。
建旐设旄，　　竖起饰旄大旐旗，
搏兽于敖[9]。　　搏取野兽敖山坳。

驾彼四牡，　　驾那四马很壮盛，

四牡奕奕。	四马连属缓缓行。
赤芾金舄，	红皮蔽膝金头鞋，
会同有绎[10]。	会合朝见依次进。
决拾既佽[11]，	扳指护袖都系着，
弓矢既调[12]。	调弓轻重与强弱。
射夫既同[13]，	猎人互相配合好，
助我举柴[14]。	助我射中野禽多。
四黄既驾，	四匹黄马把车驾，
两骖不猗。	两骖居中不偏差。
不失其驰[15]，	驱车驰马极熟练，
舍矢如破[16]。	一射就中好箭法。
萧萧马鸣，	马儿萧萧长声叫，
悠悠旆旌。	车上旌旗随风飘。
徒御不惊[17]，	士兵御者都警戒，
大庖不盈。	厨房野味很丰饶。
之子于征，	人们打猎来出车，
有闻无声。	队伍整肃不喧哗。

允矣君子[18]，　　真可信呀这君子，
展也大成[19]！　　大功告成实可夸！

注释

①攻：《毛诗故训传》载，“坚也”。

②同：聚。《毛诗故训传》载：“齐也。”

③庞庞：强壮。《毛诗故训传》载：“充实也。”

④徂东：往东；一说东指洛邑。

⑤阜：壮大。

⑥甫草：地名；一说甫田之草；一说草泽。《毛诗故训传·郑玄笺》载：“甫草者，甫田之草也，郑有甫田。”

⑦苗：《毛诗故训传》载，“夏猎曰‘苗’”。

⑧选：通“算”。嚣嚣（xiāo）：喧嚣。

⑨敖：《毛诗故训传·郑玄笺》载，“敖，郑地”。

⑩会同：诸侯朝见天子的通称，这里有聚集的意思。绎：络绎不断。

⑪决拾既佽（cì）：《毛诗故训传》载，“决，钩弦也；拾，遂也”。佽，便利，顺手。决、拾皆射者所用工具。决以钩弦，拾以护臂。

⑫调：指调弓矢。

⑬同：协同。

⑭柴（zì）：《毛诗故训传》载，“积也”。朱熹《诗集传》言，“积，举积禽也”。

⑮不失其驰：赵岐注《孟子》云，“言御者不失其驰驱之法”。

⑯舍矢如破：发矢命中，如椎破物。

⑰徒：士卒。御：驾车的人。不惊：机警，警戒。陈奂《诗毛氏传疏》言："徒御不惊，徒御惊也；大庖不盈，大庖盈也。《传》以'不'为助句之词也。"

⑱允：信。

⑲展：诚。陈奂《诗毛氏传疏》言："'允矣君子，展也大成'，言信矣君子，诚能成其大功也。"

吉日

题解 周宣王田猎宴宾。

吉日维戊①，	选择刚日最吉祥，
既伯既祷②。	祷告马神求马强。
田车既好，	猎车既已准备好，
四牡孔阜。	四匹牡马大又壮。
升彼大阜，	登上那座大山坡，
从其群丑③。	追逐成群野兽忙。

吉日庚午④，	择定庚午也吉祥，
既差我马⑤。	我选马儿极健壮。

兽之所同，　　　寻找野兽聚居地，
麀鹿麌麌[⑥]。　　母鹿成群林里藏。
漆沮之从[⑦]，　　漆沮水边驱禽兽，
天子之所。　　　正是天子好猎场。

瞻彼中原[⑧]，　　抬头看望那中原，
其祁孔有[⑨]。　　各种大兽都齐全。
儦儦俟俟[⑩]，　　有的跑来有的走，
或群或友[⑪]。　　三三两两后或前。
悉率左右，　　　从左从右全驱赶，
以燕天子。　　　天子射杀就方便。

既张我弓，　　　拉开我弓用双手，
既挟我矢。　　　再来挟起我箭头。
发彼小豝，　　　一箭射中那小猪，
殪此大兕。　　　又还射死大野牛。
以御宾客，　　　野味用来宴宾客，
且以酌醴[⑫]。　　且斟一杯好甜酒。

注释

①戊：指初五的那天。《毛诗故训传·郑玄笺》载："刚日也。"犹单日，指十日中的一、三、五、七、九日。孔颖达《五经

正义》言："十日有五奇五偶，甲、丙、戊、庚、壬五奇为刚也。"在十天干中，除刚日外，余为柔日，下章庚午同。

②既伯既祷：祭马祖，向其祷告。朱熹《诗集传》言："伯，马祖也。"伯，即马神。《毛诗故训传》载："将用马力必先为之祷其祖。"

③从：追逐。陈奂《诗毛氏传疏》言："逐也。"群丑：群，"兽三曰'群'"；丑，众，这里指禽兽。

④庚午：指初七日。

⑤差：选择。

⑥麀（yōu）鹿：母鹿。麌麌（yǔ）：鹿群聚貌。

⑦漆沮之从：天子之所。《毛诗故训传》载："从漆沮驱禽，而至天子之所。"漆、沮为水名。

⑧中原：一说即原中，平地、原野之中。

⑨祁：《毛诗故训传》载，"大也"。

⑩儦儦（biāo）：奔跑貌。俟俟（sì）：行走貌。

⑪或群或友：指兽群。《毛诗故训传》载："兽三曰'群'，二曰'友'。"

⑫醴（lǐ）：甜酒。

鸿雁

题解 人民诅咒徭役。他们辛劳在荒野，筑起百堵高墙，却没有安身之所。

鸿雁于飞，	鸿雁飞高又飞下，
肃肃其羽[①]。	翅儿响得哗啦啦。
之子于征[②]，	这人巡行出门去，
劬劳于野。	郊野辛劳无闲暇。
爰及矜人[③]，	念到我们贫苦人，
哀此鳏寡[④]。	可怜那些老鳏寡。

鸿雁于飞，	鸿雁飞高又飞低，
集于中泽。	飞集在那泽中栖。
之子于垣，	这人征民去筑墙，
百堵皆作[⑤]。	百丈高墙已筑起。
虽则劬劳，	虽然辛苦又劳累，
其究安宅[⑥]。	穷人哪能得安居。

鸿雁于飞，	鸿雁高空正徘徊，
哀鸣嗷嗷。	声声叫得很悲哀。
维此哲人[⑦]，	恐怕只有明白人，
谓我劬劳。	知我劳苦在野外。
维彼愚人，	可是那些蠢家伙，

谓我宣骄[8]。　　说我显示骄傲来。

注释

①肃肃：《毛诗故训传》载，“羽声也”。

②之子：《尔雅》载，“之子者，是子也”。之子指何人，一说侯伯卿士；一说流民；一说受苦人。

③爰：乃。矜人：可怜人，受苦人。《尔雅》载：“矜，苦也。”

④鳏（guān）：老而无妻叫“鳏”，引申为年老穷苦无告者。

⑤堵：墙壁。《毛诗故训传》载：“一丈为板，五板为堵。”

⑥究：《毛诗故训传》载，“穷也”。宅：居。

⑦哲人：智者，聪明人。

⑧宣：《毛诗故训传》载，“示也”。骄：矫也。《中庸》载：“强哉矫。”宣骄，即显示、逞强之意。

庭燎

题解　赞美周宣王勤于政事。

夜如何其[1]？　　夜里到了啥时光？

夜未央[2]，　　已到半夜天没亮，

庭燎之光[3]。　　庭中大烛明晃晃。

君子至止[4]，　　诸侯来到了这里，

鸾声将将。	只听鸾声叮当响。

夜如何其？	夜里到了啥时辰？
夜未艾[⑤]，	正是更深夜没尽，
庭燎晣晣[⑥]。	庭中大烛闪闪明。
君子至止，	诸侯来到了这里，
鸾声哕哕[⑦]。	鸾铃叮当车缓行。

夜如何其？	夜里到了啥时辰？
夜乡晨[⑧]，	夜将告终到早晨，
庭燎有辉[⑨]。	庭中大烛快焚尽。
君子至止，	诸侯来到了这里，
言观其旂。	看到旌旗已分明。

注释

①其：语助词。

②央：中央；一说终尽。朱熹《诗集传》言："中也。"王逸注《楚辞》言："央，尽也。"孔颖达《五经正义》言："夜未央者，谓夜未至旦，非为训央为'旦'。"

③庭燎：庭中用以照明的火炬；一说大烛。

④君子：《毛诗故训传》载，"谓诸侯也"。

⑤艾：止，尽。《毛诗故训传》载："久也。"陈奂《诗毛氏传疏》言："言夜未于久，亦是未至于旦，未艾与未央其意同也。"

⑥晰晰（zhé）：光明。《毛诗故训传》载："犹煌煌也。"朱熹《诗集传》载："小明也。"

⑦哕哕（huì）：有节奏的铃声。

⑧乡：同"向"。王引之《经义述闻》言："夜乡晨，亦谓夜方晨也。"

⑨辉：《毛诗故训传》载，"光也"。朱熹《诗集传》言："火气也，天欲明而见其烟光相杂也。"

说明 这首诗，一说夜宴宾客；一说王将视朝，不安于寝，问夜的早晚。以全诗来看，可能为王庭的阍人（禁卫守门人员）的诗。大夫入朝，阍人要早起开门侍御。阍人因有事在身，不安于寝，方问夜的早晚。全诗采用问答形式，一问一答。诗分三章，层次分明，逐层展开，一层比一层逼近。由黑夜到天亮，随着时间的转移，烛光也由明亮到只有一点儿光，由只有一点儿光到只剩烛烬和青烟缭绕。上朝的人也愈来愈近，起初是马铃儿锵锵地响，表示马儿在远处疾驰；既而快到了，放慢了马的步伐，缓慢而有节奏地行进；待走到最近处，已可看见车上飘扬的旗帜了。

沔水

题解 忧乱诫友。

沔彼流水[1]， 溪溪流水清又清，
朝宗于海[2]。 流向大海往前行。
鴥彼飞隼， 疾飞空中的大鹰，
载飞载止。 有时高飞有时停。
嗟我兄弟， 可叹我同宗兄弟，
邦人诸友[3]。 还有朋友众乡亲。
莫肯念乱[4]， 没人制止这乱世，
谁无父母。 谁无父母不忧心。

沔彼流水， 滔滔流水满江河，
其流汤汤。 哗哗东流荡清波。
鴥彼飞隼， 疾飞空中的大鹰，
载飞载扬。 时高时低迎风行。
念彼不迹[5]， 不遵航道真荒唐，
载起载行。 爱起爱行自主张。
心之忧矣， 我的心啊真忧伤，

不可弭忘⑥。　　想到世乱我难忘。

鴥彼飞隼，　　疾飞空中那大鹰，
率彼中陵⑦。　　顺着山陵来飞行。
民之讹言，　　坏人造谣说坏话，
宁莫之惩。　　没人制止和批评。
我友敬矣⑧，　　我友诚敬能警惕，
谗言其兴？　　谗言怎么能再兴？

注释

①沔（miǎn）：水流满貌。

②朝宗：诸侯朝见天子，借指百川入海。《尚书·寓贡》载：“江汉朝宗于海。”

③兄弟、邦人、诸友：兄弟，指内外姻亲；邦人，指同乡；诸友，指朋友。陈奂《诗毛氏传疏》言：“邦人、诸友为异性臣，而兄弟则为同姓诸侯也。”

④念：止。马瑞辰《毛诗传笺通释》言：“念与尼双声。尼，止也。故念亦有止义。”乱：指社会的动乱，可能属于当时人民的革命行动或奴隶的暴动。

⑤不迹：不轨的事。《毛诗故训传》载：“不迹，不道也。”

⑥弭（mǐ）：止，息。

⑦陵：大土山。

⑧敬：朱熹《诗集传》言，“然我之友，诚能敬以自持矣，则

谗言何至而兴乎?”《周礼》注引作“儆”，义为警戒。

鹤鸣

题解 讽人求贤自助。

鹤鸣于九皋[①]，	白鹤深泽长声叫，
声闻于野。	声音四野能听到。
鱼潜在渊，	鱼儿潜伏在深渊，
或在于渚。	或者游到小渚边。
乐彼之园，	想去那个园里看，
爰有树檀，	其中生长有紫檀，
其下维萚[②]。	树下恶木叶落满。
它山之石[③]，	别的山上那石头，
可以为错[④]。	可做磨石把它留。
鹤鸣于九皋，	白鹤深泽长声叫，
声闻于天。	满天都能听得到。
鱼在于渚，	鱼儿游在小渚边，
或潜在渊。	或者潜伏在深渊。

乐彼之园，	想去那个园里看，
爰有树檀，	其中生长有紫檀，
其下维榖⑤。	下有恶木楮树干。
它山之石，	其他山上的石头，
可以攻玉。	可以琢玉把它留。

注释

①九皋（gāo）：皋，沼泽。《毛诗故训传·郑玄笺》载："皋，泽中水溢出所为坎，自外数至九，喻深远也。"《韩诗》载："九皋，九折之泽。"

②萚（tuò）：王引之《经义述闻》言，"二章'其下维榖'，《传》曰，'榖，恶木也'。则此萚字自当为木名……萚疑当读为'柽'"；一说草木脱落的皮或叶。

③它：别的，其他；一说"它山"系山名。

④错：《毛诗故训传》载，"错，石也，可以琢玉"；一说锋利，高亨《诸子新笺》言，"错，利也，谓锋刃之利也"。

⑤榖：木名，楮树，皮可制纸。

说明

唐莫尧认为，这首诗是一首赞扬园林池沼美好的诗。在西周奴隶主贵族统治时期，为了供他们游玩享乐，大兴土木，大搞园囿。周文王就修建了"灵台""灵囿"，《大雅·灵台》确凿地记载了这件事："王在灵囿，麀鹿攸伏。麀鹿濯濯，白鸟翯翯。王在灵沼，於物鱼跃。”本篇虽不能说是周文王的“囿”，但和“囿”有相同之处，沼常同泽并称为“沼泽”，泽是皋，沼也是皋；白鸟一说是白鹤；“白鸟翯翯”“於牣鱼跃”，同本篇“鹤鸣于九皋”“鱼潜在渊，或在于渚”所写的情景有相似之处。《左传·僖公三十二年》也提到“郑有园囿”“秦有具囿”，“园囿”“具囿”都是养鸟兽的，当时还有专门的官吏执掌管理之事。卫懿公好鹤亡国，是一个典故，也是一个确凿的历史事实。它反映了当时天子及诸侯养鸟喂兽、穷奢极欲的淫侈生活。辉县的赵国墓葬出土有“燕乐射猎图案刻纹铜鉴”，铜鉴刻纹：“墙外松鹤满园”“池沼中有荡舟者……”铜鉴虽然后于本篇写诗的时间，但亦可为佐证。本篇诗中有“乐彼之园”，这“园”正是一个很好的内证。檀树、楮树、萚，是讲园林中的树木；“它山之石，可以为错”“它山之石，可以攻玉”，是形容园囿中山石的美好。“它”，这里可作为山名解释，而不是指示代名词。顾野王《玉篇》言：“它，古文‘佗’字。佗，蛇也。”它山，亦可作“蛇山”，现在一些名胜地方，山有叫“蛇山”的。园囿中有山叫“蛇山”，正与此情景相同。以后的注家从这两句诗出发，古写字的“它”，变而为近体字的“他”，“他山之石，可以攻玉”成为

指虚心向别人学习、借鉴的成语。

祈父

题解 兵士怒于久役，责司马征调失常。

祈父[1]！	司马！
予王之爪牙[2]。	我是王室的爪牙。
胡转予于恤[3]？	为何陷我忧患中？
靡所止居[4]！	使我不能安居呀！
祈父！	司马！
予王之爪士[4]。	我是卫士保王驾。
胡转予于恤？	为何陷我忧患中？
靡所厎止[5]！	使我无所止居呀！
祈父！	司马！
亶不聪[6]。	诚不聪明做事差。
胡转予于恤？	为何陷我忧患中？
有母之尸饔[7]。	反叫我母供食呀！

注释

①祈父：祈父即“圻父”，官名，执掌畿内军事，即司马。祈通“畿”“圻”。

②爪牙：虎士，对武官的比喻。《汉书·李广传》载：“将军者，国之爪牙也。”现在多用作贬义。

③恤：忧。

④爪士：虎士，对武官的比喻。马瑞辰《毛诗传笺通释》言：“爪士犹言虎士。”一说：“士读与‘事’同……上言爪牙，此言爪事，谓祈父执掌我王爪牙之事也。”

⑤底：《毛诗故训传》载，“至也”；一说定止，犹止息。

⑥亶（dǎn）：诚，确实。

⑦尸：主也。饔（yōng）：熟食。陈奂《诗毛氏传疏》言：“言我从军以出，有母不得终养，归则唯陈飨以祭是可忧也。”

白驹

题解 刺周宣王不能留贤。

皎皎白驹[①]，	全身如雪小白马，
食我场苗。	吃我场中嫩豆苗。
絷之维之[②]，	绊着它来拴着它，
以永今朝。	使我快乐在今朝。

所谓伊人，	我所说的那个人，
于焉逍遥[3]。	到此可以多逍遥。

皎皎白驹，	全身如雪小白马，
食我场藿。	吃我场中嫩豆茎。
絷之维之，	绊着它来拴着它，
以永今夕。	今夜快乐好时辰。
所谓伊人，	我所说的那个人，
于焉嘉客。	到此是个好客人。

皎皎白驹，	全身如雪小白马，
贲然来思[4]。	十分迅速来得快。
尔公尔侯，	你们公爷和侯爷，
逸豫无期[5]。	游乐没期多开怀。
慎尔优游，	游乐可是要谨慎，
勉尔遁思[6]。	望勿隐居而不来。

皎皎白驹，	全身如雪小白驹，
在彼空谷[7]。	回到那个空谷去。
生刍一束，	吃着一束嫩青草，
其人如玉。	那人美丽如白玉。

毋金玉尔音⑧，　　别太珍惜你音讯，
而有遐心⑨。　　有心疏远不相与。

注释

①皎皎：洁白光明，这里指马皮毛发光。
②絷（zhí）：绊。维：拴。
③焉：犹言此，在这儿。
④贲：《毛诗故训传》载，“饰也”。《毛诗故训传·郑玄笺》载，“《易卦》曰，‘山下有火，贲’。贲，黄白色也”。朱熹《诗集传》言，“贲然，光彩之貌也，或以为来之速也”。
⑤逸豫：安乐。
⑥勉：抑止之词。遁：隐去；一说走。勉尔遁思，望其勿遁之词。
⑦空谷：穹谷，深谷。
⑧音：信。
⑨遐：远。

黄鸟

题解

寄居异国，受到冷遇而思归。

黄鸟黄鸟！	黄鸟呀黄鸟！
无集于榖[①]，	不要集在楮树上，
无啄我粟。	不要啄食我米粮。
此邦之人，	这个邦国里的人，
不我肯榖[②]。	不以善道相交往。
言旋言归，	我要回去要回去，
复我邦族[③]。	重又回到我家邦。
黄鸟黄鸟！	黄鸟呀黄鸟！
无集于桑，	不要集在桑树上，
无啄我粱。	不要啄食我高粱。
此邦之人，	这个邦国里的人，
不可与明[④]。	不能结盟相来往。
言旋言归，	我要回去要回去，
复我诸兄。	回我兄弟那家乡。
黄鸟黄鸟！	黄鸟呀黄鸟！
无集于栩，	不要集在栎树上，
无啄我黍。	不要啄食我黍粮。
此邦之人，	这个邦国里的人，
不可与处。	不能相处在一方。

言旋言归，　　我要回去要回去，
复我诸父。　　回到叔伯那家乡。

注释 ①榖：朱熹《诗集传》言，“榖，木名”。即构树或楮树。
②榖：《毛诗故训传》载，“善也”。
③复：返回。
④明：《毛诗故训传·郑玄笺》载，“当为盟”；一说晓喻。

我行其野

题解 女子远嫁异国被遗弃，抒发其悔恨和愤怒。

我行其野，　　我一走到那郊野，
蔽芾其樗。　　遮蔽我的是樗叶。
昏姻之故，　　只因你我有婚约，
言就尔居。　　才到你的家里歇。
尔不我畜①，　　谁知你却不留我，
复我邦家。　　只好又回我乡国。

我行其野，	我一走到旷野处，
言采其蓫[2]。	采摘羊蹄作菜茹。
昏姻之故，	只因你我有婚约，
言就尔宿。	才到你的家里住。
尔不我畜，	谁知你却不留我，
言归斯复。	只好走向回家路。

我行其野，	我一走到那荒郊，
言采其葍[3]。	就去采摘野蔓茅。
不思旧姻，	你不想想旧婚约，
求尔新特。	另寻新欢把旧抛。
成不以富[4]，	诚不因为她富足，
亦祇以异[5]。	因你厌旧心变了。

注释

①畜：养；一说好。《毛诗故训传》载："畜，养也。"吕不韦《吕氏春秋·适威》载："民善之，则畜也。"高诱注《吕氏春秋》言："畜，好。"

②蓫（zhú）：草名，即"蓨"。陆玑《毛诗草木鸟兽虫鱼疏》言："今人谓之'羊蹄'。"

③葍（fú）：一种多年生的蔓草，又名"小旋花"，地下茎可食；一说蔓茅。

④成：即"诚"，确实。

⑤祇：只。

说明 郑振铎在《中国俗文学史》中曾解释过这首诗，认为是指赘婿的遭遇。赘婿，实同奴隶。

斯干

题解 帝王宫室落成的颂歌，末二章，写生男育女，家族兴盛，但反映出男尊女卑的思想，使数千年来女子屈服于五权——神、君、政、父、夫之下，受尽压迫残害。

秩秩斯干①，	长远流动这溪涧，
幽幽南山②。	青翠幽深那南山。
如竹苞矣③，	坚实好比竹根固，
如松茂矣。	茂密就如松叶般。
兄及弟矣，	一家骨肉兄和弟，
式相好矣，	互相友好心相连，
无相犹矣④。	不相欺诈不相残。
似续妣祖⑤，	继承先妣和先祖，

筑室百堵，	建筑宫室墙百堵，
西南其户。	门窗向着西南开。
爰居爰处，	这里居来这里住，
爰笑爰语。	这里笑来这里语。
约之阁阁[6]，	墙板捆扎安装好，
椓之橐橐[7]。	筑声橐橐用力敲。
风雨攸除[8]，	风雨从此被遮住，
鸟鼠攸去，	鸟鼠也都被赶跑，
君子攸芋[9]。	盖覆君子真正妙。
如跂斯翼，	如人跂立足跟稳，
如矢斯棘[10]，	如箭急射镞有棱，
如鸟斯革[11]，	如鸟翱翔展翅膀，
如翚斯飞[12]，	如雉奋飞五彩新，
君子攸跻。	君子进驻把堂升。
殖殖其庭[13]，	前庭那么平又正，
有觉其楹[14]。	柱楹高大直挺挺。
哙哙其正[15]，	白天明亮又宽敞，
哕哕其冥[16]，	夜里深远而光明，

君子攸宁。　　君子住了很安宁。

下莞上簟[17]，　　下铺草垫上铺席，
乃安斯寝。　　就在这里来安息。
乃寝乃兴，　　夜里睡觉早晨起，
乃占我梦。　　占卜我梦真吉利。
吉梦维何？　　吉祥之梦是什么？
维熊维罴[18]，　　梦中见到熊与罴，
维虺维蛇[19]。　　梦见蜥蜴梦见蛇。

大人占之[20]，　　太卜占卦说梦好，
维熊维罴，　　梦中看到熊和罴，
男子之祥。　　就是生男好吉兆。
维虺维蛇，　　梦中见到虺和蛇，
女子之祥。　　就是生女好吉兆。

乃生男子，　　生下是个小儿郎，
载寝之床，　　给他睡的是炕床，
载衣之裳，　　给他包的是衣裳，
载弄之璋[21]。　　给他玩的是玉璋。
其泣喤喤，　　他的哭声很响亮，

朱芾斯皇[22]，	将来蔽膝红又光，
室家君王。	成家立室做君王。
乃生女子，	生下是个小女娃，
载寝之地，	给她睡的是地坝，
载衣之裼[23]，	给她包的是破褂，
载弄之瓦[24]。	给她玩那纺线瓦。
无非无仪[25]，	是坏是善她无分，
唯酒食是议，	只做酒食在厨下，
无父母诒罹。	莫叫父母受人骂。

注释

①秩秩:《毛诗故训传》载，“流行貌”。朱熹《诗集传》言，“有序也”。顺序貌。干:《毛诗故训传》载，“涧也”。朱熹《诗集传》言，“干，水涯也”。水涯，水边。

②幽幽：深远貌。

③苞:《毛诗故训传》载，“本也”。马瑞辰《毛诗传笺通释》言，“《传》训‘本’者，苞古通作‘葆’;《说文》，‘葆，草盛貌’”。

④犹:《毛诗故训传》载，“道也”。朱熹《诗集传》言，“犹当作‘尤’”。尤，过失。

⑤似续：同“嗣续”，继承。

⑥约：束。阁阁:《毛诗故训传》载，“犹历历也”。陈奂《诗

毛氏传疏》言,“阁阁,犹历历者,言缩板之绳历历然也”。历历,分明可数。

⑦橐橐(tuó):版筑时用杵实土的声音。

⑧攸:语助词,无义。

⑨芋:覆;一说宇。《毛诗故训传·郑玄笺》载:“当作‘怃’。怃,覆也。”王引之《经义述闻》言:“芋,当读为‘宇’。宇,居也。”

⑩棘:屋角。《毛诗故训传》载:“棘,棱廉也。”林义光《诗经通解》言:“急也,发矢急则其行愈直。”

⑪革:《毛诗故训传》载,“翼也”。陈奂《诗毛氏传疏》言,“革古文‘翱’……《说文》,‘翱,翅也’”。

⑫翚(huī):野鸡。《尔雅》载:“伊洛而南,素质,五色皆备,成章,曰‘翚’。”郭璞注《尔雅》言:“翚亦雉属,言其毛色光鲜。”

⑬殖殖:平正。

⑭觉:高大。楹:厅堂前的柱子。

⑮哙哙(kuài):《毛诗故训传·郑玄笺》载,“犹快快也……皆宽明之貌”。正:《毛诗故训传·郑玄笺》载,“昼也”。

⑯哕哕(huì):光明貌。《毛诗故训传·郑玄笺》载:“犹熠熠也。”冥:夜。

⑰莞(guān):植物名,水葱,可以用来编席子。《毛诗故训传·郑玄笺》载:“小蒲之席也。”

⑱罴(pí):熊的一种,长头高脚,猛憨多力,能拔树。

⑲虺(huǐ):脆蛇蜥。胡承珙《毛诗后笺》言:“盖古人以

虺为蛇，虺小蛇矣……盖蜥蜴似蛇而有足，虺为似蜥蜴之小蛇。”

⑳大人：大音泰，占梦之官，即“太卜”。

㉑璋：珪，古时上朝所用的玉制物，这里指将来为官做侯。

㉒朱芾：芾同“韨”，古代统治者祭服，所以蔽膝者，以红色为贵，故名“朱芾”。

㉓裼（tì）：婴儿的褓衣。

㉔瓦：古代纺线的纺锤，这里指将来纺线主持家务。

㉕仪:《毛诗故训传·郑玄笺》载,“善也”。

无羊

题解 赞畜牧兴旺，牛羊繁盛，反映宣王中兴。

谁谓尔无羊？	谁人说你没有羊？
三百维群。	一群三百个个壮。
谁谓尔无牛？	谁人说你没有牛？
九十其犉[①]。	七尺黄牛九十头。
尔羊来思，	你的羊群走来了，
其角濈濈[②]。	角儿聚集合群好。
尔牛来思，	你的牛群走来了，

其角湿湿[3]。　反刍时候把耳摇。

或降于阿，　有的正在下山冈，
或饮于池，　有的喝水在池旁，
或寝或讹[4]。　有的睡觉有的逛。
尔牧来思，　你的牧人来了呢，
何蓑何笠[5]，　披着蓑衣戴着笠，
或负其糇。　背负干馍或小米。
三十维物[6]，　各色牛羊三十种，
尔牲则具。　祭祀牲畜足够用。

尔牧来思，　你的牧人走来了，
以薪以蒸[7]，　路上砍柴又割草，
以雌以雄。　还猎雌兽和雄鸟。
尔羊来思，　你的羊群走来了，
矜矜兢兢[8]，　又肥又壮个个好，
不骞不崩[9]。　没有疾病没减少。
麾之以肱，　牧人指挥把手伸，
毕来既升[10]。　齐下山冈往圈奔。

牧人乃梦，　牧人做梦在牧区，

众维鱼矣[11]，	梦见蝗虫变为鱼，
旐维旟矣[12]。	又梦龟旗变鸟旗。
大人占之，	太卜为他占了卦，
众维鱼矣，	如梦蝗虫变鱼娃，
实维丰年。	要遇丰收年成佳。
旐维旟矣，	如梦龟旗变鸟旗，
室家溱溱[13]。	子孙众多庆有余。

注释

①犉（rún）：《毛诗故训传》载，“黄牛黑唇曰‘犉’”。《尔雅》载，“牛七尺曰‘犉’”。

②濈濈（jí）：亦作“戢戢”，聚集貌。

③湿湿（chì）：牲畜耳朵摇动貌。《毛诗故训传》载：“呞而动其耳，湿湿然。”呞，牛反刍。

④讹：走动，正字从“吪”。

⑤何（hè）：同“荷”，担，引申为戴。

⑥物：颜色。《周礼·春官·保章氏》载：“以五云之物辨吉凶。”郑玄注曰：“物，色也。”

⑦蒸：《毛诗故训传·郑玄笺》载，“粗曰‘薪’，细曰‘蒸’”。陆德明《经典释文》言，“蒸，薪也”。

⑧矜矜兢兢：坚强貌。陈奂《诗毛氏传疏》言：“矜、兢双声……是矜矜与兢兢同。”

⑨不骞不崩：《毛诗故训传》载，“骞，亏也；崩，群疾也”。

⑩升：登，指入圈。《毛诗故训传》载：“入牢也。”陈奂《诗

毛氏传疏》言:“古登、升通用。”

⑪众：蝗虫。马瑞辰《毛诗传笺通释》言:“《说文》，螽为‘蠡’之或体…… 此诗‘众’当为‘螽’之省借。”

⑫旐维旟矣：旗帜名。《周礼》载:“龟蛇为‘旐’，鸟隼为‘旟’。”

⑬溱溱（zhēn）:《毛诗故训传》载,“众也”。陈奂《诗毛氏传疏》言,“上篇占子孙之众多，此篇占室家之会聚”。

节南山

题解 周大夫家父刺太师尹氏旷废职务、任用小人、贻祸人民。

节彼南山[①]，	又高又险那南山，
维石岩岩[②]。	大石堆积成冈峦。
赫赫师尹[③]，	威风凛凛尹太师，
民具尔瞻[④]。	十目所视万民瞻。
忧心如惔[⑤]，	心中忧愁如火烧，
不敢戏谈。	不能随便作戏谈。
国既卒斩[⑥]，	国家既已要绝灭，
何用不监[⑦]！	你却为何不察看！

节彼南山，	南山高险草木多，
有实其猗[8]。	有着广大的斜坡。
赫赫师尹，	威风凛凛尹太师，
不平谓何？	不平叫人说什么？
天方荐瘥[9]，	上天正要降灾荒，
丧乱弘多。	死丧人众实在多。
民言无嘉，	人民哪有好话讲，
憯莫惩嗟[10]。	可你何曾惩戒它。
尹氏大师，	尹氏你官做太师，
维周之氐[11]。	你是国家那柱石。
秉国之均[12]，	国家政权由你掌，
四方是维[13]。	四方靠你来维持。
天子是毗[14]，	辅佐天子也是你，
俾民不迷。	民不迷途你指示。
不吊昊天[15]！	不幸啊老天！
不宜空我师[16]。	不该困民至于此。
弗躬弗亲，	对事不亲去过问，
庶民弗信。	人民对你不相信。
弗问弗仕[17]，	用人不问又不察，

勿罔君子。	别把君子来蒙混。
式夷式已[18]，	或被伤害或停职，
无小人殆。	莫因小人使国紊。
琐琐姻亚[19]，	裙带关系那些人，
则无朊仕[20]。	勿使做官肩重任。

昊天不佣[21]，	老天真是不公平，
降此鞠讻[22]。	降下灾祸害人民。
昊天不惠，	老天真是没恩惠，
降此大戾[23]。	降下灾难可不轻。
君子如届[24]，	君子到职亲问事，
俾民心阕[25]。	人民心平怒不生。
君子如夷[26]，	君子如果被伤害，
恶怒是违。	人民叛你把你恨。

不吊昊天！	不幸啊老天！
乱靡有定，	战乱总是不会停，
式月斯生，	月月可都在发生，
俾民不宁。	使得人民不安宁。
忧心如酲[27]，	忧心如焚像酒醉，
谁秉国成[28]？	是谁掌握我国柄？

不自为政，　　政教不自老天出，
卒劳百姓。　　终久劳苦我百姓。

驾彼四牡，　　四匹雄马驾车乘，
四牡项领[29]。　　四马畜养成大颈。
我瞻四方，　　放眼朝着四方看，
蹙蹙靡所骋[30]。　　日愈局促难驰骋。

方茂尔恶，　　你正拼命在作恶，
相尔矛矣[31]。　　瞧着矛头欲相搏。
既夷既怿[32]，　　既而和顺又悦服，
如相酬矣[33]。　　好像宾主互酬酢。

昊天不平！　　老天你真不公平！
我王不宁。　　使得我王不安宁。
不惩其心，　　你心还不知警戒，
覆怨其正。　　劝你改正反怨人。

家父作诵[34]，　　家父作了这篇诵，
以究王讻。　　用来追究那王讻。
式讹尔心[35]，　　快快改变你心肠，

以畜万邦[36]。　　万邦才在安定中。

注释

①节:《毛诗故训传》载,“高峻貌”。

②岩岩:《毛诗故训传》载,“积石貌”。

③师:太师,周朝三公之一,执掌兵权,类似大帅。

④具:通“俱”。

⑤惔(tán):火烧。《韩诗》作“炎”。《毛诗故训传》载:“惔,燔也。”

⑥卒:尽。斩:灭绝。

⑦监:察。

⑧有实其猗:山坡壮阔。马瑞辰《毛诗传笺通释》言:“猗、阿古通用……阿,曲隅也。实,广大貌,‘有实其阿’者,言南山之阿,突然广大也。”阿,指曲隅,亦指大的丘陵。

⑨荐:多次。瘥(cuó):疫病。

⑩憯(cǎn):作语助词,犹曾、乃。马瑞辰《毛诗传笺通释》言:“《尔雅》,‘憯,曾也’。”惩:止。嗟:语末助词。

⑪氐:柢,根本。

⑫秉:掌握。均:平,《汉书》引作“钧”,钧为古代重量单位。

⑬维:系。

⑭毗(pí):优厚;一说弼辅。

⑮昊天:老天。吊:善,通“淑”。陈奂《诗毛氏传疏》言:“吊、淑义同。”淑,善。

⑯空:空乏,困穷。师:大军;一说民众。

⑰仕:《毛诗故训传·郑玄笺》载,“察也”。仕与“事”通。

⑱式夷式已：指为政公平，停止暴虐。《毛诗故训传》载："式，用；夷，平也。"《毛诗故训传·郑玄笺》载："为政当用平正之人，用能纪理其事者。"一说指或被伤害或停职。陈子展《雅颂选译》言："夷，伤也，王不察谗言，君子之在位者，或伤或已，皆为小人所殆，尹氏当谏。《易序卦》曰，'夷，伤也'。《笺》训夷为'平'，言当用平正之人，非是。"

⑲琐琐：小貌。姻亚：《毛诗故训传》载，"两婿相谓曰'亚'"。《毛诗故训传·郑玄笺》载，"婿之父曰'姻'"。

⑳朊（wǔ）：《毛诗故训传》载，"厚也"。仕：任用。朊仕，即高位厚禄。

㉑佣：均。《韩诗》作"庸"。许慎《说文解字》言："佣，均也，直也。"

㉒鞠：极，穷。讻：凶，祸乱。

㉓戾：灾祸。

㉔届：极，止。

㉕阕：（què）：止息。

㉖夷：伤；一说公正。

㉗酲：（chéng）：酒醉不醒。

㉘成：《毛诗故训传》载，"平也"，与"秉国之均"的"均"同。

㉙项领：《毛诗故训传·郑玄笺》载，"四牡者，人君所乘驾。今但养大其领，不肯为用。喻大臣自恣，王不能使也"。马瑞辰《毛诗传笺通释》言，"盖马项负轭不行，蹙缩痈肿，有如重项，失其骏也"。

㉚蹙蹙（cù）：《毛诗故训传·郑玄笺》载，"缩小之貌"。局

促不得舒展。

㉛相:《毛诗故训传·郑玄笺》载,“视也”。

㉜怿:喜悦。

㉝酬:酬酢。言反复无常,时则刀兵相见,时则酒席相劝。

㉞作诵:作诗讽谏。

㉟讹(é):化。

㊱畜:《毛诗故训传·郑玄笺》载,“养也”。修养,安定。

正月

题解 刺周幽王宠爱褒姒,荒淫无道,致国危亡。

正月繁霜①,	六月天气下了霜,
我心忧伤。	我的心里很忧伤。
民之讹言,	民间谣言四处起,
亦孔之将②。	谣言越大越猖狂。
念我独兮,	想到我是孤独者,
忧心京京③。	心中苦闷忧难忘。
哀我小心,	如此小心真可怜,
癙忧以痒④。	好像大病痛一场。

父母生我，	父母生我那当初，
胡俾我瘉[5]？	为何使我遭病苦。
不自我先，	不在我出生以前，
不自我后。	不在我死了以后。
好言自口，	好言是从你口出，
莠言自口[6]。	恶言也从你口吐。
忧心愈愈[7]，	忧惧越来越加重，
是以有侮。	越是有人来欺侮。
忧心惸惸[8]，	忧心使我把眉蹙，
念我无禄。	想我命舛不受福。
民之无辜，	人们本是无罪的，
并其臣仆[9]。	可连臣仆也遭辱。
哀我人斯，	真正可怜我这人，
于何从禄？	将从何处得幸福？
瞻乌爰止，	眼看乌鸦往下飞，
于谁之屋[10]？	不知停在谁家屋？
瞻彼中林，	看着那片大树林，
侯薪侯蒸[11]。	粗薪细柴密密生。
民今方殆，	人们如今正遭难，

视天梦梦[12]。　　可天看去乱昏昏。
既克有定，　　既能这样做决定，
靡人弗胜[13]。　　没人不受到侵凌。
有皇上帝[14]，　　上帝高高在天上，
伊谁云憎[15]？　　谁敢对你来憎恨？

谓山盖卑[16]？　　说山为何矮又平？
为冈为陵。　　可山都是大冈陵。
民之讹言，　　民间谣言四处起，
宁莫之惩。　　没人愿意去过问。
召彼故老，　　曾召元老来请教，
讯之占梦，　　却只向他问梦情。
具曰予圣，　　他们自命是圣人，
谁知乌之雌雄？　　乌鸦雌雄谁辨清？

谓天盖高？　　说天为何过于高？
不敢不局[17]。　　谁敢触它不弯腰。
谓地盖厚？　　那地为何过于厚？
不敢不蹐[18]。　　谁敢不作小步走。
维号斯言，　　人们呼号发此言，
有伦有脊[19]。　　道理说得有根源。

哀今之人，　　可怜如今这些人，
胡为虺蜴[20]？　　却像蛇虫逃避人？

瞻彼阪田[21]，　　看那土田薄又硗，
有菀其特[22]。　　却在那里长茂苗。
天之抓我[23]，　　天用风雷摧残我，
如不我克。　　唯恐不将我压倒。
彼求我则[24]，　　它又那样来求我，
如不我得。　　又像唯恐得不到。
执我仇仇[25]，　　一旦得我又傲慢，
亦不我力[26]。　　不用我时把我抛。

心之忧矣，　　心里忧愁这么多，
如或结之。　　像有结子塞住它。
今兹之正[27]，　　如今那些执政者，
胡然厉矣。　　为何如此造罪恶。
燎之方扬，　　大火正在烧得旺，
宁或灭之？　　有谁能把它灭光？
赫赫宗周[28]，　　赫赫强大那西周，
褒姒威之[29]。　　竟被褒姒把它亡。

终其永怀，	久怀世乱忧伤多，
又窘阴雨。	又被阴雨来折磨。
其车既载，	什物已经装好车，
乃弃尔辅[30]。	丢弃车板车要破。
载输尔载[31]，	你那什物要堕下，
将伯助予[32]。	只请长者帮助我。
无弃尔辅，	不丢你的车箱板，
员于尔辐[33]。	加固你的轮内辐。
屡顾尔仆，	顾念你的驾车人，
不输尔载。	不堕你的车中物。
终逾绝险，	终于越过危险地，
曾是不意[34]。	可你竟不以为意。
鱼在于沼，	鱼儿本在沼池跃，
亦匪克乐。	如今在池也不乐。
潜虽伏矣，	纵是潜伏深水中，
亦孔之炤[35]。	仍然看得很明确。
忧心惨惨[36]，	心里少欢多忧虑，
念国之为虐。	想到国政很暴虐。

彼有旨酒，	他们有的是美酒，
又有嘉肴。	又有各种好菜肴。
洽比其邻[37]，	左右邻舍都和睦，
昏姻孔云[38]。	又与亲戚十分好。
念我独兮，	念到我是孤独人，
忧心殷殷[39]。	感到心痛多烦恼。

仳仳彼有屋[40]，	小人也给他房屋，
蔌蔌方有谷[41]。	鄙陋之人给爵禄。
民今之无禄，	人民啥样也没有，
天夭是椓[42]。	天还压榨当鱼肉。
哿矣富人[43]，	最好过的是富人，
哀此惸独！	应该哀怜这孤独！

注释

①正月：夏历四月；一说周历六月。繁霜：霜多。

②将:《毛诗故训传》载,“大也”。

③京京：忧不止。

④癙（shǔ）忧：忧郁成疾。痒：病。《毛诗故训传》载：“癙、痒皆病也。”

⑤瘉：病。

⑥莠言：恶言。《毛诗故训传》载：“莠，丑也。”

⑦愈愈：忧惧貌。

⑧惸（qióng）：忧念貌。

⑨并：使。陈奂《诗毛氏传疏》言："并，古'拼'字。《尔雅》，'拼，使也'。"臣仆：奴仆。

⑩瞻乌爰止，于谁之屋：古时相传，乌鸦集于富人之屋。这两句说，全国的人都已十分穷困，看乌鸦能落在谁的屋上。

⑪侯薪侯蒸：《毛诗故训传·郑玄笺》载，"侯，维也。林中大木之处，而维有薪蒸尔，喻朝廷宜有贤者，而但聚小人"。

⑫梦梦：形容昏聩。《尔雅》载："乱也。"

⑬既克有定，靡人弗胜：陈奂《诗毛氏传疏》言，"胜读如'腾'……既，犹终也；克，能也；定，乱也；人，在位者也……终能有定乱之日，乃今在位之人，无不乘陵助王为乱"。

⑭皇：君。上帝：指君王。

⑮伊：是。《毛诗故训传·郑玄笺》载："伊当读为'繄'。繄，犹是也。"一说作语助词。憎：恨。

⑯盖：何。陈奂《诗毛氏传疏》言："盖读同'盍'。"

⑰局：《毛诗故训传》载，"曲也"，指弯着身子。李善注《文选》引作"跼"。

⑱蹐：许慎《说文解字》言，"小步也"。《毛诗故训传》载，"累足也"。行路时小心戒惧之状。

⑲伦：许慎《说文解字》言，"道也"。脊：通"迹"，亦即理。

⑳胡为虺蜴：《毛诗故训传·郑玄笺》载，"蜥蜴之性见人则走。哀哉，今之人何为如是？伤时政也"。陈奂《诗毛氏传疏》言，"《后汉书·左雄传》云，'言人畏吏如虺蜴也'"。

㉑阪田：山坡上的田；一说瘠薄的田土。

㉒菀（wǎn）：茂盛貌。特：特生之苗；一说禾苗高举。

㉓扤（wù）：动也，摇。

㉔则：作语助词。

㉕仇仇：《尔雅》载，“傲也”。

㉖不我力：马瑞辰《毛诗传笺通释》言，“不我力，即不我用”。

㉗正：朱熹《诗集传》言，“政也”。指执政者。

㉘宗周：西周都城镐京，借指西周王朝。

㉙褒姒：褒国之女，周幽王的第二任王后。

㉚辅：“揜舆之板”，即车箱板；一说“伏兔”，即车轮外旁增缚夹毂的两条直木，用以增强轮辐载重支力；一说辅同“傅”，即护持车的人（从旁推车或护理车的人）。

㉛输：《毛诗故训传·郑玄笺》载，“堕也”。

㉜伯：《毛诗故训传》载，“长也”。指长者。

㉝员：《毛诗故训传》载，“益也”。

㉞曾是不意：《毛诗故训传·郑玄笺》载，“曾不以是为意乎?”曾，乃。

㉟炤：明。《中庸》引作“昭”。陈奂《诗毛氏传疏》言：“言圣人虽隐遁，其德亦甚明也。”

㊱惨惨：忧郁貌。

㊲洽：和睦。左丘明《左传》作“协”。邻：近，亲近的人。

㊳云：周旋。《毛诗故训传》载：“旋也。”

㊴殷殷：悲伤。

㊵佌佌（cǐ）：《毛诗故训传》载，“小也”。地位低微。

㊶蔌蔌（sù）:《毛诗故训传》载,"蔌蔌，陋也"。谷：俸禄。《毛诗故训传·郑玄笺》载:"禄也。"

㊷夭：摧残。椓：以斧劈柴，比喻沉重打击。

㊸哿（gě）：表称许之词。可，嘉。

十月之交

题解 诗中以发生日食、地震为上天的告警，希望统治者有所改悔。诗谴责周幽王任用小人、滥用民力、嬖幸艳妻，政失常轨。诗中所述“十月之交，朔日辛卯”推算为周幽王六年，即公元前776年9月6日的那次“日有食之”，是世界上年、月、日可以稽考的最早而又最可靠的一次日食记录。

十月之交①，	十月开头交初一，
朔日辛卯②。	这个初一是辛卯。
日有食之，	上天出现这日食，
亦孔之丑③。	大事十分不美妙。
彼月而微④，	过去月食已出现，
此日而微。	现在日食又出了。
今此下民，	如今天下老百姓，
亦孔之哀。	忧祸临头逃不掉。

日月告凶[5]，　　日月告人凶灾相，
不用其行[6]。　　就是不行轨道上。
四国无政，　　国家全没行善政，
不用其良。　　就是不肯用贤良。
彼月而食，　　那年出现了月食，
则维其常。　　走着常道还不妨。
此日而食，　　可是如今又日食，
于何不臧。　　就是不善的状况。

烨烨震电[7]，　　雷电交加光闪闪，
不宁不令。　　没有善政人不安。
百川沸腾，　　百川汹涌在沸腾，
山冢崒崩[8]。　　山峰崩溃往下攒。
高岸为谷，　　高岸陷落为深谷，
深谷为陵。　　深谷凸出为冈峦。
哀今之人，　　可哀昏聩执政者，
胡憯莫惩[9]。　　何曾知警醒悟难。

皇父卿士[10]，　　国家卿士是皇父，
番维司徒，　　番氏也已做司徒，
家伯维宰，　　家伯做的是冢宰，

仲允膳夫，	仲允又做了御厨，
聚子内史，	聚子做的是内史，
蹶维趣马。	蹶氏总管养马夫。
楀维师氏，	楀氏做了那师氏，
艳妻煽方处[11]。	都被褒姒拉一处。
抑此皇父[12]，	我且请问你皇父，
岂曰不时？	难道能说我不是？
胡为我作[13]，	为何要派我劳役，
不即我谋，	又不和我谈这事，
彻我墙屋，	反而拆毁我墙屋，
田卒污莱[14]。	满田泥草我难治。
曰予不戕，	还说不是你害我，
礼则然矣。	礼法向来是如此。
皇父孔圣[15]，	皇父自认为圣人，
作都于向[16]。	在那向邑建都城。
择三有事[17]，	用人选择了三卿，
亶侯多藏[18]。	家里确实多宝珍。
不慭遗一老[19]，	不愿留下一元老，
俾守我王。	我王使他作守臣。

择有车马，	选择富有车马者，
以居徂向。	装载迁居往向行。
黾勉从事，	勤奋从事于王朝，
不敢告劳。	不敢自己说辛劳。
无罪无辜，	我本无罪又无事，
谗口嚣嚣。	众口交谗哪能逃。
下民之孽[20]，	百姓受灾又遭祸，
匪降自天。	不是老天往下抛。
噂沓背憎[21]，	当面交心背面恨，
职竞由人[22]。	竞相残害是人为。
悠悠我里[23]，	我心老是多忧虑，
亦孔之痗[24]。	过于忧虑渐成疾。
四方有羡[25]，	四方的人都富饶，
我独居忧。	独我忧愁而困居。
民莫不逸，	人们谁都可游乐，
我独不敢休。	独我不敢去休息。
天命不彻[26]，	老天不循轨道走，
我不敢效我友自逸。	不敢效友求安逸。

注释

①十月：周历十月。交：交替。

②朔：月光复苏为朔，夏历每月初一称“朔”。日食必在朔日，因为只有这时，月亮处于太阳与地球之间。这次日食，南朝梁虞邝、隋张胄元、唐傅仁均、元郭守敬等推定为周幽王六年，即公元前776年。

③丑：恶，不好。

④微：《毛诗故训传·郑玄笺》载，“谓不明”。指月食。下句的“微”指日食。

⑤告凶：《毛诗故训传·郑玄笺》载，“告天下以兴亡之征也”。

⑥行：道，度。

⑦烨（yè）：许慎《说文解字》言，“盛世”。陈奂《诗毛氏传疏》言，“谓声光之盛也”。震：《毛诗故训传》载，“震，雷也”。烨烨震电：《毛诗故训传·郑玄笺》载，“雷电过常，天下不安，政教不善之徵”。按古代科学不发达，把日月星辰、山川雷电的异常现象归之于政治不善，故有此说。烨烨，可能是地震时从地下发出的如打雷般的隆隆声。下句“百川沸腾”，可能指大地震时喷水冒沙的现象。本篇“烨烨震电……深谷为陵”，正是一次大地震的真实、典型的记载。

⑧冢：山顶。崒：崔嵬；一说碎。马瑞辰《毛诗传笺通释》言：“崒、崩二字连读，与上‘沸腾’相对成文，即‘碎崩’之假借。《广雅》，碎、崩，并训为‘坏’。”

⑨僭（cǎn）：乃。

⑩皇父：《毛诗故训传·郑玄笺》载，“皇父、家伯、仲允，皆字；番、棸、蹶、楀，皆氏”。

⑪艳：美色。煽:《毛诗故训传》载,“炽也”。方：正在，现时。

⑫抑：通“噫”，叹词。

⑬作:《尔雅》载,“为也”。指发作。

⑭污：水池堵塞不通。莱：指田土荒芜，杂草丛生。

⑮圣：聪明，这里有讽刺之意。

⑯向：邑名。

⑰择三有事：选择人来担任“三卿”。

⑱藏：积蓄，聚敛。

⑲慭（yìn）：陆德明《经典释文》引《尔雅》言,“慭，愿也，强也”。

⑳孽：灾难。

㉑噂（zǔn）沓:《毛诗故训传·郑玄笺》载,“相对谈语，背则相憎”。按即两面派的形象。

㉒职：主。竞：强。

㉓悠：忧思。里:《毛诗故训传》载,“病”。

㉔痗（mèi）：病。

㉕羡：宽裕。

㉖天命不彻：上天不遵循常道。陈奂《诗毛氏传疏》云:“言天之命，不循道而行……彻，道也。”

雨无正

题解 刺周幽王昏暴，小人误国。由于周幽王政令如雨之多而皆苛虐，非所以为政之道，故曰“雨无正”。

浩浩昊天，	浩浩广大天老爷，
不骏其德[①]。	不能长赐恩与德。
降丧饥馑[②]，	降下灾祸饥和馑，
斩伐四国。	又动刀兵伐四国。
旻天疾威[③]，	老天总是逞威风，
弗虑弗图。	从不考虑啥后果。
舍彼有罪，	丢开罪人不办罪，
既伏其辜[④]。	为他隐瞒罪与过。
若此无罪，	可是这些没罪的，
沦胥以铺[⑤]。	却都牵连把罪坐。

周宗既灭，	周室既已被灭亡，
靡所止戾[⑥]。	没有定居的地方。
正大夫离居[⑦]，	大夫又迁往他处，
莫知我勩[⑧]。	没人知我苦难当。

三事大夫⑨，	那些三公大夫们，
莫肯夙夜。	不肯早晚勤国事。
邦君诸侯，	那些邦君诸侯们，
莫肯朝夕。	不肯朝夕来图治。
庶曰式臧⑩，	庶几改悔用贤人，
覆出为恶。	反行暴政更放肆。

如何昊天？	怎么办呀老天爷？
辟言不信⑪。	合法的话你不信。
如彼行迈，	好比走路迈步子，
则靡所臻⑫。	没有目的光前进。
凡百君子，	众位执政的君子，
各敬尔身。	各人自身要谨慎。
胡不相畏，	为何上下不相畏，
不畏于天。	就对老天也不顺。

戎成不退⑬，	战乱已成恶不退，
饥成不遂⑭。	饥荒出现不安心。
曾我暬御⑮，	我这侍御位卑小，
憯憯日瘁⑯。	日愈憔悴病渐深。
凡百君子，	众位执政的君子，

莫肯用讯[17]。	谁也不肯来规箴。
听言则答，	说话顺从就重用，
谮言则退[18]。	听见诤言就解任。

哀哉不能言，	可叹有话也收住，
匪舌是出[19]，	并非舌病不会吐，
维躬是瘁。	一说身受辱和侮。
哿矣能言[20]，	那些能言善辩者，
巧言如流，	利口巧言如水流，
俾躬处休。	想做高官不用愁。

维曰于仕[21]，	只说可以去出仕，
孔棘且殆[22]。	国事危急难任事。
云不可使，	如说坏事不可使，
得罪于天子。	就要得罪于天子。
亦云可使，	如说坏事可以使，
怨及朋友。	招怨朋友从此始。

谓尔迁于王都，	要你迁居回都城，
曰予未有室家。	就说我没家里人。
鼠思泣血，	忧思太过哭出血，

无言不疾。　　　　每言招嫉真痛绝。
昔尔出居，　　　　当初迁出王都时，
谁从作尔室？　　　谁人为你作家室？

注释

①骏：《尔雅》载，“长也”。

②饥馑：《毛诗故训传》载，“谷不熟曰‘饥’，菜不熟曰‘馑’”。

③疾威：《毛诗故训传》载，“疾，病人也；威，罪人也”。朱熹《诗集传》言，“犹暴虐也”。

④既伏其辜：王引之《经义述闻》言，“伏者，藏也，隐也。凡戮有罪者当声其罪而诛之……盖唯其欲舍有罪之人，是以匿其罪状耳”。

⑤沦胥以铺：《毛诗故训传》载，“沦，率也”。《毛诗故训传·郑玄笺》载，“胥，相；铺，遍也。言王使此无罪者见牵，率相引而遍得罪也”。一说指大家都被水淹没而病困。许慎《说文解字》言，“沦，没也”。杨雄《方言》载，“胥，皆也”。陆德明《经典释文》引王肃的考证，“铺，病也”。陈奂《诗毛氏传疏》以铺为“痡”的假借字。

⑥戾：定。

⑦正大夫：马瑞辰《毛诗传笺通释》言，“六卿之长为‘大正’……诗言正大夫，盖天子之大正也”。

⑧勚（yì）：《毛诗故训传》载，“劳也”。

⑨三事：官名，指太师、太傅、太保。

⑩庶：庶几，也许可以。

⑪辟言:《毛诗故训传》载,“辟，法也”。《毛诗故训传·郑玄笺》载,“法度之言”。

⑫臻：至。

⑬戎成不退：陈奂《诗毛氏传疏》言,“戎兵不退者，幽王之末，用兵不息也”。

⑭遂:《毛诗故训传》载,“安也”；一说进；一说顺遂。

⑮暬（xiè）御:《毛诗故训传》载,“侍御也”。左右亲近之臣。

⑯憯（cǎn）：朱熹《诗集传》言,“忧貌”。瘁：病。

⑰讯:《鲁诗》作“谇”，谏。

⑱听言则答，谮言则退:《毛诗故训传》载,“以言进退人也”。陈奂《诗毛氏传疏》言,“有时听浅近之言，则进用其人；有时受谗谮之言，则排退其人”。段玉裁言,“听，犹顺也。听有顺从之义，听言对谮言而言”。《广韵》载,“谮，毁也，毁犹谤也。古以谏言为诽谤，故尧有诽谤之木。谮言，即谏言也”。

⑲出：病。马瑞辰《毛诗传笺通释》言,“《说文》,‘疶，病也’。出即疶之省借。言匪舌是病，维躬是病也”。一说出当读为“屈”与“绌”，方与上下文相贯，意谓舌绌不能吐音。

⑳哿（gě,）：表称许之词。可，嘉。

㉑于：往。

㉒棘：急。殆：危。

小旻

题解 刺周幽王政策邪僻，任用小人。

旻天疾威，	老天大逞不正风，
敷于下土[①]。	暴政遍施国土中。
谋犹回遹[②]，	政府不当真邪僻，
何日斯沮[③]？	何时停止何时终？
谋臧不从，	好的政策他不要，
不臧覆用。	坏的政策反被用。
我视谋犹，	我看他的那政策，
亦孔之邛[④]。	也是弊病多又重。

潝潝訿訿[⑤]，	不尽职责又专横，
亦孔之哀。	真可悲哀使人惊。
谋之其臧，	政策真是良好的，
则具是违[⑥]。	偏偏违背而不行。
谋之不臧，	政策真是不好的，
则具是依。	反而全部来依顺。
我视谋犹，	我看他的那政策，

伊于胡厎[7]？　　推行何处是止境？

我龟既厌，　　我龟已在厌倦中，
不我告犹[8]。　　不再告我以吉凶。
谋夫孔多，　　谋臣实在是太多，
是用不集[9]。　　是非难辨无法从。
发言盈庭，　　发言声声满庭院，
谁敢执其咎。　　责任无人敢担当。
如匪行迈谋[10]，　　欲行却谋于路人，
是用不得于道。　　所以谋事不成功。

哀哉为犹，　　叹那政策在施行，
匪先民是程[11]，　　不以古法为准绳，
匪大犹是经[12]。　　不从大事来决定。
维迩言是听，　　浅薄之言却去听，
维迩言是争。　　浅薄之言却争论。
如彼筑室于道谋，　　好比筑室问路人，
是用不溃于成[13]。　　议论纷纷建不成。

国虽靡止[14]，　　国家虽然小得很，
或圣或否。　　也有圣人和常人。

民虽靡朊[15]，	人民虽然无定则，
或哲或谋[16]，	也有谋士和哲人，
或肃或艾[17]。	或是严肃或干练。
如彼泉流，	像那清泉向前行，
无沦胥以败[18]。	莫相为恶自败尽。
不敢暴虎[19]，	不敢徒手打猛虎，
不敢冯河[20]。	不敢徒步走过河。
人知其一，	人们只知此一端，
莫知其他。	不知还有其他祸。
战战兢兢，	战战兢兢要小心，
如临深渊，	好像走近那深渊，
如履薄冰。	好像踏上那薄冰。

注释

①敷：《毛诗故训传》载，“布也”。

②谋犹回遹（yù）：《毛诗故训传》载，“回，邪；遹，僻”。《毛诗故训传·郑玄笺》载，“犹，道也”。犹，同“猷”，谋。回遹，邪僻。

③沮（jǔ）：《毛诗故训传·郑玄笺》载，“止也”。

④邛（qióng）：《毛诗故训传》载，“病也”。

⑤潝潝（xī）：亦作“翕翕”。訿訿（zǐ）：同“訾”，诋毁，诽谤。《毛诗故训传》载：“潝潝然患其上，訿訿然思不称乎

上。”谓臣下不供职。

⑥具：俱。

⑦于：往。厎：至。

⑧犹：道。

⑨集：《毛诗故训传》载，“就也”。成就。陈奂《诗毛氏传疏》言，“集即‘就’之假借字……集、就并与成同义”。

⑩如匪行迈谋：谋于路人，无所适从。王先谦《诗三家义集疏》言：“子驷引《诗》，‘如匪行迈谋，是用不得于道’。杜注，‘匪，彼也。行迈谋，谋于路人也。不得于道，众无适从也’。”一说商量出行，又不行动。《毛诗故训传·郑玄笺》载：“匪，非也。君臣之谋事如此，与不行而坐图远近，是于道路无进于跬步，何以异乎？”

⑪程：法。

⑫经：《孟子》曰，“经德不回”。赵岐注《孟子》言，“经，行也”。

⑬溃：《毛诗故训传》载，“遂也”。达到。

⑭靡止：《毛诗故训传》载，“言小也”。马瑞辰《毛诗传笺通释》言，“按《传》以靡止为小，则止宜训‘大’矣”。孔颖达《五经正义》言，“靡止，犹言狭小无所居，故为小也”。指小貌。

⑮膴（hū）：朱熹《诗集传》言，“大也，多也”。

⑯谋：聪明。陈奂《诗毛氏传疏》言：“谋读为‘敏’。如《中庸》‘人道敏政，地道敏树’，敏或为谋，即其证。谋亦聪也。”

⑰艾（yì）:《毛诗故训传》载,“艾，治也。有恭肃者，有治理者”。指办事干练。

⑱败：被水浸湿而损坏。《广雅》载：“漫、淹，败也。”

⑲暴虎：搏虎，徒手打虎。郝懿行《尔雅义疏》言：“暴者，搏也。搏、暴古音相近。”

⑳冯（píng）河：涉水过河。《毛诗故训传》载：“徒手曰冯河。”

小宛

题解 士大夫遭时之乱，兄弟相诫以免祸。

宛彼鸣鸠[1]，	小小飞鸣那斑鸠，
翰飞戾天[2]。	天空展翅高飞行。
我心忧伤，	我的心儿很忧伤，
念昔先人。	怀念昔日的先人。
明发不寐[3]，	一夜到亮睡不着，
有怀二人[4]。	深深念着那双亲。
人之齐圣[5]，	有那聪明正直人，
饮酒温克[6]。	饮酒温和能克制。

彼昏不知，	那种昏庸无知者，
壹醉日富[7]。	饮酒沉醉夸富实。
各敬尔仪，	各人敬慎你威仪，
天命不又[8]。	天命一去没来日。
中原有菽，	原野生长野豆苗，
庶民采之。	百姓都可去采它。
螟蛉有子，	大青桑虫有孩子，
蜾蠃负之[9]。	细腰蜂儿取了它。
教诲尔子，	教育你的那儿子，
式穀似之[10]。	去用善道教诲他。
题彼脊令[11]，	请你看看那脊令，
载飞载鸣。	一面飞来一面鸣。
我日斯迈，	我是天天在迈进，
而月斯征。	你是月月往前行。
夙兴夜寐，	早起晚睡要勤苦，
毋忝尔所生[12]。	切勿辱及父母亲。
交交桑扈[13]，	小小青雀肉食鸟，
率场啄粟。	顺着禾场啄米食。

哀我填寡⑭，	穷苦无靠真可怜，
宜岸宜狱⑮。	该做苦工遭讼事。
握粟出卜⑯，	握着小米去问卦，
自何能穀？	能从何处得吉利？

温温恭人，	温和恭谨的人们，
如集于木。	好像把那树木升。
惴惴小心，	心惊胆战多谨慎，
如临于谷。	好像把那深渊临。
战战兢兢，	战战兢兢常恐惧，
如履薄冰。	好像踏上那薄冰。

注释

①宛（wǎn）:《毛诗故训传》载，“小貌”。鸠：一说为鹰隼类。

②翰飞戾天:《毛诗故训传》载，“翰，高；戾，至”。

③明发:《毛诗故训传》载，“发夕至明”。吴闿生《诗义会通》言，“明发，谓将旦而光明开发也”。均指天亮时。

④二人：朱熹《诗集传》言，“二人，父母也”。

⑤齐圣:《毛诗故训传》载，“齐，正也；克，胜也”；一说，齐圣为聪明睿智之称，与下文“彼昏不知”相对。

⑥温：“蕴”的假借字。蕴藉，含蓄。

⑦壹醉日富:《毛诗故训传·郑玄笺》载，“童昏无知之人，饮酒一醉，自谓日益富，夸淫自恣，以财骄人”；一说醉则自盈

满。马瑞辰《毛诗传笺通释》言，“按‘壹’为语词……富之言‘畐’也。《说文》，‘畐，满也……醉则自盈满，正与温克相反”。

⑧不又：不再。

⑨螟蛉有子，蜾蠃（guǒ luǒ）负之：螟蛉，螟蛾的幼虫。蜾蠃，细腰蜂。蜾蠃捕捉螟蛉等小虫，做它将来幼虫的食物，古人错认为蜾蠃养螟蛉之子。负，以背载物。

⑩式穀似之：《毛诗故训传·郑玄笺》载，“式，用；穀，善；似，继嗣”。朱熹《诗集传》言，“教诲尔子，则用善而似之可也”。

⑪题：视，看。

⑫忝：辱没。生：指父母；一说指人的一生。

⑬桑扈：鸟名，旧说桑扈“食肉不啄粟”，亦称“窃脂”。

⑭填寡：填，通“殄”。马瑞辰《毛诗传笺通释》言：“《释文》引《韩诗》，填作‘疹’。疹，苦也。是填、瘨、殄、疹古通用。”寡，寡财。

⑮岸：牢房，《韩诗》作“犴”。《毛诗故训传》载：“岸，讼也。”

⑯握粟出卜：马瑞辰《毛诗传笺通释》言，“‘握粟出卜’有二义，一谓以粟祀神……一谓以粟酬卜”。从新中国成立前贵州的迷信职业者“抹米”来看，既祀神，也酬卜。

小弁

题解 周幽王长子被废而怨怒；一说是被逐妇女的哀怨。

弁彼鸒斯[①]，	那乌鸦呀真快乐，
归飞提提[②]。	安闲成群飞回窠。
民莫不穀，	人们都过好生活，
我独于罹。	只有我的忧愁多。
何辜于天？	对天我犯什么罪？
我罪伊何？	我的罪过是什么？
心之忧矣，	心里真是愁得很，
云如之何！	究竟叫我怎样说！
踧踧周道[③]，	又平又宽的大道，
鞫为茂草[④]。	全都长满了野草。
我心忧伤，	我的心儿很忧伤，
惄焉如捣[⑤]。	思想起来如刀绞。
假寐永叹[⑥]，	和衣而睡长叹息，
维忧用老。	忧伤太过使人老。
心之忧矣，	心里真是愁得很，

疢如疾首[⑦]。	病得好像头痛了。
维桑与梓，	父母种的桑梓树，
必恭敬止[⑧]。	必须敬重这些树。
靡瞻匪父，	人们无不瞻仰父，
靡依匪母。	生养也都靠慈母。
不属于毛，	我既不是属于父，
不罹于里[⑨]。	同样也不属于母。
天之生我，	老天既然生了我，
我辰安在？	我的好运在何处？
菀彼柳斯[⑩]，	叶儿茂密柳枝头，
鸣蜩嘒嘒[⑪]。	蝉儿唧唧唱不休。
有漼者渊[⑫]，	真是深啊那深渊，
萑苇淠淠[⑬]。	芦苇长得密又稠。
譬彼舟流，	好比水中舟前进，
不知所届[⑭]。	不知划到何处游。
心之忧矣，	我的心儿真忧伤，
不遑假寐。	不暇假寐只因愁。
鹿斯之奔，	鹿子应该是飞跑，

维足伎伎[15]。　可却舒展缓缓跳。
雉之朝雊[16]，　野鸡早晨大声叫，
尚求其雌。　还是为的找雌鸟。
譬彼坏木[17]，　好比那种坏树木，
疾用无枝。　因病长不出枝条。
心之忧矣，　我的心儿真忧伤，
宁莫之知！　可是没人会知道！

相彼投兔[18]，　看那兔网将兔捉，
尚或先之[19]。　还会有人先放它。
行有死人，　路上出现了死人，
尚或墐之[20]。　还会有人掩埋他。
君子秉心，　君子存心是如此，
维其忍之。　真太忍心难说他。
心之忧矣，　我的心儿真忧伤，
涕既陨之。　涕泪交加往下落。

君子信谗，　君子喜欢听谗言，
如或酬之。　如人敬酒就饮它。
君子不惠，　君子不爱他儿子，
不舒究之。　不肯从容考虑他。

伐木掎矣[21]，	伐木用物倚树顶，
析薪扡矣。	砍柴顺着纹理斫。
舍彼有罪，	抛开那个有罪人，
予之佗矣[22]！	却将罪过加于我！
莫高匪山，	最高莫过那大山，
莫浚匪泉。	最深莫过那清泉。
君子无易由言，	你别轻易就发言，
耳属于垣。	有人附耳在墙边。
无逝我梁[23]，	不要走上我鱼梁，
无发我笱。	不要乱动我鱼篓。
我躬不阅，	我身目前尚难保，
遑恤我后！	何暇顾及我死后！

注释

①弁（pán）:《毛诗故训传》载，“弁，乐也”。鸒（yù）：鸟名，亦名“鹎鶋”“寒鸦”；一说寒鸦反哺，俗称孝鸟。

②提提（shí）：群飞貌。

③踧踧（dí）：平坦貌。

④鞫（jú）:《毛诗故训传》载，“穷也”。尽。

⑤惄（nì）焉如捣:《毛诗故训传》载，“惄，思也；捣，心疾也”。

⑥假寐:《毛诗故训传·郑玄笺》载，“不脱冠衣而寐”。

⑦疢（chèn）：《毛诗故训传·郑玄笺》载，“犹病也”。

⑧维桑与梓，必恭敬止：桑树、梓树为父母所栽，遗留给子孙。子孙看见，缅怀先人，毕恭毕敬。《毛诗故训传》载：“父之所树，己尚不敢不恭敬。”

⑨不属于毛，不罹于里：《毛诗故训传》载，“毛在外阳以言父，里在内阴以言母”；一说“没有不关痛痒，没有不放在心上”；一说“外不容于夫家，内不属于父母之家”，指被放逐流浪在外。

⑩菀（yù）：茂盛貌。

⑪蜩（tiáo）：蝉。嘒嘒（huì）：蝉鸣声。

⑫漼（cuǐ）：水深貌。

⑬淠淠（pèi）：茂盛貌。

⑭届：至。

⑮伎伎（qí）：《毛诗故训传》载，“舒貌”。

⑯雊（gòu）：朱熹《诗集传》言，“雉鸣也”。

⑰坏：又作“瘣”，指木病。

⑱投：关闭。《毛诗故训传·郑玄笺》载，“掩也”。

⑲先：放纵。马瑞辰《毛诗传笺通释》言：“《广雅》，‘先，始也’。义与‘开’近…… 先之，即开其所塞也。”

⑳墐（jìn）：同“殣”，埋葬。

㉑掎：依。

㉒佗（tuó）：加。陈奂《诗毛氏传疏》言：“佗、加叠韵。”

㉓逝：往，去。

说明

这首诗历来的说法是：周幽王的太子宜臼因谗被废，他的老师作了这首诗。但全诗是第一人称写的，他的师傅是第三者，显然不会以第一人称出现。这首诗的有关解释，当推《孟子·告子》。高叟说，《小雅·小弁》是小人之诗，因它哀怨。孟子以为高叟见解固执，说："《小弁》之怨，亲亲也；亲亲，仁也。"还同《邶风·凯风》做了比较："《凯风》亲之过小者也，《小弁》亲之过大者也。"

《邶风·凯风》为什么亲之过小呢？孟子没有说。闻一多的主张是："夫母不堪父的虐待而思去，则咎不在母。"孟子却认为："盖妇人当从一而终。"有失为妻为母之道，但又是被迫至此，所以说"亲之过小"。"《小弁》亲之过大者也"又指的是什么呢？从原诗来看，一开始就羡慕乌鸦，说它"归飞提提"；第三章说，桑树、梓树是父母所栽，对它要恭恭敬敬，哪有不瞻望、依靠父母呢？显然，作诗的人是一个离家在外的游子，并有不见容于父母的意思。诗中"鹿斯之奔，维足伎伎。雉之朝雊，尚求其雌"，同《邶风·匏有苦叶》"有鷕雉鸣……雉鸣求其牡"意境相同，那是妇人责望丈夫之词，作者又显然是个妇女。末章“无（毋）逝我梁，无（毋）发我笱。我躬不阅，遑恤我后”，与《邶风·谷风》文同，那是弃妇之词。从这些看来，诗的作者有很大可能是一个被遗弃在外的妇女。

这妇女为什么被遗弃呢？诗中没有说。但孟子说：“亲之过大。”看来和被遗弃有关。闻一多说，可能是被父母逐得太无理，因其无理，所以孟子说“亲之过大”。这有如后来汉时《孔雀东南飞》中的焦仲卿妻子那样的遭遇。孟子在奴隶主阶级伦理道德上，对一些具体问题的认识是和旁人不同的。全国都说匡章不孝，但孟子却同他交游，而且还对他很有礼貌。公都子感到奇怪问过孟子，孟子讲了世俗上所谓不孝有五种后，认为匡章一种也不是。正因这样，孟子对这弃妇表示同情，所以说：“亲之过大而不怨，是愈疏也。”

巧言

题解 刺统治者信佞人致巧言乱政。

悠悠昊天[①]，　　高远广大老天爷，
曰父母且[②]。　　说它就像父和母。
无罪无辜，　　人本无罪被杀戮，
乱如此幠[③]。　　祸乱大得真特殊。
昊天已威，　　老天威风真可怕，
予慎无罪[④]。　　我诚无罪很抱屈。
昊天泰幠，　　老天威风真太大，
予慎无辜。　　本来我就是无辜。

乱之初生，　　当那祸乱初发生，
僭始既涵[⑤]。　　宽容谗言未除清。
乱之又生，　　当那祸乱又发生，
君子信谗。　　君子相信进谗人。
君子如怒[⑥]，　　君子听谗若发怒，
乱庶遄沮[⑦]。　　祸乱或者可得停。
君子如祉[⑧]，　　君子如能用贤人，
乱庶遄已。　　祸乱定能快平定。

君子屡盟，　　君子多次定盟言，
乱是用长。　　祸乱因而愈增添。
君子信盗，　　君子相信窃贿者，

乱是用暴。	祸乱因而愈暴残。
盗言孔甘，	小人坏话说得甜，
乱是用餤[9]。	祸乱因而胜先前。
匪其止共，	小人谗佞不供职，
维王之邛[10]。	只是为王造祸愆。

奕奕寝庙[11]，	高大宫室和宗庙，
君子作之。	君子经营建造它。
秩秩大猷[12]，	国家明智的大计，
圣人莫之[13]。	圣人谋划制定它。
他人有心，	他人如有啥想法，
予忖度之。	我可揣摸知道它。
跃跃毚兔[14]，	跳跳蹦蹦的狡兔，
遇犬获之。	碰到猎犬捉住它。

荏染柔木[15]，	良好有用的树木，
君子树之。	君子注意培育它。
往来行言[16]，	往来传说的流言，
心焉数之。	心中有数对待它。
蛇蛇硕言[17]，	浅薄夸张的大话，
出自口矣。	没顾行动信口说。

巧言如簧，　　如奏笙簧的巧言，
颜之厚矣。　　说出真太厚脸啊。

彼何人斯？　　究竟他是什么人？
居河之麋[18]。　　住在河岸水草前。
无拳无勇，　　没有力气没有勇，
职为乱阶[19]。　　专门制造那祸源。
既微且尰[20]，　　腿有溃疡脚又肿，
尔勇伊何？　　你的勇气在哪边？
为犹将多，　　施行诡计真太多，
尔居徒几何？　　你的党羽有几员？

注释

①悠悠：《毛诗故训传·郑玄笺》载，“思也”。

②且（jū）：语助词。

③怃（hū）：《尔雅》载，“大也”。

④慎：郝懿行《尔雅义疏》言，“《传》《笺》并云，‘慎，诚也’。慎训‘诚’者，慎犹真也。以真为诚，故以慎为诚也”。

⑤僭（jiàn）：谗言。涵：包含。

⑥君子如怒：《毛诗故训传·郑玄笺》载，“君子见谗人如怒斥之，则此乱庶几可疾止也”。

⑦遄沮（chuán jǔ）：《毛诗故训传》载，“遄，疾也；沮，止也”。

⑧祉:《毛诗故训传》载,“福也”。指贤人。

⑨锬(tán):《毛诗故训传》载,“进也”。本义为进食,引申为增多。

⑩匪其止共,维王之邛:止,职;邛,病。《韩诗》载:“言不供职事,而病其主也。”

⑪奕奕:大貌。

⑫秩秩:聪明有智貌。

⑬莫:谋划。《毛诗故训传·郑玄笺》载:“谋也。”

⑭毚(chán)兔:狡兔。

⑮荏(rěn)染:柔弱貌。《毛诗故训传》载:“柔意也。”马瑞辰《毛诗传笺通释》言:“柔即善也。”

⑯行言:吴闿生《诗义会通》言,“行言,犹流言”。

⑰蛇蛇(yí):轻率貌。马瑞辰《毛诗传笺通释》言:“蛇蛇即訑訑之假借……《尔雅》,‘訑,欺也’。”

⑱麋:水边。《尔雅》作“湄”。

⑲职:职掌,主管。《毛诗故训传·郑玄笺》载:“职,主也。”

⑳微:足疡;一说猥琐。尰(zhǒng):足肿;一说臃肿。形容肥大而呆滞。

说明 郭沫若《中国古代社会研究》认为本篇诗所说的盗“不是普通的穿窬的小盗,这指的是当如‘田成子一旦杀齐君而盗其国’一类的大盗”。诗中反映了一场轰轰烈烈的大变革的兴起,所说的“乱”是动乱、骚乱，是当时奴隶的暴动或新兴的地主阶级的变革行动；所说的谗言、硕言、巧言，或者叫“邪说异端”吧，那是当时新兴的地主阶级的革新主张。这个作诗的人，由于站在奴隶主阶级的立场，斥“谗言”，骂“强盗”，对新兴的地主阶级更看不顺眼，“彼何人斯？”——“那个人呀，他算什么呢？”虽然这样，但却认为这个人诡计多端，有不少的党徒。

何人斯

题解 士大夫之间，互相倾轧残害，这是被害者的抒愤诗。

彼何人斯？	那人是个什么人？
其心孔艰[①]，	他的心术极阴深，
胡逝我梁[②]，	为何走过我鱼梁，
不入我门？	不进我家的大门？
伊谁云从？	他听啥人来说话？
维暴之云。	只听暴公的言论。

二人从行，	二人相随来走过，

谁为此祸？	是谁闯下这场祸？
胡逝我梁，	为何走过我鱼梁，
不入唁我？	不入门来安慰我？
始者不如今，	当初却不像今天，
云不我可[3]？	今我所行啥不可？

彼何人斯？	那人是个什么人？
胡逝我陈[4]？	为何往我堂路行？
我闻其声，	我已听见他声音，
不见其身。	却没看见他形影。
不愧于人，	既然对人无所愧，
不畏于天。	自然也不怕天神。

彼何人斯？	那人是个什么人？
其为飘风[5]。	它是暴风在狂奔。
胡不自北？	何不打从北边来？
胡不自南？	何不打从南边行？
胡逝我梁？	为何走过我鱼梁？
祇搅我心。	只来搅乱我的心。

尔之安行[6]，	当你正在缓缓行，

亦不遑舍。　　无暇休息确也真。
尔之亟行[⑦]，　　当你正在快快走，
遑脂尔车[⑧]？　　哪有时间把车停？
壹者之来[⑨]，　　前次你来看望我，
云何其盱[⑩]。　　盼你我把大眼睁。

尔还而入，　　你返回时进我门，
我心易也[⑪]。　　我的心里就高兴。
还而不入，　　返时而不进我家，
否难知也。　　说没谮我就难信。
壹者之来，　　前次你来看望我，
俾我祇也[⑫]。　　就让我心很安定。

伯氏吹埙[⑬]，　　你如大哥吹的埙，
仲氏吹篪[⑭]。　　我如二哥吹的篪。
及尔如贯[⑮]，　　你我如绳一串穿，
谅不我知。　　可你对我不深知。
出此三物[⑯]，　　摆出三物豕犬鸡，
以诅尔斯[⑰]。　　用来对你发个誓。

为鬼为蜮[⑱]，　　你如是鬼或是蜮，

则不可得。　　那就无法能入目。
有靦面目⑲，　　俨然人面很清楚，
视人罔极⑳。　　是人终究要相晤。
作此好歌，　　我写这首好诗歌，
以极反侧㉑。　　深究你的反复心。

注释

①艰：指狠心。吴闿生《诗义会通》言："艰，犹险也。"王先谦《诗三家义集疏》言："孔艰者，谓其心深而甚难察。"

②胡逝我梁：见本篇说明。

③云不我可：云，发语词；一说"可"疑为"过"的音近之误。"不我可"，即"不我过"。

④陈：堂前的路。《毛诗故训传》载："堂涂也。"

⑤飘风：《毛诗故训传》载，"暴起之风"。

⑥安行：马瑞辰《毛诗传笺通释》言，"按安行对疾行言，即缓行。《战国策》，'安步以当车'，即缓步也"。

⑦亟行：疾行。

⑧脂：膏脂；一说楮车木。马瑞辰《毛诗传笺通释》："脂音'支'，即'支'字之假借，支与'楮'通。《尔雅》，'楮，柱也'。《楚辞》王逸注，'轫，楮车木也'。轫，所以支车使止，脂尔车即楮尔车，亦以轫支而止也……旧训脂为'膏车'，失其义矣。"

⑨壹者：吴闿生《诗义会通》言，"犹云乃者"。

⑩盱（xū）：朱熹《诗集传》言，"《字林》云，'盱，张目也'"。

一说通“吁”，忧愁。

⑪易：喜悦。《韩诗》作“施”。

⑫祇（qí）：安定。

⑬埙（xūn）：古代用陶土烧制的一种吹奏乐器。

⑭篪（chí）：古代用竹制的一种管弦乐器。

⑮贯：用绳串物。

⑯三物：指猪、狗、鸡。

⑰诅（zǔ）：盟誓。

⑱蜮（yù）：短狐，古代相传的一种动物。

⑲靦（tiǎn）：惭愧貌；一说狡狯貌。

⑳视人罔极：《毛诗故训传·郑玄笺》载，“人相视无有极时，终必与汝相见”；一说看起来不正派。

㉑反侧：反复无常。《毛诗故训传》载：“不正直也。”

说明 这首诗，闻一多认为前两章和第四章中有“胡逝我梁”句，不是实指走过拦鱼坝，而是影射女子已失身于人。此处的“胡逝我梁”与《邶风·谷风》“毋逝我梁，毋发我笱”的意义相近。前者，指已失身于男子；后者，指不许男子来亲近。二者，疑为古民间隐语。古代以鱼为配偶的隐语，以打鱼、钓鱼为求偶的隐语，在《诗经》中多处可见。闻一多说，《诗经》中的“风”，多以喻盛怒的男性，如《邶风·谷风》“习习谷风，以阴以雨。黾勉同心，不宜有怒”，以谷中大风喻丈夫的暴怒；《小雅·谷风》“习习谷风，维山崔嵬。无草不死，无木不萎”，以谷风喻丈夫的残暴。本篇中的“飘风”是喻男子的凶横无情。第五章、第六章，为弃妇缠绵悱恻望故夫复好之词，“伯氏吹埙，仲氏吹篪”，与《郑风·萚兮》“叔兮伯兮，倡予和女”意境相似。古时女子呼爱人为叔或伯，伯、叔语气像是对两人，实际上是对一人说话。“及尔如贯”（我和你像串在一根绳上），喻夫妇关系的密切。“出此三物，以诅尔斯”，愿同丈夫赌咒发誓以结盟好。它和《卫风·氓》：“总角之宴，言笑晏晏。信誓旦旦……”意境相似，但“氓”是弃妇之词。末章，在铁一般残酷的现实当中，女子感到和好的不可能，幻想竟成泡影，头脑冷静下来，便指斥男子的无情了，因而认为本篇为弃妇之词。

巷伯

题解 被谗遭害者的抒愤诗。

萋兮斐兮[①]，	好花纹啊色泽新，
成是贝锦[②]。	织成五彩贝纹锦。
彼谮人者，	那个进谗的坏蛋，
亦已大甚！	罗织成罪太狠心！
哆兮侈兮[③]，	口张大啊张大口，
成是南箕[④]。	如同南箕天上挂。
彼谮人者，	那个进谗的坏蛋，
谁适与谋？	是谁和他搞阴谋？
缉缉翩翩[⑤]，	来往叽咕说话声，
谋欲谮人。	阴谋要去害别人。
慎尔言也，	劝你说话要谨慎，
谓尔不信。	否则对你不相信。
捷捷幡幡[⑥]，	来往叽咕老是讲，
谋欲谮言。	要进谗言去编谎。
岂不尔受？	暂时他岂不相信？
既其女迁[⑦]。	终会揭穿不原谅。
骄人好好[⑧]，	骄人得意总忘形，

劳人草草[9]。	愁人常常忧在心。
苍天苍天,	苍天苍天睁睁眼,
视彼骄人,	看看那些骄横人,
矜此劳人。	可怜我这愁苦人。

彼谮人者,	那个进谗的坏蛋,
谁适与谋?	谁和他把坏事干?
取彼谮人,	抓住那个造谣者,
投畀豺虎[10]。	丢给虎狼吃心肝。
豺虎不食,	虎狼若是不肯吃,
投畀有北[11]。	放到北方去流窜。
有北不受,	北方如果不接受,
投畀有昊[12]!	让那老天去清算!

杨园之道[13],	要去杨园的路程,
猗于亩丘[14]。	必先从那亩丘行。
寺人孟子,	我是寺人叫孟子,
作为此诗[15]。	起而赋诗表衷情。
凡百君子,	各位正直的君子,
敬而听之!	请你警惕来听听!

注释

①萋斐：花纹错杂貌。《毛诗故训传》载："萋斐，文章相错也。"陈奂《诗毛氏传疏》言："文章为'斐'，文章相错为'萋'。萋、错双声为训。"

②贝锦：《毛诗故训传》载，"锦文也"。

③哆（chǐ）：《毛诗故训传》载，"大貌"。许慎《说文解字》言，"张口也"。侈（chǐ）：张大。

④南箕：星名，即"箕宿"。余冠英《诗经选译》言："四星连成梯形，也就是簸箕形。古人认为箕星主口舌，所以用来比谗者。"

⑤缉缉：《毛诗故训传》载，"口舌声"。翩翩：《毛诗故训传》载，"往来貌"。

⑥捷捷幡幡（fān）：《毛诗故训传》载，"捷捷犹缉缉也；幡幡犹翩翩也"。

⑦既其女迁：《毛诗故训传·郑玄笺》载，"迁之言'讪'也"。一说变而整自己。吴闿生《诗义会通》言，"好谮之祸，行将迁而及女"。

⑧好好：《毛诗故训传》载，"喜也"。

⑨草草：《毛诗故训传》载，"劳心也"。陈奂《诗毛氏传疏》言，"草读为'慅'，假借字也"。

⑩畀（bì）：给予。

⑪北：北方寒凉不毛之地。

⑫昊：《毛诗故训传》载，"天也"。

⑬杨园：园名。

⑭猗（yǐ）：《毛诗故训传》载，"加也"。陈奂《诗毛氏传疏》

言,“杨园在亩丘之上，故云‘杨园之路，加于亩丘也’”。

⑮作:《毛诗故训传·郑玄笺》载,“起也。孟子起而为此诗，欲使众在位者慎而知之”。

谷风

题解 刺朋友可共患难，不可共安乐；一说是弃妇的哀怨。

习习谷风[①]，	暖和东风轻轻吹，
维风及雨。	和风带着那春雨。
将恐将惧[②]，	又恐又惧的日子，
维予与女。	只有二人我和你。
将安将乐，	要安要乐的时候，
女转弃予。	你反将我来抛弃。
习习谷风，	暖和东风轻轻吹，
维风及颓[③]。	和那旋风吹一起。
将恐将惧，	又恐又惧的日子，
寘予于怀。	把我抱在你怀里。
将安将乐，	要安要乐的时候，

弃予如遗。　　丢我如同丢东西。

习习谷风，　　暖和东风轻轻吹，
维山崔嵬[4]。　　暖风也吹到山顶。
无草不死，　　青草哪有不会死，
无木不萎。　　树木哪有不枯陨。
忘我大德，　　把我大德忘记了，
思我小怨。　　只想到那小怨恨。

注释

①习习:《毛诗故训传·郑玄笺》载,“和调之貌”。指微风和煦。闻一多《诗经通义》言,“习习……大风之声”。谷风:《毛诗故训传·郑玄笺》载,“东风谓之谷风”。闻一多《诗经通义》言,“‘谷风，谷中之风也’……古人以为穷穴井谷之类，为风之所生”。

②将:《毛诗故训传·郑玄笺》载,“且也”；一说作语助词；一说“且”连用，指两件事同时并进。

③颓（tuí）：暴风。《毛诗故训传》载：“风之焚轮者也”。焚轮，即龙卷风、旋风。

④崔嵬（cuī wéi）:《毛诗故训传》载,“山巅也”。

说明　这首诗，根据闻一多的说法为弃妇哀怨的诗。这里，将本篇与《邶风·谷风》做一比较。两诗所咏一事，只不过文词有详有略，闻一多说系一诗的分化。看来还有另一种可能，即一诗是从另一诗仿效或脱胎而来，正如《乐府·陌上桑》和曹植的《美女篇》，所咏格调有相似之处。本篇的某些词句，可以用《邶风·谷风》来互相参证：《邶风·谷风》“育恐育鞫”和本篇“将恐将惧”大致相同；《邶风·谷风》的“昔育恐育鞫，及尔颠覆”与本篇“将恐将惧，寘予于怀”义同；所谓“颠覆”指夫妇之事而言，所谓“恐惧”，与闻一多引张衡《同声歌》“邂逅承际会，得充君后房。情好新交接，恐栗若探汤”义同。

蓼莪

题解 人民苦于兵役不得终养父母。

蓼蓼者莪[①]，	莪菜长得大又好，
匪莪伊蒿。	那不是莪而是蒿。
哀哀父母，	我真哀伤老父母，
生我劬劳。	生我勤苦把心操

蓼蓼者莪，	莪菜长得大又肥，
匪莪伊蔚[2]。	那不是莪而是蔚。
哀哀父母，	我真哀伤老父母，
生我劳瘁。	生我真是太劳瘁。
瓶之罄矣，	盛酒小瓶已空掉，
维罍之耻[3]。	大罍应该羞耻了。
鲜民之生，	孤儿与其来活着，
不如死之久矣。	不如早早死的好。
无父何怙[4]？	没有父亲何所依？
无母何恃？	没有母亲何所靠？
出则衔恤，	走出门时含悲酸，
入则靡至。	进门好像家没到。
父兮生我，	父亲啊养活我，
母兮鞠我。	母亲啊生了我。
拊我畜我，	抚爱我来扶持我，
长我育我。	喂大我来教育我。
顾我复我，	看顾我来提携我，
出入腹我。	出出进进怀抱我。
欲报之德，	要想报答这恩德，

昊天罔极[5]！	恩大如天怎报啊！
南山烈烈[6]，	南山路险难登攀，
飘风发发[7]。	飘风吹得急又寒。
民莫不穀[8]，	他人都能养父母，
我独何害！	为何我独来遭难！
南山律律[9]，	南山道险难登攀，
飘风弗弗[10]。	飘风呼呼吹得寒。
民莫不穀，	他人都能养父母，
我独不卒[11]！	为何我就终养难！

注释

①蓼（lù）：长大貌。莪（é）：植物名，莪蒿，俗称“抱娘蒿”。朱熹《诗集传》言：“莪，美菜也；蒿，贱草也。”马瑞辰《毛诗传笺通释》言：“是莪蒿即茵陈蒿之类，常抱宿根而生，有子依母之像，故诗人借以起兴。”

②蔚：植物名，牡蒿，花如胡麻花，紫赤；果实像角，锐而长。

③瓶之罄矣，维罍之耻：《毛诗故训传·郑玄笺》言，“瓶小而尽，罍大而盈。言为罍耻者，刺王不使富分贫、众恤寡”。陈奂《诗毛氏传疏》言，“瓶小而尽，以喻己不得养父母；罍大而耻，以喻其不能养之故。实由于上之人征役不息，为可耻

也”。瓶，酒器。

④怙（hù）：依靠。

⑤昊天罔极：朱熹《诗集传》言，“言父母之恩如天，欲报之以德，而其恩之大如天无穷，不知所以为报也”。

⑥烈烈：艰阻貌。《毛诗故训传》载：“烈烈然，至难也。”

⑦发发：《毛诗故训传》载，“疾貌”。

⑧穀：《毛诗故训传·郑玄笺》载，“养也”。《尔雅》载，“生也”。

⑨律律：犹烈烈。

⑩弗弗：犹发发。

⑪卒：《毛诗故训传·郑玄笺》载，“终也”。指终养父母。

大东

题解 写周室对东方诸侯国的严重榨取，反映西周王室与远近东方诸侯之间的矛盾。

有饛簋飧[①]，　　饭盒盛满好熟食，
有捄棘匕[②]。　　更有长柄枣木匙。
周道如砥[③]，　　大路好比磨石平，
其直如矢。　　又像箭头一样直。

君子所履，	贵人可在路上走，
小人所视。	百姓只用眼看视。
眷言顾之[4]，	一再回头看又看，
潸焉出涕[5]。	涕泪交流衣衫湿。

小东大东[6]，	东方远近各国中，
杼柚其空[7]。	织布机上搜到空。
纠纠葛屦，	葛麻织就的葛鞋，
可以履霜。	霜天穿它也行动。
佻佻公子[8]，	逍遥自在的公子，
行彼周行。	走上大路很从容。
既往既来，	看着他们来又往，
使我心疚。	使我伤心气填胸。

有冽氿泉[9]，	旁出泉水寒又清，
无浸获薪[10]。	莫要浸湿那柴薪。
契契寤叹[11]，	忧愁难眠自叹息，
哀我惮人[12]。	可怜我们劳苦人。
薪是获薪，	薪柴已被劈下来，
尚可载也。	还可载回供烧焚。
哀可惮人，	可怜我们真劳累，

亦可息也。　　也该休息得安身。

东人之子，　　东方各国的子弟，
职劳不来。　　劳累不堪没抚慰。
西人之子[13]，　　可是西方的子弟，
粲粲衣服。　　衣服鲜明多华丽。
舟人之子[14]，　　你们周人的子弟，
熊罴是裘[15]。　　熊皮为裘暖身体。
私人之子[16]，　　你们家奴的子弟，
百僚是试[17]。　　试做各种小官吏。

或以其酒，　　有人经常可饮酒，
不以其浆。　　有人喝汤也发愁。
鞙鞙佩璲[18]，　　有人佩的是宝玉，
不以其长[19]。　　不因才长为理由。
维天有汉[20]，　　天上出现那银河，
监亦有光[21]。　　看去似有水光流。
跂彼织女[22]，　　鼎足三颗织女星，
终日七襄[23]。　　日移七次永不休。

虽则七襄，　　织女虽移七辰光，

不成报章[24]。	可是织不成纹章。
睆彼牵牛[25]，	那颗明亮牵牛星，
不以服箱[26]。	也不能拖大车厢。
东有启明，	早上东方有启明，
西有长庚。	晚上长庚亮西方。
有捄天毕[27]，	天毕星星有长柄，
载施之行。	空排行列没用场。

维南有箕，	南方箕星闪着光，
不可以簸扬。	不能用来簸米糠。
维北有斗[28]，	北方天上有北斗，
不可以挹酒浆[29]。	也不可能舀酒浆。
维南有箕，	南方天上那箕星，
载翕其舌[30]。	舌头伸得那么长。
维北有斗，	北方天上那北斗，
西柄之揭[31]。	柄儿高举向西方。

注释

①饛（méng）:《毛诗故训传》载，“满簋貌”。簋（guǐ）：古时盛食物的器具，圆口，圈足，无耳或有耳，青铜或陶制。

②捄（qiú）:《毛诗故训传》载，“长貌”。匕：勺匙之类的餐具。

③砥（dǐ）：磨刀石。

④眷:《毛诗故训传》载,“反顾也”。

⑤潸（shān）：泪流貌。

⑥小东大东：东方（西周都城镐京之东）各大大小小的诸侯国；一说离镐京远的为大东，近的为小东。

⑦杼（zhù）：织布机上的筘，亦称“梭”。柚（zhóu）：吴闿生《诗义会通》又作“轴”。朱熹《诗集传》言:“杼，持纬者也；柚，受经者也。”

⑧佻佻（tiāo）：朱熹《诗集传》言,“轻薄不耐劳苦之貌”。

⑨氿（guǐ）泉：侧出泉。《尔雅》载:“侧出曰‘氿泉’。氿，轨也。流狭而长如车轨也。”

⑩获：砍伐，收割。

⑪契契：忧苦貌。陈奂《诗毛氏传疏》言:“契本亦作‘挈’。《广雅》,‘契、挈，忧也’。”

⑫惮（dàn）：通“瘅”，劳。

⑬西人:《毛诗故训传》载,“京师人也”。

⑭舟:“周”的谐音。《毛诗故训传·郑玄笺》载:“当作‘周’……声相近故也。”这章以西人、东人对比，周人逸豫，东人劳苦。极言东、西劳逸不同。

⑮裘：皮裘；一说作“求”,《毛诗故训传·郑玄笺》载:“裘当作‘求’，声相近故也。”

⑯私人之子：贵族家奴的子孙。

⑰百僚：百仆;《毛诗故训传》指百官。陈子展《雅颂选译》言：“指王公大夫以下皂、舆、隶、僚、仆、台、圉、牧之贱者，

百僚犹云百隶、百仆。”

⑱鞙鞙（juān）:《尔雅》作“琄琄”，玉貌。璲（suì）：瑞玉名，可以为佩。瑞是宝玉。

⑲长：陈奂《诗毛氏传疏》言，“不以其长，言不用其长也”。余冠英《诗经选译》言，“指杂佩的长，杂佩虽长都是普通的佩玉”。

⑳汉：银河。

㉑监：视；一说为“鉴”的古字，镜子。

㉒跂（qí）：通“歧”，分歧。许慎《说文解字》引作“歧”。《毛诗故训传》载：“跂，隅貌。”孔颖达《五经正义》言：“孙毓云，‘织女三星，跂然如隅’。然则三星鼎足而成三角，望之跂然，故曰‘隅貌’。”

㉓七襄：七次移动位置。《毛诗故训传·郑玄笺》载：“襄，驾也；驾，谓更其肆也。从旦至莫（暮）七辰，辰一移，因谓之‘七襄’。”

㉔报：反复。陈奂《诗毛氏传疏》言：“报，亦反也。反报犹反复。”即反复织布。

㉕睆（huǎn）：明星貌。

㉖服：负。《毛诗故训传》载：“服，牝服也。”陈奂《诗毛氏传疏》言：“牝即牛，服者‘负’之假借字。大车重载，牛负之，故谓之牝服。”箱：车箱。

㉗毕：星名，共八颗星，形状像田猎所用的毕网（带柄的网）。

㉘斗：北斗星。

㉙挹（yì）：舀。

㉚翕（xī）：引。《毛诗故训传·郑玄笺》载："翕犹引也。引舌者，谓上星相近。"一说敛缩。

㉛揭：高举。按本章末四句，箕星张着口要吞咽，北斗星的柄儿朝向西方，比喻西人向东人搜括和榨取。

四月

题解 为仕者遭小人构祸被逐南迁的抒愤诗；一说刺周幽王在位贪残，下国构祸，怨乱并兴。

四月维夏，	四月已是夏季天，
六月徂暑①。	六月酷暑又重见。
先祖匪人，	先祖并非是别人，
胡宁忍予②？	何忍使我受熬煎？
秋日凄凄，	秋天寒凉风凄凄，
百卉具腓③。	百草都已在凋敝。
乱离瘼矣④，	忧伤离乱苦极了，
爰其适归？	究竟何处可归依？

冬日烈烈，	冬天寒气更凛冽，
飘风发发。	飘风吹得总不歇。
民莫不穀，	人们无不生活好，
我独何害！	独我遭祸受逼迫！
山有嘉卉，	山上长有好木材，
侯栗侯梅。	既有栗树也有梅。
废为残贼[⑤]，	遭到践踏习为恶，
莫知其尤。	不知其过在于谁。
相彼泉水，	看那泉水潺潺流，
载清载浊。	有时清来有时浊。
我日构祸，	我是天天在遭祸，
曷云能穀！	怎说能过好生活！
滔滔江汉，	不尽江汉滚滚流，
南国之纪[⑥]。	那是南方大河流。
尽瘁以仕，	鞠躬尽瘁从王事，
宁莫我有[⑦]！	怎不理我使我忧！
匪鹑匪鸢[⑧]，	不是老雕不是鸢，

翰飞戾天。	高飞可以上青天。
匪鳣匪鲔，	不是鳣鱼不是鲔，
潜逃于渊。	潜逃可以到深渊。
山有蕨薇，	山里长有蕨薇菜，
隰有杞桋⑨。	低地生有杞桋材。
君子作歌，	君子写了这歌篇，
维以告哀。	只是用来诉悲怀。

注释

①徂（cú）:《毛诗故训传》载，“往也”。

②胡宁忍予：吴闿生《诗义会通》言，“何忍我遭此祸也”。

③腓（féi）：草木枯萎。

④瘼（mò）：病，疾苦。

⑤废:《毛诗故训传》载，“伏也”。伏（shì），习惯。《尔雅》载：“大也。”胡承珙《毛诗后笺》言：“《传》以大为‘伏’，当是后人转写增入心旁。”

⑥滔滔江汉，南国之纪:《毛诗故训传·郑玄笺》载，“江也，汉也，南国之大水。纪理众川，使不壅滞”。

⑦有：通“友”，相亲，相友。马瑞辰《毛诗传笺通释》载：“有，读如相亲之‘有’。‘宁莫我有’犹《王风·葛藟》‘亦莫我有’也。”

⑧鹑（tuán）：通“鷻”，雕。

⑨桋（yí）：木名，赤楝（sè）。

北山

题解 刺统治者用人劳逸不均、等级森严。

陟彼北山，	我登上了那北山，
言采其杞[1]。	我采枸杞把树攀。
偕偕士子[2]，	身强力壮的士子，
朝夕从事。	早晚做事无休止。
王事靡盬，	王事没有个尽头，
忧我父母。	我念父母好心忧。
溥天之下[3]，	广大青天覆盖下，
莫非王土。	无地不是属王家。
率土之滨[4]，	循着陆地到海滨，
莫非王臣。	无人不是王家臣。
大夫不均，	大夫遣役不均匀，
我从事独贤[5]。	劳役派我独去行。

四牡彭彭[6]，	四马慌忙往前奔，
王事傍傍[7]。	王事紧急不得停。
嘉我未老[8]，	认为我年还没老，
鲜我方将[9]。	正当壮年身体好。
旅力方刚[10]，	赞我膂力很刚强，
经营四方。	可以经营走四方。
或燕燕居息[11]，	有人安然地休息，
或尽瘁事国。	有人为国尽全力。
或息偃在床[12]，	有人没事躺床上，
或不已于行。	有人不断去打仗。
或不知叫号[13]，	有人听不见号召，
或惨惨劬劳[14]。	有人忧忿地操劳。
或栖迟偃仰[15]，	有人悠闲而徜徉，
或王事鞅掌[16]。	有人烦劳而奔忙。
或湛乐饮酒[17]，	有人狂饮寻欢乐，
或惨惨畏咎。	有人忧着身受祸。
或出入风议[18]，	有人信口乱谈论，
或靡事不为。	有人凡事负责任。

注释

①言:《毛诗故训传·郑玄笺》载,“言，我也”。

②偕偕:《毛诗故训传》载,“强壮貌”。

③溥（pǔ）:《毛诗故训传》载,“大”。《韩诗》作“普”。

④率：循，自。滨：涯，水边。率土之滨：古人认为中国四周都有海，举外以概内，犹言四海之内。

⑤贤：艰苦。《广雅》载：“劳也。”

⑥彭彭：不得息。

⑦傍傍：无穷尽。《毛诗故训传》载：“彭彭然，不得息。傍傍然，不得已。”

⑧嘉：夸奖。

⑨鲜：珍，引申为珍视、重视。将：强壮。马瑞辰《毛诗传笺通释》言：“将与壮双声。《尔雅》将、壮二字并训‘大’。”

⑩旅力：同“膂力”。体力，精力。

⑪燕燕:《毛诗故训传》载,“安息貌”。

⑫偃：仰卧。

⑬叫号：指征发的呼召。《毛诗故训传》载：“叫，呼；号，召也。”

⑭惨惨：陆德明《经典释文》亦作“懆懆”，忧愁貌。《尔雅》载：“愠也。”

⑮栖迟：游息。

⑯鞅掌：鞅，荷；掌，捧。《毛诗故训传·郑玄笺》载：“负荷捧持以趋走，言促遽也。”《毛诗故训传》载：“鞅掌，失容也。”言事多不暇整理仪容，引申为指公事忙碌。

⑰湛（dān）：喜乐，逸乐无度。

⑱风议：放言，类似现在的“吹牛”“说大话”。《毛诗故训传·郑玄笺》载：“风，犹放也。”

无将大车

题解 行役劳顿者的途中忧思；一说诗人感时伤乱，忧思交集，聊自排遣。

无将大车①，　　莫把那个大车驾，
祇自尘兮②。　　驾车恰好吃灰尘。
无思百忧，　　莫想各种忧心事，
祇自疧兮③。　　多想自己会得病。

无将大车，　　莫把那个大车驾，
维尘冥冥④。　　灰尘扬起目不清。
无思百忧，　　莫想各种忧心事，
不出于颎⑤。　　耿耿忧心事不明。

无将大车，　　莫把那个大车驾，
维尘雝兮⑥。　　灰尘蔽空妨害人。

无思百忧，　　莫想各种忧心事，
祇自重兮[7]。　　多想忧思更加增。

注释

①将：手扶大车向前。大车：用牛拉的货车。大车本是用牛拉，不用牛却用人手推，比喻力微载重，无济于事，不过自蒙尘垢。

②祇（zhǐ）：恰巧。《毛诗故训传·郑玄笺》载："适也。"

③疷（qí）：忧病，古读疷如"痃"。

④冥冥：昏暗。

⑤颎（jiǒng）：同"炯"，火光明亮。《毛诗故训传·郑玄笺》载：释"不出于颎"为"使人蔽暗，不得出于光明之道。"

⑥雍：蔽。

⑦重：《毛诗故训传·郑玄笺》载，"犹累也"，即增加之意。

小明

题解　大夫自伤久役，抒怀念友。

明明上天，　　明明亮亮的上天，
照临下土。　　日中光芒照下土。
我征徂西，　　当我出行到西方，

至于艽野[1]。　走到那些荒野处。
二月初吉[2]，　二月朔日很吉祥，
载离寒暑。　而今经历寒与暑。
心之忧矣，　心里真是愁得很，
其毒大苦！　好比毒药一般苦！
念彼共人[3]，　念那敬慎供职者，
涕零如雨。　涕泪齐下如落雨。
岂不怀归？　难道我不想还家？
畏此罪罟！　只怕落网而受侮！

昔我往矣，　想我出门那当初，
日月方除[4]。　除旧更新上征途。
曷云其还？　什么时候可回还？
岁聿云莫。　谁知一年到岁暮。
念我独兮，　想我孤独一个人，
我事孔庶[5]。　肩任事务多难数。
心之忧矣，　心里真是愁得很，
惮我不暇[6]。　没有空闲只劳苦。
念彼共人，　念那敬慎供职者，
眷眷怀顾。　眷眷情怀来回顾。
岂不怀归？　岂有我不想还家？

畏此谴怒！	怕遭谴责和恼怒！

昔我往矣，	想我出门那当初，
日月方奥[7]。	季节正是暖时候。
曷云其还？	哪里可以说回家？
政事愈蹙。	政事日益难挽救。
岁聿云莫，	一年又到了岁暮，
采萧获菽。	又该采蒿和摘豆。
心之忧矣，	心里真是愁得很，
自诒伊戚[8]。	自己找罪自己受。
念彼共人，	念那敬慎供职者，
兴言出宿[9]。	起身走到门外宿。
岂不怀归？	岂有我不想还家？
畏此反覆[10]！	怕遭莫须有愆咎！

嗟尔君子，	我来劝众君子啊，
无恒安处！	不要常常图安居！
靖共尔位[11]，	谋求守好尔职位，
正直是与。	正直的人才相与。
神之听之，	神明听见了这些，
式穀以女。	定以好处赐给你。

嗟尔君子，　　我来劝众君子啊，
无恒安息！　　不要常常图安息！
靖共尔位，　　谋求守好你职位，
好是正直。　　爱那正直的伴侣。
神之听之，　　神明听见了这些，
介尔景福[12]。　　最大福禄赐给你。

注释

①艽（qiú）野:《毛诗故训传》载,“艽野，远荒之地”。

②初吉：阴历上旬；一说阴历初二或初三。陈奂《诗毛氏传疏》言:“古谓朔为‘吉’…… 朔日者，谓月朔之日，不必定在始一日，自一至十皆是也。”

③共人：指同僚。

④除:《毛诗故训传》载,“除陈生新也”。

⑤庶：众。

⑥惮:《毛诗故训传》载,“劳也”。

⑦奥（yù）：通“燠”，暖。

⑧戚:《毛诗故训传》载,“忧也”。

⑨兴言出宿:《毛诗故训传·郑玄笺》载,“夜卧起宿于外”。兴，起。

⑩反覆：乱加罪名。《毛诗故训传·郑玄笺》载:“谓不以正罪见罪。”一说变化无常。

⑪靖:《毛诗故训传》载,“谋也”。共：恭。

⑫介：给予。景:《毛诗故训传·郑玄笺》载,“大也”。

鼓钟

题解 统治者淫乐无度，诗人闻乐心悲，思古刺今而作。

鼓钟将将[①]，	敲起钟来锵锵锵，
淮水汤汤，	淮水奔流满泱泱，
忧心且伤。	心里又愁又悲伤。
淑人君子，	那些善良的君子，
怀允不忘[②]。	想念他们总不忘。
鼓钟喈喈[③]，	敲起钟来当当当，
淮水湝湝[④]。	淮水往前浩荡荡。
忧心且悲，	心里又愁又悲伤，
淑人君子，	那些善良的君子，
其德不回[⑤]。	有德没有邪僻样。
鼓钟伐鼛[⑥]，	敲钟又把大鼓击，
淮有三洲，	声音响彻淮三洲，
忧心且妯[⑦]。	心中哀悼又发愁。
淑人君子，	那些良善的君子，

其德不犹[8]。	他们德有病没有。
鼓钟钦钦[9]，	敲起钟来声钦钦，
鼓瑟鼓琴，	既鼓瑟来又鼓琴，
笙磬同音。	吹笙击磬同发音。
以雅以南[10]，	奏那雅乐和南乐，
以籥不僭[11]。	吹起舞乐不乱阵。

注释

①将将（qiāng）：钟声。

②怀：想念。允：作语助词。

③喈喈（jiē）：钟声。

④湝湝（jiē）：水流貌。

⑤回：《毛诗故训传》载，"邪也"。

⑥鼛（gāo）：《毛诗故训传》载，"大鼓也"。

⑦妯（chōu）：《毛诗故训传·郑玄笺》载，"妯之言'悼'也"。指哀悼。

⑧犹：《毛诗故训传·郑玄笺》载，"犹当作'瘉'。瘉，病也"。

⑨钦钦：钟声。

⑩以：为。雅：雅乐。南：《毛诗故训传》载，"南夷之乐"。

⑪籥（yuè）：古乐器名；一说籥长于笛而方孔，吹以节舞。《毛诗故训传》载，"籥舞"。僭（jiàn）：差失；一说乱。朱熹《诗集传》言，"僭，乱也"。

说明 这首诗，一说周王会诸侯于淮水之上，用先王之乐。淮水不是周王觐见诸侯的地方，“贤者为之忧伤”。左丘明《左传·定公十年》载：“孔子谓梁丘据曰，‘……且牺、象不出门，嘉乐不野合……’”指祭祀用的牺尊、象尊（酒器）只能陈列在朝廷宗庙之内，钟磬嘉美的音乐不作于野外。本篇描写的在淮水之上鸣钟击鼓，使用宗庙之乐的场景，作诗的人认为是有背于“礼”的，因而为之忧伤，思念贤人。

楚茨

题解 统治阶级从农民秋收之后获得大量粮食，举行祭祀祈福。

楚楚者茨[①]，	田里簇簇长蒺藜，
言抽其棘[②]。	就将刺蓬来锄去。
自昔何为？	从古为何这样做？
我蓺黍稷。	我们种下黍和稷。
我黍与与[③]，	我种的黍长得旺，
我稷翼翼[④]。	我种的稷也茂密。
我仓既盈，	我的粮仓已装满，

我庾维亿[5]。　　我的露仓无数计。
以为酒食，　　用来做酒和做饭，
以享以祀。　　用来供神和上祭。
以妥以侑[6]，　　可以安坐劝饮酒，
以介景福[7]。　　可以助我得福气。

济济跄跄[8]，　　祭者仪容又堂皇，
絜尔牛羊[9]，　　洗净你的牛和羊，
以往烝尝[10]。　　用作秋尝或冬烝。
或剥或亨，　　或是宰割或烹汤，
或肆或将[11]。　　或是陈设或捧上。
祝祭于祊[12]，　　司仪先祭门内旁，
祀事孔明[13]。　　祀祭工作很齐备。
先祖是皇，　　先祖神灵来安享，
神保是飨[14]。　　司祭前来献牺牲。
孝孙有庆[15]，　　孝孙总会得赐赏，
报以介福[16]，　　酬答用那大福泽，
万寿无疆！　　赐你子孙寿无疆！

执爨踖踖[17]，　　庖人恭谨治酒肴，
为俎孔硕[18]，　　肉案三牲很肥饶，

或燔或炙。	或是烧烤或煎炒。
君妇莫莫[19]，	主妇敬供仪容好，
为豆孔庶。	食器陈列十分多。
为宾为客，	是宾是客真不少，
献酬交错。	主献客酢相交错。
礼仪卒度，	礼节合法极周到，
笑语卒获[20]。	笑谈彼此都得时。
神保是格[21]，	司祭这时也来了，
报以介福，	神用大福来酬答，
万寿攸酢[22]！	赐你万寿以为报！

我孔熯矣[23]，	我是十分恭敬哟，
式礼莫愆[24]。	礼节仪式没毛病。
工祝致告[25]，	司仪行祭报告神，
徂赉孝孙[26]。	神往赐福给孝孙。
苾芬孝祀[27]，	馨香酒食来祭祀，
神嗜饮食，	神明喜这饮食精，
卜尔百福[28]。	给你多种好福泽。
如几如式[29]，	福来有期数有程，
既齐既稷[30]，	既是整齐又很快，
既匡既敕[31]。	既是正规又坚定。

永锡尔极[32]，　　永久赐你多福泽，
时万时亿！　　是万是亿都得行！

礼仪既备，　　礼节仪式已备竣，
钟鼓既戒[33]，　　钟鼓乐器一齐鸣，
孝孙徂位。　　孝孙莅位西面立。
工祝致告，　　司仪行祭报告神，
神具醉止。　　神灵全都已吃醉。
皇尸载起[34]，　　替身吃毕就起身，
鼓钟送尸，　　送尸敲钟和击鼓，
神保聿归。　　司祭起身告辞行。
诸宰君妇，　　几个厨师和主妇，
废彻不迟[35]。　　迅速撤席不留停。
诸父兄弟，　　诸父兄弟就座饮，
备言燕私。　　饮酒同乐叙私恩。

乐具入奏，　　乐器一齐奏起了，
以绥后禄。　　安然享受祭后肴。
尔肴既将[36]，　　酒肴既已摆出来，
莫怨具庆。　　全没怨言都说好。
既醉既饱，　　既是喝醉又饱吃，

小大稽首。	大家再拜把言告。
神嗜饮食，	神灵喜这饮食精，
使君寿考。	使你能够得寿考。
孔惠孔时，	十分合礼又合时，
维其尽之。	因你尽礼又尽孝。
子子孙孙，	你的子子孙孙辈，
勿替引之㊲！	长期继承不废掉！

注释

①楚楚：植物丛生貌。《毛诗故训传》载："茨棘貌。"茨：《毛诗故训传·郑玄笺》载，"蒺藜也"。

②抽：除。陈奂《诗毛氏传疏》言："抽、除双声。"棘：植物的刺。

③与与：茂盛貌。

④翼翼：繁盛貌。

⑤庾（yǔ）：露天堆积谷物处。

⑥妥：安。侑：劝进饮食。

⑦景：大。

⑧济济：形容众多。跄跄：步趋有节貌。《毛诗故训传》载："济济跄跄，言有容也。"

⑨絜（jié）：洁净。

⑩烝：《毛诗故训传·郑玄笺》载，"冬祭曰'烝'，秋祭曰'尝'"。

⑪肆：陈设。将：捧持。朱熹《诗集传》言："肆，陈之也；将，

捧持而进之也。”

⑫祊（bēng）：宗庙门内设祭的地方。

⑬孔：甚也。明：指祭礼齐备。《毛诗故训传·郑玄笺》载：“犹备也。”一说指祭礼洁净。

⑭神保：对祭祀时神所凭依之尸的美称。朱熹《诗集传》言：“盖尸之嘉号。《楚辞》所谓‘灵保’，亦以巫降人之称也。”

⑮孝孙：主祭之人对已故父母的自称。

⑯报：一说指报祭。郭沫若《由周代农事诗论到周代社会》言：“报为国祀，即《国语·鲁语》‘凡禘、郊、祖、宗、报，此五者国之典祀也’。”

⑰爨（cuàn）：烧火煮饭。踖踖（jí）：敏捷而又恭敬。

⑱俎（zǔ）：古代祭祀盛牛羊的礼器，青铜制或漆器。

⑲莫莫：安静。

⑳获：《毛诗故训传》载，“得时也”。指笑语尽兴。

㉑格：至。

㉒酢（zuò）：以酒回敬。《毛诗故训传》载：“报也。”

㉓熯（rǎn）：敬惧。马瑞辰《毛诗传笺通释》言：“熯为‘戁’之假借。”

㉔莫愆：《毛诗故训传·郑玄笺》载，“莫，无；愆，过”。

㉕工祝：主持祭祀司仪的人。致告：《毛诗故训传》载，“告利成也”。

㉖徂（cú）：往。赉（lài）：赏赐。

㉗苾（bì）芬：芬芳，形容祭品的香味。孝祀：祭献。马瑞辰《毛诗传笺通释》言：“《尔雅》，‘享，孝也’。享训为‘孝’，

故享祀亦谓之‘孝祀’。”

㉘卜：予。

㉙几：期。陈奂《诗毛氏传疏》言：“几，读与‘期’同，此假借字也。‘如几’承‘卜尔百福’句。”指福来有定期。式：法。“如式”承“苾芬孝祀”句，指祭祀有法度（礼节）。

㉚稷：急。《毛诗故训传》载：“疾也。”马瑞辰《毛诗传笺通释》言：“《传》盖以稷为‘亟’之假借，故训为‘疾’。古者以疾为敬，故亟又训‘敬’。”

㉛匡：端正。敕：通“饬”，严正。陈奂《诗毛氏传疏》言：“敕读为‘饬’。《说文》，‘饬，致坚也’……致坚者，固之谓也……固与正义相近……齐、稷、匡、敕，皆祭祀肃敬之意，所谓如法也。”

㉜极：郑玄注释为“中”，但亦可训为“穷极”，如《大雅·崧高》“骏极于天”。

㉝戒：陈奂《诗毛氏传疏》言，“亦备也”。齐备。

㉞皇尸：皇，美称；尸，代表神灵受祭的活人。

㉟废彻：《毛诗故训传·郑玄笺》载，“废，去也”。马瑞辰《毛诗传笺通释》言，“废、彻二字同义，废亦彻也”。彻通“撤”，撤除。

㊱将：一说美好。《广雅》载：“美也。”

㊲替：废除。《毛诗故训传》载：“废也。”引：长久。《毛诗故训传》载：“长也。”

信南山

题解 贵族统治者从农业中获得财富后祀祖求福，诗旨与《小雅·楚茨》略同。

信彼南山[①]，　那座长远南山坡，
维禹甸之[②]。　大禹治水治过它。
畇畇原隰[③]，　平整田土除草莱，
曾孙田之[④]。　曾孙也曾耕种它。
我疆我理[⑤]，　我画经界我治田，
南东其亩[⑥]。　田亩向东向南多。

上天同云，　天上一色是乌云，
雨雪雰雰。　瑞雪飘洒落纷纷。
益之以霢霂[⑦]，　加上下着丝丝雨，
既优既渥[⑧]。　水多土沾便耘耕。
既沾既足[⑨]，　已经沾湿又充足，
生我百谷。　生长百谷有收成。

疆埸翼翼[⑩]，　田间阡陌划分明，

黍稷彧彧[11]。	黍稷长得极茂盛。
曾孙之穑，	曾孙把它来收获，
以为酒食。	美酒佳肴可做成。
畀我尸宾，	给我神尸和宾客，
寿考万年。	神灵保我万年青。

中田有庐[12]，	田中种得有莱菔，
疆场有瓜。	田畔瓜儿也种熟。
是剥是菹[13]，	就剥莱菔就腌瓜，
献之皇祖。	奉献给予我皇祖。
曾孙寿考，	曾孙因此寿得长，
受天之祜。	是受上天的赐福。

祭以清酒，	祭祀使用那清酒，
从以骍牡[14]，	加上一只红毛牛，
享于祖考。	拿去献祭我祖考。
执其鸾刀[15]，	一手握着鸾刀头，
以启其毛，	开启牺牲的皮毛，
取其血膋[16]。	取下它的血和油。

是烝是享，	进行冬祭来献上，

苾苾芬芬。	苾苾芬芬极馨香。
祀事孔明，	祭祀工作很完备，
先祖是皇。	先祖神灵得安享。
报以介福，	报你用那大福泽，
万寿无疆！	赐你万寿永无疆。

注释

①信：通“伸”，长貌。

②甸（diàn）：治理。

③畇畇（yún）：平坦整齐貌，形容开垦的田地。

④曾孙：一说成王；一说主祭者的通称；一说君王。古书上对曾孙没有作为官名或世袭爵位的记载，这里可能指周王的某一孙子（曾孙）。

⑤疆：划分界限。《毛诗故训传》载：“画经界也。”理：区分田地好坏。《毛诗故训传》载：“分地理也。”

⑥南东：《毛诗故训传》载，“或南或东”。

⑦霡霂（mài mù）：小雨。

⑧优：指雨水多。渥（wò）：润泽。

⑨沾：浸湿。足：润湿貌。

⑩埸（yì）：田畔。翼翼：朱熹《诗集传》言，“整饬貌”。

⑪彧彧（yù）：《毛诗故训传》载，“茂盛貌”。

⑫庐：庐为“芦”之假借。许慎《说文解字》言：“芦，芦菔也。”即萝卜。

⑬菹（zū）：酢菜，腌菜。

⑭骍（xīn）：朱熹《诗集传》言，“骍，赤色”。

⑮鸾刀：有铃的刀。

⑯膋（liáo）：《毛诗故训传·郑玄笺》载，“脂膏也”。肠部的脂肪。

甫田

题解 周代统治者祈年、祭神的乐歌，从中反映出他们监督和迫使农民从事劳动及榨取他们的劳动果实的若干情况。

倬彼甫田[①]，	极为开阔那大田，
岁取十千。	每年收粮收十千。
我取其陈，	我去取出那陈谷，
食我农人，	养活我们的农夫，
自古有年[②]。	从古以来年丰富。
今适南亩，	如今农人到南郊，
或耘或耔[③]，	或是除草或培苗，
黍稷薿薿[④]。	黍稷茂盛长得好。
攸介攸止[⑤]，	青苗长大谷满田，
烝我髦士[⑥]。	由那田官来进献。

以我齐明[7]，	把我黍粱取了来，
与我牺羊[8]，	又把我的牛羊带，
以社以方[9]。	祭社祭方不懈怠。
我田既臧，	我的田亩种得好，
农夫之庆。	就赏农夫的功劳。
琴瑟击鼓，	弹琴鼓瑟又敲鼓，
以御田祖[10]，	用来迎祭那田祖，
以祈甘雨。	用来祈求降甘露。
以介我稷黍，	用来助长稷和黍，
以谷我士女[11]。	用来教养我男女。
曾孙来止，	周王来到田间时，
以其妇子[12]，	农夫叫他妻和子，
馌彼南亩[13]，	送酒送饭到南郊，
田畯至喜[14]。	田官老爷吃酒肴。
攘其左右[15]，	先让左右共享受，
尝其旨否。	尝尝酒肴香与否。
禾易长亩[16]，	禾苗长满了田亩，
终善且有。	既好也多得丰收。
曾孙不怒，	周王喜欢不发怒，
农夫克敏[17]。	农夫种粮好又速。

曾孙之稼[18]，	周王所有的庄稼，
如茨如梁[19]。	多如屋盖高如梁。
曾孙之庾，	周王所有的谷仓，
如坻如京[20]。	多如沙堆高如冈。
乃求千斯仓，	就去准备千个仓，
乃求万斯箱。	就去准备万个箱。
黍稷稻粱，	有黍有稷有稻粱，
农夫之庆。	就把农夫功来赏。
报以介福，	神灵报答以大福，
万寿无疆！	祈求万寿而无疆！

注释

①倬（zhuō）彼甫田：《毛诗故训传》载，“倬，明貌。甫田，谓天下田也”。陈奂《诗毛氏传疏》言，“倬、焯、卓同；甫为大。甫田，即大田”。

②有年：陈奂《诗毛氏传疏》言，“丰年也”。

③耘：锄草。耔（zǐ）：壅土。

④薿薿（nǐ）：茂盛貌。

⑤介：舍。止：息。王先谦《诗三家义集疏》言：“黄山云，介当读如陈奂说，‘介，大也’。言长大其黍稷。止，至也。至于得谷也。”

⑥烝：《毛诗故训传》载，“烝，进”。马瑞辰《毛诗传笺通释》言：“烝之义亦当为乃。”髦（máo）：官；一说英俊之士。

⑦齐（zī）：即粢盛，谓祭器中所盛的谷物。《毛诗故训传》载："器实曰'齐'，在器'曰'盛。"明：言其洁净。

⑧牺：牛。

⑨社：指土地神。方：祭四方之神。《毛诗故训传》载："迎四方气于郊也。"

⑩御：《毛诗故训传·郑玄笺》载，"御，迎"。田祖：田神，一说神农。

⑪谷：《毛诗故训传·郑玄笺》载，"养也"。

⑫以其妇子：《毛诗故训传·郑玄笺》载，"（王）亲与后、世子行使"。郭沫若说："天子之妻亦称'妇'。"

⑬馌（yè）：给在田耕作的人送饭。

⑭喜：《毛诗故训传·郑玄笺》载，"喜读为'饎'。'饎'，酒食也"。这里作动词用。

⑮攘：指礼让。

⑯易：禾盛貌。马瑞辰《毛诗传笺通释》言："易与移一声之转。《说文》，'移，禾相倚移也'。倚移读若'阿那'，为禾盛之貌。"

⑰敏：《毛诗故训传》载，"疾也"。孔颖达云："乃谓此农夫，其田事既有工能，而且敏疾，故不怒之。"

⑱稼：《毛诗故训传·郑玄笺》载，"禾也"。

⑲如茨如梁：《毛诗故训传》载，"茨，积也；梁，车梁也"。《毛诗故训传·郑玄笺》载，"茨，屋盖也"。

⑳坻（chí）：水中高地。京：高丘。后因以"坻京"形容丰年堆积如山的谷物。

大田

题解 西周贵族丰收时祭神的诗，可从中了解当时的社会经济形态。

大田多稼，	大田土肥宜多种，
既种既戒[①]，	既备农具又选种，
既备乃事。	各种田事已周备。
以我覃耜[②]，	用我锋利耜田器，
俶载南亩[③]。	开始工作到南亩。
播厥百谷，	播种百谷在田畴，
既庭且硕[④]，	秧苗既直又肥大，
曾孙是若[⑤]。	周王顺心很高兴。

既方既皂[⑥]，	稻子抽穗又灌浆，
既坚既好，	既已坚实又渐黄，
不稂不莠[⑦]。	没那空壳与害草。
去其螟螣[⑧]，	把那螟螣也杀掉，
及其蟊贼[⑨]，	根节蟊贼也要除，
无害我田稚[⑩]。	莫使伤害我幼苗。
田祖有神，	祈求田祖显神灵，

秉畀炎火[11]。　　放火把虫统统烧。

有渰萋萋[12]，　　乌云渐渐布天上，
兴雨祈祈[13]。　　春雨落得把禾养。
雨我公田[14]，　　好雨落到公田里，
遂及我私[15]。　　同时也落私人地。
彼有不获稚，　　那里嫩谷没割的，
此有不敛穧[16]。　　这里禾束没收的。
彼有遗秉[17]，　　那里禾把掉下的，
此有滞穗[18]，　　这里禾穗漏落的，
伊寡妇之利。　　都归寡妇来收去。

曾孙来止，　　周王来到田间时，
以其妇子，　　农夫叫他妻和子，
馌彼南亩，　　送酒送饭到南亩，
田畯至喜。　　田官老爷来享受。
来方禋祀，　　周王到来祭四方，
以其骍黑[19]，　　用的黄牛黑豕羊，
与其黍稷。　　和着新熟黍稷粮。
以享以祀，　　用来献神作祭祀，
以介景福。　　用来祈神把福赐。

注释

①种：选种。戒：《毛诗故训传·郑玄笺》载，"计耦耕事，修耒耜，具田器，此之谓戒"。准备。

②覃：锋利。《毛诗故训传》载："利也。"马瑞辰《毛诗传笺通释》言："覃者，'剡'之假借……《尔雅》，'剡，利也'。"

③俶（chù）载：开始从事。马瑞辰《毛诗传笺通释》言："炽、菑二字双声，即'俶载'之转……以耜入地曰'炽'。"

④庭：直。《尔雅》载："直也。"

⑤若：《毛诗故训传·郑玄笺》载，"顺也"。

⑥方：《毛诗故训传·郑玄笺》载，"房也"。谷始生未实之称，即谷穗生时长了谷壳谓之"房"。皂（zào）：谷实才结成的状态。《毛诗故训传》载："实未坚者曰'皂'。"

⑦稂（láng）：《毛诗故训传》载，"童粱也"；一说即谷之秀而不实者，俗谓"凹谷"或"空谷"；一说对禾苗有害的草，俗称"稗子"。莠：即俗谓"狗尾草"。

⑧螟（míng）：螟蛾的幼虫，一种蛀食稻心的害虫。螣（tè）：食苗叶的害虫。

⑨蟊（máo）：食稻根的害虫。贼：食稻茎的害虫。《毛诗故训传》载："食心曰'螟'，食叶曰'螣'，食根曰'蟊'，食节曰'贼'。"

⑩稚：晚植的谷类，引申为幼禾。

⑪秉畀炎火：《毛诗故训传·郑玄笺》载，"持之付与炎火，使自消亡"。秉，执持。畀，给予。

⑫渰（yǎn）：云兴起貌。萋萋：许慎《说文解字》作"凄凄"；一说云行貌。

⑬祈祈：众多貌。

⑭公田：郭沫若主张为井田制中的公田。据胡庆钧《大凉山彝族社会概况》考证，可能指的是某个公侯、公爷（奴隶主）的田。

⑮我私：一说“公田”与“我私”相对，公指统治者，私指士大夫，因当时奴隶不会有田，而士大夫是有私田的。郭沫若认为是井田制外开辟的私田。据胡庆钧《大凉山彝族社会概况》考证，可能类似凉山彝族社会的“安家”（奴隶），所得奴隶主分给的一小片土地。

⑯穧（jì）：已割而未收的农作物。

⑰秉：指谷把。

⑱滞穗：丢弃的谷穗。陈奂《诗毛氏传疏》言：“不获稚，未刈者也；不敛穧，刈而未敛者也；遗秉，谓连稾者；滞穗，谓去稾者。”

⑲骍黑：指牛、羊、猪一类牺牲物。《毛诗故训传》载：“骍，牛也；黑，羊豕也。”

瞻彼洛矣

题解 周王集诸侯讲武于洛水，诸侯歌颂周王。

瞻彼洛矣①，　看那宗周洛水长，

维水泱泱[2]。	又深又广满泱泱。
君子至止，	君子来到了这里，
福禄如茨[3]。	福禄多比屋盖强。
韎韐有奭[4]，	穿的蔽膝朱红色，
以作六师。	率领六师讲武忙。
瞻彼洛矣，	看那宗周洛水长，
维水泱泱。	又深又广满泱泱。
君子至止，	君子来到了这里，
鞞琫有珌[5]。	上琫下珌刀鞘亮。
君子万年，	君子长寿活万年，
保其家室。	能够长保家室邑。
瞻彼洛矣，	看那宗周洛水长，
维水泱泱。	又深又广满泱泱。
君子至止，	君子来到了这里，
福禄既同[6]。	和他先人福一样。
君子万年，	君子长寿活万年，
保其家邦。	能够保国保家邦。

注释 ①洛：水名。

②泱泱：水深广貌。

③茨：《毛诗故训传·郑玄笺》载，“茨，屋盖也。如屋盖，喻多也”。

④韎韐（mèi gé）：祭服的蔽膝。用熟皮制成，用茜草染成赤黄色。奭（shì）：赤色。

⑤鞞琫（bǐ běng）：刀鞘上的装饰物，也指刀鞘。珌（bì）：刀鞘下端的装饰。

⑥同：相同；一说聚。

裳裳者华

题解 天子美誉诸侯，以答“瞻彼洛矣”。

裳裳者华①，	堂堂华丽的鲜花，
其叶湑兮②。	叶儿茂盛衬托它。
我觏之子，	我看见了那个人，
我心写兮③。	我的忧愁泻尽呀。
我心写兮，	我的忧愁泻尽呀，
是以有誉处兮。	就处美誉之中呀。

裳裳者华，	堂堂华丽的鲜花，

芸其黄矣[4]。	盛开冶艳又光华。
我觏之子，	我看见的那个人，
维其有章矣[5]。	只因他有文章呀。
维其有章矣，	只因他有文章呀，
是以有庆矣。	也就得到喜庆呀。
裳裳者华，	堂堂华丽的鲜花，
或黄或白。	有黄有白真不差。
我觏之子，	我看见的那个人，
乘其四骆。	车乘四匹好骆马。
乘其四骆，	车乘四匹好骆马，
六辔沃若。	六根缰绳很柔滑。
左之左之，	安放在左放在左，
君子宜之。	君子在左无不可。
右之右之[6]，	安放在右放在右，
君子有之[7]。	君子在右也常有。
维其有之，	唯其才德都具备，
是以似之[8]。	君子续嗣无不宜。

注释 ①裳裳：朱熹《诗集传》载，“犹堂堂。董氏云，‘古本作常，

常棣也’。”按闻一多的说法，则是车上的帷裳。

②湑（xǔ）:《毛诗故训传》载,“盛貌”。

③写：通“泻”。《毛诗故训传·郑玄笺》载:“则我心所忧，写而去之矣。”

④芸：即“芸芸”。《毛诗故训传》载,“黄盛也”。

⑤章:朱熹《诗集传》载,“章，文章。有文章，斯有福庆矣”。

⑥左之……右之：陈奂《诗毛氏传疏》言,“诗曰,‘左之左之，君子宜之。右之右之，君子有之’……《传》曰,‘君子者，无所不宜也’。言朝祀丧戎，无不得宜”。

⑦有：陈奂《诗毛氏传疏》言,“盖有者，有此宜也”。

⑧似：嗣，指继承祖宗的功业。《毛诗故训传·郑玄笺》载:“维我先人有是二德，故先王使之世禄，子孙嗣之。”

说明

这首诗，旧说是“刺幽王”，也有说是天子赞美诸侯的。从诗意来看，是一首情诗，应是一个妇女赞美碰见的一个贵族男子。本篇诗中有“我觏之子”句，“之子”在《诗经》中常为男女双方之间的昵称。“裳裳者华，其叶湑兮”“裳裳者华，芸其黄矣”“裳裳者华，或黄或白”都是称赞这位贵族男子车上帷裳的花纹漂亮。朱熹说，这首诗“与《蓼萧》首章文势全相似。”《小雅·蓼萧》说的是什么呢？说的是贵族间的会面。如果参照来看，显然这首诗并不仅是赞扬碰见的一位贵族，它带有男女间的爱慕。“左之左之……右之右之”，是对这男子的赞美。它是双关语，既指往左走，往右走；也指做事左右咸宜。

桑扈

题解 统治者大宴宾客，赞美属臣。

交交桑扈[1]，	飞来飞去桑扈鸟，
有莺其羽[2]。	它的羽毛花纹好。
君子乐胥[3]，	君了真是很快乐，
受天之祜。	受到上天赐福早。
交交桑扈，	飞来飞去桑扈鸟，
有莺其领[4]。	它的颈项花纹好。
君子乐胥，	君子真是很快乐，
万邦之屏。	屏障万邦制侵扰。
之屏之翰[5]，	桢干屏藩就是他，
百辟为宪[6]。	诸侯以他为楷模。

不戢不难[7]，　　又和平来又恭敬，
受福不那[8]。　　受福真是那么多。

兕觥其觩[9]，　　牛角杯儿曲角口，
旨酒思柔[10]。　　美酒味儿真和柔。
彼交匪敖[11]，　　不存侥幸不傲慢，
万福来求[12]。　　万种福泽反来求。

注释

①交交:《毛诗故训传·郑玄笺》载,“飞往来貌”。《毛诗故训传》载,“小貌”。桑扈：鸟名，又名“小腊嘴”或“小桑鹰”，亦称“窃脂”。

②莺：鸟羽有文采，这里指诸侯有才华。

③乐胥:《毛诗故训传》载,“胥，皆也”。马瑞辰《毛诗传笺通释》言,“皆、嘉一声之转，乐胥犹言乐嘉”。朱熹《诗集传》载,“胥，语词”。

④领：颈。

⑤翰：闻一多《古典新义》言,“翰亦当训为‘垣’”。指屏障，以喻人才。

⑥辟：君主。

⑦不戢不难：马瑞辰《毛诗传笺通释》言,“戢当读为‘濈’，《说文》,‘濈，和也’。难当读为‘戁’,《说文》,‘戁，敬也’。不戢不难，言和且敬也。两‘不’字皆语词”。

⑧那（nuó）:《毛诗故训传》载,“多也”。

⑨觩（qíu）：朱熹《诗集传》言，“角上曲貌”。

⑩思：语词。

⑪彼交匪敖：《荀子》作“匪交匪敖”。彼，应为“匪”之误。交，“绞”的省略，绞与“儌”（侥）同，指言语直而无理；一说傲慢；一说侥幸。陈奂《诗毛氏传疏》言：“交、儌一义”。

⑫求：一说通“逑”，聚合。

鸳鸯

题解 士大夫颂古取物有道，自奉有节，以刺暴君。

鸳鸯于飞，	鸳鸯往来双双飞，
毕之罗之[1]。	安放网罗去捕它。
君子万年，	君子长寿活万年，
福禄宜之。	天赐福禄应给他。
鸳鸯在梁，	鸳鸯息在河梁上，
戢其左翼。	收敛他的左翅膀。
君子万年，	君子长寿活万年，
宜其遐福。	天永赐福给他享。

乘马在厩，　　乘马拴在马厩里，
摧之秣之[2]。　　用刍用粮饲养它。
君子万年，　　君子长寿活万年，
福禄艾之[3]。　　福禄永远养着他。

乘马在厩，　　乘马拴在马厩里，
秣之摧之。　　用粮用刍饲养它。
君子万年，　　君子长寿活万年，
福禄绥之[4]。　　福禄永远安赐他。

注释

①毕之罗之：朱熹《诗集传》言，“毕，小网长柄者也；罗，网也”。

②摧（cuò）：《韩诗》作“莝”，铡草。秣（mò）：马料。

③艾（yì）：《尔雅》载，“艾，养也”。《毛诗故训传》载，“养，取也”。取有与义，艾亦有与义。

④绥（suí）：安。

说明

这首诗有说为亲迎婚娶之诗，姚际恒《诗经通论》认为此说始于邹肇敏的观点“谓咏成王初婚”。何玄子解诗“因以为幽王”，姚际恒引何玄子说：“以《白华》之诗证之，其第七章曰，‘鸳鸯在梁，戢其左翼。之子无良，二三其德’。是诗亦有‘在梁’二语，词旨昭然，诗人追美其初昏（婚）……《乘马》二章，皆咏亲迎之事而因以致其祷颂之意。《汉广》之诗曰‘之子于归，言秣其马’，亦同。”闻一多说：“《国风》中凡言鱼，皆两性间互称其对方之廋语。”不仅言鱼，言“梁”（鱼梁），“笱”（鱼篓）等，均有婚姻恋爱之意。何玄子的观点，亦为闻一多观点的佐证。

頍弁

题解 统治阶级豪华享乐，宴饮兄弟亲戚。

有頍者弁①，　　头上戴的是皮冠，
实维伊何②？　　究竟为的是哪般？
尔酒既旨，　　你的酒味既美好，
尔肴既嘉。　　你的肴蔌是好餐。
岂伊异人？　　敢说伊是那异姓？
兄弟匪他。　　乃是兄弟非他人。
茑与女萝③，　　桑寄生和菟丝子，
施于松柏④。　　攀着松柏来生存。
未见君子，　　未曾看见那君子，

忧心奕奕。	心里苦闷忧难止。
既见君子，	已经看见那君子，
庶几说怿。	心里快乐在此时。
有頍者弁，	头上戴的是皮冠，
实维何期[⑤]？	究竟为的是哪般？
尔酒既旨，	你的酒味既美好，
尔肴既时。	你的时鲜是好餐。
岂伊异人？	敢说伊是异姓人？
兄弟具来。	兄弟全都来相亲。
茑与女萝，	桑寄生和菟丝子，
施于松上。	攀着青松往上升。
未见君子，	未曾看见那君子，
忧心怲怲[⑥]。	满腹苦闷忧不止。
既见君子，	已经看到那君子，
庶几有臧。	心里感到是好事。
有頍者弁，	头上戴的是皮冠，
实维在首。	戴在头上很自然。
尔酒既旨，	你酒味儿既美好，
尔肴既阜[⑦]。	你菜丰富多如山。

岂伊异人？	岂有伊是异姓人？
兄弟甥舅。	乃是兄弟和舅甥。
如彼雨雪，	好比快要落大雪，
先集维霰[8]。	雪珠降落作先行。
死丧无日，	死丧日期无法选，
无几相见[9]。	没有多时来相见。
乐酒今夕，	今夜快乐来共饮，
君子维宴。	君子只有开筵宴。

注释

①頍（kuǐ）:《毛诗故训传》载，“弁貌。弁，皮弁也”。刘熙《释名》言，“頍，倾也。著之倾近前也”。

②实维伊何:《毛诗故训传·郑玄笺》载，“实，犹是也。言幽王服是皮弁之冠，是维何为乎？”陈奂《诗毛氏传疏》言，“是为伊何者，以言乎在首也。一章伊何，二章何期，三章在首，实一意也”。

③茑（niǎo）与女萝：茑萝和女萝，两种寄生植物，比喻兄弟、亲戚相互依附。

④施：蔓延，延续。

⑤期：通“斯”，语气词。

⑥怲怲（bǐng）:《毛诗故训传》载，“忧盛满也”。

⑦阜：丰富。

⑧霰（xiàn）：雪珠。朱熹《诗集传》言：“雪之始凝者也。”

⑨无几：没有多少。陈奂《诗毛氏传疏》言：“相见无几也。”

车舝

题解 新婚宴饮。

间关车之舝兮[1]，　车行间关响声作，
思娈季女逝兮！　亲迎美丽季子啊！
匪饥匪渴，　不怕饥来不怕渴，
德音来括[2]！　盼望好人来会合！
虽无好友[3]，　虽没同好的朋友，
式燕且喜[4]。　燕饮相庆且喜乐。

依彼平林[5]，　茂盛密密那平林，
有集维鷮[6]。　林中集有野鸡群。
辰彼硕女，　那是一个好女娃，
令德来教。　她来给我好德行。
式燕且誉，　燕饮相庆又称誉，
好尔无射[7]。　爱你并无厌烦心。

虽无旨酒，　我虽没有那美酒，
式饮庶几。　可你还得喝点酒，

虽无嘉肴，　　我虽没有那佳肴，
式食庶几。　　可你还得把腹饱。
虽无德与女，　　虽无恩德赠予汝，
式歌且舞。　　可你还得歌且舞。

陟彼高冈，　　向那高冈去攀登，
析其柞薪[8]。　　砍些柞木作柴薪。
析其柞薪，　　砍些柞木作薪柴，
其叶湑兮[9]。　　它的叶儿很茂盛。
鲜我觏尔[10]，　　幸好我能看见你，
我心写兮。　　我的忧愁得泻尽。

高山仰止，　　德如高山人仰敬，
景行行止[11]。　　行如大道人遵循。
四牡騑騑，　　四马不停往前走，
六辔如琴。　　六辔调和如弹琴。
觏尔新昏，　　现在新婚看到你，
以慰我心。　　从此安慰我的心。

注释　①间关：象声词，状车的摩擦声；一说辗转。舝（xiá）：《韩诗》作“辖”。舝、辖古通用。朱熹《诗集传》言：“舝，车轴铁头也。”即车轴的金属键。

②括:《毛诗故训传》载,“会也”。结合。

③虽无好友:一说友指女方。“虽无好友”类似现在故意说“朋友不理想”,实际是很理想的。

④式:作语助词。

⑤依:《毛诗故训传》载,“茂木貌”。马瑞辰《毛诗传笺通释》言:“依、殷同声,盛也。”平林:在平原上的树林。

⑥鷮(jiāo):朱熹《诗集传》言,“鷮,雉也”。

⑦射(yì):《毛诗故训传·郑玄笺》载,“厌也”。

⑧柞(zuò):柞木,即麻栎。

⑨湑:朱熹《诗集传》言,“盛也”。

⑩鲜我觏尔:《毛诗故训传·郑玄笺》载,“鲜,善;觏,见也”。

⑪高山仰止,景行行止:《毛诗故训传·郑玄笺》载,“古人有高德者则慕仰之,有明行者则而行之”。陈奂《诗毛氏传疏》言,“景行与高山对文。上行,为道;下行,读‘女子有行’之‘行’”。按“高山”与“景行”对文,“景行”为“远道”;“仰”与“行”对文,“行”为“行路”之“行”,即高山仰视得见,远路行走得到。本篇为男子亲迎之诗。

青蝇

题解　讽刺统治者听信谗言。

营营青蝇[1]，	飞来飞去那苍蝇，
止于樊[2]。	飞在藩篱上面停。
岂弟君子[3]，	快乐平易的君子，
无信谗言。	莫信谗言要思忖。
营营青绳，	飞来飞去那苍蝇，
止于棘[4]。	飞在枣林上面停。
谗人罔极[5]，	谗人哪有好话讲，
交乱四国！	只把四方来搅浑！
营营青蝇，	飞来飞去那苍蝇，
止于榛。	飞在榛树上面停。
谗人罔极，	谗人哪有好话讲，
构我二人[6]。	挑拨你我两个人。

注释　①营营:《毛诗故训传》载,“往来貌”，即苍蝇来回飞的“嗡

嗡”之声；一说小声。

②樊：篱笆。

③岂弟：《毛诗故训传·郑玄笺》载，“乐易也”。平易近人。

④棘：枣林；一说荆棘。

⑤罔极：《毛诗故训传·郑玄笺》载，“极，犹已也”。陈奂《诗毛氏传疏》言，“极，中也”。罔极，指不中正。

⑥构：《毛诗故训传·郑玄笺》载，“合也。合犹交乱也”；一说罗织陷害。

宾之初筵

题解 统治阶级饮酒失仪，从中透露出士大夫荒淫纵酒的丑恶面孔。

宾之初筵，	宾客初到各就席，
左右秩秩[①]。	左右揖让不失礼。
笾豆有楚[②]，	笾豆成行已摆设，
殽核维旅[③]。	鱼肉果蔬也陈列。
酒既和旨，	酒味既醇又甘美，
饮酒孔偕[④]。	众宾遍饮礼不悖。
钟鼓既设，	钟鼓既设挂室内，
举酬逸逸[⑤]。	络绎不绝来举杯。

大侯既抗[6]，　射侯标靶既举起，
弓矢斯张。　弓箭一起都备齐。
射夫既同，　射箭对手配合好，
献尔发功。　你献射功真高妙。
发彼有的，　开弓必定中标靶，
以祈尔爵。　愿我射中你来饮。

籥舞笙鼓，　执笛起舞笙鼓和，
乐既和奏。　音节相应齐奏乐。
烝衎烈祖[7]，　进献有功先祖去，
以洽百礼[8]。　用来配合这百礼。
百礼既至，　百礼已经陈于庭，
有壬有林[9]。　又是大来又丰盛。
锡尔纯嘏[10]，　神赐你的大福泽，
子孙其湛[11]。　子子孙孙都喜悦。
其湛曰乐，　全都喜悦又快乐，
各奏尔能[12]。　各献能力技艺好。
宾载手仇[13]，　宾客比箭找对手，
室人入又[14]。　主人加入行列后。
酌彼康爵[15]，　把那空杯来斟下，
以奏尔时[16]。　以献你所尊敬者。

宾之初筵，	宾客初到各就席，
温温其恭。	温和恭敬不失礼。
其未醉止，	乘着他们还没醉，
威仪反反⑰。	威仪慎重礼不废。
曰既醉止，	一到已经喝醉了，
威仪幡幡⑱。	威仪立即就失掉。
舍其坐迁⑲，	起坐无时没礼节，
屡舞仙仙⑳。	屡次翩翩舞不歇。
其未醉止，	有人喝酒还没醉，
威仪抑抑㉑。	威仪庄重礼不悖。
曰既醉止，	一到已经喝醉啦，
威仪怭怭㉒。	威仪狎邪成笑话。
是曰既醉，	当他已经喝醉了，
不知其秩㉓。	普通礼节也不晓。
宾既醉止，	宾客已经喝醉了，
载号载呶㉔，	有的呼号有的叫，
乱我笾豆，	笾豆乱得不成行，
屡舞僛僛㉕。	屡次歪倒舞态狂。
是曰既醉，	当他既已喝醉了，
不知其邮㉖。	自有过失不知道。

侧弁之俄[27]，	皮帽歪戴在头上，
屡舞傞傞[28]。	屡舞不停狂又荡。
既醉而出，	已经醉了把门出，
并受其福[29]。	宾主同受他的福。
醉而不出，	已经醉了不出门，
是谓伐德[30]。	这就叫做败德行。
饮酒孔嘉，	饮酒本来是好事，
维其令仪。	可要礼仪来维持。

凡此饮酒，	凡是饮酒的人们，
或醉或否。	醉和不醉有区分。
既立之监，	既要设立一酒监，
或佐之史。	或者又把酒史添。
彼醉不臧，	喝醉不好不自知，
不醉反耻。	反以不醉为可耻。
式勿从谓[31]，	不要给予他鼓励，
无俾大怠。	不要激他使失礼。
匪言勿言，	不该问的莫问他，
匪由勿语[32]。	不该做的莫说他。
由醉之言[33]，	你若顺他醉言讲，
俾出童羖[34]。	叫你拿出无角羊。

三爵不识，　　饮过三杯就糊涂，
矧敢多又[35]。　　怎敢劝他再执壶。

注释

①秩秩:《毛诗故训传》载,“肃敬也”。

②楚:《毛诗故训传》载,“列貌”。

③殽:《毛诗故训传》载,“豆实也”。核：果类食品。旅:《尔雅》载,“陈也”。摆设。

④孔偕:《毛诗故训传·郑玄笺》载,“孔，甚也”。陈奂《诗毛氏传疏》言:“皆，遍也。偕与‘皆’通”。马瑞辰《毛诗传笺通释》,“皆、嘉一声之转”，皆即嘉。

⑤逸逸:《毛诗故训传》载,“往来次序也”。

⑥大侯：箭靶。抗:《毛诗故训传》载:“举也。”

⑦烝：进，献。衎（kàn）：娱乐。烈：美。

⑧以洽百礼：朱熹《诗集传》言,“百礼言其备也”。

⑨有壬有林：朱熹《诗集传》言,“壬，大；林，盛也。言礼之盛大也”。

⑩纯：大。嘏（gǔ）：福。

⑪湛:《毛诗故训传·郑玄笺》载,“喜乐也”。

⑫各奏尔能：陈奂《诗毛氏传疏》言,“奏，献也；能，技能也”。

⑬手仇：陈奂《诗毛氏传疏》言,“《传》训手为‘取’。取，言择比也；训仇为‘匹’，匹，犹耦也”。

⑭室人入又:《毛诗故训传》载,“主人入于次，又射以耦

宾也”。

⑮康:《毛诗故训传·郑玄笺》载,“虚也”;一说大。

⑯时:谓心所尊者;一说指射中者。

⑰反反:《毛诗故训传》载,“言慎重也”。

⑱幡幡:《毛诗故训传》载,“失威仪也”。

⑲舍其坐迁:马瑞辰《毛诗传笺通释言》,“盖谓舍其当坐当迁之礼耳”。

⑳仙仙:舞貌;一说轻举貌。

㉑抑抑:《毛诗故训传》载,“慎密也”。庄重。

㉒怭怭(bì):轻薄貌。《毛诗故训传》载:“媟嫚也。”

㉓秩:《毛诗故训传》载,“常也”。常度。

㉔呶(náo):叫喊,喧哗。

㉕僛僛(qī):《毛诗故训传》载,“舞不能自正也”。

㉖邮:“尤”的假借字,过错。

㉗侧弁之俄:《毛诗故训传·郑玄笺》载,“侧;倾也。俄,倾貌”。

㉘傞傞(suō):醉舞不止貌。

㉙并:指主人和客人。

㉚伐德:败坏道德。吴闿生《诗义会通》言:“是戕伐其德。”

㉛式勿从谓:马瑞辰《毛诗传笺通释》言,“式,发声词……式勿从谓,即勿从谓也。勿从而劝勸之,使更饮也”。谓,通“为”。

㉜由:事由,情由。

㉝由:因,由于。

㉞羖(gǔ):黑色的公羊。

㉟又："侑"的假借字，劝酒。

鱼藻

题解 颂古讽今。

鱼在在藻，　　鱼在水草之中游，
有颁其首①。　只见摆动那大头。
王在在镐，　　武王住在那镐京，
岂乐饮酒②。　快乐和平来饮酒。

鱼在在藻，　　鱼在水草之中过，
有莘其尾③。　只见飘动长尾哟。
王在在镐，　　武王住在那镐京，
饮酒乐岂。　　和平饮酒又快乐。

鱼在在藻，　　鱼在水草之中窜，
依于其蒲④。　窜入香蒲去游玩。
王在在镐，　　武王住在那镐京，
有那其居⑤。　居处舒服又安然。

注释 ①颁（fén）:《毛诗故训传》载,“大首貌”。

②岂（kǎi）乐：欢乐。《毛诗故训传·郑玄笺》载:“岂，亦乐也。”

③莘（shēn）:《毛诗故训传》载,“长貌”。

④蒲：香蒲，多年生水生草本植物，叶长而尖，可以编席，根茎可食。

⑤那（nuó）：安闲貌。《毛诗故训传·郑玄笺》载:“安貌。”

采菽

题解 赞美诸侯来朝以刺周幽王无礼、无信于诸侯。

采菽采菽，　　摘下豆呀豆摘下，
筐之筥之。　　用筐用筥来盛它。
君子来朝，　　诸侯远道来朝见，
何锡予之？　　用些什么赠送他？
虽无予之，　　虽没什么赠送他，
路车乘马。　　给予路车和四马。
又何予之？　　又拿什么赠送他？
玄衮及黼[①]。　　龙衣绣裳赠给他。

觱沸槛泉[②]，	沸腾喷涌泉水滨，
言采其芹。	我去摘取那香芹。
君子来朝，	诸侯远道来朝见，
言观其旂。	就去观看他旗旌。
其旂淠淠[③]，	他的旌旗风中动，
鸾声嘒嘒[④]。	玲鸾声响节奏匀。
载骖载驷，	四马骖乘陆续驰，
君子所届[⑤]。	就知君子已来临。
赤芾在股[⑥]，	蔽膝在股不歪斜，
邪幅在下[⑦]。	绑腿缠裹到膝下。
彼交匪纾[⑧]，	不致怠慢不舒缓，
天子所予。	天子因此赐给他。
乐只君子，	用那礼乐娱君子，
天子命之。	天子命令赠予他。
乐只君子，	用那礼乐娱君子，
福禄申之[⑨]。	神把福禄重赏他。
维柞之枝，	柞木枝条极葱茏，
其叶蓬蓬。	它的叶儿更茂荣。
乐只君子，	用那礼乐娱君子，

殿天子之邦⑩。　　镇抚邦国王所重。
乐只君子，　　用那礼乐娱君子，
万福攸同。　　聚而归之福万种。
平平左右⑪，　　善于治理附属国，
亦是率从。　　他们循善来顺从。

汎汎杨舟，　　柏舟泛泛浮于水，
绋纚维之⑫。　　系着竹索和大绳。
乐只君了，　　用那礼乐娱君子，
天子葵之⑬。　　天子量才赐以位。
乐只君子，　　用那礼乐娱君子，
福禄膍之⑭。　　厚赐福禄又一回。
优哉游哉，　　优哉游哉很自得，
亦是戾矣⑮。　　就是做到这样美。

注释

①玄衮:《毛诗故训传》载,“玄衮，卷龙也”。黼（fǔ）:《毛诗故训传》载,“白与黑谓之‘黼’”。

②觱（bì）沸槛泉:《毛诗故训传》载,“觱沸，泉出貌；槛泉，正出也”。觱：水响声。沸：形容泉水冒出，像沸水一样。

③淠淠（pèi）:《毛诗故训传》载,“动也”。

④嘒嘒（huì）:《毛诗故训传》载,“中节也”。有节奏。

⑤届：至。

⑥芾：蔽膝。

⑦邪幅：《毛诗故训传·郑玄笺》载，“邪幅，如今之行縢也。偪束其胫，自足至膝故曰在下。”形状同现今用的裹腿。

⑧纾：《毛诗故训传》载，“缓也”。陈奂《诗毛氏传疏》言，“缓，怠缓也”，指怠慢。

⑨申：《毛诗故训传》载，“重也”。

⑩殿：镇定。

⑪平平：服虔曰，“平平，辩治不绝之貌”。辩治即治理。陆德明《经典释文》言，“《韩诗》作‘便便’，云娴雅之貌”。

⑫绋（fú）：麻制的大绳。缅（lí）：竹制的绳索；一说栓。

⑬葵：《毛诗故训传》载，“揆也”。指量才使用。

⑭膍（pí）：厚赐。

⑮戾：《毛诗故训传》载，“至也”。

角弓

题解 统治阶级内部矛盾，士大夫讽刺其主子远骨肉亲佞人。

骍骍角弓[①]，	骍骍调好的角弓，
翩其反矣[②]。	反弦是不善用哟。
兄弟昏姻，	兄弟乃是亲骨肉，

无胥远矣[3]。　　不要互相疏远哟。

尔之远矣，　　你如和他疏远哟，
民胥然矣[4]。　　百姓都是如此哟。
尔之教矣，　　你是这样教他哟，
民胥效矣。　　百姓定然仿效哟。

此令兄弟[5]，　　彼此相好的兄弟，
绰绰有裕[6]。　　感情深厚而有余。
不令兄弟，　　彼此不好的兄弟，
交相为瘉。　　互相之间只妒忌。

民之无良，　　人们有的不善良，
相怨一方。　　徒然相怨在一方。
受爵不让，　　为争爵禄不相让，
至于已斯亡。　　一直怨到已死亡。

老马反为驹[7]，　　老马当如马驹教，
不顾其后。　　不念自己也会老。
如食宜饇[8]，　　如给饭吃要他饱，
如酌孔取。　　如给酒饮量多少。

毋教猱升木,	不教猿也会爬树,
如涂涂附[9]。	好比稀泥易沾着。
君子有徽猷[10],	君子如果有美德,
小人与属[11]。	小人也要来依附。
雨雪瀌瀌[12],	大雪纷纷满天飘,
见晛曰消[13]。	遇见阳光就化了。
莫肯下遗[14],	不肯去恶自谦下,
式居娄骄[15]。	用此自处敛骄傲。
雨雪浮浮[16],	雪花遍地落得久,
见晛曰流。	遇见阳光化水流。
如蛮如髦[17],	蛮夷之性不改变,
我是用忧。	我正因此而心忧。

注释

①骍骍(xīn):弓调貌。角弓:朱熹《诗集传》言,“以角饰弓也”。

②翩其反矣:朱熹《诗集传》言,“翩,反貌。弓之为物,张之,则内向而来;弛之,则外反而去”。一说,弓虽好,不善调理它,恰好走向反面,等于无用。

③胥:《毛诗故训传·郑玄笺》载,“相也。骨肉之亲,当相亲

信，无相疏远”。

④胥:《毛诗故训传·郑玄笺》载，“皆也”。

⑤令:《毛诗故训传·郑玄笺》载，“善也”。

⑥绰绰：宽裕舒缓貌。裕：宽。“绰绰有裕”“绰有余裕”为现今的成语，疑亦为古之成语，指兄弟和好，而不是相互排挤。陈奂《诗毛氏传疏》言:“宽裕者，能让之谓也。”

⑦老马反为驹:“今老马反以教驹者教之，以喻教之过迟”；一说“言老马反视为驹，任之以劳，不顾其不能先”；一说“言谗人贪取爵位，自忘其老，不顾后之不胜也”。

⑧饫（yù）：饱。

⑨毋教猱升木，如涂涂附：一说疑为古谚语，指有权有势，就有人来趋炎附势，用不着教，也会来巴结，如涂泥一样，涂了还要涂。猱：猿类，身体便捷，善攀缘。涂：泥。附：着。

⑩徽:《毛诗故训传》载，“美”。猷:《毛诗故训传·郑玄笺》载，“猷，道”。

⑪小人与属：小人来依附。

⑫瀌瀌（biāo）：雨雪盛貌。

⑬晛（xiàn）：日气。

⑭莫肯下遗：指小人不肯谦卑地对待别人。

⑮式居娄骄:《毛诗故训传·郑玄笺》载，“式，用也；娄，敛也。今王不以善政启小人之心，则无肯谦虚以礼相卑下，先人而后已，用此自居处，敛其骄慢之过者”。马瑞辰《毛诗传笺通释》言，“娄骄与下遗义正相反。娄当从《释文》引作‘搂’”。

⑯浮浮:《毛诗故训传》载,“犹瀌瀌也”。

⑰如蛮如髦:《毛诗故训传》载,“蛮,南蛮也;髦,夷髦也”。周人对周边少数民族的蔑称。

菀柳

题解 士大夫讽刺反复无常、使人不敢亲近的暴君。

有菀者柳①,　　那株柳树很茂盛,
不尚息焉②?　　行人能不树下停?
上帝甚蹈③,　　君王的心变化大,
无自暱焉④。　　和他不要太亲近。
俾予靖之⑤,　　如使我去谋政事。
后予极焉⑥!　　后必杀我用大刑!

有菀者柳,　　那株柳树叶儿多,
不尚愒焉⑦?　　行人能不树下坐?
上帝甚蹈,　　君王的心变化大,
无自瘵焉⑧。　　不要自去接近他。
俾予靖之,　　如使我去谋政事,

后予迈焉[9]！　　以后他会放逐我！

有鸟高飞，　　鸟儿高飞往上去，
亦傅于天[10]。　　一直飞到那天际。
彼人之心，　　那人的心反复大，
于何其臻。　　没个止境出人意。
曷予靖之，　　国事我何为之治，
居以凶矜[11]！　　他必置我于险地！

注释

①菀：木茂盛。

②尚:《毛诗故训传·郑玄笺》载,“庶几也”。

③上帝：指君王。蹈：动，指变动无常。马瑞辰《毛诗传笺通释》言:“《一切经音义》引《韩诗》作‘上帝甚陶’。陶，变也。变与动同义　陶、蹈、慆古同声通用，其义均与《毛传》训‘动’同也。动者言其喜怒变动无常。”

④昵（nì）：亲近。

⑤靖：谋；一说安定。

⑥极:《毛诗故训传·郑玄笺》载,“诛也”。

⑦愒（qì）：休息。

⑧瘵（zhài）：祸害，病。《毛诗故训传》载:“瘵，病也。”

⑨迈：行，指放逐。

⑩傅:《毛诗故训传·郑玄笺》载,“傅、臻，皆至也”。

⑪居：语气词；一说处。凶矜:《毛诗故训传》载,“矜，危也”。《毛诗故训传·郑玄笺》载,“王何为使我谋之，随而罪我，居我以凶危之地”。

都人士

题解 周大夫经离乱之后，缅怀旧日都邑人物。

彼都人士，	那些都城的人士，
狐裘黄黄。	狐裘黄黄闪闪亮。
其容不改，	仪容动作不改常，
出言有章。	说出话来像文章。
行归于周[1]，	行为都合乎忠信，
万民所望。	被那万民所瞻望。
彼都人士，	那些都城的人士，
臺笠缁撮[2]。	戴的草笠缁布冠。
彼君子女，	那些贵族的女儿，
绸直如发[3]。	丝直如发不紊乱。
我不见兮，	今天看不到他们，

我心不说。	我的心儿很不欢。

彼都人士，	那些都城的人士，
充耳琇实[4]。	宝石两旁当耳饰。
彼君子女，	那些贵族的女儿，
谓之尹吉[5]。	姓的尹氏和吉氏。
我不见兮，	如今看不到他们，
我心苑结[6]。	我心忧郁难停止。

彼都人士，	那些都城的人士，
垂带而厉[7]。	衣带下垂飘左右。
彼君子女，	那些贵族的女儿，
卷发如虿[8]。	发如蝎尾翘在首。
我不见兮，	今天看不到他们，
言从之迈。	我愿跟着她们走。

匪伊垂之，	并非有意把带垂，
带则有余。	那是飘带有余长。
匪伊卷之，	并非有意把发卷，
发则有旟[9]。	有的短发竖头上。
我不见兮，	今天看不到他们，

云何盱矣[10]。　　我心怎能不忧愁。

注释

①周:《毛诗故训传》载,“周,忠信也”;一说指周朝都城镐京。

②臺:草名,可以用来制作笠。缁撮(zī cuō):朱熹《诗集传》言,“缁布冠也”。

③绸:胡承珙《毛诗后笺》言,“绸,丝也”。

④琇(xiù):《毛诗故训传》载,“美石也”。

⑤尹吉:尹氏、吉氏,当时的大姓。犹后来晋时称“王谢”。

⑥苑(yùn)结:郁结。《毛诗故训传·郑玄笺》载:“苑,犹屈也”。

⑦厉:《毛诗故训传》载,“带之垂者”。

⑧虿(chài):蝎子一类的毒虫。

⑨旟(yú):《毛诗故训传》载,“扬也”。指往上翘。

⑩盱(xū):朱熹《诗集传》言,“望也”;一说通“吁”,忧愁。

采绿

题解　妇人思夫,期逝不至之作。

终朝采绿[1],　　整个早晨去采绿,

不盈一匊[2]。	采的不满两手掬。
予发曲局[3]，	我的头发曲又卷，
薄言归沐。	我要回家去沐浴。
终朝采蓝[4]，	整个早晨去采蓝，
不盈一襜[5]。	盛一衣兜也不满。
五日为期，	约定五天就回家，
六日不詹[6]。	六天不回我难安。
之子于狩，	他去打猎的那天，
言韔其弓[7]。	我去为他收弓箭。
之子于钓，	如他是要去钓鱼，
言纶之绳。	我去帮理钓鱼线。
其钓维何？	他钓的鱼是什么？
维鲂及鱮[8]。	鲢鱼鳊鱼装满箩。
维鲂及鱮，	鲢鱼鳊鱼装满箩，
薄言观者[9]。	我看他钓得真多。

注释 ①绿：植物名，又名“王刍”，花色深绿，古时用它的汁调制“黛色”。

②匊（jū）：两手合捧。《毛诗故训传》载，“两手曰‘匊’”。
③局：《毛诗故训传》载，“卷也”。
④蓝：《毛诗故训传·郑玄笺》载，“染草也”。
⑤襜（chān）：《毛诗故训传》载，“衣蔽前谓之‘襜’”。按即系在衣服前面的围裙。
⑥詹：《毛诗故训传》载，“至也”。
⑦韔（chàng）：弓袋；一说将弓放进弓袋。
⑧鲊（xù）：一种大头鲢。
⑨观：通“贯”，引申为多。《毛诗故训传·郑玄笺》载，“多也”；一说为看。

黍苗

题解 赞美召伯（召穆公）经营谢邑。

芃芃黍苗[①]，　　黍苗长得真长大，
阴雨膏之。　　天阴小雨润泽它。
悠悠南行[②]，　　远行队伍往南迁，
召伯劳之。　　事成召伯慰劳它。

我任我辇[③]，　　我背器物我挽辇，

我车我牛[4]。	我扶车行我牵牛。
我行既集[5]，	我们部队整理好，
盖云归哉[6]。	召伯告诉可回家。
我徒我御[7]，	我徒步行我驾车，
我师我旅。	我属于师我属旅。
我行既集，	我们部队整理好，
盖云归处。	召伯告诉可归去。
肃肃谢功[8]，	谢邑严正来治理，
召伯营之。	那是召伯所经营。
烈烈征师[9]，	师旅威武往前进，
召伯成之。	那是召伯所集训。
原隰既平，	治平原野与土地，
泉流既清。	山泉河流也掏清。
召伯有成，	召伯治邑成功了，
王心则宁。	周王的心得安宁。

注释

①芃芃（péng）:《毛诗故训传》载，“长大貌”。

②悠悠:《毛诗故训传》载，“行貌”。

③任：负荷。辇：挽车。

④车：手扶车行。牛：《毛诗故训传·郑玄笺》载，“有牵傍牛者”。牵车辕外旁边的牛以助车行，故曰“我牛”。

⑤集：《毛诗故训传·郑玄笺》载，“犹成也”。

⑥盖：《毛诗故训传·郑玄笺》载，“犹皆也”；一说，盖同“盍”，即何不。

⑦徒：步行。御：驾驶。

⑧肃肃：《毛诗故训传·郑玄笺》载，“严正之貌”。

⑨烈烈：《毛诗故训传·郑玄笺》载，“威武貌”。

隰桑

题解 女子对爱人表达深厚情感；一说思贤人以刺周幽王远贤近谗。

隰桑有阿[1]，	低地桑树多么美，
其叶有难[2]。	它的叶儿嫩又肥。
既见君子，	终于看见那人啊，
其乐如何！	这份快乐怎么说！
隰桑有阿，	低地桑树多么美，
其叶有沃[3]。	它的叶儿柔又肥。

既见君子，　　终于看见那人啊，
云何不乐？　　难道还说不快乐？

隰桑有阿，　　低地桑树多么美，
其叶有幽④。　　它的叶儿黑又肥。
既见君子，　　终于看见那人啊，
德音孔胶⑤！　　情意更加深厚啰！

心乎爱矣，　　心呢真是爱极了，
遐不谓矣⑥？　　不知怎么说的好？
中心藏之⑦，　　内心深处爱着他，
何日忘之？　　什么时候能忘掉？

注释

①阿：朱熹《诗集传》言，“美貌”。

②难（nuó）：盛貌。

③沃：《毛诗故训传》载，“柔也”。

④幽：《毛诗故训传》载，“黑色也”。陈奂《诗毛氏传疏》言：“幽即‘黝’之古文假借。”

⑤胶：《毛诗故训传》载，“固也”。指男子情意殷切，执一不变。

⑥遐不：即“胡不”。

⑦藏：同“臧”。《毛诗故训传·郑玄笺》载：“臧，善也。”

白华

题解 弃妇的哀怨；一说申后自伤为周幽王所黜。

白华菅兮[1]，	已沤为菅那白华，
白茅束兮。	白茅一束捆着它。
之子之远，	这人有意远离我，
俾我独兮。	使我孤独守在家。
英英白云[2]，	朵朵白云布满天，
露彼菅茅[3]。	露润菅茅心不偏。
天步艰难[4]，	天把苦难加给我，
之子不犹[5]。	这人不以我为然。
滮池北流[6]，	滮水哗哗向北流，
浸彼稻田。	无偏浸润稻田亩。
啸歌伤怀，	伤心已极转唱歌，
念彼硕人。	想念那人心发愁。
樵彼桑薪，	采那桑枝做柴火，

卬烘于煁[7]。	我放灶里当明火。
维彼硕人，	只要想起那个人，
实劳我心。	痛心疾首受折磨。
鼓钟于宫，	在那宫室来敲钟，
声闻于外。	宫外闻钟声音洪。
念子懆懆[8]，	念你想你心烦躁，
视我迈迈[9]。	对我你可恨得凶。
有鹙在梁[10]，	秃鹰总停在鱼梁，
有鹤在林。	白鹤常在树林上。
维彼硕人，	只要想起那个人，
实劳我心。	我的心啊真忧伤。
鸳鸯在梁，	鸳鸯歇息在鱼梁，
戢其左翼。	敛着它的左翅膀。
之子无良，	这人真是无良心，
二三其德。	三心二意不像样。
有扁斯石[11]，	有片石头矮又小，
履之卑兮。	人踏上它垫不高。

之子之远，　　这人有意离开我，

俾我疷兮。　　使我染病病难好。

注释

①白华：《毛诗故训传》载，“野菅也”。菅（jiān）：沤野茅草而成。

②英英：《毛诗故训传》载，“白云貌”。

③露彼菅茅：意谓露普润万物而已独受难；一说露指遮蔽。

④天步艰难：《毛诗故训传》载，“步，行”。陈奂《诗毛氏传疏》言，“侯苞云，‘天行艰难于我身，不我可也’”。

⑤犹：《毛诗故训传》载，“可也”。

⑥滮（biāo）：水名，在今陕西西安西。

⑦卬（áng）烘：《毛诗故训传》载，“卬，我；烘，燎也”。煁（shén）：能移动的灶。

⑧懆（cǎo）：许慎《说文解字》言，“愁不安也”。

⑨迈迈：《毛诗故训传》载，“不悦也”。

⑩鹙（qiū）：水鸟名，相传类似鹤，头颈上无毛，青苍色。

⑪扁：朱熹《诗集传》言，“卑貌”。《毛诗故训传》载，“乘石貌”。上车时用的扁平的垫脚石。

绵蛮

题解

诗人地位低微而行役劳顿，设想谁能向自己伸出援助之手。

绵蛮黄鸟[①]，	遍身黄毛小黄鸟，
止于丘阿[②]。	畏人常息在山坳。
道之云远，	道路是有这么远，
我劳如何。	我跑太远真疲劳。
饮之食之？	谁拿酒食送给他？
教之诲之？	谁教导我告诫他？
命彼后车[③]，	要那随行的副车，
谓之载之。	叫他坐上载走他。

绵蛮黄鸟，	遍身黄毛小黄鸟，
止于丘隅。	畏人常息在山腰。
岂敢惮行[④]，	哪里是怕徒步走，
畏不能趋[⑤]。	只怕路远难走到。
饮之食之？	谁拿酒食送给他？
教之诲之？	谁教导我告诫他？
命彼后车，	要那随行的副车，
谓之载之。	叫他坐上载走他。

绵蛮黄鸟，	小小鸟儿遍身黄，
止于丘侧。	畏人常息在山旁。
岂敢惮行，	哪里是怕徒步走，

畏不能极[6]。　只怕走的路太长。
饮之食之？　谁拿酒食送给他？
教之诲之？　谁教导他告诫他？
命彼后车，　要那随行的副车，
谓之载之。　叫他坐上载走他。

注释

①绵蛮:《毛诗故训传》载，“小鸟貌”。
②阿：山凹，山坡弯曲的地方。
③后车：副车，外出时的从车。
④惮：朱熹《诗集传》言，“畏也”。
⑤趋：疾走。
⑥极:《毛诗故训传·郑玄笺》载，“至也”。

瓠叶

题解

士大夫宴饮宾客。诗中记述主人之谦辞，言物虽薄而必与宾客共之也。

幡幡瓠叶[1]，　瓠瓜叶儿风翻动，
采之亨之[2]。　采下它来烹煮它。
君子有酒，　主人备有那水酒，

酌言尝之[3]。　　斟满酒杯来尝它。

有兔斯首[4]，　　有只小兔是白头，
炮之燔之[5]。　　连毛烧它烤熟它。
君子有酒，　　主人备有那水酒，
酌言献之。　　对客斟满献给他。

有兔斯首，　　有只小兔是白头，
燔之炙之[6]。　　加火烧它又烤它。
君子有酒，　　主人备有那水酒，
酌言酢之[7]。　　客人斟满酬答他。

有兔斯首，　　有只小兔是白头，
燔之炮之。　　加火烧它又烤它。
君子有酒，　　主人备有那水酒，
酌言酬之。　　斟满酒杯再劝他。

注释

①幡幡：犹翩翩，反复翻动貌。《毛诗故训传》载："瓠叶貌。"指葫芦叶经风吹动翻卷的样子。

②亨：《毛诗故训传·郑玄笺》载，"亨，熟也"。即烹。

③酌言尝之：主人先斟一杯尝尝，以便待客。

④有兔斯首:《毛诗故训传·郑玄笺》载,“斯,白也……有兔白首者,兔之小者也”。一说斯犹其也,古斯、其同声,故二者皆为语气词。

⑤炮(páo):即裹烧,将狗、兔等裹上泥在火上烧,用以去毛。燔(fán):烧。

⑥炙:放肉在火上烤。

⑦酢(zuò):《毛诗故训传》载,“报也”。回敬酒。

渐渐之石

题解 出征将士叹道途艰险,跋涉劳顿。

渐渐之石①,	艰险陡峭的崖石,
维其高矣。	高得真难攀登哟。
山川悠远,	山川高深又遥远,
维其劳矣②。	真是如此广阔哟。
武人东征③,	将士受命往东征,
不皇朝矣④。	无暇计及几朝哟。

渐渐之石,	艰险陡峭的崖石,
维其卒矣⑤。	真是这样高险哟。

山川悠远，	山川那么的遥远，
曷其没矣[⑥]。	何时可以走完哟。
武人东征，	将士受命往东征，
不皇出矣[⑦]。	无暇谋及艰险哟。

有豕白蹢，	大猪小猪是白蹄，
烝涉波矣[⑧]。	很多涉过水波哟。
月离于毕[⑨]，	月儿靠近那毕星，
俾滂沱矣[⑩]。	大雨滂沱降落哟。
武人东征，	将士受命往东征，
不皇他矣。	无暇顾及他事哟。

注释

①渐渐："崭崭"的假借。《毛诗故训传》载："山石高峻。"

②劳：通"辽"，辽远。《毛诗故训传·郑玄笺》载："邦域又劳劳广阔。"

③武人：指将士。

④不皇朝：陈奂《诗毛氏传疏》言，"皇，暇也；不皇朝，犹言无暇日耳"。一说"犹不能晨夜"。

⑤卒：《毛诗故训传·郑玄笺》载，"卒者，崔嵬也，谓山巅之末"。吴闿生《诗义会通》言，"'崒'（zú）的借字"。崒，高峻而危险。

⑥曷其没矣：《毛诗故训传·郑玄笺》载，"曷，何也"。朱熹

《诗集传》言，“没，尽也，言所登历何时可尽也”。

⑦不皇出：朱熹《诗集传》言，“不皇出，谓但知深入不暇谋出也”。陈奂《诗毛氏传疏》言，“出，犹行也”。一说古时日出而耕，日入而息，“朝”和“出”对文，亦指早上。

⑧有豕白蹢（dí），烝涉波矣：闻一多《尔雅新义》言，“案豕涉波与月离毕并举，似涉波之豕亦属天象。《述异记》曰，‘夜半天汉中有黑气相连，俗谓之黑猪渡河，雨候也’”。蹢，即兽蹄。

⑨月离于毕：《毛诗故训传》载，“毕，噣也；月离阴星则雨”。毕，即毕星；离，读作“丽”，落入。“月儿投入毕星”，指天象，有雨的征兆。

⑩滂沱：大雨貌。

苕之华

题解 饥民描述荒年饥馑、人民困顿的情况。

苕之华[①]，　　凌霄花开藤上多，
芸其黄矣[②]。　　将落花色发黄哟。
心之忧矣，　　我心充满忧愁哟，
维其伤矣！　　真是无限伤心哟！

苕之华，	凌霄花儿开满藤，
其叶青青[3]。	花落只见叶儿青。
知我如此，	早知活着是这样，
不如无生！	那就不如不要生！

牂羊坟首，	母羊瘦成大头脑，
三星在罶[4]。	笼中无鱼星光照。
人可以食，	有人可以得饭吃，
鲜可以饱[5]！	可是很少能吃饱！

注释

①苕（tiáo）：植物名，即“凌霄花”，藤本，蔓生，花盛为黄色。

②黄：指蔫黄，比喻人生的潦倒。

③其叶青青：指花落，叶盛，喻好景不长。

④牂（zāng）羊坟首，三星在罶：牂，母羊。《毛诗故训传》载：“牂羊，牝羊也；坟，大也。”朱熹《诗集传》言：“羊瘠则首大也。”比喻人的穷困。

⑤鲜：寡，少。

何草不黄

题解 刺统治者征役不息，人民受难不若野兽。

何草不黄？	哪种草儿不枯黄？
何日不行？	哪些日子不奔忙？
何人不将[①]？	哪个人儿不出征？
经营四方。	经营奔走遍四方。
何草不玄[②]？	哪种草儿不凋零？
何人不矜[③]？	谁人不做单身汉？
哀我征夫，	可怜我们士兵们，
独为匪民！	偏偏不被当人看！
匪兕匪虎，	不是野牛不是虎，
率彼旷野[④]。	老在旷野中劳苦。
哀我怔夫，	可怜我们士兵们，
朝夕不暇。	早晚奔跑没停住。
有芃者狐[⑤]，	尾儿蓬松小狐狸，

率彼幽草[6]。	总在深草中藏起。
有栈之车[7]，	又高又大的役车，
行彼周道。	奔跑在那大道里。

注释

①将：陈奂《诗毛氏传疏》言，“行也”。

②玄：《毛诗故训传·郑玄笺》载，“赤黑色也”。

③矜（guān）：通“鳏”，老而无妻的人；一说指危困可怜。

④率：循环。

⑤芃（péng）：兽毛蓬松貌。马瑞辰《毛诗传笺通释》言：“芃，本众草丛簇之貌。狐毛之丛杂似之……又芃、蓬音同。”

⑥幽：深。

⑦栈车：役车；一说竹木之车。

◎ 大雅

文王

题解 周代祭祀时颂美周文王。

文王在上[①]，	文王为民做领袖，
於昭于天[②]。	德昭天下天所佑。
周虽旧邦，	岐周虽是旧邦国，
其命维新。	天命更新已革旧。
有周不显[③]，	有周前景很光明，
帝命不时[④]。	上帝恰是把命授。
文王陟降[⑤]，	文王神灵升和降，
在帝左右。	都在上帝的左右。
亹亹文王[⑥]，	勤勉不倦的文王，
令闻不已[⑦]。	声誉不停名远扬。
陈锡哉周[⑧]，	广施恩惠创周业，
侯文王孙子[⑨]。	文王子孙做君王。
文王孙子，	文王子子孙孙们，

本支百世[10]。　　本支相传百代强。
凡周之士，　　凡是周室有德臣，
不显亦世[11]？　　不都累世得盛昌？

世之不显，　　不都累世得昌盛，
厥犹翼翼[12]。　　他还小心谋事情。
思皇多士[13]，　　愿天多生贤良臣，
生此王国。　　就在这个王国生。
王国克生，　　王国里面能够生，
维周之桢[14]。　　就是国家桢干臣。
济济多士[15]，　　桢干之臣多又多，
文王以宁。　　文王因此得安宁。

穆穆文王[16]，　　穆穆和美文王身，
於缉熙敬止[17]。　　真光明啊又恭敬。
假哉天命[18]，　　可伟大啊那天命，
有商孙子。　　臣服有商的子孙。
商之孙子，　　那些商代的子孙，
其丽不亿[19]。　　人多多到上亿名。
上帝既命，　　可是上帝赐命令，
侯于周服[20]。　　臣服周室极恭顺。

侯服于周，　　他们臣服于周廷，
天命靡常。　　天命弃取没一定。
殷士肤敏[21]，　　殷臣壮美而敏感，
裸将于京[22]。　　灌酒助祭于周京。
厥作裸将，　　他们助祭灌酒时，
常服黼冔[23]。　　服殷衣冠未变更。
王之荩臣[24]，　　今王进用那诸臣，
无念尔祖[25]。　　念到先祖德服人。

无念尔祖，　　念到先祖德服人，
聿修厥德。　　还要继续修德行。
永言配命[26]，　　永远修德配天命，
自求多福。　　以求多种好福分。
殷之未丧师[27]，　　当殷还没丧天下，
克配上帝。　　行事均能配天命。
宜鉴于殷，　　应该以殷为鉴戒，
骏命不易[28]。　　保持天命不易更。

命之不易，　　保持天命不易更，
无遏尔躬[29]。　　不要停顿在你身。
宣昭义问，　　遍布善声于天下，

有虞殷自天。　　殷商由天亡和兴。
上天之载[30]，　　上天所欲做的事，
无声无臭。　　没有味也没有声。
仪刑文王[31]，　　只要效法于文王，
万邦作孚[32]。　　万邦对你会信任。

注释

①文王在上:《毛诗故训传》载,“在上，在民上也”。朱熹《诗集传》言,“言文王既没，而其神在上，昭明于天”。

②於（wū）:《毛诗故训传》载,“叹词”。昭：昭著。

③有周不显:《毛诗故训传》载,“有周，周也；不显，显也；显，光也”。有、不，都是语气词。

④不时:《毛诗故训传》载,“不时，时也；时，是也”。

⑤文王陟降：朱熹《诗集传》言,“盖以文王之神在天，一升一降，无时不在上帝之左右”。陟，升。

⑥亹亹（wěi）:《毛诗故训传》载,“勉也”。

⑦令闻：善誉，善声。

⑧陈锡哉周:《毛诗故训传》载,“哉，载，维也”。陈锡，犹言申锡。左丘明《左传・宣十五年》及《国语・周语》并引为“陈锡载周”。马瑞辰《毛诗传笺通释》言,“陈锡即‘申锡’之假借……申，重也，重锡言锡之多”。

⑨侯：乃，是。

⑩本支百世:《毛诗故训传》载,“本，本宗也；支，支子也”。《毛诗故训传・郑玄笺》载,“其子孙适（嫡）为天子，庶为诸

侯，皆百世”。

⑪不显亦世：不和亦皆语气词。

⑫厥犹翼翼:《毛诗故训传·郑玄笺》载,“犹，谋”。《毛诗故训传》载,“翼翼，恭敬”。

⑬皇：美。

⑭桢：古时筑墙两端树立的木柱，引申为支柱。

⑮济济：形容众多。司马迁《史记·周本纪》载:“礼下贤者，日中不暇食以待士，士以此多归之。伯夷、叔齐在孤竹，闻西伯善养老，盍往归之。太颠、闳夭、散宜生、鬻子、辛甲大夫之徒，皆往归之。”

⑯穆穆:《毛诗故训传》载,“美也”。

⑰於：叹词。缉熙:《毛诗故训传》载,“缉熙，光明也”。敬：一说诫慎。止：辞也。

⑱假：伟大。马瑞辰《毛诗传笺通释》言:“假、嘏古同声通用。”

⑲丽:《毛诗故训传》载,“数也”。

⑳周服：臣服于周。

㉑殷士肤敏:《毛诗故训传》载,“殷士，殷侯也；肤，美；敏，疾也”。《毛诗故训传·郑玄笺》载,“殷之臣壮美而敏”。

㉒祼（guàn）：祭祀仪式，也称“灌祭”。将：行。

㉓常服黼冔（xǔ）:《毛诗故训传》载,“黼，白与黑也；冔，冠冕也。夏后氏曰‘收’，周曰‘冕’”。朱熹《诗集传》言，“冔，殷冠也”。《毛诗故训传·郑玄笺》载,“殷之臣壮美而敏，来助周祭，其助祭，自服殷之服，明文王以德不以强”。

㉔荩（jìn）臣：《毛诗故训传》载，“荩，进也”。朱熹《诗集传》言，“言其忠爱之笃”。

㉕无念：《毛诗故训传》载，“无念，念也”。无，语气词。

㉖配命：朱熹《诗集传》言，“配，合也；命，天命也”。

㉗丧师：师，众。指丧失人心。

㉘骏命不易：骏，大。马瑞辰《毛诗传笺通释》言：“郑注《大学》引诗曰，‘天之大命，持之不易也’。读同‘难易’之‘易’，至《笺》《诗》则训为‘不可改易’，失矣。”

㉙遏：止。

㉚载：《毛诗故训传》载，“事也”。

㉛刑：《毛诗故训传》载，“法也”。

㉜孚：《毛诗故训传》载，“信也”。

大明

题解 周人称述文王、武王从开国到灭商得天之助。

明明在下[1]，	文武明德天下扬，
赫赫在上。	赫赫显应在天上。
天难忱斯[2]，	天意莫测难相信，
不易维王。	不易做的是君王。

天位殷適[3]，　　天位本属殷嫡子，
使不挟四方[4]。　　王命却难达四方。

挚仲氏任[5]，　　挚国次女她姓任，
自彼殷商，　　来自那座殷商城，
来嫁于周，　　出嫁到我周国来，
曰嫔于京[6]。　　做了新妇在周京。
乃及王季[7]，　　就和王季她丈夫，
维德之行。　　有德的事才施行。

大任有身[8]，　　婚后不久怀了孕，
生此文王。　　生下文王这个人。
维此文王，　　就是这个周文王，
小心翼翼。　　为人小心而谨慎。
昭事上帝，　　明白怎样侍上帝，
聿怀多福[9]。　　获得福泽把国兴。
厥德不回，　　他从不把德行违，
以受方国[10]。　　受到各国的信任。

天监在下，　　上天向下来监察，
有命既集[11]。　　天命既集于周家。

文王初载[12]，　文王即位那当初，
天作之合。　上天作合他成家。
在洽之阳[13]，　在那洽水的北面，
在渭之涘[14]。　又在那个渭水涯。
文王嘉止[15]，　文王嘉礼已在望，
大邦有子。　大邦有个好姑娘。

大邦有子，　大邦有个好姑娘，
伣天之妹[16]。　就和神女一个样。
文定厥祥[17]，　择吉纳币订了婚，
亲迎于渭。　文王亲迎渭水旁。
造舟为梁[18]，　聚集船儿做浮桥，
不显其光[19]。　真是光耀又堂皇。

有命自天，　有个命令从天降，
命此文王。　命令这个周文王。
于周于京[20]，　改号为周定京都，
缵女维莘。　莘女继配那文王。
长子维行[21]，　长子有德已亡故，
笃生武王[22]。　德厚又生了武王。
保右命尔，　命你保佑周武王，

燮伐大商[23]。	协和诸侯伐殷商。

殷商之旅[24]，	殷商军队很强盛，
其会如林[25]。	木石兵器多如林。
矢于牧野[26]，	武王陈兵在牧野，
维予侯兴。	该我周君合当兴。
上帝临女，	上帝为你在掠阵，
无贰尔心。	千万不要有二心。

牧野洋洋[27]，	牧野地方极宽广，
檀车煌煌[28]。	兵车鲜明又堂皇。
驷騵彭彭[29]，	四马战车很威武，
维师尚父[30]。	太师尚父是吕望。
时维鹰扬，	真如苍鹰在飞扬，
凉彼武王[31]。	可以辅佐那武王。
肆伐大商[32]，	疾驰往伐大殷商，
会朝清明[33]。	一朝会师天下亮。

注释

①明明:《毛诗故训传·郑玄笺》载,“明明者，文王、武王施明德于天下”。

②忱（chén）:《毛诗故训传》载,“信也”。

③適（dí）：朱熹《诗集传》言，“嗣也”。

④挟:《毛诗故训传》载，“达也”。

⑤挚仲氏任:《毛诗故训传》载，“挚，国；任，姓；仲，中女也”。

⑥嫔（pín）：妇；一说嫁。

⑦乃及王季:《毛诗故训传·郑玄笺》载，“挚国中女曰‘大任’，从殷商之畿内，嫁为妇于周之京，配王季而与之共行仁义之德，同志意也”。

⑧大任有身：大任即“太任”，文王的母亲；身，怀孕。

⑨聿：同“曰”，语助词。怀:《毛诗故训传》载，“怀，可也”；一说来。

⑩方国:《毛诗故训传·郑玄笺》载，“方国，四方来附者”。

⑪集:《毛诗故训传》载，“就也”。

⑫初载：王先谦《诗三家义集疏》言，“初载应训‘初年’”。载，年。

⑬洽：水名。阳：河的北面。

⑭在渭之涘:《毛诗故训传》载，“渭，水也；涘，涯也”。

⑮嘉:《毛诗故训传》载，“美也”。

⑯伣（qiàn）：好比。许慎《说文解字》言:“譬也。”

⑰文定厥祥：朱熹《诗集传》言，“文，礼；祥，吉也。言卜得吉而以纳币之礼定其祥也”。

⑱造舟为梁：朱熹《诗集传》言，“作船于水，比之，而加版于其上以通行者，即今之浮桥也”。

⑲不：发语词。

⑳于周于京：王先谦《诗三家义集疏》言，“此改号为周，易邑为京也”。

㉑缵女维莘，长子维行：一说缵女为继女；一说为继妃。一说长子为长女，指太姒；一说长子指伯邑考。王先谦《诗三家义集疏》言：“文王初载，毛训载为‘识’，已滋疑窦。若解缵女为继妃，则与文王即位初年合，可以释载为‘年’，一也。长子维行，毛训‘长女’，但武王之先有伯邑考，虽曰早死，此亦文王、太姒之长子，不应竟置不论。若以长子指伯邑考者，‘维行’解如《笺》说‘维德之行’，然后接咏武王，文义大顺，二也。经义史年，一一吻合。”

㉒笃：语气词。

㉓燮（xiè）：《毛诗故训传》载，“和也”。联合，协同。

㉔旅：《毛诗故训传》载，“众也”。

㉕会：王先谦《诗三家义集疏》言，“《齐》《韩》，会作‘旝’。《说文》，‘旝，建大木，置石其上，发以机，以追敌也’”。一说古代旗帜的一种。

㉖矢：《毛诗故训传》载，“矢，陈”。一说誓。

㉗洋洋：广大貌。

㉘煌煌：《毛诗故训传》载，“明也”。

㉙骠（yuán）：赤毛白腹的马。

㉚尚父：《毛诗故训传·郑玄笺》载，“尚父，吕望也，称尊焉”。周文王尊称吕望为“尚父”。

㉛凉（liàng）：辅佐。陈奂《诗毛氏传疏》言：“凉读为‘亮’，假借字也。《尔雅》云，‘亮，右也’。”

㉜肆：一说遂。

㉝会朝清明：《毛诗故训传·郑玄笺》载，“会，合也”。《毛诗故训传》载，“会，甲也，不崇朝而天下清明”。陈奂《诗毛氏传疏》言，“甲朝，犹《彤弓》云‘一朝’耳。甲者十之首，一者数之始”。要不了一朝而天下清明。

绵

题解 周人自述周太王迁岐创业、周文王姬昌兴国的历史。

绵绵瓜瓞①，	绵绵不绝瓞和瓜，
民之初生②。	好比周初人生涯。
自土沮漆③，	从沮直到漆水旁，
古公亶父④。	古公亶父停留下。
陶复陶穴⑤，	累土挖穴建住宅，
未有家室。	这时还没有室家。
古公亶父，	古公亶父要立家，
来朝走马。	一大清早骑着马。
率西水浒，	顺着西方水边走，

至于岐下。　　东行来到岐山下。
爰及姜女[6]，　　和着妃子姜姓女，
聿来胥宇[7]。　　为找居地来观察。

周原膴膴[8]，　　沮漆之间平原美，
堇荼如饴[9]。　　堇荼也有甜滋味。
爰始爰谋[10]，　　又研究来又策划，
爰契我龟[11]。　　于是问卦火灼龟。
曰止曰时[12]，　　卦说地好可居停，
筑室于兹。　　筑室于此不迟疑。

乃慰乃止，　　就得安心就定居，
乃左乃右。　　就分左右和东西。
乃疆乃理，　　就划经界就治土，
乃宣乃亩。　　就疏沟渠就整地。
自西徂东，　　从西到东分阡陌，
周爰执事[13]。　　都为家园把事理。

乃召司空，　　就召司空来经营，
乃召司徒[14]。　　就召司徒聚众丁。
俾立室家，　　命令他们建家室，

其绳则直。	施工绳索直又正。
缩版以载[15]，	墙版相承用绳捆，
作庙翼翼。	建座大庙很严整。
捄之陾陾[16]，	挖土装篓人纷纷，
度之薨薨[17]。	投土版内一群群。
筑之登登，	用力筑墙声登登，
削屡冯冯。	将墙削平声平平。
百堵皆兴[18]，	百堵高墙同筑起，
鼛鼓弗胜[19]。	大鼓敲动总不停。
乃立皋门，	于是建立郭外门，
皋门有伉[20]。	郭门耸立高入云。
乃立应门，	于是建立宫正门，
应门将将[21]。	正门立得真严整。
乃立冢土[22]，	于是建立了大社，
戎丑攸行。	大众有事把祭行。
肆不殄厥愠[23]，	今虽未绝对敌恨，
亦不陨厥问。	不废邻国的聘问。
柞棫拔矣，	柞棫已经拔尽哟，

行道兑矣[24]。　　道路已经修通哟。
混夷駾矣[25]，　　混夷已经骇跑哟，
维其喙矣[26]！　　只有喘息的份哟！

虞芮质厥成[27]，　　虞芮交争得和平，
文王蹶厥生[28]。　　文王行动感他们。
予曰有疏附[29]，　　我想附众有贤臣，
予曰有先后[30]，　　我想相道有贤臣，
予曰有奔奏[31]，　　我想奔走有贤臣，
予曰有御侮！　　我想御敌有贤臣！

注释

①绵绵瓜瓞:《毛诗故训传》载,“绵绵，不绝貌”。瓞（dié）：小瓜。朱熹《诗集传》言,“大曰‘瓜’，小曰‘瓞’。瓜之近本初生者常小，其蔓不绝，至末而后大也”。

②民:《毛诗故训传》载,“周民也”。

③土:《齐诗》作“杜”，水名。沮、漆：皆水名。

④古公:《毛诗故训传》载,“古公，豳公也。古，言久也”。亶父：周太王名。

⑤陶：挖掘。《毛诗故训传》载:“掏其土而复之，陶其壤而穴之。”复：地室。

⑥及：与；一说配。见《大雅·大明》“乃及王季”，以及左丘明《左传》“风马牛不相及”。

⑦胥：视察，相。《毛诗故训传》载："相也。"宇：居。

⑧周原朊朊（wǔ）：《毛诗故训传》载，"周原，沮漆之间也。朊，美也"。

⑨堇（jǐn）：马瑞辰《毛诗传笺通释》据《尔雅》释为"堇葵"。荼：马瑞辰《毛诗传笺通释》言，"今北方所谓'苣堇菜'，一名'苦苣者'也"。这两种野菜味均苦。

⑩始：谋。马瑞辰《毛诗传笺通释》言："始亦谋也。""始谋谓之始，犹终谋谓之究。"

⑪爰契我龟：《毛诗故训传·郑玄笺》载，"又于是契灼其龟而卜之"。按古人同卜，燃火灼龟，左丘明《国语》载，"如龟焉，灼其中必文于外"。一说以刀刻龟。

⑫时：居住。

⑬乃慰乃止……周爰：朱熹《诗集传》言，"慰，安；止，居也；左右，东西列之也；疆，谓画其大界；理，谓别其条理也；宣，布散而居也，或曰导其沟洫也；亩，治其田畴也。自西徂东，自西水浒而徂东也。周，遍也，言靡事不为也"。慰，一说止。杨雄《方言》载，"慰，居也"。理，一说区分土地。

⑭乃召司空，乃召司徒：《毛诗故训传·郑玄笺》载，"司空、司徒，卿官也，司空掌营国邑，司徒掌徒役之事。故召之使立室家之位处"。

⑮缩版：《毛诗故训传·郑玄笺》载，"既正，则以索缩其筑版，上下相承而起"。缩，用绳束筑版。

⑯捄（jū）之陾陾（réng）：朱熹《诗集传》言，"捄，盛土

于器也；陾陾，众也”。

⑰度：通“㾐”。《广雅》载：“㾐，塞也。”薨薨及下文的登登、冯冯（píng）：《毛诗故训传》载，“登登，用力也”。朱熹《诗集传》言，“薨薨，众声也；登登，相应声；冯冯，墙坚声”。

⑱兴：《毛诗故训传·郑玄笺》载，“五版为堵，兴，起也”。

⑲鼛（gāo）：《毛诗故训传》载，“大鼓也，长一丈二尺”。

⑳皋门：《毛诗故训传》载，“王之郭门曰‘皋门’”。伉（kàng）：《毛诗故训传》载，“高貌”。

㉑应门将将：《毛诗故训传》载，“王之正门曰‘应门’。将将，严正也”。

㉒冢土：《毛诗故训传》载，“冢土，大社也。起大事，动大众，必先有事乎社而后出，谓之宜”。

㉓肆：遂。殄（tiǎn）：断绝。愠（yùn）：怨愤。《毛诗故训传》载：“恚也。”

㉔兑：通行。

㉕混夷：西戎国名。駾（tuì）：受惊奔窜。《毛诗故训传》载：“突也。”

㉖喙（huì）：《毛诗故训传》载，“困也”。左丘明《国语·晋语》载，“余病喙矣”。韦昭注《国语·晋语》言，“喙，短气貌”。

㉗质厥成：质，成也；成，平也。相传虞、芮二国国君争田，到周求周文王判断，被周人礼让之风所感，以致自动相让。

㉘蹶（guì）：《毛诗故训传》载，“动也”。生：马瑞辰《毛诗传笺通释》言，“生、性古通用”。

㉙予:《毛诗故训传·郑玄笺》载,“予,我也。诗人自我也”。一说被征服民族的自称。疏附:《毛诗故训传》载,“率下亲上曰‘疏附’”。

㉚先后:《毛诗故训传》载,“相道前后曰‘先后’”。

㉛奔奏:《毛诗故训传》载,“喻德宣誉曰‘奔奏’”。一说即《周颂·清庙》之“奔走”。

棫朴

题解 颂周文王乐育贤才,盛德服人,四方归附。

芃芃棫朴①,	棫朴茂盛丛生多,
薪之槱之②。	砍它做柴堆起它。
济济辟王③,	仪容肃敬的文王,
左右趣之④。	左右以善趋助他。
济济辟王,	仪容肃敬的文王,
左右奉璋⑤。	助祭群臣捧圭璋。
奉璋峨峨⑥,	捧璋群臣仪容盛,
髦士攸宜。	俊美贤士个个强。

淠彼泾舟⑦， 船儿顺水流泾河，
烝徒楫之⑧。 众人用桨划着它。
周王于迈⑨， 周王出师去征伐，
六师及之。 六军踊跃追随他。

倬彼云汉⑩， 浩渺云河万里连，
为章于天。 明亮灿烂布满天。
周王寿考， 文王九十享高寿，
遐不作人⑪。 培育人才往善迁。

追琢其章⑫， 雕琢成章是表象，
金玉其相⑬。 如金如玉是质量。
勉勉我王， 勤勉不倦我文王，
纲纪四方⑭。 张纲立纪教四方。

注释

①芃芃：木盛貌。棫朴（pò）：均为木名，意谓统治者用人有方，人才众多。

②槱（yǒu）：《毛诗故训传》载，“积也”。

③辟：《毛诗故训传·郑玄笺》载，“君也”。

④左右趣之：《毛诗故训传·郑玄笺》载，“左右诸臣皆促疾于事”。趣：趋，疾。

⑤璋：古时祭祀用的一种酒器，用玉石制成。

⑥峨峨：庄严貌。

⑦淠（pì）：舟行貌。泾：水名。

⑧烝：《毛诗故训传·郑玄笺》载，“多也”。楫：划船。

⑨于迈：《毛诗故训传·郑玄笺》载，“于，往；迈，行”。

⑩倬（zhuō）：《毛诗故训传》载，“广也”。云汉：《毛诗故训传》载，“天河也”。

⑪遐不作人：《毛诗故训传》载，“遐，远也。远不作人也”。《毛诗故训传·郑玄笺》载，“远不作人者，其政变化纣之恶俗，近如新作人也”。王先谦《诗三家义集疏》言，“遐不犹瑕不，即‘胡不’也。‘遐不作人’与‘胡不万年’同义，言周王在位日久，年已寿考，德教养育，作养人才众多”。

⑫追：《荀子》引作“雕”。《毛诗故训传》载：“追，雕也。金曰‘雕’，玉曰‘琢’。”

⑬相：《毛诗故训传》载，“质也”。本质。

⑭纲纪四方：《毛诗故训传·郑玄笺》载，“以网罟喻为政，张之为‘纲’，理之为‘纪’”。

旱麓

题解　赞周文王能修祖先后稷、公刘、大王、王季之德以受福。

瞻彼旱麓[①]，	远望那座旱山脚，
榛楛济济[②]。	茂盛榛楛长得多。
岂弟君子[③]，	快乐平易的君子，
干禄岂弟[④]。	求福得福真快乐。
瑟彼玉瓒[⑤]，	鲜明净丽那玉瓒，
黄流在中。	黄色美酒装得满。
岂弟君子，	快乐平易的君子，
福禄攸降。	福禄下赐万万千。
鸢飞戾天，	老鹰飞翔上青天，
鱼跃于渊。	游鱼跳跃在深渊。
岂弟君子，	快乐平易的君子，
遐不作人。	培育人才往善迁。
清酒既载[⑥]，	清酒已经装满樽，
骍牡既备。	黄牛已备作牺牲。
以享以祀，	用来献神用祭祖，
以介景福。	以求大福赐我们。
瑟彼柞棫[⑦]，	柞棫又多又茂盛，

民所燎矣。　　人把杂草都烧尽。
岂弟君子，　　快乐平易的君子，
神所劳矣[⑧]。　　保佑赐福仗神灵。

莫莫葛藟[⑨]，　　葛藟藤儿牵得长，
施于条枚。　　攀缘树干向上长。
岂弟君子，　　快乐平易的君子，
求福不回[⑩]。　　不违祖德求福享。

注释

①旱：山名。麓：山脚。

②楛（hù）：木名。朱熹《诗集传》言："楛似荆而赤。"济济：众多。

③岂弟：朱熹《诗集传》言，"乐易也"。

④干：《尔雅》载，"求也"。

⑤瑟：《毛诗故训传·郑玄笺》载，"洁鲜貌"。玉瓒：玉杓，古代以圭为柄的酒器，在圭的前头有一勺，可以灌酒祭神。

⑥既载：《毛诗故训传·郑玄笺》载，"谓已在尊（樽）中也"。载，一说陈设。

⑦瑟：《毛诗故训传》载，"众貌"。

⑧劳：《毛诗故训传·郑玄笺》载，"劳来，犹言佑助"。

⑨莫莫：《毛诗故训传》载，"施貌"；一说茂繁密貌。

⑩不回：《毛诗故训传·郑玄笺》载，"不回者，不违祖先

之道”。

思齐

题解 颂周文王之所以英明，是有圣母贤妻之故。

思齐大任[①]，	庄严恭敬的太任，
文王之母。	就是文王的母亲。
思媚周姜[②]，	她常思慕那大姜，
京室之妇。	做了主妇在周京。
大姒嗣徽音[③]，	太姒继承太任德，
则百斯男[④]。	为藩屏周生百丁。

惠于宗公[⑤]，	文王为政顺大臣，
神罔时怨。	神明从不有怨忿。
神罔时恫[⑥]，	神明从不降凶讯，
刑于寡妻[⑦]。	家人妻子先守法。
至于兄弟，	至于兄弟也执行，
以御于家邦[⑧]。	推广以治天下人。

雍雍在宫[9]，	文王在宫极和顺，
肃肃在庙[10]。	宗庙祭祀又肃敬。
不显亦临，	虽贤不达得观礼，
无射亦保[11]。	虽无射才也引进。
肆戎疾不殄[12]，	故今大难可自捐，
烈假不瑕[13]。	大病未已可自免。
不闻亦式，	虽无前例合法度，
不谏亦入[14]。	虽无谏诤纳善言。
肆成人有德，	故今成人有道德，
小子有造。	弟子造就习德业。
古之人无斁[15]，	古圣诲人不厌倦，
誉髦斯士[16]。	这些俊士誉满国。

注释

①齐（zhāi）：肃敬。

②媚：《毛诗故训传》载，“爱也”。周姜：周太王之妻。

③徽：《毛诗故训传·郑玄笺》载，“美也”。

④则百斯男：《毛诗故训传》载，“太姒，文王之妇也，太姒十子，众妾则宜百子也”。

⑤惠于宗公：《毛诗故训传·郑玄笺》载，“惠，顺也；宗公，

大臣也”。马瑞辰《毛诗传笺通释》,“宗公即‘先公’也”。

⑥时：是。恫（tōng）:《毛诗故训传》载,“痛也”。

⑦刑：法也。寡妻：嫡妻。

⑧御:《毛诗故训传·郑玄笺》载,“治也”。

⑨雍雍：谐和。

⑩肃肃：恭敬貌。

⑪不显亦临，无射亦保:《毛诗故训传·郑玄笺》载,“临，视也；保，犹居也。文王之在辟雍也，有贤才之质而不明者，亦得观于礼，于六艺无射才者，亦得居于位”。按此句亦可释为,“明显处应该看到，不明显处也要留意”。马瑞辰《毛诗传笺通释》言,“古射字与夜、夕字叠韵亦通用……皆有暗冥之义……‘不显亦临’，犹云显则临；‘无射亦保’，言文王无时不警惕也”。

⑫肆戎疾不殄:《毛诗故训传》载,“肆，故、今也；戎，大也”。《毛诗故训传·郑玄笺》载,“故今大疾害人者，不绝之而自绝也”。

⑬烈假不瑕：马瑞辰《毛诗传笺通释》言,“烈即‘疠’之假借；假即‘瘕’之假借”。《毛诗故训传·郑玄笺》载,“历（烈）、假，皆病也；瑕，已也……故大疾害人者，不绝之而自绝；为历（烈）、假之行者，不已之而自已，言化之深也”。《毛诗故训传》释“瑕”为“过”。

⑭不闻亦式，不谏亦入：朱熹《诗集传》言,“虽事之无所前闻者，而亦无不合于法度；虽无谏诤之者，而亦未尝不入于善”。陈奂《诗毛氏传疏》言,“式，用也；不闻，闻也；亦式，

式也；不谏，谏也；亦人，人也”。全句即闻善言就用，有进谏就采纳。

⑮古之人无斁（yì）：《毛诗故训传》载，“古之人无厌于有名誉之俊士”。王先谦《诗三家义集疏》言，“古之人教士无厌斁，故能使斯士皆成为誉髦也”。

⑯髦（máo）：俊。

皇矣

题解 周人陈述祖德及周文王伐密、伐崇能克敌制胜。

皇矣上帝！	伟大哟上帝！
临下有赫①。	观察天下很分明。
监视四方，	监视四方的情形，
求民之莫②。	以求人民得安定。
维此二国③，	想到邰豳发源地，
其政不获。	那时政教不得行。
维彼四国④，	想到天下那四方，
爰究爰度？	怎样谋划来安身？
上帝耆之⑤，	上帝要想给予他，

憎其式廓[⑥]。　　他的疆域要大增。
乃眷西顾[⑦]，　　就往西方来看顾，
此维与宅。　　这里定居可经营。

作之屏之[⑧]，　　拔除它来摒弃它，
其菑其翳[⑨]。　　那种立死自枯树。
修之平之，　　修剪它来平整它，
其灌其栵[⑩]。　　那种丛生再生树。
启之辟之，　　芟除它来砍掉它，
其柽其椐[⑪]。　　那种河柳和椐树。
攘之剔之[⑫]，　　攘除它来剔掉它，
其檿其柘[⑬]。　　那种山桑和柘树。
帝迁明德，　　上帝迁就明德者，
串夷载路[⑭]。　　混夷瘠困而逃去。
天立厥配[⑮]，　　上天配以贤妃子，
受命既固。　　太王受命得巩固。

帝省其山，　　上帝察看那山林，
柞棫斯拔，　　柞棱枝丫都拔尽，
松柏斯兑。　　松柏树干往直长。
帝作邦作对[⑯]，　　上帝立国又立君，

自大伯王季。	自从太伯让王季。
维此王季，	这个王季是好人，
因心则友[17]，	他的心胸能友爱，
则友其兄。	就爱兄弟把兄敬。
则笃其庆[18]，	加厚对待他亲人，
载锡之光[19]。	开始赐他以光荣。
受禄无丧，	受到福禄不丧亡，
奄有四方[20]。	广有四方的臣民。

维此王季，	这个王季是好人，
帝度其心，	上帝能知他的心，
貊其德音[21]。	静修他的好道德，
其德克明，	能察是非美德行，
克明克类[22]，	能明是非分善恶，
克长克君[23]。	能教诲人能为君。
王此大邦，	在这大邦为君王，
克顺克比[24]。	能顺民情从善行。
比于文王[25]，	文王之贤承自他，
其德靡悔。	其德没为人所恨。
既受帝祉，	既受上帝赐给福，
施于孙子。	传给后世贤子孙。

帝谓文王，	上帝对那文王云，
无然畔援[26]，	不要跋扈妄出兵，
无然歆羡，	不要贪心侵人地，
诞先登于岸[27]。	应该先把狱讼平。
密人不恭，	密人不恭事侵略，
敢距大邦，	敢把大邦当敌人，
侵阮徂共，	侵略阮国又征共，
王赫斯怒。	文王赫然怒气生。
爰整其旅，	于是整顿了军旅，
以按徂旅[28]。	以阻密人往莒进。
以笃于周祜，	以厚周家的国运，
以对于天下[29]。	以遂天下的民心。

依其在京[30]，	发动京地的兵将，
侵自阮疆[31]。	征讨来自阮国疆。
陟我高冈，	登我高山四面望，
无矢我陵[32]。	没敢陈兵我山冈。
我陵我阿，	是我山陵是我阿，
无饮我泉。	没人敢饮我泉旁。
我泉我池，	是我泉井是我池，
度其鲜原[33]。	计划广阔平原上。

居岐之阳，	住在岐山的南面，
在渭之将[34]。	也在渭水的侧方。
万邦之方[35]，	为那万邦所效法，
下民之王。	天下民心所归向。

帝谓文王，	上帝对那文王说，
予怀明德，	我把大命归明德，
不大声以色，	不发怒声和怒色，
不长夏以革[36]。	不用刑罚和鞭革。
不识不知，	好像不识和不知，
顺帝之则。	却顺上帝的法则。
帝谓文王，	上帝又对文王说，
询尔仇方[37]，	考虑谁是你盟国，
同尔弟兄，	同着你的弟和兄，
以尔钩援[38]，	用你那些钩援梯，
与尔临冲[39]，	和着你的临冲车，
以伐崇墉。	去伐崇国那残贼。

临冲闲闲[40]，	临冲战车缓缓动，
崇墉言言[41]。	崇侯城池高又雄。
执讯连连[42]，	所获俘虏慢慢问，

攸馘安安[43]。	杀敌割耳也从容。
是类是祃[44]，	进行类祭和祃祭，
是致是附[45]，	于是还土抚民众，
四方以无侮。	四方诸国不敢侮。
临冲茀茀[46]，	临冲战车势无匹，
崇墉仡仡[47]。	崇侯城池高高耸。
是伐是肆[48]，	于是攻打又冲锋，
是绝是忽[49]，	于是斩绝消灭尽，
四方以无拂[50]。	四方不叛都顺从。

注释

①临：《毛诗故训传·郑玄笺》载，“视也”。

②莫：《毛诗故训传》载，“定也”。

③二国：郇、豳二国；一说夏、商二国。

④四国：《毛诗故训传》载，“四方也”。

⑤耆：致；一说憎恶。

⑥憎其式廓：扩大其版图，憎通“增”：一说是憎恶二国逐渐升级的恶行。

⑦眷（juàn）：回顾。

⑧作：通“斫”。砍，斩。

⑨其菑（zì）其翳（yì）：《毛诗故训传》载，“木立死曰‘菑’，自毙为‘翳’”。

⑩栵（lì）：砍伐后又生长的树；一说树木成行成列。

⑪柽（chēng）：河柳，又名“三春柳”。椐（jū）；木名，灵寿木。

⑫攘（rǎng）：排除。

⑬檿（yǎn）：山桑。柘（zhè）：木名，柘树，又名“黄桑”，叶可喂蚕。

⑭串夷:《毛诗故训传·郑玄笺》载,“即混夷，西戎国名也”。路:《毛诗故训传·郑玄笺》载,“瘠也”。

⑮天立厥配：上天配以贤妃；一说上天立了合乎天意的人。

⑯作对：朱熹《诗集传》言,“对，犹当也。作对，言择其可当此国者而君之也”。

⑰因心：陈奂《诗毛氏传疏》言,“因，古‘姻’字……因训‘亲’，亲心即仁心”。

⑱笃其庆：陈奂《诗毛氏传疏》言,“《传》训庆为‘善’……‘笃其庆’，犹云‘笃于亲’也”。

⑲载锡之光：赐以光荣；一说赐以大位。

⑳奄有：覆盖，广有。

㉑貊（mò）:《毛诗故训传》载,“静也”。《毛诗故训传·郑玄笺》载,“德正应和曰‘貊’”。

㉒克明：能区分是非。克类：一说能区分族类。

㉓克长克君：一说能做族长、君长。

㉔克比：顺从。陈奂《诗毛氏传疏》言,“《礼记》作‘克俾’。《尔雅》,‘俾’，从也。俾与比，古字通”。

㉕比于文王：一说周文王即了位。

㉖无然畔援：不要跋扈；一说不要舍此而取彼；一说不要徘

徊不进。然，是。畔援，一说纵弛貌。

㉗诞：语助词。登：《毛诗故训传·郑玄笺》载，“成也”；一说升。岸：《毛诗故训传·郑玄笺》载，“讼也”。姚际恒《诗经通论》释为“高地”。

㉘按：《毛诗故训传》载，“止也”。旅：地名，莒；一说指密人的军队。

㉙对：安定。《毛诗故训传》载：“遂也。”

㉚依：一说据；一说盛貌。京：《毛诗故训传·郑玄笺》载，“周地名”；一说大阜，即大山。

㉛侵：一说当作“寝”，息兵。

㉜矢：陈列。

㉝鲜原：山地与平原。

㉞将：马瑞辰《毛诗传笺通释》言，“将、则二字双声，侧从则声，故将训‘侧’”。

㉟方：《毛诗故训传》载，“则也”。指榜样、效法。

㊱不大声以色，不长夏以革：马瑞辰《毛诗传笺通释》言，“以、与古通用。声以色，犹云声与色也。夏以革，犹云夏与革也…… 汪氏德钺曰，‘不长夏以革者，不齐之以刑也。夏谓夏楚，扑作教刑也；革谓鞭革，鞭作官刑也’”。

㊲仇方：《毛诗故训传》载，“仇，匹也”。马瑞辰《毛诗传笺通释》，“仇方，即与国也”。

㊳钩援：古时攻城的工具。

㊴临冲：古时两种战车的名称。孔颖达《五经正义》言：“临者，在上临下之名；冲者，从傍冲突之称，故知二车不同。”

㊵闲闲：一说动摇；一说盛大。

㊶言言:《毛诗故训传》载，“高大也”。

㊷连连:《毛诗故训传》载，“徐也”。

㊸馘（guó）:《毛诗故训传》载，“不服者杀而献其左耳曰‘馘’”。安安：朱熹《诗集传》言，“不轻暴也”。陈奂《诗毛氏传疏》言，“犹连连，亦舒迟之意”。

㊹类：古代以特别事由祭天与天神。祃（mà）：古代军中祭名。

㊺致：马瑞辰《毛诗传笺通释》，“致其人民土地。《说文》，‘致，送诣也’。送而付之曰‘致’，已克而不取之谓也”。附：通作“抚”。

㊻茀茀（fú）:《广雅》载，“茂也”。强盛貌。

㊼仡仡（yì）：同“屹屹”，高耸貌。

㊽肆:《毛诗故训传·郑玄笺》载，“犹突也”。袭击。

㊾忽:《毛诗故训传》载，“灭也”。

㊿拂：违抗。

灵台

题解　歌颂周文王有钟鼓鱼鸟，与民同乐。

经始灵台[①]，	开始建筑那灵台，
经之营之[②]。	营造它来量地界。

庶民攻之[3]，	百姓齐来建造它，
不日成之。	不到几天落成快。
经始勿亟[4]，	始建本不须急成，
庶民子来。	百姓如子自动来。
王在灵囿，	文王来在灵囿中，
麀鹿攸伏[5]。	母鹿悠游很从容。
麀鹿濯濯[6]，	母鹿游玩毛色好，
白鸟翯翯[7]。	白鹤洁白毛羽丰。
王在灵沼，	文王来在沼池旁，
於牣鱼跃[8]。	满池鱼儿欢跳动。
虡业维枞[9]，	木架横木崇牙耸，
贲鼓维镛[10]。	挂上大鼓与大钟。
於论鼓钟[11]，	合于节奏击钟鼓，
於乐辟廱[12]！	君民同乐在辟廱！
於论鼓钟，	合于节奏击鼓钟，
於乐辟廱！	君民同乐在辟廱！
鼍鼓逢逢[13]，	鼍鼓嘭嘭声调和，

矇瞍奏公⑭。　　乐师忙把乐播送。

注释

①灵台：一说灵台是文王所造，众民筑作，很快修成，如神灵所为，因而叫灵台；一说台名。下章“灵囿”“灵沼”同。

②经：测量。

③攻：制作，建造。

④亟：《毛诗故训传·郑玄笺》载，“急也”。

⑤麀（yōu）：母鹿。攸：作语助词。

⑥濯濯：《毛诗故训传》载，“娱游也”。

⑦翯翯（hè）：《毛诗故训传》载，“肥泽也”；一说羽毛洁白有光泽。

⑧牣（rèn）：满。

⑨虡（jù）业维枞（cōng）：《毛诗故训传》载，“植者曰‘虡’，横者曰‘栒’。业，大版也。枞，崇牙也”。

⑩贲鼓维镛：《毛诗故训传》载，“贲，大鼓也；镛，大钟也”。

⑪论：《毛诗故训传·郑玄笺》载，“论之言伦也……故合乐以详之，于得其伦理乎……”一说思；一说论、伦、抡音相近，论即‘抡’的假借字，抡即敲击的意思。

⑫辟廱（yōng）：《毛诗故训传》载，“水旋丘如璧，曰‘辟廱’”。即有水环山的风景区。朱熹《诗集传》言，“天子之学，大射行礼之处也”。

⑬鼍（tuó）鼓：鳄鱼皮蒙的鼓。

⑭矇瞍（méng sǒu）：《毛诗故训传》载，“有眸子而无见曰‘矇’，无眸子曰‘瞍’”。古时乐师多为盲人。公：通

“工”“功”，指奏乐事。

下武

题解 赞美周武王能继周太王王季及周文王之德以昭后嗣。

下武维周[1]，	能继祖先是周人，
世有哲王。	世代王侯都英明。
三后在天[2]，	三代祖宗在天上，
王配于京[3]。	王配世德于周京。
王配于京，	王配世德于周京，
世德作求[4]。	世世积德王业成。
永言配命[5]，	我行永符于教令，
成王之孚[6]。	王德取信天下人。
成王之孚，	王德取信于天下，
下土之式。	天下之人以为法。
永言孝思，	我永不忘于孝思，
孝思维则[7]。	孝思就是法则呀。

媚兹一人，	爱戴武王这个人，
应侯顺德[8]。	应以美德是百姓。
永言孝思，	我永不忘于孝思，
昭哉嗣服[9]。	真昭明呀那后进。
昭兹来许[10]，	真昭明呀那后进，
绳其祖武[11]。	继承祖先事业行。
於万斯年，	从此享国万万年，
受天之祜。	受到天赐好福分。
受天之祜，	受到天赐福分多，
四方来贺。	四方诸侯来朝贺。
於万斯年，	从此享国万万年，
不遐有佐[12]。	岂有不来相辅佐。

注释

①下武维周:《毛诗故训传·郑玄笺》载，“下，犹后也。后人能继先祖维周家”。《尔雅》载，“武，继也”。

②三后：指太王、王季、文王。

③王配于京:《毛诗故训传·郑玄笺》载，“武王又能配行其道于京”。

④世德作求：马瑞辰《毛诗传笺通释》言，“按求当读为‘逑’。逑，匹也，配也……言王所以配于京者，由其可与世德配合耳”。

⑤永言配命：《毛诗故训传·郑玄笺》载，“永，长；言，我也；命，犹教令也”。陈奂《诗毛氏传疏》言，“言武王配天命，更光大也”。

⑥孚：《毛诗故训传·郑玄笺》载，“信也”。

⑦孝：王引之《经义述闻》言，“孝者美德之通称，非谓孝弟（悌）之孝”。《中庸》载，“夫孝者，善继人之志，善述人之事者也”。

⑧应侯顺德：吴闿生《诗义会通》言，“侯，乃也；应，当也。应侯顺德，犹云‘应乃懿德’”。

⑨嗣服：一说为继承祖宗事业。

⑩昭兹：马瑞辰《毛诗传笺通释》言：“兹、哉，古同音通用。昭兹犹言昭哉”。来许：后进。

⑪绳：朱熹《诗集传》言，“继也”。马瑞辰《毛诗传笺通释》言，“绳、承，古通用”。武：《毛诗故训传》载，“迹也”。引申为功绩。

⑫不遐有佐：马瑞辰《毛诗传笺通释》言，“不遐，即‘遐不’之倒文。凡诗言‘遐不’者，遐、胡一声之转，犹云‘胡不’也”。一说怎会有过失？闻一多《周易义证类纂》言，“无言即无愆，愆亦过也……《抑》‘不遐有愆’，犹《下武》‘不遐有佐’”。

文王有声

题解 歌颂周文王迁丰、周武王迁镐而周兴。

文王有声，	文王为政有善声，
遹骏有声①。	继行大德有令闻。
遹求厥宁，	谋求太平民终安，
遹观厥成。	具有美德功多成。
文王烝哉②！	文王真得君道呀！
文王受命，	文王接受了天命，
有此武功。	有这武功必得胜。
既伐于崇，	既已讨伐了崇侯，
作邑于丰。	又迁都城在丰境。
文王烝哉！	文王真得君道呀！
筑城伊淢③，	筑城要挖护城河，
作丰伊匹④。	丰邑大小相配合。
匪棘其欲⑤，	不是急于逞私心，
遹追来孝。	而是述追祖德啊。

王后烝哉！　　文王真得君道呀！

王公伊濯[6]，　　文王建国事大端，
维丰之垣。　　建筑丰城又修垣。
四方攸同，　　四方同心齐归附，
王后维翰[7]。　　都以君王为桢干。
王后烝哉！　　君王真得君道呀！

丰水东注，　　丰水滔滔向东流，
维禹之绩。　　乃是大禹决治谋。
四方攸同，　　四方同心齐归附，
皇王维辟[8]。　　武王为君民无忧。
皇王烝哉！　　武王真得君道呀！

镐京辟廱，　　镐京建立了辟廱，
自西自东，　　从那西边又从东，
自南自北，　　从那南边又从北，
无思不服。　　没有哪个不服从。
皇王烝哉！　　武王真得君道呀！

考卜维王，　　占卜稽考王施行，

宅是镐京。	卜居定宅在镐京。
维龟正之，	灼龟问卦得吉兆，
武王成之。	武王王都终建成。
武王烝哉！	武王真得君道呀！

丰水有芑[9]，	丰水之旁芑草生，
武王岂不仕[10]？	王岂不为功业兴？
诒厥孙谋[11]，	为顺民心传后计，
以燕翼子[12]。	以安敬事子和孙。
武王烝哉！	武王真得君道呀！

注释

①遹（yù）：遵循；一说作语助词。骏：大。

②烝（zhēng）：国君；一说赞美之词。

③伊：作语助词。淢（xù）：通“洫”，即护城河。

④作丰伊匹：一说建立丰邑要有个榜样。《毛诗故训传》载：“匹，配也。”

⑤棘：《毛诗故训传·郑玄笺》载，“急也”。

⑥公：《毛诗故训传·郑玄笺》载，“事也”。濯：《毛诗故训传》载，“大也”。

⑦翰：桢干，即骨干。

⑧皇王维辟：一说君王是法则。

⑨芑（qǐ）：《尔雅》载，“芑，白苗嘉谷也”；一说草名，水

芹菜。

⑩仕:《毛诗故训传》载,“仕,事”。《毛诗故训传·郑玄笺》载,“武王岂不以其功业为事乎?”

⑪诒厥孙谋:《毛诗故训传·郑玄笺》载,“诒,犹传也;孙,顺也……传其所以顺天下之谋,以安其敬事之子孙”。陈奂《诗毛氏传疏》言,“言武王之谋遗子孙也”。

⑫以燕翼子:一说使子孙安乐有备。《毛诗故训传》载:“燕,安也;翼,敬也。”闻一多《周易义证类纂》:“案敬、儆、惊本同字,古无儆、惊字,但以敬为之。”敬,有警戒、戒备之意。

生民

题解 周人陈述周始祖后稷诞生经过及播种五谷的成就。

厥初生民,	开初周族的起源,
时维姜嫄。	是由有邰氏姜嫄。
生民如何?	怎样生下那周人?
克禋克祀[①],	能够祭祀敬神诚,
以弗无子[②]。	因此不无那子嗣。
履帝武敏歆[③],	欣然践帝足拇指,

攸介攸止[4]。	本是别居而独处。
载震载夙[5]，	怀胎震动可严肃，
载生载育，	生后抚养又提携，
时维后稷。	是周祖先叫后稷。
诞弥厥月[6]，	足足十月把孕怀，
先生如达[7]。	生产容易如羊胎。
不坼不副[8]，	不裂胎衣不难产，
无菑无害[9]。	母体无灾又无害。
以赫厥灵[10]，	这样显示那异灵，
上帝不宁，	足践拇印帝不宁，
不康禋祀，	只因不安来祭祀，
居然生子。	居然无恙生儿子。
诞寘之隘巷，	把他放在小巷里，
牛羊腓字之[11]。	羊牛前来爱护他。
诞寘之平林，	把他放在树林里，
会伐平林。	樵夫砍柴救了他。
诞寘之寒冰，	把他放在寒冰上，
鸟覆翼之。	大鸟展翅暖着他。
鸟乃去矣，	等到大鸟一飞走，

后稷呱矣。	后稷呱呱哭出口。
实覃实讦[12]，	声音又长又很大，
厥声载路[13]！	声满路途人惊诧！

诞实匍匐，	后稷刚刚会爬行，
克岐克嶷[14]，	知识智慧渐发生，
以就口食。	就去自己找口食。
蓺之荏菽[15]，	栽种大豆很认真，
荏菽旆旆[16]。	大豆豆荚大又长。
禾役穟穟[17]，	禾苗美好列成行，
麻麦幪幪[18]，	麻麦长得极茂密，
瓜瓞唪唪[19]。	累累瓜果嫩又黄。

诞后稷之穑，	后稷学会种庄稼，
有相之道[20]。	观地择土有方法。
茀厥丰草[21]，	拔去茂密串根草，
种之黄茂[22]。	种上良种十分好。
实方实苞[23]，	种子发芽挂满苞，
实种实褎[24]。	禾苗渐渐壮又高。
实发实秀[25]，	抽穗拔节结了实，
实坚实好。	饱满肥沃成色好。

实颖实栗[26]，	庄稼成熟产量高，
即有邰家室[27]。	封到有邰立家室。

诞降嘉种，	良种乃是上天降，
维秬维秠[28]，	是秬是秠酿酒香，
维穈维芑[29]。	是穈赤苗是芑白。
恒之秬秠[30]，	遍种秬秠长得旺，
是获是亩。	于是收获用亩计。
恒之穈芑，	遍种赤穈和白芑，
是任是负[31]，	于是手抱或背背，
以归肇祀。	回家开始把神祭。

诞我祀如何？	回家祭祀是怎样？
或舂或揄[32]，	或是舂米或舀上，
或簸或蹂[33]。	或是搓米或簸糠。
释之叟叟[34]，	淘起米来声叟叟，
烝之浮浮[35]。	蒸起饭来气浮浮。
载谋载惟[36]，	就去计划就思考，
取萧祭脂。	取蒿和油神前烧。
取羝以軷[37]，	为祭路神杀公羊，
载燔载烈，	就烧就烤神来享，

以兴嗣岁[38]。	以求来年庄稼旺。
卬盛于豆[39]，	我把祭品装木豆，
于豆于登[40]。	装了木豆装瓦登。
其香始升，	香气开始往上升，
上帝居歆[41]，	安然受享是天神，
胡臭亶时[42]。	香味又大又好闻。
后稷肇祀，	后稷开始祭神灵，
庶无罪悔，	几乎没有大罪过，
以迄于今。	自从那时直到今。

注释

①禋（yīn）：升烟以祭，古代祭天的典礼。

②弗无：戴震《毛郑诗考正》引许益之论云，“弗无之为言有也”。一说弗作“祓”解释，即除灾去邪所举行的仪式。

③履帝武敏歆：《毛诗故训传》载，“履，践也；武，迹”。《毛诗故训传·郑玄笺》载，“帝，上帝也；敏，拇也”。马瑞辰《毛诗传笺通释》言，“歆之言‘忻’，即《史记》所云‘心忻然欲践之也’”。

④攸介攸止：别居而独处；一说应释为肚子大，有了孕。在《小雅·甫田》中，王先谦《诗三家义集疏》言，“介当如陈奂说，‘介，大也；言长大其黍稷’。止，至也，至于得谷也”。这里，介、止也有长大的意思，指怀孕后胎儿长大。

⑤震：马瑞辰《毛诗传笺通释》言，“《尔雅》，娠，‘震动也’。郭注娠犹震也……‘震’即娠之声近假借”。夙：一说“夙夜”的夙，谓“早敬”；一说“夙之言肃也”，作“肃戒”解释；一说夙亦可训为“动”，指胎动。

⑥弥：终，指怀胎足月。

⑦达：《毛诗故训传·郑玄笺》载，“羊子也”。

⑧不坼（chè）不副（pì）：朱熹《诗集传》言，“坼、副，皆裂也”。坼，分裂。副，同“疈”，分离。一说“不”系语助词，此句释为胞衣破裂，胎盘分离。

⑨菑：“灾”的古字。

⑩赫：显示，显耀。

⑪腓字：《毛诗故训传》载，“腓，辟；字，爱也”。指覆庇和爱护。

⑫实覃实讦：《毛诗故训传》载，“覃，长也；讦，大也”。

⑬载：充满。

⑭克岐克嶷（nì）：《毛诗故训传》载，“岐，知意也；嶷，识也”。

⑮蓺：同“艺”，种植。荏：通“戎”，大。

⑯旆旆（pèi）：长。

⑰役：《毛诗故训传》载，“列也”；一说谷穗。役、颖二字双声通用。穟穟（suì）：禾苗美好貌。

⑱幪幪：茂盛貌。

⑲唪唪（běng）：多实貌。

⑳有相之道：一说自有他的看法。

㉑茀（fú）:《毛诗故训传》载,“治也”。

㉒黄茂:《毛诗故训传》载,“黄，嘉谷也；茂，美也”。

㉓方:《尔雅》载,“始也”。马瑞辰《毛诗传笺通释》言,“方为苗生之始……方之言分也，放也。谷种得气，始分放也”。

㉔种：矮，指粗壮。褎（yòu）:《毛诗故训传》载,“长也”。

㉕发：禾茎拔节。秀：结穗。

㉖实颖实栗:《毛诗故训传》载,“颖，垂颖也；栗，其实栗栗然”。

㉗邰:《毛诗故训传》载,“邰，姜螈（嫄）之国也”。

㉘秬（jù）：黑黍。秠（pī）：黑黍的一种。

㉙穈（mén）：赤苗的嘉禾。

㉚恒:“亘”的借字，即遍，满。遍，指遍种。

㉛任:《毛诗故训传·郑玄笺》载,“犹抱也”。

㉜揄（yóu），舀取。

㉝蹂：通“揉”，用手搓米。

㉞释：淘米。叟叟：淘米声。

㉟浮浮：蒸饭时产生的蒸气。

㊱惟:《毛诗故训传·郑玄笺》载,“思也”。

㊲羝（dī）：公羊。軷（bá）：古代祭路神。

㊳以兴嗣岁:《毛诗故训传·郑玄笺》载,“将求新岁之丰年也”。

㊴卬（áng）:《毛诗故训传》载,“我也”。

㊵于豆于登:《毛诗故训传·郑玄笺》载,“木曰‘豆’，瓦曰

‘登’”。

㊶居：语助词。歆：飨。

㊷胡臭亶时：马瑞辰《毛诗传笺通释》言，“《广雅》，‘胡，大也；时，善也’。胡臭谓芳臭之大。亶时，犹云诚善也”。

行苇

题解 歌颂周先代，睦亲敬老，仁及草木。

题解

敦彼行苇[1]，	行苇聚生在道旁，
牛羊勿践履。	别放牛羊来踩伤。
方苞方体[2]，	它刚出土刚成形，
维叶泥泥[3]。	叶儿嫩绿初生长。
戚戚兄弟[4]，	兄弟骨肉要相亲，
莫远具尔[5]。	切莫疏远要靠近。
或肆之筵[6]，	或为他们摆座席，
或授之几[7]。	或又设几安老人。

肆筵设席，	陈列筵席摆在家，
授几有缉御[8]。	几旁有人侍候他。

或献或酢，	或献酒来或回敬，
洗爵奠斝[9]。	洗杯敬酒客酬答。
醓醢以荐[10]，	肉酱肉汁盛得满，
或燔或炙。	或是烧肉或炙肝。
嘉殽脾臄[11]，	好菜还有脾和舌，
或歌或咢[12]。	歌唱击鼓以助欢。
敦弓既坚[13]，	雕弓既已很坚韧，
四鍭既钧[14]。	四矢既已很均衡。
舍矢既均[15]，	放箭既已中红心，
序宾以贤。	箭中多少次第分。
敦弓既句[16]，	雕弓既已被引满，
既挟四鍭。	挟着四矢将靶穿。
四鍭如树[17]，	四矢中的来竖立，
序宾以不侮。	为客排次没侮慢。
曾孙维主，	成王依法做主人，
酒醴维醹[18]。	甜酒又香味又醇。
酌以大斗，	斟酒用那大酒杯，
以祈黄耇。	以求老人把寿增。
黄耇台背[19]，	年高寿长背长纹，

以引以翼⑳。	旁有人扶前牵引。
寿考维祺，	愿他高寿又吉祥，
以介景福。	以求得福人常春。

注释

①敦（tuán）：聚貌。行苇：谓苇生路旁。

②体:《毛诗故训传·郑玄笺》载，“成形也”。

③泥泥：茂盛貌。《毛诗故训传》载：“叶初生泥泥然。”

④戚戚：相亲近。

⑤尔：同“迩”，近。

⑥筵（yán）：竹席。古时席地而坐，以筵为坐具。

⑦几（jī）：《毛诗故训传·郑玄笺》载，“老者加之以几”。类似矮桌。

⑧缉御:《毛诗故训传·郑玄笺》载，“缉，犹续也；御，侍也”；一说局促不安貌。

⑨奠斝（jiǎ）：向客人敬酒；一说客人饮完酒后把酒器放于席上。奠，放置，进献。斝，青铜酒器。

⑩醓（tǎn）：多汁肉酱。醢（hǎi）：肉酱。

⑪脾：牛胃。臄（jué）：牛舌；一说口腔肉。

⑫或歌或咢（è）：《毛诗故训传》载，“歌者，比于琴瑟也。徒击鼓曰‘咢’”。

⑬敦（diāo）：雕弓，即经过雕画的弓。马瑞辰《毛诗传笺通释》言：“敦、雕双声，故通用。”

⑭镞（hóu）：箭矢。钧：同“均”。

⑮均：指均射中。

⑯句：张。孔颖达《五经正义》言："是引满之时也。"即张弓引满。

⑰树：通"竖"。

⑱醹（rú）：醇厚的酒。

⑲台背：台，古"鲐"字。鲐鱼，背有黑纹，此处指长寿老人背上生斑如鲐鱼背。

⑳以引以翼：孔颖达《五经正义》言，"引者，牵引之义。故云在前曰'引'，谓在前相导之。翼者，如鸟之翼在身之两傍。故云在傍曰'翼'，谓在傍扶持之"。一说，引翼，尊长者，敬长者。陈奂《诗毛氏传疏》言，"言长之，敬之也"。

既醉

题解 周成王祭余饮宴。

既醉以酒，　　既已请我喝醉酒，
既饱以德[1]。　身教又示我以德。
君子万年，　　君子享寿万万年，
介尔景福。　　上天赐尔大福泽。

既醉以酒，	既已请我喝醉酒，
尔殽既将[2]。	你的菜肴又很精。
君子万年，	君子享寿万万年，
介尔昭明。	祈天助你得光明。
昭明有融[3]，	光明又长而又盛，
高朗令终。	高明是以善名终。
令终有俶[4]，	善终本有善开始，
公尸嘉告。	神用善言来相颂。
其告维何？	他颂善言是什么？
笾豆静嘉。	笾豆清洁美得奇。
朋友攸摄[5]，	群臣朋友相辅佐，
摄以威仪。	相辅都很有威仪。
威仪孔时，	威仪表现很得宜，
君子有孝子。	君子又都有孝行。
孝子不匮，	孝子之善永不竭，
永锡尔类[6]。	赐尔族类永继承。
其类维何？	他的法程是什么？

室家之壶[7]。	治家推广到治国。
君子万年，	君子享寿万万年，
永锡祚胤[8]。	赐你子孙把福得。
其胤维何？	赐福子孙是什么？
天被尔禄。	上天护你用福禄。
君子万年，	君子享寿万万年，
景命有仆[9]。	天将大命附于汝。
其仆维何？	天附大命是什么？
釐尔女士[10]。	给你有德好女子。
釐尔女士，	给你有德好女子，
从以孙子[11]。	随赐贤明孙和子。

注释

①既饱以德：身教又示我以德；一说，饮食款待已经饱了。高亨《诸子新笺》言："疑德当作'食'，盖食误为'悳'，悳又变作'德'也。"

②将：美好。

③有融：《毛诗故训传·郑玄笺》载，"有，又"。《毛诗故训传》载，"融，长"。一说融为高；一说，融为朗。

④令终有俶（chù）：祝词，祝其善始善终。俶，善；一说开始；一说终。

⑤摄：佐理，辅助。

⑥类：指法程；一说指家族。

⑦壸（kǔn）：古时宫中巷，引申为广。

⑧祚（zuò）：福。胤（yìn）：后代。

⑨仆:《毛诗故训传》载,“附也”。

⑩釐尔女士:《毛诗故训传》载,“釐，予也”。《毛诗故训传·郑玄笺》载,“予女以女而有士行者”。马瑞辰《毛诗传笺通释》言,“釐与赉双声，釐即‘赉’之假借，故训为‘予’”。予：赐，给予。

⑪从以孙子：一说还有好的孙子。

凫鹥

题解 周初宗庙再祭公尸之诗。

凫鹥在泾[1]，	野鸭群鸥聚水中，
公尸来燕来宁。	神来燕饮态从容。
尔酒既清，	你的美酒味儿清，
尔殽既馨。	你的菜肴香气浓。
公尸燕饮，	神赴筵宴来饮酒，
福禄来成[2]。	赐给福禄有几重。

凫鹥在沙[3]，　　野鸭群鸥聚水旁，
公尸来燕来宜[4]。　神来燕饮事不忘。
尔酒既多，　　你的美酒已很多，
尔殽既嘉。　　你的菜肴又极香。
公尸燕饮，　　神赴筵宴来饮酒，
福禄来为[5]。　　赐你福禄得久长。

凫鹥在渚，　　野鸭群鸥聚在渚，
公尸来燕来处[6]。　神灵燕饮来安处。
尔酒既湑，　　你酒去渣滤得清，
尔殽伊脯[7]。　　你肴是那干肉脯。
公尸燕饮，　　神来燕乐来饮酒，
福禄来下[8]。　　天将福禄赐予汝。

凫鹥在潨[9]，　　鸭鸥群聚水涯旁，
公尸来燕来宗[10]。　神来燕饮被敬仰。
既燕于宗[11]，　　既已燕饮于宗庙，
福禄攸降。　　祖考又把福禄降。
公尸燕饮，　　神灵燕乐来饮酒，
福禄来崇[12]。　　福禄多多赐予王。

凫鹥在亹[13]，　野鸭群鸥聚水门，
公尸来止熏熏[14]。　公尸来到喜欣欣。
旨酒欣欣，　好酒味儿香又美，
燔炙芬芬。　烧肉芬芳香气喷。
公尸燕饮，　神灵燕乐来饮酒，
无有后艰[15]。　今后灾难消灭尽。

注释

①凫（fú）：野鸭。鹥（yī）：鸥。泾（jīng）：水中；一说水名；一说直流向前之水。

②成：重；一说成就。

③沙：《毛诗故训传》载，“水旁也”。

④宜：《毛诗故训传》载，“宜其事也”。

⑤为：《毛诗故训传·郑玄笺》载，“犹助也”；一说厚。

⑥处：《毛诗故训传》载，“止也”。指居处。

⑦脯（fǔ）：干肉。

⑧下：降。

⑨潨（zhōng）：《广雅》载，“涯也”；一说水交会处。

⑩宗：《毛诗故训传》载，“尊也”。指尊敬神。

⑪于宗：在宗室，在宗庙。

⑫崇：陈奂《诗毛氏传疏》言，“申，重也。崇与申义同”。重叠，积聚。

⑬亹（mén）：峡中两岸对峙如门的地方。

⑭来止熏熏：俞樾《古书疑义举例》言，“熏熏、欣欣，《传》

写误倒，本作‘公尸来止欣欣，旨酒熏熏’”。来止，陈奂《诗毛氏传疏》言，“来止当依《说文》作‘来燕’”。熏，一说同“醺”。

⑮艰:《毛诗故训传·郑玄笺》载，“难也”。指灾难。

假乐

题解 歌颂周成王能循旧章，善于安民，使用贤臣，为人爱戴。诗在赞美中兼有规诫之意。

假乐君子①，	上天喜爱那成王，
显显令德。	美德显明著辉光。
宜民宜人，	善于安民善用人，
受禄于天。	受到天赐福禄长。
保右命之②，	天予天命又助他，
自矢申之。	重将福禄赐成王。

干禄百福③，	祈求福禄有百样，
子孙千亿。	子孙众多千亿强。
穆穆皇皇，	又很美来又堂皇，

宜君宜王。	令德宜乎作君王。
不愆不忘[4]，	没有过失没忘祖，
率由旧章。	一切都循旧规章。

威仪抑抑[5]，	威仪端庄有美名，
德音秩秩[6]。	教令道德典常存。
无怨无恶，	没人怨尤没人恨，
率由群匹[7]。	为政善用那群臣。
受福无疆，	受福从来无止境，
四方之纲。	统领四方纲纪明。

之纲之纪，	这部纲纪很分明，
燕及朋友。	燕乐饮酒有群臣。
百辟卿士[8]，	诸侯卿士皆赴宴，
媚于天子。	爱戴天子具真心。
不解于位，	都不懈怠其职守，
民之攸塈[9]。	因而人民得安心。

注释

①假乐:《毛诗故训传》载，“假，嘉也”。假、嘉双声故通用。

②右：佑助。

③干：求。

④愆：过失。忘：一说同“亡”。

⑤抑抑：《毛诗故训传》载，“美也”。

⑥秩秩：《毛诗故训传》载，“有常也”。指有常典。

⑦群匹：群臣。

⑧辟：指内诸侯；一说即众诸侯。卿士：指外诸侯；一说指朝廷的高官。

⑨塈（jì）：休息。

公刘

题解 周人自述公刘自邰迁豳，初步定居并发展农业，为周代的开国历史。

笃公刘①，	诚实忠厚的公刘，
匪居匪康。	不能安居图安康。
乃场乃疆②，	就划地界就修疆，
乃积乃仓③。	就理露囤就清仓。
乃裹糇粮，	就把干粮包裹好，
于橐于囊④。	装进小袋和大囊。
思辑用光⑤，	显现光辉睦人民，
弓矢斯张。	弓箭张设把敌防。

干戈戚扬[6]，	执着干戈与斧钺，
爰方启行[7]。	开始启程向前方。

笃公刘，	诚实忠厚的公刘，
于胥斯原[8]，	于是察看这平原，
既庶既繁。	既是富庶又繁荣。
既顺乃宣[9]，	既顺民情心就宽，
而无永叹。	没有人怨没长叹。
陟则在巘[10]，	往前登上那小山，
复降在原。	往下又走到平地。
何以舟之[11]？	他佩戴的是哪般？
维玉及瑶，	是有美玉和宝石，
鞞琫容刀[12]。	玉饰刀鞘挂腰间。

笃公刘，	诚实忠厚的公刘，
逝彼百泉。	去看上百的泉流。
瞻彼溥原，	看那广宽平原后，
乃陟南冈。	就登南面那山丘。
乃觏于京，	就见可居的京地，
京师之野。	在那京师野地头。
于时处处，	于是居其所当居，

于时庐旅[13]。	于是寄其所当寄。
于时言言，	于是言其所当言，
于时语语[14]。	于是语其所当语。

笃公刘，	诚实忠厚的公刘，
于京斯依，	这样于京住下后，
跄跄济济[15]，	随从群臣威仪盛，
俾筵俾几。	使设席位把几留。
既登乃依[16]，	登上席位靠着几，
乃造其曹[17]。	就祭猪神把神求。
执豕于牢，	牢中捉豕做嘉肴，
酌之用匏[18]。	酌酒用那匏瓜瓢。
食之饮之，	赐予大家酒和肉，
君之宗之。	作为君长众人朝。

笃公刘，	诚实忠厚的公刘，
既溥既长。	土地既广又很长。
既景乃冈[19]，	测定日影在山冈，
相其阴阳[20]。	勘察南北和阴阳。
观其流泉，	又看流泉的方向，
其军三单[21]。	轮流当兵三军旺。

度其隰原，	量好那些低平地，
彻田为粮[22]。	整治田土好种粮。
度其夕阳[23]，	测量西山夕照处，
豳居允荒。	豳地真好大又广。

笃公刘，	诚实忠厚的公刘，
于豳斯馆。	在豳要建这宫室。
涉渭为乱[24]，	横涉渭河把工施，
取厉取锻[25]。	采取厉石和锻石。
止基乃理[26]，	宫室修好理田野，
爰众爰有[27]。	人口增多物丰实。
夹其皇涧[28]，	夹着皇涧是住宅，
遡其过涧[29]，	顺着过涧往上辟，
止旅乃密[30]，	众人居住就安定，
芮鞫之即[31]。	住在水涯河湾侧。

注释

①笃：忠厚；一说发语词。

②埸（yì）：田界，疆界。

③积：朱熹《诗集传》言，"露积也"。指粮囤。

④于橐（tuó）于囊：袋子。《毛诗故训传》载："小袋曰'橐'，大袋曰'囊'。"

⑤思辑用光:《毛诗故训传》载,“言民相与和睦，以显于时也”。辑，和睦。

⑥戚扬：斧钺。

⑦爰：发语词。方:《广雅》载,“始也”。

⑧胥：观看，视察。

⑨宣：马瑞辰《毛诗传笺通释》言,“宣之为言通也，畅也。言民心既顺，其情乃宣畅也”。

⑩巘（yǎn）:《毛诗故训传》载,“小山，别于大山也”。

⑪舟:《毛诗故训传》载,“带也”。

⑫鞞琫（bǐng běng）：刀鞘上的装饰物，也用来指刀鞘。容刀：佩刀。

⑬庐旅：马瑞辰《毛诗传笺通释》言,“庐、旅，古同声通用……旅，寄也”；一说房舍。

⑭语语：一说闹闹嚷嚷。

⑮跄跄（qiāng）：步趋有节貌。济济：庄严恭敬貌。

⑯既登乃依:《毛诗故训传》载,“宾已登席坐矣，乃依几矣”。

⑰乃造其曹：马瑞辰《毛诗传笺通释》,“造者,‘祰’之假借。《说文》,‘祰，告祭也’……曹者,‘褿’之省借……《玉篇》,‘褿，豕祭也’”。褿：祭猪神。

⑱匏（páo）：葫芦，此处指用葫芦制成的酒器。

⑲景：日影。冈：山冈。

⑳相：观看，视察。阴阳：山北水南曰“阴”，山南水北曰“阳”。

㉑三单:《毛诗故训传》载,“三单，相袭也”。胡承珙《毛诗

后笺》言,“单者，一也，独也……《传》云‘相袭者，犹言相代’”。指轮流当兵。

㉒彻：治，开发。《毛诗故训传》载:“治也。”

㉓度：测量。夕阳：山的西边。

㉔乱：横渡。

㉕厉:“砺”的本字，磨刀石。锻:《毛诗故训传》载,“石也”。

㉖止基乃理:《毛诗故训传·郑玄笺》载,“作宫室之功止，而后疆理其田野”。

㉗众：指人口增多。有：指物产丰富。

㉘皇：涧名。

㉙过：涧名。

㉚旅：众。密：安。

㉛芮鞫（ruì jū）:《毛诗故训传》载,“芮，水涯也。鞫，究也”。究：曲。

泂酌

题解 周召康公诫周成王息民。

泂酌彼行潦①，　　远去汲水到溪涧，
挹彼注兹②，　　倒入大鼎倒小盏，
可以餴饎③。　　可以用它蒸酒饭。

岂弟君子，	快乐平易的君子，
民之父母。	民把他当父母看。
泂酌彼行潦，	远去汲水溪涧行，
挹彼注兹，	大器注满小器盈，
可以濯罍[4]。	用它可把罍洗净。
岂弟君子，	快乐平易的君子，
民之攸归。	人民统统来归顺。
泂酌彼行潦，	远去溪涧把水汲，
挹彼注兹，	注了这里注那里，
可以濯溉[5]。	可把漆樽来洗涤。
岂弟君子，	快乐平易的君子，
民之攸塈。	可使人民得养息。

注释

①泂（jiǒng）：远。行潦：路旁积水。《毛诗故训传》载："流潦也。"

②挹：舀。注：倒。

③馈（fēn）：蒸饭。饎（chì）：酒食。

④罍（léi）：古代器皿，盛酒和水。

⑤濯（zhuó）：洗涤。溉：一说清；一说同"概"。概：酒器，漆樽。

卷阿

题解 周召康公诫周成王求贤用贤。

有卷者阿[①]，	丘陵卷曲成山阿，
飘风自南。	疾风从南吹来多。
岂弟君子，	快乐平易的君子，
来游来歌，	又游玩来又唱歌，
以矢其音[②]。	歌陈盛德音相和。
伴奂尔游矣[③]，	逍遥闲散你游乐，
优游尔休矣。	优游自得你休息。
岂弟君子，	快乐平易的君子，
俾尔弥尔性[④]，	使你善终没折磨，
似先公遒矣[⑤]。	继承先君功竟成。
尔土宇昄章[⑥]，	你土居民明规章，
亦孔之厚矣。	也算得天独厚哟。
岂弟君子，	快乐平易的君子，
俾尔弥尔性，	使你善终没折磨，

百神尔主矣。　　山川百神你主宰。

尔受命长矣，　　接受天命你长久，
茀禄尔康矣[7]。　　得到禄福你安康。
岂弟君子，　　快乐平易的君子，
俾尔弥尔性，　　使你善终没折磨，
纯嘏尔常矣[8]。　　天赐大福你常得。

有冯有翼[9]，　　有可依凭有辅翼，
有孝有德，　　有了孝行有美德，
以引以翼。　　导引在前扶在侧。
岂弟君子，　　快乐平易的君子，
四方为则。　　四方用以为准则。

颙颙卬卬[10]，　　体貌温顺志高昂，
如圭如璋，　　品格如圭又如璋，
令闻令望。　　美名远扬有威望。
岂弟君子，　　快乐平易的君子，
四方为纲。　　四方用以为纪纲。

凤凰于飞，　　凤凰高空来飞驰，

翙翙其羽[11]，	群鸟众多展羽翅，
亦集爰止。	也和众鸟集一处。
蔼蔼王多吉士[12]，	济济王朝多善士，
维君子使，	只供君子所驱使，
媚于天子。	他们爱戴对天子。
凤凰于飞，	凤凰高空来飞驰，
翙翙其羽，	群鸟众多展羽翅，
亦傅丁天。	高飞直到天空上。
蔼蔼王多吉人，	济济王朝多吉士，
维君子命，	听从君子所指使，
媚丁庶人。	爱民使之不失职。
凤凰鸣矣，	凤凰鸣叫示吉祥，
于彼高冈。	声音响在高冈上。
梧桐生矣，	梧桐挺拔生长哟，
于彼朝阳。	全身披着那朝阳。
菶菶萋萋[13]，	梧桐高大而茂盛，
雝雝喈喈。	凤凰和鸣声远扬。
君子之车，	王赐君子以安车，

既庶且多。　　既是众来又是多。
君子之马，　　王赐君子以骏马，
既闲且驰。　　既是娴熟好乘坐。
矢诗不多⑭，　　我献诗篇极为多，
维以遂歌。　　希望乐师谱成歌。

注释

①卷：曲。阿：大的丘陵。

②矢：《毛诗故训传》载，“陈也”。

③伴奂：吴闿生《诗义会通》言，“优游闲暇之意”。

④俾尔弥尔性：朱熹《诗集传》言，“使尔终其寿命”。即得享天年的意思。俾，使。弥，终。性，命。

⑤似先公遒矣：继承祖宗的事业久长。似，嗣。遒，一说终；一说久远。

⑥土宇：《毛诗故训传·郑玄笺》载，“谓居民土地宅也”。陈奂《诗毛氏传疏》言，“土宇，犹言封畿也”。昄（bǎn）章：陈奂《诗毛氏传疏》言，“言法度章明”。昄，大。章，表。

⑦茀：通“福”。康：《毛诗故训传·郑玄笺》载，“安也”。

⑧纯：大。嘏（gǔ）：予福曰“嘏”。常：一说长。

⑨冯（píng）：依凭。冯、凭声同。翼：翼蔽，庇护。

⑩颙颙（yóng）卬卬（áng）：《毛诗故训传》载，“颙颙，温貌；卬卬，盛貌”。

⑪翙翙（huì）：《毛诗故训传》载，“众多也”。

⑫蔼蔼：《毛诗故训传》载，“犹济济也”。指人众多又有威仪。

⑬菶菶（běng）萋萋（qī）：皆草木茂盛貌。

⑭矢：献。不：语助词。《毛诗故训传》载：“不多，多也。”

民劳

题解 周大夫规劝其暴君周厉王，勿听信奸宄、纵容小人、施行暴虐以劳民祸国。

民亦劳止，	人民劳苦苦够了，
汔可小康[①]。	要求稍微得安康。
惠此中国[②]，	抚爱这些京师人，
以绥四方。	用来安定那四方。
无纵诡随[③]，	不要纵容阴谋家，
以谨无良。	谨防其人不善良。
式遏寇虐[④]，	制止暴虐与抢夺，
憯不畏明[⑤]。	不要畏惧权贵强。
柔远能迩[⑥]，	怀柔远方先抚近，
以定我王。	用以安定我周王。

民亦劳止，	人民劳苦苦够了，

汔可小休。	要求稍微得休息。
惠此中国，	抚爱这些京师人，
以为民逑[⑦]。	以使人民得聚居。
无纵诡随，	不要纵容阴谋家，
以谨惛怓[⑧]。	谨防哗变中诡计。
式遏寇虐，	制止暴虐与抢夺，
无俾民忧。	别使人民常忧虑。
无弃尔劳，	不要抛弃你前功，
以为王休。	用来增进王美誉。

民亦劳止，	人民劳苦苦够了，
汔可小息。	要求稍微得喘息。
惠此京师，	抚爱这些京师人，
以绥四国。	用来安定各国地。
无纵诡随，	不要纵容阴谋家，
以谨罔极。	谨防行事太偏激。
式遏寇虐，	制止暴虐与抢夺，
无俾作慝[⑨]。	别使恶人行诡计。
敬慎威仪，	谨慎保持你威仪，
以近有德。	亲近好人把邪避。

民亦劳止，	人民劳苦苦够了，
汔可小愒[10]。	要求稍微得息歇。
惠此中国，	抚爱这些京师人，
俾民忧泄[11]。	使民忧愤可消灭。
无纵诡随，	不要纵容阴谋家，
以谨丑厉[12]。	慎防群凶动斧钺。
式遏寇虐，	制止暴虐与抢夺，
无俾正败[13]。	别使国政被分裂。
戎虽小子[14]，	你虽还是年轻人，
而式弘大。	可是作用大又阔。

民亦劳止，	人民劳苦苦够了，
汔可小安。	要求稍微得安闲。
惠此中国，	抚爱这些京师人，
国无有残。	国无残酷少祸乱。
无纵诡随，	不要纵容阴谋家，
以谨缱绻[15]。	谨防缠你糖衣弹。
式遏寇虐，	制止暴虐与抢夺，
无俾正反。	别使政治有变乱。
王欲玉女[16]，	王呀因为我爱你，
是用大谏[17]。	特此向你来规劝。

注释

①汔（qì）：求。《毛诗故训传·郑玄笺》载，“汔，几也”。陆德明《经典释文》言，“几音‘祈’，古同音相通”。

②中国：指京师。

③诡随：王引之《经义述闻》言，“诡、随叠韵字，不得分训。诡随即无良之人……谓谲诈谩欺之人”。

④式遏：《毛诗故训传·郑玄笺》载，“式，用；遏，止也”。

⑤憯（cǎn）：乃，曾。不畏明：不畏其顽强、高明。陈子展《雅颂选译》言，“为寇虐者必遏止之，不以其高明而畏之也”。

⑥柔：安。能：而。迩：近。

⑦逑：《毛诗故训传》载，“合也”。《毛诗故训传·郑玄笺》载，“合，聚也”。

⑧惛怓（hūn náo）：《毛诗故训传》载，“大乱也”；一说喧哗。

⑨慝：恶。

⑩愒（qì）：休息。

⑪泄：陈奂《诗毛氏传疏》言，“泄者，‘渫’之假借字。《说文》，‘渫，除去也’”。

⑫丑厉：《毛诗故训传》载，“丑，众；厉，危也”。《毛诗故训传·郑玄笺》载，“厉，恶也”。

⑬无俾正败：《毛诗故训传·郑玄笺》载，“无使先王之正道坏”。《毛诗故训传》载，“正，政也”。《论语》载，“政者，正也”。

⑭戎：你。《毛诗故训传·郑玄笺》载，“犹女（汝）也”。朱骏声《说文通训定声》言，“戎、汝、若、而，皆一声之转”。

⑮缱绻（qiǎn quǎn）：《毛诗故训传》载，“反复也”。指紧紧

纠缠。朱熹《诗集传》言，“小人之固结其君者也”。
⑯玉女：爱你。马瑞辰《毛诗传笺通释》言：“玉、畜、好，古音皆同部相假借。玉女者，畜女也。畜女也，好女也”。
⑰大谏：力谏。

板

题解 周大夫讽劝同僚以刺暴君。从中反映当时政治的腐败，要求统治者挽救西周摇摇欲坠的统治。

上帝板板①，	上帝反常又反常，
下民卒瘅②。	下面庶民都遭难。
出话不然③，	好话说了不兑现，
为犹不远④。	你的国策没远见。
靡圣管管⑤，	不循圣法恣意行，
不实于亶⑥。	不忠诺言不照办。
犹之未远，	国策既是没远见，
是用大谏。	因此向你来规劝。

天之方难，	老天方要降灾难，

无然宪宪[7]。	不要高兴过于欢。
天之方蹶[8]，	老天方要降动乱，
无然泄泄[9]。	不要饶舌来多言。
辞之辑矣[10]，	你的政教缓和哟，
民之洽矣。	民心就会安定哟。
辞之怿矣[11]，	你的政教败坏哟，
民之莫矣[12]。	人民就会遭害哟。
我虽异事[13]，	我们职务虽不同，
及尔同寮。	你我却都是同僚。
我即尔谋，	我来就你共商议，
听我嚣嚣[14]。	听我话时你骄傲。
我言维服[15]，	我说的是正经事，
勿以为笑。	切莫当玩来耍笑。
先民有言，	古人曾经有句话，
询于刍荛[16]。	凡事请教那老樵。
天之方虐，	老天正在行暴虐，
无然谑谑[17]。	不要这样来喜乐。
老夫灌灌[18]，	老夫谆谆将你劝，
小子跻跻[19]。	你却骄傲意轻薄。

匪我言耄，	话说非我老昏了，
尔用忧谑[20]。	是你有意来戏谑。
多将熇熇[21]，	你的气焰如此盛，
不可救药。	真是不可再救药。
天之方懠[22]，	老天正在发脾气，
无为夸毗[23]。	莫要软弱顺着干。
威仪卒迷[24]，	你们威仪尽迷乱，
善人载尸[25]。	善人好比死尸般。
民之方殿屎[26]，	人民极苦正呻吟，
则莫我敢葵[27]。	没人揆度我民难。
丧乱蔑资[38]，	遭难人民财物尽，
曾莫惠我师[29]。	曾不施恩解困难。
天之牖民[30]，	上天诱导老百姓，
如埙如篪，	相和如埙又如篪，
如璋如圭，	又如圭璋结合紧，
如取如携。	如提如携容易事。
携无曰益[31]，	提携不要说有阻，
牖民孔易。	诱导人民是易事。
民之多辟，	上行下效均邪僻，

无自立辟[32]。　　莫用邪法惑人民。

价人维藩[33]，　　善人就是国藩篱，
大师维垣[34]，　　大众就是国围墙，
大邦维屏，　　大邦就是国屏障，
大宗维翰[35]。　　同姓就是国栋梁。
怀德维宁，　　施德就使国安宁，
宗子维城[36]。　　宗子就是国城疆。
无俾城坏，　　莫使城疆遭损坏，
无独斯畏。　　莫使孤立而彷徨。

敬天之怒，　　老天发怒你敬它，
无敢戏豫。　　不敢大胆当儿戏。
敬天之渝[37]，　　老天灾变你敬它，
无敢驰驱[38]。　　不敢放纵去驰驱。
昊天曰明，　　老天是那么明朗，
及尔出王[39]。　　和你一道同来去。
昊天曰旦，　　老天刚刚才明亮，
及尔游衍[40]。　　和你一道同游憩。

注释　①板板:《毛诗故训传》载,“反也”。指反常。

②瘅（dàn）：病。

③出话不然:《毛诗故训传》载,“话，善言也”。《毛诗故训传·郑玄笺》载,“出其善言而不行之也”。

④犹:《毛诗故训传》载,“道也”。指政策、谋划。

⑤靡圣管管:《毛诗故训传·郑玄笺》载,“王无圣人之法度,管管然以心自恣”。《毛诗故训传》载,“管管，无所依也”。

⑥不实于亶（dǎn）：言行相违。《毛诗故训传》载:“亶，诚也。”

⑦宪宪:《毛诗故训传》载,“犹欣欣也”。

⑧蹶:《毛诗故训传》载,“动也”。指动乱。

⑨泄泄：许慎《说文解字》引作“呭呭”，多言。

⑩辞:《毛诗故训传·郑玄笺》载,“谓政教也”。辑:《毛诗故训传》载,“和也”。

⑪怿：败坏；一说喜悦。

⑫莫：通“瘼”，病，指百姓受苛政之害；一说安定。

⑬异事：职务不同。

⑭嚣（áo）：亦作“敖敖”。《尔雅》载:“仇仇，敖敖，傲也。”一说不听善言。《毛诗故训传》载:“犹謷謷也。”许慎《说文解字》言:“謷，不省人言也。”

⑮服：事。

⑯刍荛：割草打柴的人。

⑰谑谑（xuè）：嬉乐貌。

⑱灌灌:《毛诗故训传》载,“犹款款也”。诚恳貌。

⑲跻跻（jiǎo）：骄貌。

⑳忧：俞樾《古书疑义举例》言，“忧当为‘优’。优，调戏也”。

㉑熇熇（hè）：火势炽盛貌。

㉒懠（qí）：《毛诗故训传》载，“怒也”。

㉓夸毗（pí）：《毛诗故训传》载，“体柔人也”。指屈己卑身以柔顺人。

㉔卒：尽。迷：迷乱。

㉕善人载尸：《毛诗故训传·郑玄笺》载，“贤人君子则如尸矣，不复言语”。

㉖殿屎（xī）：《毛诗故训传》载，“呻吟也”。

㉗葵：揆，度，猜。

㉘蔑：无。资：财。

㉙师：指民众。

㉚牖（yǒu）：通“诱”，诱导。

㉛如埙如篪……携无曰益：朱熹《诗集传》言，“埙唱而篪和，璋圭而合，求取携得而无所费，皆言易也”。俞樾《群经平议》言，“携无曰益，言如取如携，无曰有所阻塞也”。比喻诱导下民很容易，如像吹笙、吹埙、捧璋、捧圭、取东西、提东西一样，没有阻挡。

㉜辟（bì）：法，刑。“无自立辟”之“辟”，《毛诗故训传·郑玄笺》训“法”，与“民之多辟”之“辟”异。

㉝价人：马瑞辰《毛诗传笺通释》言，“价人为善人”；一说披甲之人，掌军事者。

㉞大师维垣：《毛诗故训传·郑玄笺》载，“大师，三公也”。

马瑞辰《毛诗传笺通释》言,“大师宜为‘大众’,大师维垣,犹云众志成城也”。

㉟大宗:《毛诗故训传·郑玄笺》载,“王之同姓之嫡子也”。朱熹《诗集传》言,“强族也”。

㊱宗子:陈奂《诗毛氏传疏》言,“群宗之子也”。

㊲渝:《毛诗故训传·郑玄笺》载,“变也”。

㊳驰驱:指放纵自恣。

㊴王:往。陈奂《诗毛氏传疏》言:“王读与‘往’同,此谓假借也。”

㊵游衍:《毛诗故训传》载,“游,行;衍,溢也”。马瑞辰《毛诗传笺通释》言,“游衍,即放散之义”。游逛,流浪。

荡

题解 周大夫引周文王指责殷商的暴虐以刺暴君。

荡荡上帝①,	败坏法度的上帝,
下民之辟②。	就是下民的国君。
疾威上帝③,	严刑重敛的上帝,
其命多辟④。	他的政令多不正。
天生烝民,	老天生了众百姓,

其命匪谌[5]。	他的命令不真诚。
靡不有初，	凡事莫不有开始，
鲜克有终。	可是结果少有成。
文王曰咨[6]！	文王说：唉！
咨女殷商。	可叹息啊你殷商。
曾是强御[7]？	为何如此施强暴？
曾是掊克[8]？	为何搜刮把民伤？
曾是在位？	为何小人居高位？
曾是在服[9]？	为何恶人把政当？
天降滔德[10]，	老天生下害人君，
女兴是力[11]！	你反用力来助长！
文王曰咨！	文王说：唉！
咨女殷商。	可叹息啊你殷商。
而秉义类[12]，	你用的人是善良，
强御多怼[13]。	强梁的人就怨恨。
流言以对[14]，	流言蜚语得传播，
寇攘式内[15]。	盗寇攘夺愈猖狂。
侯作侯祝[16]，	他们又怨又咒骂，
靡届靡究[17]。	无穷无尽来毁谤。

文王曰咨！　　文王说：唉！
咨女殷商。　　可叹息啊你殷商。
女炰烋于中国[18]，　　你在国内咆哮狂，
敛怨以为德[19]。　　招来怨恨以为当。
不明尔德，　　不明是你的品德，
时无背无侧[20]。　　后没贤臣侧少良。
尔德不明，　　你的品德是不明，
以无陪无卿？　　谁做辅臣谁做相？

文王曰咨！　　文王说：唉！
咨女殷商。　　可叹息啊你殷商。
天不湎尔以酒[21]，　　天没教你迷酒浆，
不义从式[22]。　　不该放纵自恣狂。
既愆尔止[23]，　　已经过于失礼节，
靡明靡晦。　　不论天晴或阴凉。
式号式呼，　　又是大号又大呼，
俾昼作夜。　　将那白日当夜逛。

文王曰咨！　　文王说：唉！
咨女殷商。　　可叹息啊你殷商。
如蜩如螗[24]，　　大呼大喊如蝉唱，

如沸如羹。	谈笑如羹如沸汤。
小大近丧，	大事小事快灭亡，
人尚乎由行。	人民还学你们样。
内奰于中国[25]，	国里人人都愤怒，
覃及鬼方[26]。	愤怒扩大到远方。

文王曰咨！	文王说：唉！
咨女殷商。	可叹息啊你殷商。
匪上帝不时，	并非上帝不善良，
殷不用旧。	是你不用那旧章。
虽无老成人，	虽然国无老成人，
尚有典刑。	还有典章可模仿。
曾是莫听？	为何不肯去听从？
大命以倾。	国家只好濒丧亡。

文王曰咨！	文王说：唉！
咨女殷商。	可叹息啊你殷商。
人亦有言，	古人有话是这样，
颠沛之揭[27]，	树木颠扑根出壤，
枝叶未有害，	枝叶还没受损害，
本实先拨[28]。	树根却先自受伤。

殷鉴不远，　　以殷为鉴事不远，
在夏后之世。　就在夏代朝廷上。

注释

①荡荡：《毛诗故训传·郑玄笺》载，“法度废坏之貌”；一说邪僻貌。

②辟（bì）：国君。

③疾威：吴闿生《诗义会通》言，“犹言暴戾也”。《毛诗故训传·郑玄笺》载，“疾，病人矣”。《毛诗故训传》载，“疾，重赋敛也；威，罪人者；峻，刑法也”。

④辟（pì）：邪僻。

⑤谌：《毛诗故训传》载，“诚也”。

⑥咨：叹词。

⑦强御：王引之《经义述闻》言：“御亦强也……强御，谓强暴也”。

⑧掊（póu）克：聚敛贪狠。朱熹《诗集传》言：“聚敛之臣也。”

⑨在服：马瑞辰《毛诗传笺通释》，“在服，犹云在职、在任、在官”。

⑩滔德：《毛诗故训传》载，“滔，慢也”。陈奂《诗毛氏传疏》言，“慢德，言其德教之慢，即‘荡荡’之意也”。指害人之政，害人之君。

⑪女兴是力：女，你；兴，与，犹助。《毛诗故训传·郑玄笺》载，“女群臣又相与而力为之”。

⑫而秉义类：而，通“尔”。秉，用。类，一说“义、类，皆

善也”，指善人；一说义、类连文，“义与‘俄’通，衺也；类与‘戾’通”，即邪曲。按类，疑指族类；义类，类同强族。

⑬怼（duì）：怨恨。

⑭对：《毛诗故训传》载，“遂也”。郝懿行《尔雅义疏》言，“遂者，申也，进也，达也，通也”。有兴起之义。

⑮攘（rǎng）：窃取。

⑯侯作侯祝：侯，于是。《毛诗故训传·郑玄笺》载：“作、祝，诅也。”马瑞辰《毛诗传笺通释》言：“作、祝古同声……诅与咒，字异而义同。”

⑰靡届靡究：《毛诗故训传》载，“届，极；究，穷也”。

⑱炰烋（páo xiāo）：怒吼，咆哮。

⑲敛怨以为德：朱熹《诗集传》言，“多为可怨之事，而反自以为德矣”。

⑳无背无侧：《毛诗故训传》载，“背无臣，侧无人也”；一说不知有人背叛、违背法度。

㉑湎（miǎn）：沉迷于酒。

㉒不义从式：《毛诗故训传》载，“义，宜也”。陈子展《雅颂选译》释“从式”，“《笺》训为‘从而法之’不如读从为‘纵’，读式为‘试’，于文为顺”。

㉓止：仪容。吴闿生《诗义会通》言：“止，容止也”。

㉔如蜩（tiáo）如螗（táng）：《毛诗故训传》载，“蜩，蝉也；螗，蝘也”。《毛诗故训传·郑玄笺》载，“饮酒号呼之声，如蜩螗之鸣；其笑语沓沓，又如汤之沸，羹之方熟”。一说民怨如蝉蝘叫，民怨如煮沸的羹汤。

㉕奰（bì）:《毛诗故训传》载,“怒也”。

㉖覃：及，延。鬼方：远方。

㉗颠沛之揭:《毛诗故训传》载,“颠，仆；沛，拔也；揭，见根貌”。

㉘拨：马瑞辰《毛诗传笺通释》言,“拨、败同声，拨即‘败’之假借”。

抑

题解 周大夫卫武公作以自儆并刺周王室，后人以此诗为箴铭之祖。

抑抑威仪①，	缜密严肃的威仪，
维德之隅②。	表示品德的方正。
人亦有言，	人们有过这样话，
靡哲不愚。	哲人无不像愚蠢。
庶人之愚，	普通人们的蠢笨，
亦职维疾。	恰是他们的毛病。
哲人之愚，	哲人表现的愚蠢，
亦维斯戾③。	就因害怕遭罪刑。

无竞维人[4]，　　要强莫过得贤人，
四方其训之。　　各国早已有教训。
有觉德行[5]，　　有了正直的品德，
四国顺之。　　各国对他会归顺。
讦谟定命[6]，　　大计定了即号召，
远犹辰告[7]。　　远谋按时告国人。
敬慎威仪，　　举动敬慎保威仪，
维民之则。　　就是人民的典型。

其在于今，　　可是时间到今天，
兴迷乱于政[8]。　　昏迷搅乱了国政。
颠覆厥德，　　功德已被你倾败，
荒湛于酒。　　沉湎酒中醉不醒。
女虽湛乐从[9]，　　追求快乐你好酒，
弗念厥绍[10]。　　不念子孙怎继承。
罔敷求先王[11]，　　不去广求先王策，
克共明刑？　　能将明法去执行？

肆皇天弗尚[12]，　　故今皇天不保佑，
如彼泉流，　　好比泉水向下流，
无沦胥以亡？　　不都沉沦而败亡？

夙兴夜寐，	早早起床深夜休，
洒扫庭内[13]，	洒扫庭堂和室内，
维民之章。	做人表率称优秀。
修尔车马，	整好你的车和马，
弓矢戎兵，	又把弓箭刀枪修，
用戒戎作[14]，	用来戒备战争起，
用逷蛮方[15]。	用来治服蛮邦酋。

质尔人民[16]，	告诫你的臣民们，
谨尔侯度，	谨守君侯的法度，
用戒不虞。	以备不测的事变。
慎尔出话，	谨慎你说的话语，
敬尔威仪，	尊重你们的威仪，
无不柔嘉[17]。	没有不妥不善处。
白圭之玷，	白圭上面有污点，
尚可磨也。	还可把它来磨去。
斯言之玷，	这话若是有缺点，
不可为也。	无法把它收得住。

无易由言，	不要随便就发言，
无曰苟矣[18]。	莫说苟且如是哟。

莫扪朕舌[19]，	没人扪住我舌头，
言不可逝矣[20]。	语言滑出难收哟。
无言不雠[21]，	无一句话没反应，
无德不报。	无一施德不报恩。
惠于朋友，	热爱你的那群臣，
庶民小子。	以及人民子弟们。
子孙绳绳[22]，	子孙如此来慎戒，
万民靡不承。	万民无不来承顺。

视尔友君子，	看你诸侯和公卿，
辑柔尔颜[23]。	对你笑脸来奉承。
不遐有愆，	不免有些罪与过，
相在尔室，	在你室中帮祭神，
尚不愧于屋漏[24]？	对着暗处不惭愧？
无曰不显，	莫说暗室可欺心，
莫予云觏。	无人能把我看清。
神之格思[25]，	神灵也会要来临，
不可度思，	去来实难以测知，
矧可射思[26]。	何况厌恶不敬神。

辟尔为德[27]，	要行身教把德施，

俾臧俾嘉。	使它尽善又尽美。
淑慎尔止，	善于谨慎你容止，
不愆于仪。	切莫把那威仪失。
不僭不贼，	既没过失没残害，
鲜不为则。	都当法则来行使。
投我以桃，	有人赠送我红桃，
报之以李。	报他用那好李子。
彼童而角[28]，	羊崽没角装有角，
实虹小子[29]。	实际败坏你政事。
荏染柔木[30]，	坚韧柔软的木料，
言缗之丝[31]。	可以佩弦来做弓。
温温恭人，	性情和顺的人们，
维德之基。	根基要以德为重。
其维哲人，	他是一个明哲人，
告之话言，	告他嘉言或善语，
顺德之行。	他就听从去行动。
其维愚人，	他是一个愚蠢人，
覆谓我僭[32]，	反说我言不可信，
民各有心。	这是人心各不同。

於呼小子，	唉！他这年轻人，
未知臧否！	不懂事情坏和好！
匪手携之，	非但用手牵着他，
言示之事。	还把事情向他告。
匪面命之，	非但当面命令他，
言提其耳。	还提耳朵把他教。
借曰未知[33]，	假使说他还无知，
亦既抱子。	他已经把儿子抱。
民之靡盈，	人们若是不自满，
谁夙知而莫成[34]？	谁会早知晚做好！

昊天孔昭，	昊天非常能明察，
我生靡乐。	我的生活没快乐。
视尔梦梦[35]，	瞧你懵懂又昏乱，
我心惨惨[36]。	我心郁闷真难过。
诲尔谆谆[37]，	我是谆谆教导你，
听我藐藐[38]。	你却听不进耳朵。
匪用为教，	非但不当是教导，
覆用为虐[39]。	反而将它当戏谑。
借曰未知，	假使说你是无知，
亦聿既耄[40]！	可说老了糊涂啰！

於乎小子！	唉！你这年轻人！
告尔旧止，	告你先王的旧章，
听用我谋，	你要听我的计谋，
庶无大悔。	稍有悔恨也不妨。
天方艰难，	形势正当艰难时，
曰丧厥国。	你的国家快丧亡。
取譬不远，	比方打得并不远，
昊天不忒。	没有过失那上苍。
回遹其德[41]，	你的品行仍邪僻，
俾民大棘[42]。	就使人民遭祸殃。

注释

①抑抑:《毛诗故训传》载,“密也”。《尔雅》载,“密，静也”。

②隅《毛诗故训传》载,“廉也”。廉隅，本谓屋之四角，借以比喻品德端方。

③戾：罪。

④无竞维人:《毛诗故训传·郑玄笺》载,“竞，强也。人君为政，无强于得贤人”。

⑤觉：通“梏”。大，正直。

⑥讦（xū）谟:《毛诗故训传》载,“讦，大；谟，谋”。

⑦辰:《毛诗故训传》载,“时也”。按时。

⑧兴：马瑞辰《毛诗传笺通释》言,“兴与虚双声，兴即虚之

假借，亦语词”。

⑨虽：唯独。

⑩绍：继承者。

⑪敷：铺，广。

⑫肆：于是。尚：佑助。《尔雅》载：“尚，右也”。

⑬庭内：室内。

⑭戒：戒备。戎作：戎事。

⑮逷（tì）：《毛诗故训传·郑玄笺》载，“遏当作‘剔’。剔，治也”。

⑯质：诚。

⑰柔嘉：《毛诗故训传·郑玄笺》载，“柔，安；嘉，善也”。

⑱无曰苟矣：《毛诗故训传·郑玄笺》载：“无曰苟且如是”。

⑲扪（mén）：执持。朕（zhèn）：古人自称之词，后为皇帝专用。

⑳逝：追。这里指说出去的话追不回来了。

㉑雠（chóu）：应答。

㉒绳绳：戒慎貌。

㉓辑柔尔颜：《毛诗故训传》载，“辑，和也”。《毛诗故训传·郑玄笺》载，“今视女诸侯及卿大夫，皆胁肩谄笑以和安女颜色”。

㉔屋漏：《毛诗故训传》载，“西北隅谓之屋漏”。一说，屋漏指室内西北角隐蔽之处，古人于祭祀之末，于室内西北角隐蔽之处，设馔食以祭。按西北隅，疑为古时房屋开窗纳光通烟之处，即“牖”。“天窗”和“中霤”，也就是所谓的“屋漏”；

同时是祭祀、陈尸或安放神主之所，因而“屋漏”指西北隅，指神的所在，也代替指神。

㉕格:《毛诗故训传》载,“至也”。

㉖矧：况且。射：厌恶。

㉗辟：法，指以身作则。

㉘童：羊羔。

㉙虹：同“讧”，溃乱。

㉚荏染：柔貌。

㉛缗（mín）：安弦线。

㉜僭（jiàn）：不信。

㉝借：假如。

㉞莫（mù）：暮。

㉟梦梦:《毛诗故训传》载,“乱也”，指昏乱。

㊱惨惨：悲伤。

㊲谆谆（zhūn）：教诲不倦貌。

㊳藐藐（miǎo）：疏远貌。

㊴覆：反。

㊵耄（mào）：老

㊶遹（yù）：邪僻。

㊷棘：通“急”，指危急。

桑柔

题解 周大夫芮伯责周厉王用小人、行暴政、招外侮、祸人民的罪行，并陈述救国之道。

菀彼桑柔[1]，　　茂盛桑树叶儿嫩，
其下侯旬[2]。　　树下宽广遍地荫。
捋采其刘[3]，　　摘去叶儿树枝稀，
瘼此下民[4]。　　炎热晒苦树下人。
不殄心忧[5]，　　民心不断来忧愁，
仓兄填兮[6]。　　丧亡祸乱长滋生。
倬彼昊天[7]，　　又明又大的昊天，
宁不我矜？　　怎不哀怜我人民？

四牡骙骙[8]，　　四马不停往前跑，
旟旐有翩，　　鸟旗龟旗路上飘，
乱生不夷，　　祸乱发生不平静，
靡国不泯[9]。　　无一国家不纷扰。
民靡有黎[10]，　　人民无不受兵害，
具祸以烬[11]。　　全都被祸免者少。

於乎有哀，	真可叹息真哀痛，
国步斯频[12]！	国运这样真糟糕！
国步蔑资[13]，	国家穷困民财尽，
天不我将[14]。	老天不助我这人。
靡所止疑[15]，	没有定所住下来，
云徂何往？	要走不知哪方行？
君子实维[16]，	诸侯大夫这样干，
秉心无竞[17]。	存心不善还好争。
谁生厉阶？	是谁制造这祸根？
至今为梗[18]！	直到今天还害人！
忧心慇慇[19]，	心中隐隐感痛楚，
念我土宇。	常常怀念我国土。
我生不辰，	我生没逢好时候，
逢天僤怒[20]。	恰遇老天在盛怒。
自西徂东，	从那西方到东方，
靡所定处。	完全没有定居处。
多我觏痻[21]，	我遭痛苦实在多，
孔棘我圉[22]！	十分紧急我边土！

为谋为毖[23]， 为国善谋慎掌握，
乱况斯削[24]。 乱情可能得减削。
告尔忧恤， 告你如何恤国家，
诲尔序爵。 教你如何封官爵。
谁能执热， 谁能手执烫东西，
逝不以濯？ 不去找水来洗濯？
其何能淑， 若说怎么能办好，
载胥及溺。 一定齐把深水落。

如彼溯风， 好比迎面疾风飘，
亦孔之僾[25]。 使人呼吸难顺畅。
民有肃心[26]， 人民本有进取心，
荓云不逮[27]。 但他力有不及处。
好是稼穑， 爱那吝啬聚敛人，
力民代食[28]。 令代贤人食民膏。
稼穑维宝， 吝啬好敛当成宝，
代食维好。 代食的人就是好。

天降丧乱， 老天降下祸国殃，
灭我立王。 意在毁我所立王。
降此蟊贼[29]， 降下这些害苗虫，

稼穑卒痒。	庄稼尽都糟蹋光。
哀恫中国,	真可哀痛我中国,
具赘卒荒[30]。	遍地灾荒快灭亡。
靡有旅力,	大家干活没出力,
以念穹苍[31]。	无法感动那上苍。
维此惠君,	只有顺民的君王,
民人所瞻!	才为人民所瞻仰!
秉心宣犹[32],	存心遍谋于众人,
考慎其相。	选择贤臣与辅相。
维彼不顺,	不顺民心的君王,
自独俾臧。	以为所用都善良。
自有肺肠,	别具心肠自主张,
俾民卒狂。	使民迷惑如发狂。
瞻彼中林,	看到那片森林中,
甡甡其鹿[33]。	鹿子成群多无穷。
朋友已谮[34],	同僚互相不信任,
不胥以穀[35]。	不相友好不相容。
人亦有言,	人们曾经这样说,
进退维谷!	进退两难路不通!

维此圣人，	只有这些明哲人，
瞻言百里。	目光高远过百里。
维彼愚人，	只有那些愚蠢汉，
覆狂以喜。	鼠目寸光还狂喜。
匪言不能，	并非有话不能说，
胡斯畏忌[36]？	为何畏忌加罪你？
维此良人，	只有这些善良人，
弗求弗迪[37]。	不去贪求不钻营。
维彼忍心，	只有那些忍心者，
是顾是复。	瞻顾反复恐后人。
民之贪乱，	人民贪乱因暴政，
宁为荼毒[38]？	谁愿做这坏事情？
大风有隧[39]，	大风吹时有来路，
有空大谷。	是从空洞大谷中。
维此良人，	只有这些善良人，
作为式穀。	行用善道好作风。
维彼不顺，	只有那些悖理者，
征以中垢。	行为阴险是孬种。

大风有隧，	大风吹时有来路，
贪人败类[40]。	贪鄙的人是败类。
听言则对[41]，	听见谀言就对答，
诵言如醉。	听见谏语装洒醉。
匪用其良，	并不任用善良人，
覆俾我悖[42]。	反而使我行逆悖。
嗟尔朋友，	可叹你们同僚友，
予岂不知而作[43]？	我岂不知你所行？
如彼飞虫[44]，	好比那些高飞鸟，
时亦弋获。	有时也被猎人擒。
既之阴女[45]，	我终对你来庇荫，
反予来赫[46]！	你反用话拒绝人！
民之罔极，	民之所以失中心，
职凉善背[47]。	是信善骗的小人。
为民不利，	为政暴虐不利民，
如云不克。	如恐害人不得胜。
民之回遹，	民之所以行邪僻，
职竞用力！	因用暴力来执政！

民之未戾[48]，　　民乱至今没安定，
职盗为寇[49]。　　由于朝廷有盗行。
凉曰不可[50]，　　说你行为不可以，
覆背善詈[51]。　　反而背我大骂人。
虽曰匪予，　　虽说为虐不是我，
既作尔歌[52]。　　终作此歌盼改正。

注释

①菀（wǎn）：茂盛貌。

②旬：《毛诗故训传》载，“均也”。指桑叶茂盛，树荫均布。

③刘：《毛诗故训传》载，“刘，爆烁而希也”。爆烁，又作“暴乐”，犹剥落，即稀疏之意。

④瘼：病。

⑤殄（tiǎn）：断绝。

⑥仓兄填兮：《毛诗故训传》载，“仓，丧也；兄，滋也；填，久也”。《毛诗故训传·郑玄笺》载，“丧亡之道滋久长”。

⑦倬：明大貌。

⑧骙骙（kuí）：《毛诗故训传》载，“不息也”。

⑨泯（mǐn）：王引之《经义述闻》言，“乱也”；一说灭。

⑩民靡有黎：一说犹云“黎民靡有”。黎，《毛诗故训传》训“齐”；朱熹《诗集传》训“黑”，指黑首；王引之训“众”；郭沫若释为“奴隶”。

⑪具：通“俱”。烬：灰烬。

⑫国步斯频：《毛诗故训传》载，“步，行；频，急也”。犹言

国运危急。

⑬蔑资：无资财。

⑭将：助。

⑮疑：安定。

⑯实：是。维：作，干

⑰秉心无竞:《毛诗故训传·郑玄笺》载,“其执心不强于善而好以力争”；一说执意，强硬。

⑱梗:《毛诗故训传》载,“病也”。指害人。

⑲慇慇（yīn）：忧伤貌。

⑳俾（dàn）怒:《毛诗故训传》载,“俾，厚也”。陈奂《诗毛氏传疏》言,“俾与‘单’同，故单谓之‘厚’，俾亦谓之‘厚’。厚怒，犹重怒也”。

㉑痻（mín）：病。

㉒圉（yǔ）：边疆。

㉓毖:《毛诗故训传》载,“慎也”。

㉔况：情况。

㉕僾（ài）:《毛诗故训传》训“唈”。喘气，窒息。

㉖肃：进，进取。

㉗荓（pīng）云不逮：荓或作“拼”，使，逮，及。《毛诗故训传·郑玄笺》载:“民有进于善道之心，当任用之，反却退之，使不及门。”

㉘好是稼穑，力民代食:《毛诗故训传·郑玄笺》载,“但好任用是居家吝啬，于聚敛作力之人，令代贤者处位食禄”。陆德明《经典释文》言,“稼，郑作‘家’。谓家居也…… 穑本亦

作‘啬’……郑云‘吝啬’也”。一说，要关心种庄稼的事，你却任用劳民、无功食禄的人。

㉙蟊贼:《毛诗故训传·郑玄笺》载,“虫食苗根曰‘蟊’，食节曰‘贼’”。

㉚具：通“俱”，都。赘：通“缀”，接连；一说赘训“属”，陈奂《诗毛氏传疏》言,“赘、属一声之转”。荒：灾荒。

㉛念：感动；一说训“止”。

㉜宣犹:《毛诗故训传·郑玄笺》载,“宣，遍；犹，谋”。

㉝甡甡（shēn）：同“莘莘”。《毛诗故训传》载:“众多也。”

㉞谮：通“僭”，不亲不信。

㉟穀：善，友好。

㊱胡斯畏忌:《毛诗故训传·郑玄笺》载,“胡之言何也。贤者见此事之是非，非不能分别皂白，言之于王也。然不言之何也，此畏惧犯颜得罪罚”。

㊲求：贪求。迪:《毛诗故训传》载,“进也”。指钻营。

㊳荼毒：陈奂《诗毛氏传疏》言,“荼，苦菜。因之凡苦曰‘荼’。荼毒即是乱”。

㊴隧：路。《毛诗故训传》载:“道也。”一说，隧之言迅疾也。

㊵败类：一说败坏宗族。

㊶对：答。

㊷覆：反。悖：谬误，悖逆。《毛诗故训传·郑玄笺》载:“反使我为悖逆之行。”

㊸而：你。《毛诗故训传·郑玄笺》载:“犹汝也。”

㊹飞虫：飞鸟。

㊺阴：同“荫”，庇护。

㊻反予来赫：《毛诗故训传·郑玄笺》载，“口距人谓之赫……女反赫我，出言悖怒不受忠告”；一说反而迁怒于我。

㊼职凉善背：《毛诗故训传·郑玄笺》载，“职，主；凉，信也。民之行失其中者，主由为政者信用小人，工相欺违”；一说在上的人善于背信。

㊽戾：《毛诗故训传》载，“定也”。安定。

㊾职盗为寇：《毛诗故训传·郑玄笺》载，“为政者，主作盗贼，为寇害，令民心动摇，不安定也”。朱熹《诗集传》言：“由有盗臣为之寇也”。

㊿凉：作语助词。

51善：大。詈（lì）：骂。

52虽曰匪予，既作尔歌：《毛诗故训传·郑玄笺》载，“予，我也。女虽牴距（抵拒）己言，此政非我所为。我已作女所行之歌，女当受之而改悔”。

云汉

题解 周宣王遭受大旱，民丧国危，祭神求雨。

倬彼云汉[①]， 那个浩大的天河，
昭回于天[②]。 光芒在天来转运。

王曰於乎！	王说：唉！
何辜今之人[3]？	今人究竟啥罪行？
天降丧乱，	老天降下这祸灾，
饥馑荐臻[4]。	饥荒接连着发生。
靡神不举，	无一神前不去祭，
靡爱斯牲。	并未爱惜那牺牲。
圭璧既卒[5]，	祭祀圭玉已用尽，
宁莫我听。	为何充耳如不闻。
旱既大甚，	旱情既然很严重，
蕴隆虫虫[6]。	酷暑干雷人如蒸。
不殄禋祀，	并未断绝去祭祀，
自郊徂宫[7]。	从那郊区到宫廷。
上下奠瘗[8]，	奠酒埋玉祭天地，
靡神不宗。	无一神明不尊敬。
后稷不克[9]，	先祖后稷不保佑，
上帝不临，	上帝也不会来临，
耗斁下土[10]，	破坏下土的灾难，
宁丁我躬[11]？	为何恰恰落我身？
旱既大甚，	旱情既然很严重，

则不可推[12]。	灾祸难除真可畏。
兢兢业业[13]，	兢兢业业忧又怕，
如霆如雷。	好像霹雳像炸雷。
周余黎民，	周朝留下的黎民，
靡有孑遗[14]。	没有一人不受罪。
昊天上帝，	昊天上帝降大旱，
则不我遗[15]。	不对我们来慰问。
胡不相畏？	怎不叫我畏旱灾？
先祖于摧[16]？	先祖之神何所归？

旱既大甚，	旱情既然很严重，
则不可沮。	无法可以止得住。
赫赫炎炎[17]，	旱气赫赫烘烤人，
云我无所[18]。	要想遮蔽无去处。
大命近止[19]，	死亡大限接近了，
靡瞻靡顾。	天不瞻前不后顾。
群公先正[20]，	百辟卿士诸公神，
则不我助？	就不前来把我助？
父母先祖，	先祖父母文和武，
胡宁忍予？	何能忍心不救苦？

旱既大甚，	旱情既然很严重，
涤涤山川[21]。	川涸无水山无树。
旱魃为虐[22]，	旱魃之神来为恶，
如惔如焚。	如烧如焚遍地枯。
我心惮暑，	我的心里真怕热，
忧心如熏。	忧心好比遭火焚。
群公先正，	百辟卿士诸公神，
则不我闻[23]。	就不把我来关注。
昊天上帝，	昊天上帝降大旱，
宁俾我遯[24]？	为啥使我遭困苦？

旱既大甚，	旱情既然很严重，
黾勉畏去[25]。	勉力除去这痛苦。
胡宁瘨我以旱？	为啥害我受旱灾？
憯不知其故。	曾不知道是何故。
祈年孔夙，	祈年祭祀十分早，
方社不莫。	祭方祭社不迟暮。
昊天上帝，	昊天上帝降大旱，
则不我虞[26]？	不把我心来揣度？
敬恭明神，	恭恭敬敬祭神明，
宜无悔怒。	不该对我生恨怒。

旱既大甚，	旱情既然很严重，
散无友纪[27]。	没有纲纪乱得久。
鞫哉庶正[28]，	真穷困呀众官劳，
疚哉冢宰[29]。	快病倒呀冢宰愁。
趣马师氏，	还有趣马和师氏，
膳夫左右，	膳夫以及王左右，
靡人不周[30]，	没有一人不拯救，
无不能止[31]。	救济百姓不能停。
瞻卬昊天，	仰头看看那昊天，
云如何里[32]？	为何使我如此忧？

瞻卬昊天，	仰首看看那昊天，
有嘒其星[33]。	微光灿烂是众星。
大夫君子，	那些君子卿大夫，
昭假无赢[34]。	请神不怠诚心迎。
大命近止，	死亡大限接近了，
无弃尔成。	不要放弃你功勋。
何求为我？	难道祈求为了我？
以戾庶正。	为的安定众官心。
瞻卬昊天，	仰头又看那昊天，
曷惠其宁？	啥时赐我以安宁？

注释

①倬：大。云汉：银河，天河。

②昭：光。回：运转。

③辜：罪。

④荐臻（zhēn）：接连而来。

⑤卒：用尽。

⑥蕴隆虫虫：《毛诗故训传》载，“蕴蕴而暑，隆隆而雷，虫虫而热”。

⑦宫：一说宗庙。

⑧上下奠瘗（yì）：《毛诗故训传》载，“上祭天，下祭地。奠其礼，瘗其物”。孔颖达《五经正义》言，“奠谓置之于地，瘗谓埋之于土”。

⑨克：马瑞辰《毛诗传笺通释》言，“克，能也。善事鬼神曰‘能’，鬼神善视之亦为‘能’。”

⑩斁（dù）：败坏。

⑪丁：当，逢。

⑫推：去，除。

⑬兢兢业业：《毛诗故训传》载，“兢兢，恐也；业业，危也”。

⑭孑遗：遗，余。孑、遗同义，遗留，余剩。

⑮遗：慰问，恩赐。马瑞辰《毛诗传笺通释》言：“遗，当读如‘问遗’之‘遗’…… 与人以物谓之‘问’，亦谓之‘遗’。”

⑯先祖于摧：王先谦《诗三家义集疏》言，“天若不雨，民将饿死，先祖何所归而至乎?”马瑞辰《毛诗传笺通释》言，“摧，挤也；挤，队也。即今之‘坠’字，言先祖之业将坠也”。

⑰赫赫炎炎：《毛诗故训传》载，“赫赫，旱气也；炎炎，热

气也”。

⑱云：马瑞辰《毛诗传笺通释》言，“云为云（雲）字古文，象云回转之形…… 有庇荫之相”。

⑲大命：马瑞辰《毛诗传笺通释》言，“即死亡之命也”。

⑳群公先正：陈奂《诗毛氏传疏》言，“百辟谓‘群公’，群公即‘辟公’，卿士谓‘先正’…… 当祀先世之诸侯卿士”。

㉑涤涤山川：《毛诗故训传》载，“涤涤，旱气也。山无木，川无水”；一说涤为荡尽。朱熹《诗集传》言，“如涤而除之也”。

㉒旱魃（bá）：神话传说中造成旱灾的鬼怪。

㉓闻：恤问。

㉔遯（dùn）：马瑞辰《毛诗传笺通释》言，“遯、屯古同声。当读如‘屯难’之‘屯’。又遯、困亦同声，宁俾我遯，犹云乃使我困也”。一说，遯为“遁”的异体字，逃。

㉕畏去：马瑞辰《毛诗传笺通释》言，“《广雅》，‘畏，恶也’。畏去，谓苦此旱而恶去之也”。

㉖虞；揣度，考虑。

㉗友：吴闿生《诗义会通》言，“友与‘有’同”。

㉘鞫哉庶正：《毛诗故训传·郑玄笺》载，“鞫，穷也。庶正，众官之长也”。

㉙冢宰：朱熹《诗集传》言，“众长之长也”。

㉚周：周济。

㉛无不能止：一说指匮乏，虽周济无用。

㉜里：《毛诗故训传·郑玄笺》载，“忧也”。

㉝嘒：《毛诗故训传》载，“众星貌”。

㉞昭假无赢：昭假，招请。郭沫若《读了关于〈周颂·噫嘻篇〉的解释》认为“昭假”是祭祀时的阶级习惯语，是被用在生人对神或死人在天之灵说话时用的。《毛诗故训传》载：“假，至也。”赢，过失。马瑞辰《毛诗传笺通释》言：“《广雅》爽、赢并训为‘过’，过即过差，无赢犹言无爽，无爽犹言无差忒耳。”

崧高

题解 周卿士尹吉甫送申伯就封于谢以统帅南邦。

崧高维岳①， 四岳高大是名山，
骏极于天②。 高大可以顶到天。
维岳降神， 岳降神灵生和气，
生甫及申。 甫侯申伯来出现。
维申及甫， 唯有申伯和甫侯，
维周之翰。 乃是周室的中坚。
四国于蕃， 他们屏藩诸侯国，
四方于宣③。 还到四方把恩宣。

亹亹申伯[④]，	申伯勤勉为卿士，
王缵之事。	王使申伯继其事。
于邑于谢，	往修都邑在谢地，
南国是式[⑤]。	把那南方来统治。
王命召伯，	周王又命那召公，
定申伯之宅。	申伯居宅你定好。
登是南邦[⑥]，	成为南方的邦国，
世执其功。	掌握政教传世代。

王命申伯，	王命申伯这大臣，
式是南邦。	作为榜样在南境。
因是谢人，	依靠谢地的百姓，
以作尔庸[⑦]。	建好你国的都城。
王命召伯，	王又命令那召公，
彻申伯土田。	申伯土田你理好。
王命傅御[⑧]，	王又命令那冢宰，
迁其私人。	申伯家臣你迁申。

申伯之功，	申伯迁谢的事情，
召伯是营。	乃是召公去经营。
有俶其城[⑨]，	于是修缮那都邑，

寝庙既成。　　宫室宗庙也建成。
既成藐藐[10]，　　寝庙修得很壮美，
王锡申伯，　　王赐申伯有功臣，
四牡蹻蹻[11]，　　又赐四马极雄壮，
钩膺濯濯[12]。　　金钩胸缨亮晶晶。

王遣申伯，　　王遣申伯回国家，
路车乘马。　　赐予大车和四马。
我图尔居，　　我考虑你居住处，
莫如南土。　　莫如南土为最佳。
锡尔介圭[13]，　　特别赐你大玉圭，
以作尔宝。　　作你国宝手执它。
往近王舅[14]，　　去吧我的好大舅，
南土是保。　　南土你去安居吧。

申伯信迈[15]，　　申伯决定将起行，
王饯于郿。　　王给饯行于郿地。
申伯还南，　　申伯从此还南土，
谢于诚归[16]。　　诚心要到谢邑去。
王命召伯，　　王又命令那召公，
彻申伯土疆。　　你治申国的界地。

以峙其粻[17]，	备好沿途用的粮，
式遄其行[18]。	加速申伯回国里。
申伯番番[19]，	威武申伯回了国，
既入于谢，	他既已经来到谢，
徒御啴啴[20]。	随从徒御很欢欣。
周邦咸喜，	邦内到处都喜悦，
戎有良翰[21]。	你们得了好国君。
不显申伯，	真是显耀那申伯，
王之元舅，	他是周王的大舅，
文武是宪[22]。	文德武功为法则。
申伯之德，	申伯有着好道德，
柔惠且直。	柔和温顺而正直。
揉此万邦[23]，	以德去安那万邦，
闻于四国。	声誉闻于诸侯国。
吉甫作诵，	吉甫作了这篇颂，
其诗孔硕[24]，	诗意深切很出色，
其风肆好[25]，	清风化育非常好，
以赠申伯[26]。	赠诗申伯表衷肠。

注释

①崧（sōng）：山高貌。岳：指四岳，东岳泰山、南岳衡山、西岳华山、北岳恒山。

②骏（jùn）：通“峻”，高大。

③四国于蕃，四国于宣：陈奂《诗毛氏传疏》言，“于，为也。言为蕃四国，为宣四方”。一说，宣同“垣”。马瑞辰《毛诗传笺通释》言，“宣与蕃对言，宣当为‘垣’之假借”。闻一多《诗经通义》训宣为“垣”。

④亹亹（wěi）：勤勉。

⑤南国：指周王朝南边的国家。式：法，引申为治理。

⑥登:《毛诗故训传》载，“成也”。

⑦庸：城。陈奂《诗毛氏传疏》言:“庸读为‘墉’，古文假借字。”

⑧傅御：冢宰；一说申伯家臣之长。

⑨俶（chù）：作，修缮；一说厚貌。

⑩藐藐:《毛诗故训传》载，“美貌”。

⑪蹻蹻（jiǎo）：强壮貌。

⑫濯濯（zhuó）：光明貌。

⑬介：通“玠”，大圭。

⑭迈（jì）：语气词，犹矣。

⑮信：再宿。迈：走。

⑯谢于诚归：诚心要到谢邑去。陈奂《诗毛氏传疏》言:“诚归于谢也。”此为倒文协韵，为协郿韵而倒文。

⑰峙（zhì）：通“偫”，具备，储备。粻（zhāng）：食粮。

⑱遄（chuán）：速。

⑲番番（bō）:《毛诗故训传》载,“勇武貌”。

⑳徒御啴啴（tān）:《毛诗故训传》载,“徒行者、御车者，啴啴喜乐也”。啴啴，和乐貌。

㉑戎：你们。

㉒宪：法，法则。

㉓揉：亦作“柔”；一说使木条弯曲，引申为使顺服。

㉔孔：很。硕：大，指诗意深切。

㉕风：穆如清风，用以称颂有才德的人。肆好：极好。

㉖赠:《毛诗故训传》载,“增也”。

烝民

题解 尹吉甫送仲山甫往齐筑城，赞美周宣王使贤任能，兼赞仲山甫才德出众。

天生烝民[1]，	老天生下众人民，
有物有则[2]。	有事物来有法则。
民之秉彝[3]，	人民遵守有常道，
好是懿德。	全都爱好这美德。
天监有周，	老天看到周政教，
昭假于下[4]。	感化百姓用明德。

保兹天子， 为了保爱这天子，
生仲山甫。 生仲山甫这英哲。

仲山甫之德， 仲山甫的好道德，
柔嘉维则。 柔和良善是准则。
令仪令色， 仪容好来风度好，
小心翼翼。 恭敬小心了不得。
古训是式， 先王遗典他效法，
威仪是力。 君子威仪他勉力。
天子是若⑤， 天子于是选择他，
明命使赋⑥。 明令使他布于国。

王命仲山甫， 周王命令仲山甫，
式是百辟。 作为典范统百君。
缵戎祖考， 继续光大祖先业，
王躬是保。 保护君王身安康。
出纳王命， 传达君王的命令，
王之喉舌。 作为君王喉舌臣。
赋政于外， 布发政令于域外，
四方爰发⑦。 四方于是去施行。

肃肃王命[8]，　　尊严畏敬的王命，
仲山甫将之[9]。　　是仲山甫奉行它。
邦国若否[10]，　　畿外邦国的善恶，
仲山甫明之。　　是仲山甫辨知它。
既明且哲，　　既有智慧又明哲，
以保其身。　　保全一身也是他。
夙夜匪懈，　　早晚勤勉不懈怠，
以事一人。　　以事宣王家天下。

人亦有言，　　人们曾经这样说，
柔则茹之[11]，　　软的东西就吞住，
刚则吐之。　　硬的东西赶紧吐。
维仲山甫，　　只有这个仲山甫，
柔亦不茹，　　软的东西他不吞，
刚亦不吐。　　硬的东西他不吐。
不侮矜寡，　　不去侮辱孤苦人，
不畏强御。　　不怕强暴来吓唬。

人亦有言，　　人们曾经这样说，
德輶如毛[12]，　　小德易行如毛发，
民鲜克举之。　　可少有人能举它。

我仪图之[13]，　我曾自己考虑过，
维仲山甫举之，　惟仲山甫能举它，
爱莫助之[14]。　可惜不能帮助他。
衮职有阙[15]，　天子如果有缺点，
维仲山甫补之。　仲山甫能补救他。

仲山甫出祖[16]，　他正远出行路祭，
四牡业业[17]，　四匹大马高又壮，
征夫捷捷[18]，　随行人员喜洋洋，
每怀靡及[19]。　唯恐怀私赶不上。
四牡彭彭[20]，　马不停蹄声彭彭，
八鸾锵锵。　鸾铃行动响当当。
王命仲山甫，　周王命令仲山甫，
城彼东方。　前往筑城在东方。

四牡骙骙[21]，　四马马蹄声骙骙，
八鸾喈喈[22]。　鸾铃行动响喈喈。
仲山甫徂齐，　仲山甫到齐地去，
式遄其归[23]。　盼他尽快回国来。
吉甫作诵，　吉甫作了这篇诵，
穆如清风[24]。　就如清风缓吹开。

仲山甫永怀㉕，　　远行劳思仲山甫，
以慰其心！　　　　用诗安慰他胸怀！

注释

①烝：众。

②物：事物。则：法则。

③彝：常理，常道。

④假：《毛诗故训传·郑玄笺》载，“至也”。至，致。昭假，谓精诚地向神祈祷。

⑤若：许慎《说文解字》言，“择菜也，引申为择”。《毛诗故训传》载，“若，顺也”。顺从。

⑥明命使赋：马瑞辰《毛诗传笺通释》言，“即谓使仲山甫布其明命”。赋读为“敷”，即颁布。

⑦发：行；一说指响应。

⑧肃肃：庄严貌。

⑨将：奉行。

⑩若否：《毛诗故训传·郑玄笺》载，“若，顺也；顺否，犹臧否，谓善恶也”。

⑪茹（rú）：吃。

⑫輶（yóu）：轻。

⑬仪图：朱熹《诗集传》言，“仪，度；图，谋也”。

⑭爱：《毛诗故训传·郑玄笺》载，“惜也”；一说指无形者不可助。《毛诗故训传》载，“爱，隐也”。隐，指隐形者。

⑮衮：天子的画龙衣，用以指天子。职：俞樾《群经平议》言，

“职乃语词，当读为‘识’”；一说指偶尔。阙：缺失。

⑯祖：路祭。

⑰业业：《毛诗故训传》载，“言高大也”。

⑱捷捷：《毛诗故训传》载，“言乐事也”。

⑲每怀靡及：《毛诗故训传·郑玄笺》载，“每人怀其私而相稽留，将无所及于事”。陈奂《诗毛氏传疏》言，“每，虽；怀，和；靡及，自谓无及也”。

⑳彭彭：蹄声；一说强壮有力貌。

㉑骙骙（kuí）：蹄声；一说马强壮貌。

㉒喈喈：犹锵锵。

㉓遄：速。

㉔清风：《毛诗故训传》载，“清微之风，化养万物者也”。旧时用以称颂有才德的人。

㉕仲山甫永怀：《毛诗故训传·郑玄笺》载，“仲山甫述职，多所思而劳”。

韩奕

题解 尹吉甫赞颂周宣王任贤使能，并赞扬韩侯才能出众。

奕奕梁山[1]，	奕奕梁山高又高，
维禹甸之[2]。	是禹把它来治好。

有倬其道[3]，	倬然显明有道德，
韩侯受命。	韩侯受命为侯好。
王亲命之，	周王亲自命令他，
缵戎祖考。	继承你的先祖考。
无废朕命，	别将我令来丢开，
夙夜匪解。	早夜勤勉勿懈怠。
虔共尔位[4]，	坚固守住你职位，
朕命不易。	我的命令不能改。
榦不庭方[5]，	国有不朝纠正它，
以佐戎辟[6]。	以助你君来主宰。

四牡奕奕，	四马奕奕高又大，
孔修且张。	特别长来特别大。
韩侯入觐，	韩侯要来朝周王，
以其介圭。	捧那大圭献王家。
入觐于王，	参见周王行觐礼，
王锡韩侯。	王赐车服更豪华。
淑旂绥章[7]，	秀美龙旂竿旄浮，
簟茀错衡。	花席车蔽辕彩优。
玄衮赤舄，	黑色衮衣大红靴，
钩膺镂钖[8]。	钩上刻金饰马头。

鞹鞃浅幭[9]，	浅毛虎皮覆轼上，
鞗革金厄[10]。	以金为环缠辔首。

韩侯出祖，	韩侯远出行路祭，
出宿于屠。	中途歇在那屠地。
显父饯之，	显父为他来饯行，
清酒百壶。	清酒百壶摆满席。
其殽维何？	席上佳肴是什么？
炰鳖鲜鱼。	火烹大鳖和鲜鱼。
其蔌维何？	席上蔬菜又是啥？
维笋及蒲。	新鲜竹笋嫩蒲芽。
其赠维何？	用些什么赠送他？
乘马路车。	大车驾上那乘马。
笾豆有且[11]，	食器笾豆多又多，
侯氏燕胥[12]。	饯行诸侯都参加。

韩侯取妻，	韩侯娶妻要成婚，
汾王之甥[13]。	妻是历王的甥女。
蹶父之子[14]，	又是蹶父的女儿，
韩侯迎止。	韩侯前往去亲迎。
于蹶之里，	在那蹶父的乡里，

百两彭彭。	彩车百辆多得很。
八鸾锵锵，	车行鸾铃响锵锵，
不显其光。	大大显耀多荣光。
诸娣从之，	诸娣众妾随从她，
祁祁如云。	多如彩云在飞翔。
韩侯顾之，	韩侯回头去看望，
烂其盈门[15]。	灿烂满门好堂皇。

蹶父孔武，	蹶父为人很勇健，
靡国不到。	出使各国都走遍。
为韩姞相攸[16]，	为女韩姞找夫君，
莫如韩乐，	惟有韩国地方好，
孔乐韩土。	十分快乐那韩土。
川泽讦讦，	大川大泽使人羡，
鲂鲊甫甫[17]，	鲂鱼鲊鱼都肥大，
麀鹿噳噳[18]，	鹿儿众多聚林下，
有熊有罴，	有熊同时也有罴，
有猫有虎。	山猫老虎在郊野。
庆既令居[19]，	以韩为善就居住，
韩姞燕誉。	韩姞在韩名誉佳。

溥彼韩城， 真是大呀那韩城，
燕师所完。 它是燕人所经营。
以先祖受命[20]， 先祖因功得受命，
因时百蛮[21]。 统治百蛮掌权柄。
王锡韩侯， 王以此地赐韩侯，
其追其貊[22]， 怀柔西戎北狄人，
奄受北国， 抚有各国在北方，
因以其伯。 因其先祖功受奖。
实墉实壑[23]， 高城深池有气魄，
实亩实藉[24]。 定田收税如故常。
献其貔皮[25]， 献上白狐的毛皮，
赤豹黄罴[26]。 豹皮赤色熊皮黄。

注释

①奕奕：高大貌。
②甸：治。
③有倬其道:《毛诗故训传》载,“有倬然之道者也”；一说道指道路。
④虔:《毛诗故训传》训“固”；一说诚敬。
⑤榦（gàn）：正，匡正。庭：朝廷。方：四方之国。不庭方，指不朝周王的国家。
⑥戎辟：你君，周王自谓。
⑦淑旂绥章:《毛诗故训传》载,“淑，善也。交龙为旂”。绥

章，染鸟羽或旄牛尾缀于旗杆首。

⑧钖（yáng）：马头上的饰物。

⑨鞹（kuò）：以皮革包裹。鞃（hóng）：车轼中段人所凭的横木，束以革。浅：浅毛的兽皮。幭（miè）：车轼上的覆盖物。

⑩金厄：以金为环，缠扼辔首。

⑪且:《毛诗故训传·郑玄笺》载,“多貌”。

⑫侯氏：诸侯。燕：宴。胥：皆。

⑬汾王：即周厉王。

⑭蹶（guì）父：一说蹶父为卿士。

⑮烂：灿烂，有光彩。盈门：满门。

⑯韩姞：蹶父的女儿。相：看。攸：所，居处。

⑰甫甫：大貌。

⑱噳噳（yǔ）：众多貌，麋鹿群群相聚貌。

⑲庆:《毛诗故训传·郑玄笺》载,“善也”。

⑳以先祖受命：一说沿用先祖受封的礼节。陈奂《诗毛氏传疏》言:“以，犹用也。以先祖受命，言韩侯先祖亦受命为周侯伯。”

㉑因时百蛮:《毛诗故训传》载,“因时百蛮，长是蛮服之百国也”。陈奂《诗毛氏传疏》言,“周制除王畿之外建九服，蛮服第六服……韩在蛮服”。

㉒追：指西戎。貊：指北狄。一说追、貊指北方的两个民族。

㉓壑：深沟。

㉔藉：税；一说是家臣、奴隶的花名册。

㉕貔（pí）：白狐；一说古时的一种猛兽；一说即今天的大熊猫。

㉖黄罴；熊的一种，疑为棕熊。

江汉

题解 召穆公奉周宣王命平淮夷后铭器。近人考定，这就是现存的《召伯虎簋铭》[1]之一。

江汉浮浮[2]，	江汉滔滔大水流，
武夫滔滔[3]。	武士气势雄赳赳。
匪安匪游，	不敢求安和出游，
淮夷来求[4]。	只把淮夷来挽救。
既出我车，	已将戎车驾出去，
既设我旟。	已将隼旗挂车头。
匪安匪舒[5]，	不敢求安求舒服，
淮夷来铺[6]。	是用王道把淮柔。

江汉汤汤[7]，	江汉大水流荡荡，
武夫洸洸[8]。	威风凛凛武士强。

经营四方，　　战胜四方的叛国，
告成于王。　　捷报告功于宣王。
四方既平，　　四方都已被平定，
王国庶定[9]。　　王国可把太平享。
时靡有争[10]，　　消弭叛乱无战争，
王心载宁。　　宣王心中就安康。

江汉之浒，　　滔滔江汉那水浒，
王命召虎。　　宣王命令召伯虎。
式辟四方，　　按法征讨四方国，
彻我疆土[11]。　　治理我们的疆土。
匪疚匪棘[12]，　　不用兵扰不害民，
王国来极[13]。　　作为准则是王都。
于疆于理，　　去将疆界田土理，
至于南海。　　一直达到南海处。

王命召虎，　　宣王命令召伯虎，
来旬来宣[14]。　　要去巡视要宣抚。
文武受命，　　文王武王昔受命，
召公维翰[15]。　　干臣康公是你祖。
无曰予小子，　　切莫自轻为小子，

召公是似。　　继承康公为国柱。
肇敏戎公[16]，　　迅速谋划建大功，
用锡尔祉。　　就把福泽赐予汝。

釐尔圭瓒，　　赐你圭柄好玉瓒，
秬鬯一卣[17]。　　黑黍香酒赐一罐。
告于文人[18]，　　祭庙又祭文德人，
锡山土田。　　赐你山川和土田。
于周受命，　　在我岐周来受封，
自召祖命[19]。　　用封召祖的大典。
虎拜稽首[20]，　　召虎叩头来下拜，
天子万年！　　祝福天子寿万年！

虎拜稽首，　　召虎叩头来拜谢，
对扬王休[21]。　　称扬天子的美德。
作召公考[22]，　　制作召公簋上铭，
天子万寿！　　天子万年享福泽！
明明天子[23]，　　勤勉不倦的天子，
令闻不已。　　美名流传不停息。
矢其文德[24]，　　能够施行那德政，
洽此四国[25]。　　和洽四方诸侯国。

注释

①召伯虎簋（guǐ）铭：召伯虎，即召穆公，名虎。周厉王暴虐，“国人”围攻王宫，他把太子靖（一说静）藏匿在家，以其子替死。厉王死后，拥立太子靖继位，即周宣王。召伯虎曾率军战胜淮夷，遗物有“召伯虎簋”。簋，古代食器，圆口，圈足，青铜或陶制，用以盛食物，盛行于商周时期。铭，在器物上刻上纪念的文字。

②浮浮:《毛诗故训传》载，“众强貌”。

③滔滔:《毛诗故训传》载，“广大貌”。王引之《经义述闻》言，“当作‘江汉滔滔，武夫浮浮’…… 滔滔、浮浮上下四字互讹”。

④求：救助；一说求索；一说讨伐。

⑤舒：一说舒行，缓慢。

⑥铺：许慎《说文解字》读若“抚”，怀柔；一说读“痡”，病；一说陈列；一说止。

⑦汤汤（shāng）：浩浩荡荡。

⑧洸洸（guāng）：威武貌。

⑨庶：幸，希冀之词。

⑩时：是。

⑪彻：治，开发。

⑫疚：病。棘：瘠。

⑬极：准则。

⑭来：语助词。旬：巡视。宣：宣抚。

⑮召公维翰:《毛诗故训传・郑玄笺》载，“召康公为之桢干之臣，以正天下”。

⑯肇敏戎公:《毛诗故训传》载,“肇,谋;敏,疾;戎,大;公,事也”。闻一多《尔雅新义》言,“肇敏与‘劭勉’声近义同…… 义犹黾勉也”。即勉力。按“戎公”,即你的事业。

⑰秬鬯:黑黍酒。卣(yǒu):古代酒器,青铜制。

⑱文人:掌封诰的官;一说文王;一说文德之人,犹文祖、文考。

⑲自召祖命:《毛诗故训传·郑玄笺》载,“用其祖召康公受封之礼”。

⑳稽首:古时跪拜礼。

㉑对扬:颂扬。《毛诗故训传》载,“对,遂也”。闻一多《尔雅新义》言,“遂与‘述’通”。王休:王的美德。

㉒作召公考:朱熹《诗集传》言,“言穆公既受赐,遂答称天子之美命,作康公之庙器,而勒策王命之辞以考其成,且祝天子以万寿也”。一说,拜答时用召康公受命的颂辞。

㉓明明:勤勉。王引之《经义述闻》言:“明、勉一声之转,古多谓勉为‘明’。重言之则曰‘明明’。”

㉔矢:施。

㉕洽:和洽,协和。

常武

题解 周宣王亲率师伐徐(淮北之夷),而命皇父统六军以平之。篇名“常武”，乃是“有常德以立武事”的意思。

赫赫明明[1]，	赫赫壮盛又明智，
王命卿士。	宣王命令国卿士。
南仲大祖[2]，	大庙之中封南仲，
大师皇父。	又命皇父为太师。
整我六师，	整顿我国的六军，
以脩我戎。	将我武器来修治。
既敬既戒[3]，	既要警惕又戒备，
惠此南国。	施恩南国就如是。
王谓尹氏[4]，	宣王说给尹吉甫，
命程伯休父[5]。	封那程伯名休父。
左右陈行，	左右排列好战阵，
戒我师旅。	誓师告诫我队伍。
率彼淮浦[6]，	循那淮水的涯岸，
省此徐土[7]。	察此徐方的国土。
不留不处[8]，	诛其暴君吊其民，
三事就绪[9]。	为立三卿把民抚。
赫赫业业[10]，	军容壮盛往前进，

有严天子。	俨然威武王行军。
王舒保作[11]，	王师舒缓不急进，
匪绍匪游[12]。	不敢遨游不缓行。
徐方绎骚[13]，	徐方骚动军失次，
震惊徐方。	震动惊杀徐国人
如雷如霆，	声如雷霆真洪大，
徐方震惊。	徐方惊吓不敢争。
王奋厥武，	王师整旅奋威武，
如震如怒。	雷般震动色勃怒。
进厥虎臣，	进用虎臣为将军，
阚如虓虎[14]。	好比咆哮的猛虎。
铺敦淮濆[15]，	陈兵设阵淮水上，
仍执丑虏[16]。	就获敌人众俘虏。
截彼淮浦[17]，	又治淮旁有罪国，
王师之所。	解到王师所在处。
王旅啴啴，	王师盛大有余力，
如飞如翰[18]，	好比猛禽飞得疾，
如江如汉，	好比江汉广又大，
如山之苞[19]，	好比高山坚固立，

如川之流。	好比川流不能阻。
绵绵翼翼[20]，	绵绵不绝队伍整，
不测不克，	不可测知不可胜，
濯征徐国[21]。	大兵前往征讨徐。
王犹允塞[22]，	宣王国策信又诚，
徐方既来[23]。	徐方既服来称臣。
徐方既同[24]，	徐方会合来朝见，
天子之功。	乃是天子的功勋。
四方既平，	全国四方既太平，
徐方来庭[25]。	徐方又来到朝廷。
徐方不回[26]，	徐方不敢违王命，
王曰还归。	王说归国不必停。

注释

①赫赫：盛貌。明明：明察，明智。

②南仲大祖：陈奂《诗毛氏传疏》言，“言王于大祖庙命南仲为卿士也”。

③既敬既戒：《毛诗故训传·郑玄笺》载，“敬之言警也。警戒六军之众，以惠淮浦之旁国”。

④尹氏：尹吉甫；一说官名，官皆称氏，如师氏、保氏等。

⑤程伯休父：一说程伯休父当时担任大司马。

⑥浦：水滨。

⑦省：察看。

⑧不：语助词。留：同“刘”，杀。处：吊，安。全句的意思为：诛其君，吊其民。

⑨三事：指立三卿。

⑩业业：《毛诗故训传》载，“业业然，动也”。指行军前进。

⑪舒：徐。保：安。作：行。全句的意思为：王师缓慢安全地行进。

⑫绍：缓。

⑬绎骚：骚动，绎有抽丝之意，引申为扰动；一说绎当作“驿”，指驿站。

⑭阚（hǎn）：虎怒貌。虓（xiāo）：虎叫。

⑮铺：一说大；一说止。敦：《毛诗故训传·郑玄笺》当作“屯”，陈列。濆（fén）：大堤，沿河高地。

⑯仍：就。

⑰截：切断，引申为整治。

⑱翰：赤羽的山鸡；一说高飞。

⑲苞：《毛诗故训传》载，“本也”。《毛诗故训传·郑玄笺》载，“山本以喻不可惊动也，川流以喻不可御也”。

⑳绵绵翼翼：朱熹《诗集传》言，“绵绵，不可绝也”。马瑞辰《毛诗传笺通释》言，“《广雅》，绵绵，长也；翼翼，盛也。长与盛义相近，皆状其兵之壮盛耳”。

㉑濯：《毛诗故训传》载，“大也”。

㉒王犹允塞：《毛诗故训传》载，“犹，谋也”。王先谦《诗三家义集疏》言，“王之谋虑，信而诚实，用兵有常，伐得其罪，

故兵未阵而徐方既已自来告服其罪”。陈奂《诗毛氏传疏》言，“《汉书·严助传》引诗曰，‘王犹允塞，徐方既来’言王道甚大，而远方怀之也”。指王道广大，充塞宇内。

㉓来：通“敕”，这里指徐方顺服。

㉔同：会同。

㉕来庭：《毛诗故训传》载，“来王庭”。指来朝拜天子。

㉖不回：闻一多《诗经通义》言，“回读为‘违’，不违即不背信”。

瞻卬

题解 刺周幽王宠褒姒乱国祸民。

瞻卬昊天，　　抬头着看那老天，
则我不惠？　　为啥对我不施恩？
孔填不宁①，　　很久以来不安宁，
降此大厉②。　　却来施行这暴政。
邦靡有定，　　国家骚扰不安定，
士民其瘵。　　士民遭受了苦难。
蟊贼蟊疾，　　蟊贼危害那禾苗，
靡有夷届③。　　没有终期没有尽。

罪罟不收，	刑如网罟不收起，
靡有夷瘳[4]！	人民疾苦无止境！
人有土田，	人家受封有田土，
女反有之。	你却反去占据它。
人有民人，	人家若有了奴仆，
女覆夺之。	你却反去夺取他。
此宜无罪，	这人应该是无罪，
女反收之[5]。	你却反去逮捕他。
彼宜有罪，	那人应该是有罪，
女覆说之[6]。	你却反去赦免他。
哲夫成城，	多谋男人建国家，
哲妇倾城。	多虑妇人败国家。
懿厥哲妇[7]，	聪明心怀这妇人，
为枭为鸱。	是枭是鸱很恶辣。
妇有长舌，	妇有长舌爱乱讲，
维厉之阶。	乱政根源就是她。
乱匪降自天，	祸乱不是从天降，
生自妇人。	而是来自妇人呀。
匪教匪诲，	没人教他行虐政，

时维妇寺[⑧]。　　就因他爱亲近她。

鞫人忮忒，　　妇喜穷究将人诋，
谮始竟背。　　开始进谗终背逆。
岂曰不极，　　难道还说不中正，
伊胡为慝？　　她为什么显恶迹？
如贾三倍，　　好比交易利三倍，
君子是识[⑨]。　　君子不该懂这个。
妇无公事，　　妇人不应预国事，
休其蚕织。　　哪能放弃这蚕织。

天何以刺[⑩]？　　天怎责你变异生？
何神不富[⑪]？　　怎不赐福灾害临？
舍尔介狄[⑫]，　　放过你的那坏蛋，
维予胥忌。　　对我反而相怨恨。
不吊不祥[⑬]，　　行为不好又不祥，
威仪不类[⑭]。　　威仪不善于庙堂。
人之云亡，　　贤人都说要散去，
邦国殄瘁。　　国家将要更贫困。

天之降罔，　　老天降下那罗网，

维其优矣。　　已是那样宽大哟。
人之云亡，　　贤人都说要散去，
心之忧矣。　　心里真是忧伤哟！
天之降罔[15]，　　老天降下那罗网，
维其几矣[16]。　　已是那样逼近哟。
人之云亡，　　贤人都说要散去，
心之悲矣！　　心里真是悲痛哟！

觱沸槛泉[17]，　　涌泉沸腾从地出，
维其深矣。　　已经是那样深呀。
心之忧矣，　　心里真是忧伤呀，
宁自今矣？　　为何恰逢今天呀？
不自我先，　　不先于我的出生，
不自我后。　　不后于我的去世。
藐藐昊天，　　渺茫高远的老天，
无不克巩[18]。　　无有不能固自身。
无忝皇祖，　　不要有辱你祖宗，
式救尔后！　　要救你的子孙们！

注释　①填（chén）：久。
②厉：《毛诗故训传》载，“恶也”。

③夷：语助词。

④瘳（chōu）：病愈。

⑤收：逮捕。

⑥说：通“释”。《毛诗故训传》载：“赦也。”

⑦懿：通“噫”，叹词。

⑧寺：《毛诗故训传》载，“寺，近也”。《毛诗故训传·郑玄笺》载，“又非有人教王为乱，语王为恶者是惟近爱妇人，用其言故也”。一说供使令的小臣，朱熹《诗集传》言，“寺，奄人也”。

⑨识：《毛诗故训传·郑玄笺》载，“识，知也。贾物而有三倍之利者，小人所宜知也。君子反知之，非其宜也”。

⑩刺：责。

⑪富：福。

⑫介狄：马瑞辰《毛诗传笺通释》言，“《说文》，‘狄之为言淫辟也’…… 介狄谓‘大狄’，犹云元恶”。

⑬吊：善。

⑭类：善。

⑮罔：同“网”。

⑯几：《毛诗故训传》载，“危也”。《毛诗故训传·郑玄笺》载，“近也”。

⑰槛泉：正在涌出的泉水。

⑱巩：《毛诗故训传》载，“固也”。

召旻

题解 刺周幽王政败国亡皆由内乱。

旻天疾威，	老天威风使得急，
天笃降丧。	天降灾害数难计。
瘨我饥馑[①]，	造成疾苦饥和馑，
民卒流亡，	人民流亡逃厄运，
我居圉卒荒。	我们边土尽荒虚。
天降罪罟，	天降酷刑如罗网，
蟊贼内讧。	蟊贼内争自相伤。
昏椓靡共[②]，	奄人为害不供职，
溃溃回遹[③]，	溃乱邪僻尽猖狂，
实靖夷我邦[④]。	实要毁灭我家邦。
皋皋訿訿[⑤]，	诓诓哄哄相欺骗，
曾不知其玷。	就不知道是污点。
兢兢业业，	兢兢业业自惊恐，
孔填不宁，	长久不宁不安全，

我位孔贬。	我位将坠很危险。
如彼岁旱，	好像年荒有旱象，
草不溃茂[6]。	百草不能茂盛长。
如彼栖苴[7]，	好比水中浮枯草，
我相此邦，	我已看到这家邦，
无不溃止[8]。	无不溃乱而灭亡。
维昔之富不如时，	昔富不像今日贫，
维今之疚不如兹[9]。	今贫不如此时甚。
彼疏斯粺[10]，	彼吃粗粮反吃细，
胡不自替[11]？	怎不告退把职停？
职兄斯引[12]。	却长作乱到如今。
池之竭矣，	池水已经枯竭哟，
不云自频。	不说水来从池滨。
泉之竭矣，	泉水已经枯竭哟，
不云自中[13]。	不说水从井中升。
溥斯害矣，	灾害已经普遍哟，
职兄斯弘，	而且恐将大扩展，
不灾我躬？	祸殃不及我一身？

昔先王受命，	从前先王受天命，
有如召公。	贤臣有如召公等。
日辟国百里，	每日拓土百里许，
今也日蹙国百里[14]。	如今每日百里沦。
於乎哀哉！	唉，真可哀叹呀！
维今之人，	只有今天这些人，
不尚有旧[15]？	不念还有旧贤臣？

注释

①瘨（diān）：病；一说降灾。

②昏：同“阍”，宫廷守门人。椓（zhuó）：宫刑，引申为太监、宦官。共：供职。

③溃溃：乱。回遹：邪僻。

④靖：践，践通“剪”，灭。夷：平。

⑤皋皋：欺诳。訿訿：诽谤。

⑥溃：《毛诗故训传》载，“遂也”。马瑞辰《毛诗传笺通释》载，“《广韵》，‘遂’，达也。遂者草之畅达，与‘茂’义相成”。

⑦苴（chá）：水中浮草。

⑧溃：溃乱。

⑨维昔……不如兹：陈奂《诗毛氏传疏》言，“诗言昔日之富，家给人足，不如今时之困穷。今日之疚，仁贤疏退，不如此时之尤甚。彼宜食疏粝之小人，反在此食精粺。何不早自废退，免自妨贤病国，反主为滋乱之事，使其引而日长乎”。

疚，病。

⑩疏：糙米。粺（bài）：细米。

⑪替:《毛诗故训传》载,“废也”。告退。

⑫职兄斯引:《毛诗故训传》载,“兄，兹也；引，长也”。《毛诗故训传·郑玄笺》载,“职，主也……何不自废退，使贤者得进，乃兹复主长此为乱之事乎”。兄，读为“况”。

⑬池之竭矣……不云自中：陈奂《诗毛氏传疏》言,“‘池竭’喻王政之乱由外无贤臣,‘泉竭’喻王政之乱由内无贤妃”。此四句意思为：池水枯竭有外因，是来自水边；泉水枯竭有内因，是来自内里。自频,《毛诗故训传·郑玄笺》载,“频，当作‘滨’……自，由也”。

⑭蹙（cù）：缩小，紧迫。

⑮旧：一说旧的规章。

颂

◎ 周颂

清庙

题解 周公祭周文王的颂歌。

於穆清庙[1]，	又美又静的清庙，
肃雍显相[2]。	内敬外和助祭好。
济济多士，	济济朝臣美容仪，
秉文之德。	秉承执行王德教。
对越在天[3]，	颂扬文王在天灵，
骏奔走在庙[4]。	急急奔走在宗庙。
不显不承[5]，	光显天下真是美，
无射于人斯[6]。	从没一人来厌恼。

注释 ①於（wū）：叹词。穆：美好，严肃。清庙：《毛诗故训传·郑玄笺》载，“祭有清明之德者之宫也，谓祭文王也”。马瑞辰《毛诗传笺通释》引贾逵注《左传》言，“肃然清静谓之清庙”。

②肃雍显相：《毛诗故训传》载，“肃，敬；雍，和；相，助也”。显：光，有显赫之意。

③对越：犹对扬。《尔雅》载："越，扬也。"

④骏奔走在庙：马瑞辰《毛诗传笺通释》言，"庙中奔走以疾为敬"。骏，迅速。

⑤不显不承：王引之《经义述闻》谓"显""承"为赞美之词。"承"当读为"武王烝哉"的"烝"。"不"为语助词。陈奂《诗毛氏传疏》言："'不或作'丕'。"

⑥射：通"斁"，厌。

维天之命

题解 周公制礼时祭祀周文王。

维天之命[1]，　　这个老天的教命，
於穆不已[2]。　　美哉运转不会停。
於乎不显[3]，　　这岂不是光明么，
文王之德之纯！　文王之德大而纯！
假以溢我[4]，　　嘉言善道丰富我，
我其收之[5]。　　我应把它收聚尽。
骏惠我文王[6]，　以制法度顺文王，
曾孙笃之[7]。　　子孙后代都奉行。

注释

①维天之命:《毛诗故训传·郑玄笺》载,“命,犹道也”。孔颖达《五经正义》言,“维此天所为之教命,於乎美哉,动行而不已。言天道转运,无极止时也”。

②不已:不止,无穷尽。

③於乎不显:《毛诗故训传·郑玄笺》载,“於乎,不光明与?文王之施德教之无倦已,美其与天同功也”。按於乎,叹词;显,光;不,语助词。全句意思即“光明啊”。

④假以溢我:《毛诗故训传·郑玄笺》载,“溢,盈溢之言也”。陈奂《诗毛氏传疏》言,“假以溢我,言以嘉美之道,戒慎于我”。假,嘉;溢,慎。

⑤收:《毛诗故训传》载,“聚也”。朱熹《诗集传》言,“受也”。

⑥骏惠我文王:《毛诗故训传·郑玄笺》载,“以大顺我文王之意”。骏,大;惠,顺。

⑦曾孙:自孙之子而下,事先祖皆称曾孙。笃:笃行。《毛诗故训传·郑玄笺》载:“欲使后王皆厚行之。”

维清

题解 周公作乐时祭周文王。

维清缉熙[①],	政无败乱极清明,
文王之典。	文王典章是根本。

肇禋[2]，	自从祭祀那上天，
迄用有成[3]，	到有天下功竟成，
维周之祯[4]。	这是周家的祥祯。

注释

①清：清明。缉熙：《毛诗故训传·郑玄笺》载，“光明也”。

②肇禋：《毛诗故训传》载，“肇始。禋，祀也”。

③迄：至。有成：吴闿生《诗义会通》言，“谓有天下”。

④祯：一作“祺”，吉祥。

烈文

题解 周成王即政，诸侯助祭祖考。

烈文辟公[1]，	光明有德诸侯呐，
锡兹祉福，	文王将福来赐下，
惠我无疆，	恩赐我们没尽期，
子孙保之。	子孙传世安居它。
无封靡于尔邦[2]，	莫造大罪在你邦，
维王其崇之[3]。	否则文王另立它。
念兹戎功[4]，	勤念祖父的大功，

继序其皇之⑤。	继承先人光大它。
无竞维人⑥，	最强莫过得贤人，
四方其训之。	四方就会顺从它。
不显维德⑦，	能够显明行道德，
百辟其刑之。	诸侯就会效法他。
於乎前王不忘！	前王之德人不忘！

注释

①烈文：马瑞辰《毛诗传笺通释》言，“烈、文二字平列，烈言其功，文言其德也”。辟公：诸侯。

②封靡：《毛诗故训传》载，“封，大也；靡，累也”。陈奂《诗毛氏传疏》言，“按三家诗以‘封靡’为大罪，与毛训同”。“封与丰声同，故《传》训‘大’…… 靡为‘羁靡’之‘靡’”。

③维王其崇之：陈奂《诗毛氏传疏》言，“维犹乃也，王谓文王也。崇训‘立’，谓更立之以继世也”。

④念兹戎功：陈奂《诗毛氏传疏》言，“既陈文武之爱诸侯，乃云念此戎功，则是戒诸侯使念父、祖之大功也”；一说功指国家大事。

⑤皇：辉煌，光大。

⑥无：语助词。竞：强。

⑦不显：陈奂《诗毛氏传疏》言，“显也”。

天作

题解 周公、周成王时祭周先王和先公；一说为祭祀岐山。

天作高山①，	天生万物在岐山，
大王荒之②。	大王大大发展它。
彼作矣③，	在岐百姓筑宫室，
文王康之。	文王能够安定它。
彼徂矣岐，	岐道虽险人归顺，
有夷之行④，	今有平易的大道，
子孙保之。	子孙继续保住它。

注释

①天作高山:《毛诗故训传》载,“作，生也”。《毛诗故训传·郑玄笺》载,“高山，谓岐山也”。

②荒:《毛诗故训传》训“大”，荒覆，引申为统治。朱熹《诗集传》言:“荒，治也。”

③彼作矣:《毛诗故训传·郑玄笺》载,“彼，彼万民也……彼万民居岐邦者，皆筑作宫室，以为常居”。陈奂《诗毛氏传疏》言,“‘彼作矣，文王康之’，言天所生之万物，而文王又能以安之也”。“彼”以及“彼徂矣岐”的“彼”，均指“天”。

④彼徂矣岐，有夷之行:《后汉书》引作“彼徂者岐”。《毛诗

故训传·郑玄笺》:“徂,往;行,道也。”吴闿生《诗义会通》言:“徂,一作‘岨’。古字通。”《后汉书·南蛮西南夷传》朱辅疏引诗解释:“岐道虽僻,而人不远。”夷,平。行,周行,大道。

昊天有成命

题解 祭周成王;一说是郊祀天地。

昊天有成命①,	老天早下了明令,
二后受之②。	文王武王受天命。
成王不敢康,	成王不敢求安乐,
夙夜基命宥密③。	早晚积德宽而宁。
於缉熙!	真光明呀!
单厥心④,	他心厚道又诚恳,
肆其靖之⑤。	终于巩固得和平。

注释 ①成命:马瑞辰《毛诗传笺通释》言,“明,成也……成命犹言明命”。

②二后:周文王、周武王。

③夙夜基命宥密:马瑞辰《毛诗传笺通释》言“夙夜,恭也;

基，始也；命，信也；宥，宽也；密，宁也”。

④单：同“亶”，信；一说通“殚”，尽。

⑤靖：和，太平。

我将

题解 周公、周成王祀周文王于明堂，以配上帝。

我将我享[1]，	我大献祭于明堂，
维羊维牛。	用这肥牛与肥羊。
维天其右之[2]，	因为老天保佑它，
仪式刑文王之典[3]，	善用文王的典章，
日靖四方[4]。	天天谋求安四方。
伊嘏文王，	真伟大啊那文王，
既右飨之[5]。	既佐助他也歆飨。
我其夙夜，	我早起来夜深忙，
畏天之威，	敬畏老天的威命，
于时保之[6]。	于是保住这国柄。

注释 ①我将我享：《毛诗故训传》载，“将，大；享，献也”。《毛诗

故训传·郑玄笺》载，“将，犹奉也”。

②右：佑助。

③仪式刑：《毛诗故训传·郑玄笺》仪训“则”，式训“象”，刑训“法”。朱熹《诗集传》三字皆训“法”，三字连文。一说仪与“义”通，善；式，用；刑，法。

④靖：谋求。

⑤既右飨之：陈奂《诗毛氏传疏》言，“王肃曰，善用法文王之常道，日谋四方，维天乃大文王之德，既佑助而歆飨之”。《毛诗故训传·郑玄笺》载，“言受而福之”。右训“祐”。

⑥时：是。

时迈

题解 周武王、周公巡守祭山川百神。

时迈其邦[①]，	巡守诸侯那国中，
昊天其子之。	上天爱我与子同。
实右序有周[②]，	实在保佑我周宗，
薄言震之[③]，	初用威力震动他，
莫不震叠[④]。	莫敢不服都害怕。
怀柔百神[⑤]，	又来安宁那神灵，

及河乔岳[⑥]。　　依次祭河及岳神。
允王维后！　　武王不愧是国君！
明昭有周[⑦]，　　上天明显爱大周，
式序在位。　　贤俊在位把职守。
载戢干戈，　　把那干戈聚拢来，
载櫜弓矢。　　把那弓矢藏起来。
我求懿德，　　我求贤士具美德，
肆于时夏[⑧]。　　遍布德政于中国。
允王保之！　　武王必能保世泽！

注释

①时：语助词。迈：行。邦：指诸侯的国家。

②实：语助词。右序：吴闿生《诗义会通》言，“右、序，皆助也”。

③薄言震之：《毛诗故训传·郑玄笺》载，“薄犹甫也……甫动之以威，则莫不动惧而服者”。

④震叠：《毛诗故训传》载，“震，动；叠，惧也”。陈奂《诗毛氏传疏》言，“叠为‘慴’的假借。《尔雅》，‘慴，惧也’”。

⑤怀：来。柔：安。

⑥乔岳：一说高山。

⑦明昭：明见。《毛诗故训传》载：“明矣，知未然也；昭然不疑也。”《毛诗故训传·郑玄笺》载：“昭，见也。”

⑧肆：遂，故。夏：华夏，指中国。

说明 这首诗，有说为周武王克商后周公所作。姚际恒《诗经通论》言：“此武王克商后，告祭柴望朝会之乐歌，周公所作也。《左传·宣公十二年》曰，昔武王克商，作《颂》曰‘载戢干戈’，故知为武王克商后所作。《国语》称周文公之《颂》曰‘载戢干戈’，故知周公作。”此说引《左传》《国语》为证，虽不十分确信，然所引典籍有所记载，亦不能说无据。

执竞

题解 周公、周成王祭周武王。

执竞武王①，	能够自强是武王，
无竞维烈②，	不也显功去克商，
不显成康③，	不也功成安祖考，
上帝是皇④。	上帝美福赐他享。
自彼成康⑤，	用那治国安邦法，
奄有四方。	于是占有了四方。
斤斤其明⑥，	斤斤明察是国君，
钟鼓喤喤⑦，	钟鼓相和声喤喤，

磬筦将将[8]。	磬筦互应响锵锵。
降福穰穰，	赐福赐得多丰穰，
降福简简，	赐福赐得大又大，
威仪反反[9]。	威仪庄重而堂皇。
既醉既饱，	既饱以德既醉酒，
福禄来反[10]！	重又赐他福禄长！

注释

①执：朱熹《诗集传》释为“持”。《韩诗》释为“服”。许慎《说文解字》言：“执，捕罪人也。”竞：朱熹《诗集传》释为“自强”。马瑞辰《毛诗传笺通释》释为“强御”。

②无竞维烈：《毛诗故训传·郑玄笺》载，“不强乎其克商之功业”。烈，指功业。

③成康：朱熹《诗集传》释为成王、康王。《毛诗故训传·郑玄笺》载：“不显乎其成安祖考之道。”

④皇：《毛诗故训传》载，“美也”。《尔雅》载，“皇，君也”。

⑤自彼成康：《毛诗故训传》载，“用彼成安之道”；一说追从成王、康王。

⑥斤斤：《毛诗故训传》载，“明察也”；一说指辉煌的功业。

⑦喤喤（huáng）：声音大而和谐。

⑧筦（guǎn）：同“管”，乐器名。将将（qiāng）：《毛诗故训传》载，“集也”。指诸乐会集。

⑨反反：慎重貌。马瑞辰《毛诗传笺通释》谓反为“昄”的假借。

⑩反：一说复也。

思文

题解 周公祀周始祖后稷德可配天。

思文后稷， 大有文德是后稷，
克配彼天①。 功德能和那天齐。
立我烝民②， 种粮养活众百姓，
莫匪尔极③。 无非是你有德行。
贻我来牟④， 留给我们好麦种，
帝命率育。 天命用来养民众。
无此疆尔界， 你疆我界莫要划，
陈常于时夏⑤。 布陈农政于中夏。

注释 ①思文后稷，克配彼天：陈奂《诗毛氏传疏》言，“后稷为周始封之祖，故既立为大祖庙，而又于南郊之祀以配天”。思，语助词。配天，即配享于天，与上天同祭祀。

②立：假借为“粒”，谷粒，指种粮食养人。

③极：朱熹《诗集传》言，“德之至也”。

④来牟：瑞麦。传说周武王时天赐瑞麦，随同赤乌俱来。牟，《说文》作“䴢”，即麦。

⑤陈常于时夏：马瑞辰《毛诗传笺通释》言，“常即‘政’也……陈常于时夏，谓陈农政于中夏也”。时，是。

臣工

题解 周公、周成王庙祭后，诫诸侯农官即时治田以备丰收。

嗟嗟臣工[①]，	卿大夫和各诸侯，
敬尔在公。	你们恭敬慎职守。
王釐尔成[②]，	告诉你们年丰收，
来咨来茹[③]。	前来计划来相谋。
嗟嗟保介[④]，	你们农官来从耕，
维莫之春。	现在正好是暮春。
亦有何求？	你对人民啥要求？
如何新畬？	新田熟田怎耕耘？
於皇来牟[⑤]，	大麦小麦都美好，
将受厥明[⑥]。	周家因此得收成。
明昭上帝，	上帝真是有明见，

迄用康年[7]。	因此将得岁丰登。
命我众人，	命我那些老百姓，
庤乃钱镈[8]，	备好铲子和锄头，
奄观铚艾[9]。	将看镰刀收获尽。

注释

①臣工：《毛诗故训传》载，“工，官也”。马瑞辰《毛诗传笺通释》言，“臣、工二字平列，犹官、工之比，工与官双声，故官通借作‘工’。臣工，盖指诸侯卿大夫言之”。一说管田的官。

②王釐尔成：马瑞辰《毛诗传笺通释》言，“王与往，古同声通用。釐当为‘禧’之假借。《尔雅·释诂》，‘禧，告也’。王釐犹言往告。成、熟，一声之转，古以谷熟为‘成’”。《毛诗故训传·郑玄笺》载，“王乃平理女之成功”。王，指周王。釐，理。

③来咨来茹：《毛诗故训传·郑玄笺》载，“咨，谋；茹，度也”。

④嗟嗟保介：陈奂《诗毛氏传疏》言，“犹嗟嗟臣工耳。则臣工、保介为诸侯籍田时，皆所率耕之人矣”。《毛诗故训传·郑玄笺》载，“介，甲也，车右勇力之士”。郭沫若《由周代农事诗论到周代社会》言，“介者‘界’之省。保介者，保护田界之人”。

⑤皇：美。

⑥明：吴闿生《诗义会通》言，“犹成也”。马瑞辰《毛诗传笺通释》言，“古者以年丰谷熟为成”。

⑦迄用康年：马瑞辰《毛诗传笺通释》言，“犹云用致康年也”。

⑧庤（zhì）：储备。钱（jiǎn）：农具名，类似铁铲。镈（bó）：锄田去草的农具。

⑨铚（zhì）：农具名，一种短小的镰刀。

噫嘻

题解 周康王春夏祈谷祭祀而诫农官的歌篇。

噫嘻成王，	啊！成王！
既昭假尔[①]。	已经招请你神灵。
率时农夫，	率领农民老百姓，
播厥百谷。	播种百谷勤耕耘。
骏发尔私[②]，	赶快开发你私田，
终三十里[③]。	开三十里那么远。
亦服尔耕[④]，	你要服从干耕种，
十千维耦[⑤]。	二人并耕有十斤。

注释 ①尔：指招请的神灵。

②骏：快。《毛诗故训传·郑玄笺》载：“疾也。”发：发掘，开发。

③终：尽。

④亦：语助词。

⑤耦（ǒu）：两人各持一耜骈肩而耕。

说明

这首诗，《毛诗序》说是“春夏祈谷于上帝”。郭沫若认为是“成王亲耕之前昭假先公先王，史官们把这事作成颂歌来助祭”。是否周成王“亲耕”，还是需要进一步探讨的问题，但不论是否成王，总是周王之一。

“骏发尔私”的“私”，旧说，指“民田”，即农夫的私有土地。郭沫若起初作为“你们所有的土地”解释。后来，疑为“耜”字的错写。从全诗诗意来看，“私”既不是私田，也不是“耜”。诗中明说，“终三十里”，又说“十千维耦”；三十里的土地，一万人并耕，如果是周成王（或者某一位周王）带领去耕（率时农夫），这样宽的土地，这样多的人众，怎能看成耕的私田呢？如果是私田，周王是用不着带领农夫去耕种的，也不像是在新田（二岁的田）和畬田（三岁的田）里耕作，却像在周王畿内的土地上，或者荒地上，组织奴隶集体耕作。“私”就是指给这些“农夫”们划分开垦（耕作）的土地。试想，三十里长的土地，一万人并耕，不可能不划分开垦（耕作）的范围，这是奴隶主口头高喊“亦服尔耕”（要服从，干好你们的耕作之事）外，所强迫奴隶劳动的一种手段。程瑶田说：“‘骏发尔私’，是不划井无公田之证也。”不划井田，当然不是私田。这正是“井田制”前的一种耕作制度，是用奴隶集体耕作，但更粗糙。

振鹭

题解 夏、殷二王之后——杞、宋来周助祭。

振鹭于飞[①]，　　翩翩群鹭奋飞起，
于彼西雝[②]。　　在那西边水泽里。
我客戾止，　　我的客人今来到，
亦有斯容[③]。　　也有整洁好威仪。
在彼无恶，　　他在国内没人嫌，
在此无斁。　　来朝同样没人怨。
庶几夙夜，　　早早晚晚都一样，
以永终誉[④]。　　永保美誉人长念。

注释 ①振：《毛诗故训传》载，“群飞貌”。

②雍:《毛诗故训传》载,“雍,泽也”。

③亦有斯容:指有白鹭这样的容貌。

④永终:陈奂《诗毛氏传疏》言,“永、终皆长也”。誉:声誉,名望。

丰年

题解 周成王时,秋冬丰熟祭祖。

丰年多黍多稌[①], 丰熟年成多黍稻,
亦有高廪[②]。 又有仓廪大又高。
万亿及秭[③], 积粮几万几千亿,
为酒为醴。 做那酒醴真正好。
烝畀祖妣[④], 进献先祖和先妣,
以洽百礼[⑤], 用以祭祀百种礼,
降福孔皆[⑥]。 降福真是很周备。

注释 ①稌(tú):稻;一说专指糯谷。

②廪:藏米的仓库。

③万亿及秭(zǐ):数目,十垓为秭;一说万万垓为秭。《毛诗故训传·郑玄笺》载:“万亿及秭,以言谷数多。”

④畀（bì）：给予。

⑤以洽百礼：孔颖达《五经正义》言，“牲玉币帛之属，合用以祭”。指汇集百样祭物。洽，齐。

⑥皆:《毛诗故训传》载，“遍也”。马瑞辰《毛诗传笺通释》言，“皆与偕，古通用…… 皆、偕、嘉一声之转”。皆，嘉。

有瞽

题解 周成王始作乐而祭祀。

有瞽有瞽①，　　瞎子乐官瞎乐师，
在周之庭。　　在我周家朝廷里。
设业设虡②，　　设了悬挂钟磬架，
崇牙树羽③。　　崇牙相承插毛羽。
应田县鼓④，　　大鼓小鼓都悬挂，
鞉磬柷圉⑤。　　又设鞉磬与柷圉。
既备乃奏，　　既已齐备就演奏，
箫管备举⑥。　　大箫小管一齐举。
喤喤厥声，　　奏出喤喤好乐音，
肃雝和鸣，　　节奏肃敬和谐鸣。

先祖是听。	先祖神灵下降听。
我客戾止，	我的客人今到来，
永观厥成⑦。	每听一曲皆高兴。

注释

①瞽：瞎子。古时乐师常以盲人充任。

②业：悬挂的木架。虡：挂钟鼓的架子。

③崇牙：古时乐器架横木上刻的锯齿，用来悬挂乐器。树羽：在崇牙上装饰的五彩鸟羽。

④应：小鼓。田：大鼓。县鼓：悬鼓。

⑤鞉（táo）：摇鼓，如鼓而小，有柄，两耳，持柄摇则两耳自击。柷（zhù）：乐器名，形如漆桶，中有椎柄，连底挏之，令左右击。圉（yǔ）：一作“敔”，乐器名，状如伏虎，敲击以止乐。

⑥箫：许慎《说文解字》言，“箫，参差管乐也，象凤之翼”。可能即笙，非一般的洞箫。管：乐器名。陈奂《诗毛氏传疏》言，“管如篪，六孔”。

⑦成：朱熹《诗集传》，“乐阕也”。乐曲一终为一成。

潜

题解 周春冬献鱼祭祖。

猗与漆沮[①]，	真可赞美那沮漆，
潜有多鱼[②]。	柴窝养有多种鱼。
有鳣有鲔[③]，	既有嘉鱼鳣和鲔，
鲦鲿鰋鲤[④]。	又有鲦鲿与鰋鲤。
以享以祀，	用来祭祀献祖先，
以介景福。	以助我求大福气。

注释

①猗与：叹词，犹猗兮。漆沮：二水名。

②潜:《毛诗故训传》载,“糁也”。按糁又作“槮”。槮，积柴于水中，使鱼止息，便于集中捕捉。

③鳣（zhān）：鳇；一说大鲤。

④鲦鲿鰋（yǎn）鲤:《毛诗故训传·郑玄笺》载,“鲦，白鲦；鲿，鲌也；鰋，鲇也”。鲤，鲤鱼。

雍

题解 周武王祭祀周文王，用为祭祀时撤馔的乐歌。

有来雍雍，	助祭人来和又顺，
至止肃肃。	来到肃然极恭敬。

相维辟公[①]，　助祭乃是众诸侯，
天子穆穆。　天子穆然威仪盛。
於荐广牡，　进荐神明用大牲，
相予肆祀[②]。　助我陈列那祭品。
假哉皇考，　真嘉善啊我皇考，
绥予孝子[③]。　前来安我孝子身。
宣哲维人[④]，　遍使天下人聪明，
文武维后。　文武德备故为君。
燕及皇大[⑤]，　皇天安宁降祥瑞，
克昌厥后。　又能昌盛他子孙。
绥我眉寿[⑥]，　助我使我得长寿，
介以繁祉。　多种福禄来相佑。
既右烈考[⑦]，　既是拜献了皇考，
亦右文母[⑧]。　文德之母也拜了。

注释

①相：助，指助祭。

②肆祀：陈设祭祀；一说祭祀名。

③绥：安。

④宣哲：马瑞辰《毛诗传笺通释》言，“宣之言‘显’。显，明也。宣哲，犹明哲也”。

⑤燕及皇天：《毛诗故训传》载，“燕，安也”。

⑥绥：给，助。

⑦右：读为“侑”，劝侑。烈考：朱熹《诗集传》言，“犹皇考也”。

⑧文母：王引之《经义述闻》言，“文母之文，则‘美大’之称，犹言皇妣，皇母耳……古人赞美先世多谓之文”。

载见

题解 周成王初即政，率领诸侯祀周武王。

载见辟王[1]，	初次朝见周成王，
曰求厥章。	车服求其合规章。
龙旂阳阳[2]，	龙旗文彩色鲜艳，
和铃央央[3]。	和铃共鸣声央央。
鞗革有鸧[4]，	辔首饰金有法度，
休有烈充[5]。	旂铃壮盛闪闪亮。
率见昭考[6]，	率领诸侯祭昭考，
以孝以享。	用来助祭献庙堂。
以介眉寿，	用来助我祈长寿，
永言保之[7]，	能保天命得久长，

思皇多祜[8]。	愿我皇王多福泽。
烈文辟公[9]，	王使诸侯受辉光，
绥以多福，	神赐他们福多种，
俾缉熙于纯嘏[10]。	事业光明大福祥。

注释

①载：哉、载同义，开始的意思；一说语助词。

②阳阳：龙旂貌；一说明貌。

③和：车轼前的铃。铃：旂上的铃。央央：铃声。

④鞗革有鸧（qiāng）：《毛诗故训传》载，“言有法度也”。《毛诗故训传·郑玄笺》载，“鞗革，辔首也”。鸧，金饰貌。

⑤休：美。《毛诗故训传·郑玄笺》载：“休然盛壮。”烈：光。

⑥昭考：周武王。朱熹《诗集传》言：“庙制，太祖庙中，左昭，右穆。周庙文王当穆，武王当昭。”一说周昭王。

⑦永言保之：陈奂《诗毛氏传疏》言，“永，长；言，我也。言我武王长保天命，天乃予以多福也”。

⑧祜（hù）：福。

⑨辟公：指诸侯。

⑩俾：使。缉熙：光明。纯嘏：大福。

有客

题解 殷后微子来周见祖庙；一说留客并向他祝福。

有客有客，	有客人来有客人，
亦白其马①。	他把白马驾车乘。
有萋有且②，	随从威仪很壮盛，
敦琢其旅③。	如雕琢玉选从人。
有客宿宿④，	客人一宿又一宿，
有客信信⑤。	客人再停复再停。
言授之絷，	我们给予绊马索，
以絷其马。	绊住他马不前进。
薄言追之⑥，	他已前行追回他，
左右绥之。	君臣乐于安定他。
既有淫威⑦，	既行礼乐有大德，
降福孔夷⑧。	神把大福赐给他。

注释 ①亦：语助词。

②有萋有且：马瑞辰《毛诗传笺通释》言，“萋、且，双声字，皆以状从者之盛”。

③敦琢其旅：马瑞辰《毛诗传笺通释》言，“敦琢其旅，犹云

雕琢其侣也”。朱熹《诗集传》言，“敦琢，选择也”。旅，众。

④宿宿：《尔雅》载，“言再宿也”。

⑤信信：《尔雅》载，“言四宿也”。

⑥薄言追之：陈奂《诗毛氏传疏》言，“薄、言，皆语词”。朱熹《诗集传》言，“追之，已去而复还之，爱之无已也”。按上说绊马使之不能行，追之使还，皆留客极殷勤之词；一说指送行。

⑦淫威：马瑞辰《毛诗传笺通释》谓“大德”。吴闿生《诗义会通》言，“犹云奇祸”。

⑧孔夷：马瑞辰《毛诗传笺通释》言，“《说文》，‘夷，从大从弓，古夷字必有大训。降福孔夷，犹云降福孔大耳’”。《毛诗故训传》载，“夷，平也”。孔夷，即很平安。

武

题解 周公颂周武王克商之功，作大武之乐。

於皇武王！	真伟大呀我武王！
无竞维烈[①]。	功业莫盛于克商。
允文文王[②]，	文德昭著我文王，
克开厥后[③]。	开启子孙基业长。

嗣武受之，	武王继承这基业，
胜殷遏刘[4]，	伐商胜殷除强暴，
耆定尔功[5]。	致你功成得永昌。

注释

①烈：业。

②允：语助词。

③克开厥后:《毛诗故训传·郑玄笺》载,“能开其子孙之基绪”。厥，犹其。

④遏刘：马瑞辰《毛诗传笺通释》言,“遏，绝也。是遏、灭二字同义。‘胜殷遏刘’，谓胜殷而灭杀之”。刘，杀。

⑤耆:《毛诗故训传》载,“耆，致也”。言武王伐纣，致定其功。

闵予小子

题解 周成王除周武王之丧将即政，朝于宗庙。

闵予小子[1]，	身处困境我伤悼，
遭家不造[2]，	家里惨遭不幸了，
嬛嬛在疚[3]。	孤独困病又忧伤。
於乎皇考[4]，	真可叹啊我皇考，

永世克孝。	他能永久行孝道。
念兹皇祖，	追念皇祖的教训，
陟降庭止[5]。	直道升降那群臣。
维予小子，	如今我这年幼人，
夙夜敬止[6]。	早晚恭谦而谨慎。
於乎皇王，	我的父祖那皇王，
继序思不忘。	我继大业永不忘。

注释

①闵:《毛诗故训传》载,“病”。《毛诗故训传·郑玄笺》载,“悼伤之言也”。小子：为王在丧的自称，亦为谦称。

②遭家不造：马瑞辰《毛诗传笺通释》言,“不，为语词。造与戚一声之转，古通用。则《诗》云‘遭家不造’，犹云遭家戚，即后世所谓丁家艰也”。

③嬛嬛（qióng）：许慎《说文解字》引作“茕”，孤独貌。

④皇考：一说谓周武王，下句皇祖谓周文王。

⑤陟降庭止:《毛诗故训传》载,“庭，直也”。《毛诗故训传·郑玄笺》载,“陟降，上下也”。马瑞辰《毛诗传笺通释》言,“‘陟降庭止’与‘夙夜敬止’，相对成文，盖谓文王陟降群臣，皆以直道”。一说庭指庭院。

⑥敬止：戒慎。

访落

题解 周成王即政，祭庙并咨谋群臣。

访予落止①？	谋划开始怎执政？
率时昭考②。	当遵先王道去行。
於乎悠哉，	唉！真太悠远啊，
朕未有艾③。	心中无数我不能。
将予就之④，	我若勉强去就位，
继犹判涣⑤。	继承宏业恐不成。
维予小子，	只有我这年幼人，
未堪家多难。	国家难事不堪任。
绍庭上下⑥，	继承先王陟降法，
陟降厥家⑦。	直道升降那群臣。
休矣皇考，	有美德呀我皇考，
以明保其身⑧。	能以此道安其身。

注释 ①访予落止:《毛诗故训传》载,“访，谋；落，始”。朱熹《诗集传》言,“以道延访群臣之意”。止，之；一说语气词。

②率时昭考:《毛诗故训传》载,“率，循也”。此句为群臣对答之言。昭考，一说指周武王。

③朕未有艾:《毛诗故训传·郑玄笺》载,“艾,数也;我于是未有数,言远不可及也”;一说指我不能达到。《尔雅》载,“艾,历也”。

④将予就之:朱熹《诗集传》言,“将使予勉强以就之者,而所以继之者,犹恐其判涣而不合也”。按将、就二字亦可并列用为“予将之,予就之”。

⑤继犹判涣:《毛诗故训传》载,“犹,道也;判涣,散也”。判涣,分散。

⑥绍:继。

⑦厥家:群臣;一说指“家庭”的“家”。

⑧以保明其身:陈奂《诗毛氏传疏》言,“《烝民》篇云,‘既明且哲,以保其身’…… 保明犹明保也”。指明察是非,择安去危,保全其身。

敬之

题解 周王自我警戒。

敬之敬之[1],	要戒慎啊要戒慎,
天维显思[2]。	天道善恶很显明。
命不易哉[3],	天命吉凶难改变,

无曰高高在上。　　莫说高远不可闻。
陟降厥士[④]，　　天之升降那众士，
日监在兹。　　日日监视在此境。
维予小子，　　只有我这年幼人，
不聪敬止[⑤]。　　耳不聪明没能慎。
日就月将[⑥]，　　日久月长渐累积，
学有缉熙于光明[⑦]。　　积累学习到光明。
佛时仔肩[⑧]，　　群臣辅我担大任，
示我显德行。　　示我显明的德行。

注释

①敬：戒慎。

②显:《毛诗故训传》载，“见”。《毛诗故训传·郑玄笺》载，“天乃光明，去恶与善，其命吉凶不变易也”。

③不易：言其难也。

④陟降厥士：马瑞辰《毛诗传笺通释》言，“陟降犹云升降。士当读如‘士民’之‘士’，为群臣之通称”。一说指上天管着事。士，事。

⑤不聪敬止:《毛诗故训传·郑玄笺》载，“我小子耳，不聪达于敬之之意”；一说不、止均作语助词，指听而警戒。

⑥日就月将：马瑞辰《毛诗传笺通释》言，“谓日久月长，犹言日积月累耳”。《广雅》载，“就，久也”。

⑦学有缉熙于光明：马瑞辰《毛诗传笺通释》言，“《说文》，

缉，绩也；绩之言‘积’。缉熙，当谓渐积广大以至于光明”。
⑧佛（bì）时仔肩：《毛诗故训传·郑玄笺》载，“佛，辅也；时，是也；仔肩，任也”。《尔雅》载，“肩，克也”。许慎《说文解字》言，“仔，克也”。二字同义，克，胜也，胜亦任也。

小毖

题解 周成王惩管蔡之祸而自儆。

予其惩①，　　我要自己警惕好，
而毖后患②。　谨防后患会来到。
莫予荓蜂③，　切莫引我入歧途，
自求辛螫④。　自陷毒螫自烦恼。
肇允彼桃虫⑤，鹪鹩开始也很小，
拚飞维鸟⑥。　可会翻飞为大鸟。
未堪家多难，　难担国家困难事，
予又集于蓼⑦。我又陷入悲苦了。

注释 ①惩：警戒，警惕。
②毖：《毛诗故训传》载，“慎也”。

③荓蜂：马瑞辰《毛诗传笺通释》言，“《释文》引孙炎曰，‘谓相掣曳入于恶也’”。是谓荓蜂为牵引之为不善。荓蜂，通作“屏蓬”，又作“并封”；一说拉曳；一说荓（併）使。蜂，昆虫。

④辛螫（shì）：指蜂蜇人的辛辣痛；一说辛苦的差事。陈奂《诗毛氏传疏》言，“释文引《韩诗》作‘辛赦’云，‘赦，事也’。辛事，谓辛苦之事也”。

⑤肇：开始。允：语助词。桃虫：鹪鹩，一种小鸟。

⑥拚：一说当作“翻”。

⑦蓼（liǎo）：朱熹《诗集传》言，“辛苦之物也”；一说读为“瘳”；一说苦蓼。

载芟

题解 周成王春天籍田时祭祀。

载芟载柞①，	开始挖除草树根，
其耕泽泽②。	耕地声响土分崩。
千耦其耘，	上千对人除杂草，
徂隰徂畛。	下薅新田上旧埂。
侯主侯伯，	有家长来有长子，

侯亚侯旅[3]，	有仲叔和子弟们，
侯疆侯以[4]，	有强壮的有佣赁，
有嗿其馌[5]。	送饭众人吃出声。
思媚其妇，	丈夫欢迎送饭妇，
有依其士[6]。	妇惜田边耕种人。
有略其耜[7]，	有着锋利好犁头，
俶载南亩。	开始耕种到南亩。
播厥百谷，	播下各类好谷种，
实函斯活[8]。	种子发芽芽嫩柔。
驿驿其达[9]，	苗儿畅生破土出，
有厌其杰[10]。	壮苗出土美又茂。
厌厌其苗[11]，	齐齐整整一般苗，
绵绵其麃[12]。	细细密密把稗搜。
载获济济[13]，	人多排齐开始获，
有实其积[14]，	积谷处处堆成丘，
万亿及秭。	数目千亿到万亿。
为酒为醴，	做成酒醴散香气，
烝畀祖妣，	进献先祖和先妣，
以洽百礼。	用来祭祀成百礼。
有飶其香[15]，	蒸出米饭喷喷香，
邦家之光。	就为国家增辉光。

有椒其馨[16]，	烤出酒醴气醺醺，
胡考之宁[17]。	使我寿长得安康。
匪且有且，	不料有此竟有此，
匪今斯今[18]，	不料有今今更强，
振古如兹[19]。	从古以来像这样。

注释

①芟（shān）：除草。柞（zé）：砍伐树木。

②泽泽:《尔雅》作“郝郝”。郭璞注《尔雅》言:“土解也。”郭沫若释为耕地的响声。

③侯主侯伯，侯亚侯旅:《毛诗故训传》载,“主，家长；伯，长子；亚，仲叔也；旅，子弟也”。郭沫若《由周代农事诗论到周代社会》言,“主，国王；伯，公卿、大夫”。这两句诗，反映了奴隶制国家初建时的情况，反映了以血缘关系为纽带组织起来的奴隶制国家的初貌。家长（宗长）、长子、众子弟，也就是国王、公卿等。

④以:《毛诗故训传》载,“用也”。孔颖达《五经正义》言,“以者，佣赁之人，以意驱用，故云‘用也’”。

⑤嗿（tǎn）：朱熹《诗集传》,“众饭食声”。

⑥依：一说依靠；一说盛貌。

⑦略:《毛诗故训传》载,“利也”。

⑧实函斯活:《毛诗故训传·郑玄笺》载,“实，种子也；函，含也；活，生也”。郭沫若释函为“深”，释活为“阔”。

⑨驿驿其达：孔颖达《五经正义》言,“驿驿，生也。舍人云，

‘谷皆生之貌’”。《毛诗故训传》载，“达，射也”。射，出。

⑩有厌其杰：《毛诗故训传》载，“言杰苗厌然特美也。厌，美；杰，长禾”。陈奂《诗毛氏传疏》言，“《玉篇》，‘稭，长禾也’。杰与‘稭’同”。

⑪厌厌：茂盛貌。

⑫绵绵：详密貌；一说不绝貌。麃（biāo）：耕耘。

⑬济济：《毛诗故训传》载，“难也”。《毛诗故训传·郑玄笺》载，“难者，穗众难进也”。陈奂《诗毛氏传疏》言，“难，古‘傩’字，谓获之众，必依次而行，有均齐不绝之貌，即是济济之义也”。

⑭实：指粮食。

⑮飶（bì）：食物香味。

⑯椒：《毛诗故训传》载，“犹飶也”。馨：芳香。

⑰胡：寿。姚际恒《诗经通论》言，“胡与‘遐’通”。

⑱匪且有且，匪今斯今：《毛诗故训传》载，“且，此也”。陈奂《诗毛氏传疏》言，“匪且有且，言不期而有此，而今适有此也。匪今斯今，言不始于今而其见于今也”。

⑲振古如兹：陈奂《诗毛氏传疏》言，“振古即自古，自古犹言自昔也”。朱熹《诗集传》言，“盖自极古以来已如此矣”。

良耜

题解　叙一年农事，丰收、祭祖、祈福。

畟畟良耜[1]，	真是锋利好犁头，
俶载南亩。	开始耕种到南亩。
播厥百谷，	播下各类好谷种，
实函斯活。	种子发芽芽嫩柔。
或来瞻女，	有人前来看望你，
载筐及筥。	方筐圆筥提在手。
其饟伊黍[2]，	送来的是小米饭，
其笠伊纠。	斗笠系绳戴在头。
其镈斯赵[3]，	犁头破土真好使，
以薅荼蓼[4]。	薅除杂草把秧留。
荼蓼朽止，	野草苦蓼都朽腐，
黍稷茂止。	小米高粱长得茂。
获之挃挃[5]，	镰刀收获声吱吱，
积之栗栗[6]。	稻垛堆积多丰实。
其崇如墉[7]，	高高堆得像城墙，
其比如栉[8]。	整齐好比木梳齿。

以开百室，	打开上百储藏库，
百室盈止。	积粮装满了百室。
妇子宁止，	老婆孩子暂得安，
杀时犉牡[9]。	杀那黄牛来祭祀。
有捄其角，	弯弯长的是牛角，
以似以续[10]，	要继前岁以祭祀，
续古之人[11]。	要继古人讲农事。

注释

①畟畟（cè）：耜深耕入地貌；一说锋利。耜（sì）：古代农具，类似犁上的铧。

②馕：用食物款待。

③镈（bó）：犁。赵:《毛诗故训传》载，“刺也”，破；一说割禾声；一说扒地。

④荼：一说秽草。蓼：水草。

⑤挃挃（zhì）：收割作物的声音。

⑥栗栗：众多貌。

⑦崇：高。

⑧比：一说并列。栉（zhì）：梳、篦。

⑨犉（chún）：黄毛黑嘴的牛。

⑩以似以续:《毛诗故训传》载，“嗣前岁，续往事也”。意谓以后仍如今年丰收。马瑞辰《毛诗传笺通释》言，“犹云以享以祀，以孝以享……似、续皆为祀事”。

⑪续古之人:《毛诗故训传·郑玄笺》载，“求有良司穑也”。

求良穑，即求好田畯、田祖。

丝衣

题解 周成王绎祭以宾礼事尸。

丝衣其紑[①]， 祭服丝衣鲜又净，
载弁俅俅[②]。 爵弁戴上极恭顺。
自堂徂基[③]， 从堂到门查笾豆，
自羊徂牛。 从羊到牛查祭牲。
鼐鼎及鼒[④]， 大小鼎巾都揭起，
兕觥其觩。 罚爵兕觥徒空陈。
旨酒思柔， 饮了旨酒都柔和，
不吴不敖[⑤]， 不哗不傲极肃静，
胡考之休。 这是寿长的祥征。

注释 ①丝衣：祭服。紑（fóu）：衣服鲜洁。

②俅俅：恭顺貌。

③基：门槛。《毛诗故训传》载：“门塾之基。”

④鼐（nài）：大鼎。鼒（zī）：小鼎。

⑤吴：哗。许慎《说文解字》言：“吴，大言也。”敖：傲慢。

酌[1]

题解 颂周武王能酌取先祖之道以养民。

於铄王师[2]，	武王部队真壮美，
遵养时晦[3]。	退养与时同韬晦。
时纯熙矣，	一朝时代大光明，
是用大介[4]。	戎装出而天下归。
我龙受之[5]，	我能光宠承先业，
跻跻王之造[6]。	威武之功王者为。
载用有嗣[7]，	今天能有后继人，
实维尔公允师[8]。	因师武王的法规。

注释 ①酌：孔颖达《五经正义》言，“武王能酌取先祖之道以养天下之民，故名篇为‘酌’”；一说酌即勺。勺，籥，为乐舞名，疑为取乐节命名。

②铄（shuò）:《毛诗故训传》载，“美也”。

③遵养时晦：朱熹《诗集传》言，“退自循养，与时皆晦”；一说攻取晦昧（指商纣王）。遵，率。养，取。晦，昧。

④是用大介：朱熹《诗集传》言，“介，甲也，所谓一戎衣也，然后一戎衣而天下大定”。一说介为善，大介即大善，大善犹大祥也。

⑤龙：光宠。《毛诗故训传·郑玄笺》载，“宠也”。
⑥蹻蹻王之造：朱熹《诗集传》言，“蹻蹻，武貌。蹻蹻然王者之功”。
⑦载用有嗣：朱熹《诗集传》言，“其所以嗣之者，亦维武王之事是师尔”；一说有继承者。
⑧实维尔公允师：吴闿生《诗义会通》言，“继前人之事是法也”。师，法则。

桓

题解 周成王祀周武王于明堂。

绥万邦，	诛暴安定了万邦，
娄丰年[①]，	多次获得年丰穰，
天命匪解。	天命为善不懈怠。
桓桓武王[②]。	有威武的是武王。
保有厥士[③]，	保有这片好国土，
于以四方。	于是用武于四方。
克定厥家，	能够安定我周家，
於昭于天，	武王美德天下扬，
皇以间之[④]。	最终取代那纣王。

注释 ①娄（lǚ）：屡。

②桓桓：威武。

③士：当作“土”字，古土、士同字。

④间：《毛诗故训传》载，“代也”。吴闿生《诗义会通》言，“代殷有天下”。

赉①

题解 周武王克商，大封功臣于庙。

文王既勤止，	文王为政既勤劳，
我应受之。	先业我当接受到。
敷时绎思②，	宣传文德又发展，
我徂维求定③。	我往克殷求安定。
时周之命④，	我大周上承天命，
於！绎思！	要念祖德实践好。

注释 ①赉（lài）：《毛诗·序》言，“赉，予也。言所以锡予善人也”。

②敷时绎思：马瑞辰《毛诗传笺通释》言，“布文王之德，引申之及于无穷，即《序》所云锡予善人也”。思，语助词。

③徂：往，指往征。

④时周之命：马瑞辰《毛诗传笺通释》言，“时与承一声之转，古亦通用……周受天命，而诸侯受封于庙者又将受命于周。时周之命，即承周之命”。

般[①]

题解 周成王时颂周武王巡狩祀河岳。

於皇时周！	真美啊，我周邦！
陟其高山[②]，	封禅四岳把山上，
嶞山乔岳[③]，	小山大岭也都祭，
允犹翕河[④]。	九河合一依次往。
敷天之下，	普天之下去巡遍，
裒时之对[⑤]，	山川众神都配享，
时周之命。	是周受命而为王。

注释 ①般：孔颖达《五经正义》言，“乐也”。因以般为名。

②陟（zhì）：马瑞辰《毛诗传笺通释》言，“周时祭山曰‘升’，或曰‘陟’”。高山：指四岳。

③嶞（duò）：小山。

④允犹翕河：陈奂《诗毛氏传疏》言，“翕训‘合’，允犹翕河，言犹合河而祭之”。

⑤裒（póu）时之对：《毛诗故训传·郑玄笺》载，“裒，众；对，配也。徧天之下，众山川之神皆如是配而祭之，是周之所以受天命而王也”。马瑞辰《毛诗传笺通释》言，“谓诸侯皆聚于是以答扬天子之休命也”。

◎ 鲁颂

駉

题解 颂鲁僖公牧马于野不害农田，以喻乐育贤才。

駉駉牡马[1]，	身长体壮的雄马，
在坰之野[2]。	牧在边界的荒野。
薄言駉者[3]？	牧的肥马是哪些？
有驈有皇[4]，	黄白马和驈白马，
有骊有黄，	纯黑骊和黄骍马，
以车彭彭。	肥健就把祀车驾。
思无疆[5]，	牧马好得没止境，
思马斯臧。	马儿又美又肥壮。

駉駉牡马，	身长体壮的雄马，
在坰之野。	牧在边界的荒野。
薄言駉者？	牧的肥马是哪些？
有骓有駓[6]，	杂色骓和杂毛马，
有骍有骐[7]，	赤黄骍和苍艾骐，

以车伾伾[8]。	力大就把戎车驾。
思无期，	牧马好得没止期，
思马斯才。	马儿又美力又强。
駉駉牡马，	身长体壮的雄马，
在坰之野。	牧在边界的荒野。
薄言駉者？	牧的肥马是哪些？
有驒有骆[9]，	青骊驒和黑鬣马，
有駵有雒[10]，	赤身駵和黑身雒，
以车绎绎[11]。	善走就把田车驾。
思无斁[12]，	牧马使人不厌倦，
思马斯作[13]！	真能驾车这些马！
駉駉牡马，	身长体壮的雄马，
在坰之野。	牧在边界的荒野。
薄言駉者？	牧的肥马是哪些？
有骃有騢[14]，	阴白骃和彤白騢，
有驔有鱼[15]，	长毛驔和白眼马，
以车祛祛[16]。	强健就把乘车驾。
思无邪[17]，	牧马确实是不坏，
思马斯徂[18]。	真能远驰这些马。

注释

①驷（jiōng）:《毛诗故训传》载，“良马腹干肥张也”。

②坰（jiōng）：离城很远的郊外。

③薄言驷者：孔颖达《五经正义》言，“薄言驷者，有何马也”。薄、言，皆语助词；一说薄为临近，即逼近。

④驈（yù）：黑马白股。皇:《毛诗故训传》载，“黄白曰‘皇’”。

⑤思无疆：陈奂《诗毛氏传疏》言，“思，词也。斯犹其也。无疆，无期，颂祷之词”。按，无斁、无邪，亦有颂祷之意

⑥骓（zhuī）：苍白杂毛的马。駓（pī）：黄白杂毛的马。

⑦骍：赤黄色的马。骐：青黑色的马。

⑧伾伾（pī）：有力貌。

⑨驒（tuó）：青骊马。

⑩骝（liú）：赤身黑鬣的马。雒（luò）：黑身白鬣的马。

⑪绎绎：与“驿驿”通，善跑。

⑫无斁：无厌、满意。

⑬作：善，好。

⑭骃（yīn）：浅黑带白色的杂毛马。騢（xiá）；赤白杂毛的马。

⑮驔（diàn）：脚胫有长毛的马。鱼：双目毛色白的马。《毛诗故训传》载：“二目白曰‘鱼’。”

⑯祛祛:《毛诗故训传》载，“强健也”。

⑰无邪：不坏，不错。

⑱徂:《毛诗故训传·郑玄笺》载，“犹行也”。马瑞辰《毛诗传笺通释》言，“徂，当为‘驵’之假借”。驵，骏马。

有駜

题解 鲁僖公燕饮群臣。

有駜有駜[1]，	马肥壮来马肥壮，
駜彼乘黄。	驾车驷马毛色黄。
夙夜在公，	早起晚睡在公所，
在公明明[2]。	都在公所为公忙。
振振鹭[3]，	鹭羽成群飞舞多，
鹭于下[4]，	起起伏伏都飞过，
鼓咽咽[5]。	鼓声节奏咽咽响。
醉言舞，	醉后起舞态婆娑，
于胥乐兮[6]。	君臣都是很快乐。

有駜有駜，	马肥壮来马肥壮，
駜彼乘牡。	驾车牡马壮又强。
夙夜在公，	早起晚睡在公所，
在公饮酒。	公毕在所饮酒浆。
振振鹭，	鹭羽成群飞舞多，
鹭于飞，	飘来飘去又飞过，

鼓咽咽。	鼓声节奏咽咽响。
醉言归，	醉后各散归家卧，
于胥乐兮。	君臣都是很快乐。

有駜有駜，	马肥壮来马肥壮，
駜彼乘駽[7]。	驾车青骊壮又强。
夙夜在公，	早起晚睡在公所，
在公载燕。	公毕在所饮燕忙。
自今以始，	自从今天开始过，
岁其有。	年年都唱丰收歌。
君子有穀[8]，	君子僖公有善政，
诒孙子，	善政留给子孙多，
于胥乐兮。	君臣都是很快乐。

注释

①駜（bì）：马肥壮、力强貌。

②明明：勉勉，勤勉。

③鹭：指持鹭羽的舞蹈。

④鹭于下：舞者仿鹭蹲下。

⑤咽咽：亦作“渊渊”，鼓声。

⑥胥：皆，都。

⑦駽（xuān）：青黑色的马。

⑧穀：善；一说禄。

泮水

题解 颂鲁僖公修泮宫克淮夷。

思乐泮水[1]，	乐往泮宫泮水旁，
薄采其芹。	去采水畔野芹忙。
鲁侯戾止，	鲁侯僖公来到此，
言观其旂[2]。	看那建旂法有常。
其旂茷茷[3]，	车上旂旗往下垂，
鸾声哕哕。	车行鸾铃当当响。
无小无大，	群臣不论大和小，
从公于迈。	随从僖公都前往。

思乐泮水，	乐往泮宫泮水桥，
薄采其藻。	去采水中的野藻。
鲁侯戾止，	鲁侯僖公来到此，
其马蹻蹻。	驾车马儿极勇骁。
其马蹻蹻，	驾车马儿极勇骁，
其音昭昭[4]。	鲁侯为政德行昭。
载色载笑，	颜色温和脸含笑，

匪怒伊教[5]。	没有怒气只行教。
思乐泮水，	乐往泮宫泮水旁，
薄采其茆[6]。	去采水中莼菜忙。
鲁侯戾止，	鲁侯僖公来到此，
在泮饮酒。	在这泮宫饮酒浆。
既饮旨酒，	已经饮了那美酒，
永锡难老。	天赐不老永健康。
顺彼长道，	谋从远道去讨伐，
屈此群丑[7]。	收服群丑制敌方。
穆穆鲁侯，	鲁侯美誉昭于国，
敬明其德。	恭敬明白有道德。
敬慎威仪，	威仪表现谨又慎，
维民之则。	乃是人民的法则。
允文允武[8]，	信有文德又有武，
昭假烈祖。	功德可追众烈祖。
靡有不孝[9]，	国人无有不效法，
自求伊祜。	这是自己求福泽。
明明鲁侯，	勤勉不倦的鲁侯，

克明其德。	能明德行制敌谋。
既作泮宫，	既已修建了泮宫，
淮夷攸服。	淮夷因此来授首。
矫矫虎臣，	勇敢威武的虎将，
在泮献馘[10]。	在泮献耳获敌头。
淑问如皋陶[11]，	善审俘虏如皋陶，
在泮献囚。	在泮献那阶下囚。

济济多士，	献俘人才多无穷，
克广德心。	大量宽宏为心胸。
桓桓于征[12]，	部队威武去征伐，
狄彼东南[13]。	去治淮夷往南东。
烝烝皇皇[14]，	道德厚范心思美，
不吴不扬[15]。	不喧闹来不乱轰。
不告于讻，	从不诉讼告官司，
在泮献功。	只在泮里献战功。

角弓其觩[16]，	角弓不张而放松，
束矢其搜[17]。	矢束成捆而不用。
戎车孔博[18]，	兵车众多排成行，
徒御无斁。	行者驾者没倦容。

既克淮夷，　　既已讨伐了淮夷，
孔淑不逆[19]。　　淮夷迁善愿服从。
式固尔犹[20]，　　掌握制敌的方法，
淮夷卒获。　　讨伐淮夷成大功。

翩彼飞鸮，　　翩翩飞的那鸱鸮，
集于泮林。　　飞来集在泮林梢。
食我桑黮[21]，　　啄食我们的桑葚，
怀我好音。　　向我叫声也变好。
憬彼淮夷[22]，　　觉悟过来的淮夷，
来献其琛。　　为献宝物而来朝。
元龟象齿，　　献的大龟和象牙，
大赂南金[23]。　　大赠南金把心表。

注释

①泮（pàn）水：泮宫的水。

②言观其旂：陈奂《诗毛氏传疏》言，“旂有文章等级之度，国人观之，乐取以为法也”。

③茷茷（pèi）：马瑞辰《毛诗传笺通释》释茷为“旆”的假借。许慎《说文解字》言：“旆旆，正旂之垂貌。”

④音：指德行声誉。

⑤匪怒伊教：《毛诗故训传·郑玄笺》载，“僖公之至泮宫，和颜色而笑语，非有所怒，于是有所教化也”。

⑥茆（mǎo）：莼菜，又名“凫葵”。

⑦屈：收。群丑：禽兽称“丑群”，此指淮夷，轻视之词。

⑧允：信，确实。

⑨孝：效。

⑩馘（guó）：陈奂《诗毛氏传疏》言，“不服者杀而献其左耳曰‘馘’”。

⑪皋陶：唐虞的大臣；一说舜的大臣。传说善断案。

⑫桓桓：威武貌。

⑬狄：《毛诗故训传·郑玄笺》载，“狄，当作‘剔’。剔，治也”。

⑭烝烝皇皇：《毛诗故训传》载，“烝烝，厚也；皇皇，美也”。

⑮吴：哗。

⑯觩：《毛诗故训传》载，“弛貌”；一说弓紧张貌。《毛诗故训传·郑玄笺》载，“觩然，言持弦急也”。

⑰搜：《毛诗故训传》载，“众意也”；一说为聚，指矢捆束貌。

⑱博：众多；一说广大。

⑲孔淑不逆：既克淮夷，而淮夷甚化于善，不复为逆乱也。

⑳式固尔犹：言鲁僖公用能固执大道之故，故淮夷卒皆服也；一说，坚持了你的计谋。

㉑黮（shèn）：桑葚。

㉒憬：《毛诗故训传》载，“远行貌”。许慎《说文解字》言，“憬，觉悟也”。

㉓赂：赠，郭沫若认为是贝名。南金：孔颖达《五经正义》言，“又广赂我以南方之金”。郭沫若释金为“铜”。

閟宫

题解 鲁大夫公子奚斯颂美鲁僖公恢复疆土，修建宫室。

閟宫有侐[①]，	宫庙关闭极清静，
实实枚枚[②]。	屋既广大材密紧。
赫赫姜嫄，	赫赫显著的姜嫄，
其德不回。	德行不邪而贞正。
上帝是依[③]，	上帝依靠她子孙，
无灾无害。	任何灾难没发生。
弥月不迟，	怀胎期满不迟缓，
是生后稷。	于是就把后稷生。
降之百福，	天给予他降百福，
黍稷重穋。	小米高粱先后熟。
植稚菽麦[④]，	大豆麦子先后种，
奄有下国。	用粮育民有国土。
俾民稼穑，	教会人民做庄稼，
有稷有黍，	有高粱和小米黍，
有稻有秬。	还有稻子和黑米。
奄有下土，	用粮育民有地域，

缵禹之绪。　　继禹治水功业殊。

后稷之孙，　　始祖后稷的子孙，
实维大王。　　周家太王即其人。
居岐之阳，　　迁居岐山的南方，
实始翦商[5]。　　才有王迹去灭商。
至于文武，　　到了文王和武王，
缵大王之绪。　　事业继承那太王。
致天之届[6]，　　承应天命把兵进，
于牧之野。　　商郊牧野将敌困。
无贰无虞，　　莫存贰心莫怀疑，
上帝临女。　　上帝看顾着你们。
敦商之旅[7]，　　治服殷商的部族，
克咸厥功[8]。　　能像祖先把功成。
王曰叔父！　　成王说：我叔父！
建尔元子，　　立了你的大儿子，
俾侯于鲁。　　使他在鲁为诸侯。
大启尔宇，　　开辟你的那国土，
为周室辅。　　做我周家的辅助。

乃命鲁公，　　王又命令那鲁公，

俾侯于东。　　使为诸侯在山东。
锡之山川，　　赐你那儿的山川，
土田附庸[9]。　　土田小国作附庸。
周公之孙，　　他是周公的子孙，
庄公之子。　　又是庄公的儿子。
龙旂承祀，　　用蛟龙旗来祭祀，
六辔耳耳[10]。　　六辔柔软垂于此。
春秋匪解，　　春秋祭祀不懈怠，
享祀不忒[11]。　　祭祀不变没过失。
皇皇后帝，　　皇皇在天那上帝，
皇祖后稷。　　配享皇祖我后稷。
享以骍牺[12]，　　献祭用那纯赤牛，
是飨是宜[13]。　　飨哪祭哪都适意。
降福孔多，　　降福很多给予你，
周公皇祖，　　周公和着我皇祖，
亦其福女。　　也来把福赐予你。

秋而载尝，　　秋天开始行祭尝，
夏而楅衡[14]。　　夏季设栏把牛养。
白牡骍刚[15]，　　白色牡牛赤脊牛，
牺尊将将[16]。　　牛形酒杯锵锵响。

毛炰胾羹[17]，　　烧熟毛猪煮肉汤，
笾豆大房[18]。　　有笾豆和玉大房。
万舞洋洋，　　场面宏大跳万舞，
孝孙有庆。　　奉祀孝孙有福享。
俾尔炽而昌，　　使你强盛又隆昌，
俾尔寿而臧。　　使你长寿而安康。
保彼东方，　　把那东方来保住，
鲁邦是常[19]。　　是可常保的鲁邦。
不亏不崩，　　好比高山不下崩，
不震不腾。　　好比流水不沸腾。
三寿作朋[20]，　　要和三卿做朋友，
如冈如陵。　　永恒如冈又如陵。

公车千乘，　　鲁公兵车有千乘，
朱英绿縢[21]，　　矛饰红缨弓绿绳，
二矛重弓。　　矛是二矛弓重弓。
公徒三万，　　鲁公部队三万整，
贝胄朱綅[22]，　　用贝饰胄穿朱缨，
烝徒增增[23]。　　众多军士在行进。
戎狄是膺[24]，　　戎狄已经被打败，
荆舒是惩，　　荆舒也要受严惩，

则莫我敢承[25]。　谁也不敢当我们。
俾尔昌而炽，　使你昌达而炽盛，
俾尔寿而富。　使你寿长而富贵。
黄发台背，　黄发驼背做老人，
寿胥与试[26]。　老了为国把言进。
俾尔昌而大，　使你强大而昌盛，
俾尔耆而艾[27]。　使你长寿发转青。
万有千岁，　活到上千上万岁，
眉寿无有害。　长寿没有灾害侵。

泰山岩岩，　泰山积石气势雄，
鲁邦所詹[28]。　是在鲁国境界中。
奄有龟蒙，　辖有龟山和蒙山，
遂荒大东[29]。　有土一直到极东。
至于海邦，　一直到那近海国，
淮夷来同[30]。　淮夷也前来同盟。
莫不率从，　无不相率来顺从，
鲁侯之功。　这是鲁侯的大功。

保有凫绎[31]，　抚有凫绎的山脉，
遂荒徐宅[32]。　就辖徐戎的旧宅。

至于海邦，	一直达到近海邦，
淮夷蛮貊。	淮夷蛮貊皆降服。
及彼南夷，	还有南夷那荆楚，
莫不率从。	无不相约来进谒。
莫敢不诺，	从此不敢不应诺，
鲁侯是若。	顺从鲁侯很服悦。

天赐公纯嘏，	天赐鲁公以大福，
眉寿保鲁。	长寿而把鲁保住。
居常与许，	居住南常和西许，
复周公之宇。	恢复周公的土地。
鲁侯燕喜，	鲁侯燕饮来作乐，
令妻寿母㉝。	母寿妻贤相祝贺。
宜大夫庶士，	大夫庶士都相宜，
邦国是有。	邦国是能致富裕。
既多受祉，	已经得到多福祉，
黄发儿齿㉞。	头发返黄长儿齿。

徂来之松㉟，	徂徕山上松苍苍，
新甫之柏。	新甫山上翠柏长。
是断是度㊱，	于是斩断于是锯，

是寻是尺[37]。	一寻一尺多考虑。
松桷有舄[38]，	松木椽子这样粗，
路寝孔硕[39]。	正寝宫室是大屋。
新庙奕奕，	新庙建成真巍峨，
奚斯所作。	诗是奚斯公子作。
孔曼且硕[40]，	虽很长却又很美，
万民是若。	百姓认为全都对。

注释

①閟（bì）：关闭。《毛诗故训传》载："闭也。"《毛诗故训传·郑玄笺》训"神"。恤（xù）：《毛诗故训传》载，"清静也"。

②实实：广大；一说坚实。枚枚：细密貌。

③依：《毛诗故训传》载，"依其子孙也"；一说指上帝依附于姜嫄。《毛诗故训传·郑玄笺》载，"依其身也"。

④植（zhí）：先种的庄稼。稚：后种的庄稼。

⑤翦商：翦与践古同音通用，至周太王迁岐，始内践商家之地，故曰"实始翦商"；一说翦是断，周太王迁岐后，四方之民归往之，开始断绝同商的联系；一说周太王迁岐后，建立了封建的生产关系，形成了一个初具规模的周国，周文王、周武王继续这个事业，完成了翦商的王业；一说翦为灭，迁岐后，周太王有了灭商的打算。许慎《说文解字》翦作"戬"，戬训"灭"。

⑥致天之届：《毛诗故训传·郑玄笺》载，"届，极也"。陈

奂《诗毛氏传疏》言,“古极、殛通。致天之届,犹云致天之罚耳”。

⑦敦商之旅:《毛诗故训传·郑玄笺》载,“敦,治;旅,众”。敦,一说俘虏。马瑞辰《毛诗传笺通释》言,“此诗敦亦当读‘屯’。屯,聚也……自聚其师旅为屯,俘虏敌之士众亦为屯”。

⑧克咸厥功:《毛诗故训传·郑玄笺》载,“能同其功于先祖也”。马瑞辰《毛诗传笺通释》言,“犹云克备厥功,克成厥功也”。

⑨附庸:附庸小国;一说仆役;一说土田周围附有之墉垣,按指土田和附属在上面的城市。《毛诗故训传·郑玄笺》载,“赐之以山川土田及附庸”。

⑩耳耳:朱熹《诗集传》言,“柔从也”。辔柔和下垂貌。

⑪忒:《毛诗故训传·郑玄笺》载,“变也”。

⑫骍牺:《毛诗故训传》载,“骍,赤;牺,纯也”。

⑬宜:马瑞辰《毛诗传笺通释》言,“宜本祭社之名……凡神歆其祀通谓之宜”。

⑭楅衡:木栏之类的遮拦物;一说加在牛角上以防触人的横木。

⑮骍刚:赤脊的公牛;一说赤色的公牛。

⑯牺尊:画羽于尊;一说画牛于尊;一说尊作牛形。

⑰毛炰(páo):连毛烧熟的肉。

⑱大房:玉饰的俎。

⑲常:守;一说久长;一说通“尚”,训为法则、榜样。

⑳三寿:《毛诗故训传·郑玄笺》载,“三寿,三卿也”。

㉑朱英绿縢:《毛诗故训传·郑玄笺》载,“朱英,弓饰也。縢,绳也”。

㉒贝胄:贝装饰的甲。绶(qīn):线。

㉓增增:众多貌。

㉔膺:击。

㉕承:制止,抵御。《毛诗故训传》载:“止也。”

㉖寿胥与试:《毛诗故训传·郑玄笺》载,“胥,相也”。陈奂《诗毛氏传疏》言,“寿胥与试,赞美用老人之言以安国也”。马瑞辰《毛诗传笺通释》言,“试犹式也,字通作‘视’……《广雅》,‘视,比也’……‘寿胥与试’,承‘黄发台背’言,犹云‘寿相与比’耳”。

㉗艾:指年老;一说随着年龄变化而头发变色,一说指青色;一说苍白色。

㉘鲁邦所詹:詹,至。陈奂《诗毛氏传疏》言,“言所至境也”。

㉙荒:《毛诗故训传·郑玄笺》载,“奄也”。奄本覆盖之意,引申为统辖之意。大东:极东。

㉚来同:《毛诗故训传·郑玄笺》载,“为同盟也”;一说来朝见。

㉛保:抚,安定。凫绎:凫山、绎山。

㉜宅:《毛诗故训传》载,“居也”;一说指土地。

㉝令妻寿母:妻贤,母寿。

㉞儿齿:老人齿落后更生的细齿,因以指人长寿。

㉟徂来:山名;一说为“徂徕”。

㊱度：剖。《广雅》载："度，分也。"

㊲寻：古八尺为"寻"。

㊳桷（jué）：方的屋椽。舄（xì）：大貌。

㊴路寝：正寝，王公居住的宫室；一说处理政事的宫室。

㊵曼：长。

◎ 商颂

那

题解 祀成汤天乙。陈述音乐舞蹈之盛，以纪念其先祖。

猗与那与①！	成汤武功真多啊！
置我鞉鼓②。	竖立鞉鼓来敬神。
奏鼓简简，	敲起鼓时声特大，
衎我烈祖③。	乐我烈祖在天灵。
汤孙奏假④，	太甲邀请神灵到，
绥我思成⑤。	安我烈祖享太平。
鞉鼓渊渊，	鞉声鼓声渊渊响，
嘒嘒管声。	管乐齐奏相和鸣。
既和且平，	声既调协又和平，
依我磬声⑥。	起落依我玉磬声。
於赫汤孙！	盛大呀！汤孙！
穆穆厥声⑦。	真是悠扬那声音。
庸鼓有斁⑧，	大钟大鼓次第鸣，
万舞有奕⑨。	万舞跹跹美无伦。

我有嘉客，	我有助祭嘉客至，
亦不夷怿[10]。	不也欣喜是乐事。
自古在昔[11]，	助祭上古近古有，
先民有作。	先人举行那祭祀。
温恭朝夕，	早晚温和又恭敬，
执事有恪[12]。	执事恭敬荐饮食。
顾予烝尝，	念我殷家烝尝祀，
汤孙之将[13]。	太甲奉祀之所致。

注释

①猗与那与:《毛诗故训传》载,“猗，叹词。那，多也”。陈奂《诗毛氏传疏》言,“云多者，美叹成汤多武功以定天下也。《周礼》战功成曰‘多’”。马瑞辰《毛诗传笺通释》言,“猗、那二字叠韵，皆美盛之貌”。

②置:《毛诗故训传 · 郑玄笺》读为“植”，竖立。

③衎:《毛诗故训传》载,“乐也”。烈祖:《毛诗故训传 · 郑玄笺》载,“汤也”。指商之先祖成汤。《毛诗故训传》载,“汤有功烈之祖”。

④汤孙：太甲；一说汤为人子孙；一说泛言汤之子孙。奏假：奏，进。马瑞辰《毛诗传笺通释》言:“凡神人来至曰‘假’，祭者上致乎神亦曰‘假’。”

⑤绥我思成：陈奂《诗毛氏传疏》言,“绥，安；成，平也……以乐我烈祖，安享太平之福也”。马瑞辰《毛诗传笺通释》言,“绥与遗叠韵……绥我思成，犹云贻我福”。

⑥依我磬声：指奏乐时依磬声相终始。

⑦於赫汤孙！穆穆厥声：陈奂《诗毛氏传疏》言，“赫为盛，穆为美，正是赞叹成汤之乐，所以终殷人尚声之义，其间不应及祀成汤之人”。按此“汤孙”，疑为祀者自呼之词。赫、穆是赞美乐声，不是赞美祀者。

⑧庸：“镛”的假借，大钟。斁（yì）：盛貌。

⑨奕：舞影闪动貌。

⑩夷：《毛诗故训传》载，“悦也”。

⑪自古在昔：《毛诗故训传》载，“先王称‘自古’，古曰‘在昔’，昔曰‘先民’”。即从古到远古。

⑫恪（kè）：恭敬。

⑬将：朱熹《诗集传》言，“奉也”。指奉祀。

烈祖

题解 与《那》同为祭祀成汤之乐。《那》诗专言乐舞，此诗则及于酒馔。

嗟嗟！烈祖！　　唉唉！成汤我烈祖！
有秩斯祜[①]。　　有治天下的大福。
申锡无疆，　　天又赐福无限多，

及尔斯所[2]。	这福一直到你所。
既载清酤，	既备清酒来祭祖，
赉我思成[3]。	定能赐我以福禄。
亦有和羹[4]，	也有五香来调羹，
既戒既平[5]。	味既备齐又和平。
鬷假无言[6]，	默默精诚感神明，
时靡有争[7]。	一致肃敬没争论。
绥我眉寿，	安定赐福我老人，
黄耇无疆。	老人长寿没止境。
约軧错衡[8]，	皮缠车毂红色亮，
八鸾鸧鸧[9]。	四马八鸾当当响。
以假以享[10]，	感动神灵到来享，
我受命溥将[11]。	我受天命大又长。
自天降康，	上天赐给人安康，
丰年穰穰[12]。	年成丰熟稻禾穰。
来假来飨，	神灵到来食又饮，
降福无疆。	降福真是没止境。
顾予烝尝，	念我殷家烝尝祀，
汤孙之将。	太甲有德之所致。

注释 ①秩：大貌。

②及尔斯所：一直到你所。朱熹《诗集传》言："斯所，犹言此处也。"一说直到如今。陈奂《诗毛氏传疏》言："犹云以迄于今也。"

③赉我思成：马瑞辰《毛诗传笺通释》言，"按赉从《传》训赐为'是'，思为语词，成犹满也、福也。赉我思成，犹云赐我福也"。

④和羹：五味调和的浓汤。

⑤戒：马瑞辰《毛诗传笺通释》言，"戒当训'备'。《方言》，'戒，备也'…… 和羹必备五味"。

⑥鬷（zōng）假：马瑞辰《毛诗传笺通释》言，"当从《中庸》引作'奏假'，训为'进至'，与汤孙奏假同义。至之言致，谓精诚上致乎神"。无言：一说无过错，闻一多《周易义证类纂》，"案言皆读为'愆'…… 无言即无愆，愆亦过也"。

⑦时靡有争：朱熹《诗集传》言，"肃敬而齐一也"。

⑧约軧（qí）错衡：《毛诗故训传·郑玄笺》载，"约軧，轂饰也"。

⑨鸧鸧（qiāng）：同"锵锵"。

⑩以假以享：吴闿生《诗义会通》言，"以假以享，主祭者之感恪神明也。来假来飨，神明之来降也"。指致祭和献祭。

⑪溥：广大。将：王逸注《楚辞》言，"将，长也"。

⑫穰穰（ráng）：盛貌。

玄鸟

题解 殷商后代祀殷高宗。

天命玄鸟，	老天命令那候鸟，
降而生商[①]。	来时生契就是商。
宅殷土芒芒[②]，	住在广大殷地上，
古帝命武汤[③]，	天命威武我成汤，
正域彼四方[④]。	正那封疆治四方。
方命厥后[⑤]，	遍告部落各酋长，
奄有九有[⑥]。	统治九州为君王。
商之先后，	殷商的先王，
受命不殆，	承受天命不懈怠，
在武丁孙子。	是有贤孙武丁在。
武丁孙子，	武丁是个好子孙，
武王靡不胜[⑦]。	王业无不能胜任。
龙旂十乘，	诸侯十车插龙旗，
大糦是承[⑧]。	载着大粮来朝里。
邦畿千里，	国都附近有千里，
维民所止。	乃是人民聚居地。

肇域彼四海⑨， 开始又有四海区，
四海来假⑩， 四海小国来朝贺，
来假祁祁。 朝贺进贡多又多。
景员维河⑪， 东西南北是大河，
殷受命咸宜， 殷受天命很适宜，
百禄是何⑫。 承受天赐百禄齐。

注释

①天命玄鸟，降而生商：传说春分时节，汤的先祖有娀氏女简狄正在沐浴，燕子衔卵飞来，恰好卵坠下，简狄得到并误吞以后生了契。契是汤的先人，尧时封于商。玄鸟，即候鸟、燕子，可能为商的图腾。

②宅：作动词用，住在。芒芒:《毛诗故训传》载:“大貌。”

③古帝：上帝，昊天。马瑞辰《毛诗传笺通释》言:“古，始也。万物莫始于天，故天可称古。古帝犹言昊天、上帝。”

④正域：正其封疆。

⑤方命厥后:《毛诗故训传·郑玄笺》谓“偏（遍）告诸侯也”。马瑞辰《毛诗传笺通释》言:“方、旁古通用……旁之言溥也，遍也。”

⑥九有：九州。马瑞辰《毛诗传笺通释》言:“域与有一声之转……九有即‘九域’之假借。”

⑦商之先后……武王靡不胜：王引之《经义述闻》及马瑞辰《毛诗传笺通释》认为“武丁”为“武王”,“武王”为“武丁”，传写上下互伪。陈奂《诗毛氏传疏》释为“商汤受天命无有

懈怠，以传至武丁孙子也……于武汤王天下之业，亦无不保任之也”。吴闿生《诗义会通》标点为“商之先后，受命不殆。在武丁孙子。武丁孙子，武王靡不胜”，并释“武王靡不胜”为“有武功、王德无所不胜任”。殆，“怠”的假借。

⑧糦：同“饎”，酒食。《毛诗故训传·郑玄笺》指黍稷。

⑨肇域彼四海：陈奂《诗毛氏传疏》言，“肇，始；域，有也。王肃云，‘殷道衰，四夷来侵，至高宗然后始复以四海为境域也’”。朱熹《诗集传》言，“肇，开也。言王畿之内，民之所止，不过千里，而其封域，则极乎四海之广也”。

⑩假：《毛诗故训传·郑玄笺》载，“至也”。

⑪景员维河：马瑞辰《毛诗传笺通释》言，“景与广一声之转。景，古音从‘京’声，读亦近‘广’，景即‘广’之假借……员、云古通用，皆与‘运’同声……此诗景员，景当读‘东西为广’之‘广’，员当读为‘南北为运’之‘运’……商家四面皆河，故合东西南北言之而曰景员维河”。

⑫何：荷。

长发

题解 殷高宗时祭天；一说为叙述殷商的起源，并无祭祀意味。

濬哲维商①，　　最明哲的是殷商，

长发其祥。	长久发现有征祥。
洪水芒芒，	遍地大水白茫茫，
禹敷下土方。	大禹治水正四方。
外大国是疆②，	京外大国划疆界，
幅陨既长③。	疆域既已经扩张。
有娀方将④，	有娀氏女正成长，
帝立子生商⑤。	帝立娀女而生商。

玄王桓拨⑥，	玄王大行其德政，
受小国是达，	小国能达其教令，
受大国是达。	大国也能达教令。
率履不越⑦，	都遵礼法去施行，
遂视既发⑧。	各处视察民遵命。
相土烈烈⑨，	契孙相土有威名，
海外有截⑩。	四海之外齐归顺。

帝命不违，	他决不把天命违，
至于汤齐⑪。	和天齐心也不背。
汤降不迟，	成汤积极尊贤人，
圣敬日跻⑫。	圣德天天向上升。
昭假迟迟，	精诚感天久不息，

上帝是祇[13]，	总也敬奉那上帝，
帝命式于九围[14]。	帝命为王九州里。
受小球大球[15]，	法有大小人仿效，
为下国缀旒[16]，	做那各国的仪表，
何天之休[17]。	承受天给的美誉。
不竞不絿[18]，	不去竞赛不急躁，
不刚不柔，	不过于刚不软弱，
敷政优优[19]，	和和美美施政教，
百禄是遒[20]。	百禄聚在一身好。
受小共大共，	法有大小人所崇，
为下国骏庬[21]，	各国在他庇护中，
何天之龙。	承受天命的光宠。
敷奏其勇，	又能表现其大勇，
不震不动，	不震骇来不动摇，
不戁不竦[22]，	不畏缩来不惊恐，
百禄是总。	无穷福禄齐聚拢。
武王载旆[23]，	汤武开始去伐桀，
有虔秉钺[24]。	牢牢执斧把敌灭。

如火烈烈， 威猛有如那烈火，
则莫我敢曷[25]。 没有谁敢来相截。
苞有三蘖[26]， 夏桀加上那三蘖，
莫遂莫达。 不能达天以美德。
九有有截， 九州诸侯齐服德，
韦顾既伐， 既已讨伐韦和顾，
昆吾夏桀。 又征昆吾和夏桀。

昔在中叶， 从前中世那殷商，
有震且业[27]。 既有威力大又强。
允也天子[28]， 上有老天以为子，
降予卿士。 下有卿士来帮忙。
实维阿衡[29]， 卿士就是那阿衡，
实左右商王[30]。 实能辅助我商王。

注释

①濬哲：明哲。

②外大国是疆：朱熹《诗集传》言，“以外国为中国之境”。《毛诗故训传》释“外”为诸夏。

③幅陨：幅员。《毛诗故训传》载：“幅，广也；陨，均也。”

④有娀：契母；一说有娀国国名。将：大，指长大。

⑤帝立子生商：一说立有娀国的女子为妃而生契，因契受封为商，遂以生契为生商。

⑥玄王桓拨:《毛诗故训传》载,“玄王，契也；桓，大；拨，治”。

⑦履:《毛诗故训传》载,“礼也”。

⑧遂：遍。视：巡视。发：行。

⑨相土：商王契孙。烈烈：威武貌。

⑩截：整齐。

⑪帝命不违，至于汤齐：马瑞辰《毛诗传笺通释》言,“帝命不违，即不违帝命之倒文，诗总括相土以下诸君，谓商先君之不违天命，至汤皆齐一”。

⑫跻（jī）：升。

⑬祗（zhī）：敬。

⑭九围：九州。马瑞辰《毛诗传笺通释》言:“围、城、有，皆一声之转，声同则义同。”

⑮受小球大球：王引之《经义述闻》言,“小球大球，小共大共，皆言法制有大小之差别是也”。马瑞辰《毛诗传笺通释》言,“共者‘拱’之假借，球者‘捄’之假借。《广雅·释诂》,‘拱、捄，法也’。引申为法，言为人所取法也”。

⑯缀旒：犹言表率。《毛诗故训传》载:“缀，表；旒，章也。”

⑰休:《毛诗故训传·郑玄笺》训为“美誉”。

⑱绿（qiú）:《毛诗故训传》载,“急也”；一说指松缓。

⑲优优：平和貌。

⑳遒:《毛诗故训传》载,“聚也”。

㉑骏厖：庇护。一说良马；一说厖指石头大。

㉒戁（nǎn）：恐惧。竦（sǒng）：恐惧。

㉓武王：指商汤。

㉔虔：牢固。

㉕曷："遏"的假借。

㉖苞有三蘖（niè）：陈奂《诗毛氏传疏》言，"苞，本指夏桀；三蘖，指韦、顾及昆吾"。

㉗有震且业：马瑞辰《毛诗传笺通释》言，"即言其有威且大耳"；一说"震，危"，指发生动乱真是危急。

㉘天子：《毛诗故训传·郑玄笺》载，"天命而子之，下予之卿士"；一说指商汤。

㉙阿衡：伊尹的官名，指伊尹。

㉚左右：助。陈奂《诗毛氏传疏》言："《尔雅》，'左右，亮也'。助与亮同义。"

殷武

题解 祀殷高宗；一说系歌颂宋国代楚之事，并非用于祭祀的乐章。

挞彼殷武①， 武丁神速真勇武，
奋伐荆楚②。 奋起威力伐荆楚。
罙入其阻③， 深入敌人险地方，
裒荆之旅④。 克敌获取众俘虏。
有截其所， 兵到之处齐服罪，

汤孙之绪[5]。	汤孙就把功业树。

维女荆楚，	只有你这个荆楚，
居国南乡[6]。	居住我国的南方。
昔有成汤，	从前我们这成汤，
自彼氐羌[7]，	就算远方的氐羌，
莫敢不来享，	不敢不前来进贡，
莫敢不来王[8]，	不敢不前来朝王，
曰商是常[9]。	认为殷商是君长。

天命多辟，	天令天下诸侯来，
设都丁禹之绩。	设都禹治那地带。
岁事来辟[10]，	每年到时来朝王，
勿予祸适[11]，	决不给你以责怪，
稼穑匪解。	耕种庄稼莫懈怠。

天命降监，	老天往下看人民，
下民有严[12]。	汤敬天命爱百姓。
不僭不滥[13]，	不滥用刑不乱赏，
不敢怠遑。	不敢求暇怠政令。
命于下国，	施行教令于下国，

封建厥福[14]。　　大大享有这福分。

商邑翼翼[15]，　　京师商邑真齐整，
四方之极[16]。　　是在四方的中心。
赫赫厥声[17]，　　赫赫显盛那政声，
濯濯厥灵[18]。　　濯濯光明如尊神。
寿考且宁，　　既长寿来又安宁，
以保我后生。　　用来保佑我子孙。

陟彼景山，　　登到那座景山上，
松柏丸丸[19]。　　松柏树干直又长。
是断是迁，　　于是锯断又运走，
方斲是虔[20]。　　于是斫平把树放。
松桷有梴[21]，　　长的松木做屋椽，
旅楹有闲[22]，　　长柏陈列做柱梁，
寝成孔安。　　寝庙建成王安康。

注释

①挞：疾速，“达”的假借；一说武勇貌。武：殷王武丁。

②荆：州名。楚：国名。

③罙（shēn）：“深”的本字。阻：险阻。

④裒（póu）：《毛诗故训传·郑玄笺》读为“俘”，俘虏；一

说聚集。

⑤汤孙：指武丁。

⑥乡：所，居。

⑦氐羌：古时西部的两个少数民族。

⑧王：来朝。

⑨常：长。

⑩来辟：来朝君。

⑪勿予祸适：王引之《经义述闻》言，“予，犹施也；祸读‘过’。《广雅》，‘适，过责也’。勿予过责，言不施过责也”。

⑫严：读为“俨”。俨，敬。

⑬僭（jiàn）：差失。滥：放纵，妄为。

⑭封：《毛诗故训传》载，“大也”。

⑮翼翼：朱熹《诗集传》言，“整饬貌”。

⑯极：中心。

⑰声：指政声；一说指乐声。

⑱灵：尊敬如神灵；一说威灵。

⑲丸丸：朱熹《诗集传》言，“直也”。

⑳方：犹是，于是。斲：砍。虔：马瑞辰《毛诗传笺通释》言，“当读为‘虔刘’之‘虔’。《方言》，‘虔，杀也’。《广雅》，‘虔，伐、刘并训’”。

㉑梴（chān）：桷貌；一说木长貌。

㉒旅：《毛诗故训传》载，“陈也”，即陈列；一说磨光。楹（yíng）：厅堂前的柱子。闲：大貌。

图书在版编目（CIP）数据

诗经全译 / 袁愈荌译注. -- 贵阳: 贵州人民出版社, 2022.11
（中国历代名著全译丛书）
ISBN 978-7-221-17545-8

Ⅰ. ①诗… Ⅱ. ①袁… Ⅲ. ①古体诗–诗集–中国–春秋时代 ②《诗经》–译文
Ⅳ. ①I222.2

中国版本图书馆CIP数据核字（2022）第219910号

责任编辑：周湖越
装帧设计：晓笛设计工作室　舒刚卫　刘清霞
责任监印：尹晓蓓　唐锡璋

书　　名：诗经全译
译　　注：袁愈荌
出版发行：贵州出版集团　贵州人民出版社
地　　址：贵州省贵阳市观山湖区会展东路SOHO办公区A座
印　　刷：天津创先河普业印刷有限公司
开　　本：880mm × 1230mm　32开
印　　张：24.75
字　　数：550千字
版　　次：2022年11月第1版
印　　次：2022年11月第1次印刷
书　　号：ISBN 978-7-221-17545-8
定　　价：98.00元
